荣 誉 榜

2004年度全国优秀畅销书(社科类)

2006年度中国书刊发行业协会
全行业优秀畅销品种

教育部重点推荐
新世纪财经系列教科书
李海波工作室

新编财务会计

XINBIAN CAIWU KUAIJI

（第六版）

李海波　刘学华　宋胜菊／主编

立信会计出版社
LIXIN ACCOUNTING PUBLISHING HOUSE

图书在版编目(CIP)数据

新编财务会计/李海波,刘学华,宋胜菊主编. —6
版. —上海:立信会计出版社,2012.5
新世纪财经系列教科书
ISBN 978-7-5429-3422-2

Ⅰ.①新… Ⅱ.①李…②刘…③宋… Ⅲ.①财务
会计-高等学校-教材 Ⅳ.①F234.4

中国版本图书馆 CIP 数据核字(2012)第 081173 号

责任编辑　　徐小霞
封面设计　　周崇文

新编财务会计(第六版)

出版发行	立信会计出版社		
地　　址	上海市中山西路 2230 号	邮政编码	200235
电　　话	(021)64411389	传　　真	(021)64411325
网　　址	www.lixinaph.com	电子邮箱	lxaph@sh163.net
网上书店	www.shlx.net	电　　话	(021)64411071
经　　销	各地新华书店		
印　　刷	浙江省临安市曙光印务有限公司		
开　　本	787 毫米×960 毫米	1/16	
印　　张	29.75	插　　页	1
字　　数	474 千字		
版　　次	2012 年 5 月第 6 版		
印　　次	2016 年 7 月第 6 次		
印　　数	4 101—8 200		
书　　号	ISBN 978-7-5429-3422-2/F		
定　　价	39.00 元		

如有印订差错,请与本社联系调换

前　言

　　光阴似箭，岁月如梭。这本教材出版至今已有15个年头了。其间，承蒙诸多大学会计学专业的师生和广大社会读者的厚爱，本教材5次修订再版，38次印刷，累计印数40余万册，被教育部列为全国重点推荐教科书，获"全国优秀畅销书"奖，取得了良好的经济效益和社会效益。

　　如今呈现在读者面前的这本教材已第六次修订。修订后本教材的特点是：理论联系实际，基础性与实践性相结合，全面系统地介绍了财务会计的基本理论、基本方法；充分体现了近年来我国会计改革和会计研究的最新成果，业务举例严格遵循我国现行会计准则和相关会计制度的规定；体系与结构合理，整体性强；文字表述准确、精练；内容易教易学，通俗易懂，是一本较为优秀的教科书。

　　本教材共十六章，按照资产、负债、所有者权益、收入、费用和利润六大会计要素的确认、计量、记录和报告的顺序构筑体系结构，清晰地反映了财务会计的知识架构。具体来讲：第一章对财务会计的概念、特征与目标，会计基本假设和会计基础，会计信息的质量特征，会计要素及其确认与计量原则等基本理论问题进行阐述；第二章至第八章全面地介绍了货币资金与应收项目、金融资产、存货、长期股权投资、固定资产、无形资产、投资性房地产等资产业务的确认、计量、记录；第九章专门介绍了非货币性资产交易业务的账务处理；第十章和第十一章分别介绍了流动负债和非流动负债的确认、计量、记录；第十二章对上市公司和非上市公司实收资本（或股本）、资本公积、留存收益以及资本变化问题进行了介绍、分析和讨论；第十三章阐述了收入、费用、利润及其分配，所得税的确认、计量和记录；第十四章和第十五章分别对或有负债和债务重组进行了重点分析和深入探讨；第十六章全面系统地介绍了资产负债表、利润表、现金流量表、财务报表附注的编制方法。为了帮助学生理解和掌握本教材的内容，拓宽学生的视野，培养其认识问题、分析问题和解决问题的能力，教材后附有精选的练习题和参考答案。

为了方便教学,本教材配有教学课件(包括 PPT 和练习题参考答案),需要的教师请按本教材后所附"教学课件索取单"提供的途径索取。

本教材由享受国务院特殊津贴的会计学专家、原教育部教育人才委员会副主任李海波教授,以及刘学华教授、宋胜菊教授任主编,袁淑辉副教授和边秀端副教授任副主编。参加本教材编写的人员有:李海波、刘学华、宋胜菊、袁淑辉、边秀端、官严意、贾晓松、张翠琼、李文余、李俊、周燕、李志松、汤靓、郭福琴、吕丹、熊成秀、邢明德、宋本强等。

在本教材编写过程中,得到了中华女子学院、上海立信会计学院、河北经贸大学会计学院、中国人民大学商学院、财政部科研所、立信会计出版社等单位有关同志的大力支持。同时,我们参考了国内外公开出版的有关教材和学术著作,吸收了有关专家、学者的最新研究成果,在此谨向有关作者和出版单位表示最诚挚的感谢。

教材中的疏漏和错误之处恳请读者批评指正,以便我们再版时修正。

《新编财务会计》编委会

李海波工作室

目 录

第一章 总论 ……………………………………………………… 1
  第一节 财务会计的概念、特征与目标 ……………………… 1
  第二节 会计基本假设和会计基础 …………………………… 4
  第三节 会计信息的质量特征 ………………………………… 6
  第四节 会计要素及其确认与计量原则 ……………………… 12

第二章 货币资金与应收项目 …………………………………… 21
  第一节 货币资金 ……………………………………………… 21
  第二节 应收项目 ……………………………………………… 36

第三章 金融资产 ………………………………………………… 54
  第一节 交易性金融资产 ……………………………………… 54
  第二节 持有至到期投资 ……………………………………… 57
  第三节 可供出售金融资产 …………………………………… 62
  第四节 金融资产减值 ………………………………………… 65

第四章 存货 ……………………………………………………… 73
  第一节 存货概述 ……………………………………………… 73
  第二节 存货核算(一):原材料 …………………………… 81
  第三节 存货核算(二):其他存货 ………………………… 89
  第四节 存货清查 ……………………………………………… 95
  第五节 存货的期末计量 ……………………………………… 97

第五章 长期股权投资 …………………………………………… 105
  第一节 长期股权投资概述 …………………………………… 105
  第二节 长期股权投资的初始计量 …………………………… 106
  第三节 长期股权投资的后续计量 …………………………… 110

　　第四节　长期股权投资的减值和处置 ………………………… 120

第六章　固定资产 …………………………………………… 123
　　第一节　固定资产概述 ………………………………………… 123
　　第二节　固定资产初始计量 …………………………………… 127
　　第三节　固定资产的后续计量 ………………………………… 139
　　第四节　固定资产的处置 ……………………………………… 145
　　第五节　固定资产清查 ………………………………………… 148
　　第六节　固定资产减值准备 …………………………………… 150

第七章　无形资产 …………………………………………… 156
　　第一节　无形资产概述 ………………………………………… 156
　　第二节　无形资产的初始计量 ………………………………… 159
　　第三节　内部研究与开发费用的确认与计量 ………………… 162
　　第四节　无形资产的后续计量 ………………………………… 164
　　第五节　无形资产的处置 ……………………………………… 167

第八章　投资性房地产 ……………………………………… 169
　　第一节　投资性房地产概述 …………………………………… 169
　　第二节　投资性房地产的初始确认与计量 …………………… 170
　　第三节　投资性房地产的后续计量 …………………………… 172
　　第四节　投资性房地产的转换与处置 ………………………… 178

第九章　非货币性资产交换 ………………………………… 185
　　第一节　非货币性资产交换的认定 …………………………… 185
　　第二节　非货币性资产交换的确认和计量 …………………… 185

第十章　流动负债 …………………………………………… 200
　　第一节　短期借款 ……………………………………………… 200
　　第二节　应付及预收款项 ……………………………………… 201
　　第三节　应付职工薪酬 ………………………………………… 207
　　第四节　应交税费 ……………………………………………… 214

第五节　其他流动负债 ………………………………………… 226

第十一章　非流动负债 ………………………………………… 230

第一节　长期借款 ………………………………………… 230

第二节　应付债券 ………………………………………… 232

第三节　长期应付款 ………………………………………… 238

第四节　借款费用 ………………………………………… 239

第十二章　所有者权益 ………………………………………… 245

第一节　实收资本 ………………………………………… 245

第二节　资本公积 ………………………………………… 251

第三节　留存收益 ………………………………………… 255

第十三章　收入、费用和利润 ………………………………… 261

第一节　收入的含义与分类 ……………………………… 261

第二节　销售商品收入的确认与计量 …………………… 263

第三节　提供劳务收入的确认与计量 …………………… 282

第四节　让渡资产使用权收入的确认与计量 …………… 290

第五节　费用 ………………………………………………… 292

第六节　本年利润 …………………………………………… 296

第十四章　或有事项 …………………………………………… 305

第一节　或有事项概述 …………………………………… 305

第二节　或有事项的确认与计量 ………………………… 307

第三节　或有事项会计处理原则的具体应用 …………… 311

第十五章　债务重组 …………………………………………… 317

第一节　债务重组的含义与方式 ………………………… 317

第二节　债务重组的会计处理 …………………………… 318

第十六章　财务报告 …………………………………………… 330

第一节　财务报告概述 …………………………………… 330

第二节　资产负债表 …………………………………………… 332

第三节　利润表 ………………………………………………… 352

第四节　现金流量表 …………………………………………… 354

第五节　所有者权益变动表 …………………………………… 379

第六节　附注 …………………………………………………… 385

章后练习题 …………………………………………………………… 388

练习题参考答案 ……………………………………………………… 415

第 一 章

总 论

第一节 财务会计的概念、特征与目标

一、财务会计的概念与特征

财务会计是现代企业会计的一个分支,它以企业会计准则为依据,对过去的交易或事项,运用确认、计量、记录和报告等程序,主要以通用财务报告的形式向与企业有利害关系的外部信息使用者提供有关企业财务状况、经营成果及现金流量等方面的财务信息。

财务会计的特征主要包括以下几个方面:

(1)着重提供财务信息。由于财务会计主要对已发生或已完成的、能用货币表现的交易或事项予以确认、计量、记录和报告,因此,财务会计提供的主要信息(包括在财务报表中的信息)必然是历史的和财务的信息。

(2)主要是为外部信息使用者提供财务信息。财务会计提供的信息虽可供企业外部和内部使用,但主要作为企业外部的会计信息使用者,如投资人、债权人、政府机构、职工、税务部门、证券管理部门和其他外部信息使用者进行投资决策、信贷决策、征税决策、证券上市许可和证券交易管理决策以及其他经济决策的依据。

(3)提供的财务信息主要由通用财务报表加以揭示。财务会计提供财务信息的主要形式和对外传递的主要手段是财务报告,包括财务报表、附表、附注和财务状况说明书。虽然,企业外部会计信息使用者众多,其决策各不相同,对企业会计信息的要求也不尽相同,但是财务会计不可能针对某个具体外部信息使用者的决策需求来提供财务报表,而是根据各个利益集团和人士的共同需要综合提供一套财务报告,即定期编制通用的财务报告,以满足所有外部会计信息使用者的共同决策需要。

（4）必须遵循公认会计原则。财务会计的服务对象主要是企业外部信息使用者，他们与企业管理当局有着不同的利益和信息要求，而且不同外部信息使用者也存在着不同的利益和信息要求。为了维护企业所有利害关系人的利益，财务会计的数据处理过程和财务报表的编制就要严格遵循"一般公认会计原则"的指导和约束。所谓公认会计原则，是指在特定时期对经济业务和会计事项进行确认、计量、账务处理，以及提供财务信息种类、报表格式等方面的一致意见。从当前构成"一般公认会计原则"的内容看，实质上它是指那些得到重要权威支持的公认会计惯例，也就是说，"一般公认会计原则"是指站在所有利益集团的立场对财务会计作出的权威性指导规范，以保证所提供的财务会计信息不至于引起不同使用者的利益冲突，尽可能地如实反映情况，增进会计信息的可靠性和可比性。

（5）以复式簿记系统为基础。复式簿记是现代会计的一个重要基石，自意大利商人帕乔利在中世纪发明复式簿记以来，它已盛行500多年。复式簿记的基本原理是：所有经济业务均要作出双重记录（借和贷），以便于获得全面反映。同时，复式簿记包括由凭证——日记账——分类账——试算表——报表组成的这样一个完整的账务处理体系。财务会计的账务处理正是基于复式簿记系统进行记录、分类、调整、汇总和定期编制报表，以便于产生条理化和系统化的会计信息。

（6）主要坚持实际交易价格计量属性。财务会计提供定量化信息，包括对业务交易进行计量。计量涉及不同计量属性的选择。但在财务会计中，一般都坚持以实际交易价格来进行计量，即资产按获取之时实际支付的交易价格入账，负债按其成立之日实际获得的金额入账。

（7）提供的信息通常以一个会计主体为空间范围，即财务会计应反映一个会计主体整体的财务状况、经营成果、现金流量。而时间跨度是每一个会计期间，通常为一个会计年度。

（8）提供的信息不能保证绝对精确。财务会计处理的对象常有很大的不确定性，即使是可验证的历史信息，在其形成过程中也不能排除预测、估计和判断。因此，财务会计产生的信息不能保证绝对精确。

二、财务会计的目标

财务会计属于对外报告会计。会计作为一个人造的信息系统，应该通过一套财务报告体现向企业的利益相关者传递决策有用的信息，因此，财务会计的目标又可表述为财务报告的目标。从目前来看,关于财务报告目标的表述存在着两种不同的观点:受托责任观和决策有用观。

(一)受托责任观

受托责任观认为,现代企业制度强调企业所有权和经营权相分离,企业管理层是受委托人之托经营管理企业及其各项资产,负有受托责任。即:企业管理层所经营管理的企业各项资产基本上均为投资者投入的资本(或者留存收益作为再投资)或者向债权人借入的资金所形成的,企业管理层有责任妥善保管并合理、有效地运用这些资产。企业投资者和债权人等也需要及时或者经常性地了解企业管理层保管、使用资产的情况,以便于评价企业管理层的责任情况和业绩情况,并决定是否需要调整投资或者信贷政策,是否需要加强企业内部控制和其他制度建设,是否需要更换管理层等。因此,财务报告应当反映企业管理层受托责任的履行情况,以有助于外部投资者和债权人等评价企业的经营管理责任和资源使用的有效性。

(二)决策有用观

决策有用观认为,企业编制财务报告的主要目的是为了满足财务报告使用者的信息需要,有助于他们作出经济决策。因此,向财务报告使用者提供决策有用的信息是财务报告的基本目标。

根据向财务报告使用者提供决策有用的信息这一目标的要求,财务报告所提供的会计信息应当如实反映企业所拥有或者控制的经济资源、对经济资源的要求权以及经济资源及其要求权的变化情况,如实反映企业的各项收入、费用、利得和损失的金额及其变动情况,如实反映企业各项经营活动、投资活动和筹资活动等所形成的现金流入和现金流出情况等,从而有助于现在的或者潜在的投资者、债权人以及其他使用者正确、合理地评价企业的资产质量、偿债能力、盈利能力和营运效率等,有助于使用者根据相关会计信息作出理性的投资决策,有助于使用者评估与投资和信贷有关的未来现金流量的金额、时间和风险等。

(三)受托责任观和决策有用观的融合

受托责任观和决策有用观并非是矛盾的或排斥的,相反,两者之间具有某些交集。在受托责任观下,根据代理人提供的财务报告决定是否继续聘任或就此解聘本身就是一项决策;而在决策有用观下,通过股票市场持有或抛售特定公司的股票本身也可以看作是一种受托责任决策,是一种间接行使受托责任关系权利的体现。如果以一种更为广义的角度去理解受托责任概念或受托责任观,可以发现,两者不仅并不矛盾或排斥,而且决策有用观往往体现为受托责任发展到一个特定历史横截面上的特例。可以说,受托责任始终是公司治理和公司财务报告的根基。

我国的《企业会计准则——基本准则》将决策有用观和受托责任观并提(第四条):企业应当编制财务会计报告(又称财务报告,下同)。财务会计报告的目标是向财务会计报告使用者提供与企业财务状况、经营成果和现金流量等有关的会计信息,反映企业管理层受托责任履行情况,有助于财务会计报告使用者作出经济决策。财务会计报告使用者包括投资者、债权人、政府及其有关部门和社会公众等。

第二节　会计基本假设和会计基础

一、会计基本假设

会计基本假设是企业会计确认、计量和报告的前提,是对会计核算所处时间、空间环境等所作的合理设定。会计基本假设包括会计主体、持续经营、会计分期和货币计量。

（一）会计主体

会计主体是指企业会计确认、计量和报告的空间范围。为了向财务报告使用者反映企业财务状况、经营成果和现金流量,提供与其决策有用的信息,会计核算和财务报告的编制应当集中反映特定对象的活动,并将其与其他经济实体区别开来,才能实现财务报告的目标。在会计主体假设下,企业应当对其本身发生的交易或者事项进行会计确认、计量和报告,反映企业本身所从事的各项生产经营活动。明确界定会计主体是开展会计确认、计量和报告工作的重要前提。

会计主体不同于法律主体。一般来说,法律主体必然是一个会计主体。例如,一个企业作为一个法律主体,应当建立财务会计系统,独立反映其财务状况、经营成果和现金流量。但是,会计主体不一定是法律主体。例如,就企业集团而言,母公司拥有若干子公司,母、子公司虽然是不同的法律主体,但是母公司对子公司拥有控制权,为了全面反映企业集团的财务状况、经营成果和现金流量,有必要将企业集团作为一个会计主体,编制合并财务报表。在这种情况下,尽管企业集团不属于法律主体,但它却是会计主体。

（二）持续经营

持续经营是指在可以预见的将来，企业将会按当前的规模和状态继续经营下去，不会停业，也不会大规模削减业务。在持续经营前提下，会计确认、计量和报告应当以企业持续、正常的生产经营活动为前提。

企业是否持续经营，在会计原则、会计方法的选择上有很大差别。一般情况下，应当假定企业将会按照当前的规模和状态继续经营下去。明确这个基本假设，就意味着会计主体将按照既定用途使用资产，按照既定的合约条件清偿债务，会计人员就可以在此基础上选择会计原则和会计方法。如果判断企业会持续经营，就可以假定企业的固定资产会在持续经营的生产经营过程中长期发挥作用，并服务于生产经营过程，固定资产就可以根据历史成本进行记录，并采用一定的折旧方法，将历史成本分摊到各个会计期间或相关产品的成本中。如果判断企业不会持续经营，固定资产就不应采用历史成本进行记录并按期计提折旧。

如果一个企业在不能持续经营时还假定企业能够持续经营，并仍按持续经营基本假设选择会计确认、计量和报告原则与方法，就不能客观地反映企业的财务状况、经营成果和现金流量，会误导会计信息使用者的经济决策。

（三）会计分期

会计分期是指将一个企业持续经营的生产经营活动划分为一个个连续的、长短相同的期间。会计分期的目的在于通过会计期间的划分，将持续经营的生产经营活动划分成连续、相等的期间，据以结算盈亏，按期编报财务报告，从而及时向财务报告使用者提供有关企业财务状况、经营成果和现金流量的信息。

根据持续经营假设，一个企业将按当前的规模和状态持续经营下去。但是，无论是企业的生产经营决策还是投资者、债权人等的决策都需要及时的信息，都需要将企业持续的生产经营活动划分为一个个连续的、长短相同的期间，分期确认、计量和报告企业的财务状况、经营成果和现金流量。明确会计分期假设意义重大，正是由于有了会计分期，才产生了当期与以前期间、以后期间的差别，才使不同类型的会计主体有了记账的基准，进而出现了折旧、摊销等会计处理方法。

在会计分期假设下，企业应当划分会计期间，分期结算账目和编制财务报告。会计期间通常分为年度和中期。中期是指短于一个完整的会计年度的报告期间。

(四) 货币计量

货币计量是指会计主体在财务会计确认、计量和报告时以货币计量,反映会计主体的生产经营活动。

在会计的确认、计量和报告过程中之所以要选择货币为基础进行计量,是由货币的本身属性决定的。货币是商品的一般等价物,是衡量一般商品价值的共同尺度,具有价值尺度、流通手段、贮藏手段和支付手段等特点。其他计量单位,如重量、长度、容积、台、件等,只能从一个侧面反映企业的生产经营情况,无法在量上进行汇总和比较,不便于会计计量和经营管理。只有选择货币尺度进行计量,才能充分反映企业的生产经营情况。所以,《企业会计准则——基本准则》规定,会计确认、计量和报告选择货币作为计量单位。

在有些情况下,统一采用货币计量也有缺陷,某些影响企业财务状况和经营成果的因素,如企业经营战略、研发能力、市场竞争力等,往往难以用货币来计量,但这些信息对于使用者决策来讲也很重要,企业可以在财务报告中补充披露有关非财务信息来弥补上述缺陷。

二、会计基础

企业会计的确认、计量和报告应当以权责发生制为基础。权责发生制基础要求:凡是当期已经实现的收入和已经发生或应当负担的费用,无论款项是否收付,都应当作为当期的收入和费用,计入利润表;凡是不属于当期的收入和费用,即使款项已在当期收付,也不应当作为当期的收入和费用。

在实务中,企业交易或者事项的发生时间与相关货币收支时间有时并不完全一致。例如,款项已经收到,但销售并未实现;或者款项已经支付,但并不是为本期生产经营活动而发生的。收付实现制是与权责发生制相对应的一种会计基础,它是以收到或支付的现金作为确认收入和费用等的依据。为了更加真实、公允地反映特定会计期间的财务状况和经营成果,《企业会计准则——基本准则》明确规定,企业在会计确认、计量和报告中应当以权责发生制为基础。

第三节 会计信息的质量特征

会计信息质量要求是对企业财务报告中所提供会计信息质量的基本要求,是财务报告中所提供的会计信息对投资者等使用者决策有用应具备的基本特征。会计信息的质量特征,是一个多层次的框架体系。下面分别介绍美国财务会计概念框架和我国《企业会计准则——基本准则》中关于会计信息质量特征的规定。

一、美国财务会计概念框架关于会计信息质量的规定

美国财务会计概念框架中关于会计信息质量特征的描述如图 1-1 所示。

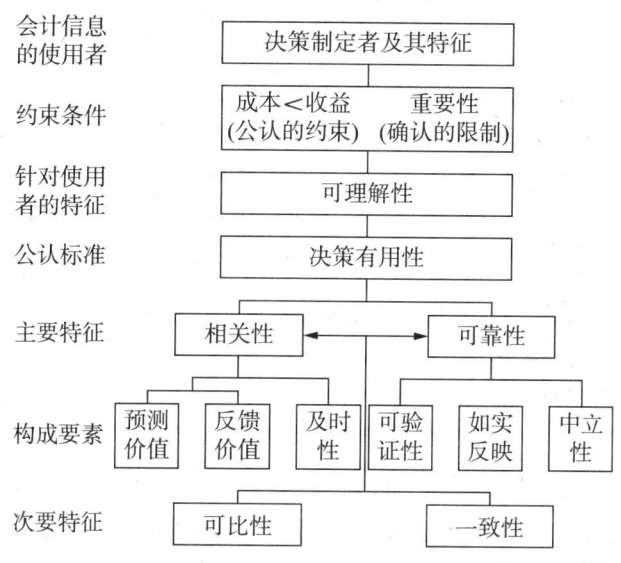

图 1-1 美国的会计信息特征体系

1. 决策者(使用者)和可理解性

决策者的决策类型、如何作出决策、已经拥有哪些信息、除了财务信息之外还能够从哪些来源获得信息,以及由于个人禀赋、知识结构等方面的差异所导致的在加工信息方面的能力都大不相同。为了使信息有用,在使用者和他们所作出的决策之间必须有一个桥梁——这就是可理解性。可理解性意味着那些具备一定的专业知识,且愿意花费一定的时间和精力阅读财务报表的使用者,能够明了企业所披露的会计信息的含义。

2. 主要特征:相关性和可靠性

相关性和可靠性是使会计信息决策有用的两大主要特征。正如在 FASB 的概念公告第 2 号中所陈述的,"区分'较好'(较有用)信息和'较差'(较无用)信息的质量特征主要是相关性和可靠性,以及其他一些这些特征

所暗含的特征"。

(1) 相关性。相关性主要是指会计信息能够导致使用者的决策差异性，即当企业披露了特定的会计信息之后，能够导致投资者的决策差异。相关的信息有助于使用者预测过去、现在和将来事件的最终结果，也就是说，它有预测价值。相关的信息也有助于使用者肯定或改正过去的预期，也就是说，它有反馈价值。相关的信息应当能够在它失去影响决策的能力之前传递给决策者，也就是说，它有及时性。如果企业在规定的时间过去很久才报告其中期成果，那么这样的信息在决策时就比较无用。相关的信息必须具有预测价值或反馈价值，同时及时地报告。

(2) 可靠性。会计信息的可靠程度是指其具有可验证性、如实反映性和中立性。可靠性是必要的，因为许多使用者没有时间和专门知识来评估信息的真实内容。可验证性是指不同的会计人员运用相同的方法可以得到相似的结果。如实反映性是指数字和描述与实际存在或发生的相一致。中立性意味着企业在提供会计信息时，不能选择先入为主的、偏袒于特定利益集团的信息。

3. 次要特征：可比性和一致性

如果决策者能够将公司的信息同另一家公司的相似信息或在不同时点比较同一公司的相似信息，那么这些信息就会更有用。这些信息的第一个特征是可比性，第二个特征是一致性。

(1) 可比性。不同公司以相似的方式计量和报告的信息就是可比的。可比性能够使使用者识别不同公司经济事项之间真正的相似之处和不同之处。只有在可以获得可比信息时，才可以进行有效的评估。

(2) 一致性。一致性意味着企业在前后连贯的、不同的会计期间，应该对相同的交易或事项采纳相同的会计政策，一般不允许随意变更。然而，一致性的理念并不意味着公司不能变更会计政策。公司在满足如下两者之一的前提下，可以变更其会计政策：一是准则、制度、法规要求变更；二是采纳变更后的会计政策，可以更加真实、公允地反映企业的财务状况和经营成果，在发生会计政策变更时，审计师要在审计报告的解释说明段提到这一变更。

二、我国《企业会计准则——基本准则》中论及的会计信息质量特征

我国《企业会计准则——基本准则》中，专门以一章共八条的篇幅论及了"会计信息质量要求"，分别为可靠性、相关性、可理解性、可比性、实质重

于形式、重要性、谨慎性和及时性。

（一）可靠性

可靠性要求企业应当以实际发生的交易或者事项为依据进行确认、计量和报告，如实反映符合确认和计量要求的各项会计要素及其他相关信息，保证会计信息真实可靠、内容完整。为了贯彻可靠性要求，企业应当做到：

（1）以实际发生的交易或者事项为依据进行确认、计量，将符合会计要素定义及其确认条件的资产、负债、所有者权益、收入、费用和利润等如实反映在财务报表中，不得根据虚构的、没有发生的或者尚未发生的交易或者事项进行确认、计量和报告。

（2）在符合重要性和成本效益原则的前提下，保证会计信息的完整性，其中包括编报的报表及其附注内容等应当保持完整，不能随意遗漏或者减少应予披露的信息，与使用者决策相关的有用信息都应当充分披露。

（二）相关性

相关性要求企业提供的会计信息应当与投资者等财务报告使用者的经济决策需要相关，有助于投资者等财务报告使用者对企业过去、现在或者未来的情况作出评价或者预测。

会计信息是否有用，是否具有价值，关键是看其与使用者的决策需要是否相关，是否有助于决策或者提高决策水平。相关的会计信息应当能够有助于使用者评价企业过去的决策，证实或者修正过去的有关预测，因而具有反馈价值。相关的会计信息还应当具有预测价值，有助于使用者根据财务报告所提供的会计信息预测企业未来的财务状况、经营成果和现金流量。

会计信息质量的相关性要求，需要企业在确认、计量和报告会计信息的过程中，充分考虑使用者的决策模式和信息需要。但是，相关性是以可靠性为基础的，两者之间并不矛盾，不应将两者对立起来。也就是说，会计信息在可靠性前提下，尽可能地做到相关性，以满足投资者等财务报告使用者的决策需要。

（三）可理解性

可理解性要求企业提供的会计信息应当清晰明了，便于投资者等财务报告使用者理解和使用。

企业编制财务报告、提供会计信息的目的在于使用，而要使使用者有效使用会计信息，就应当使其了解会计信息的内涵，弄懂会计信息的内容，这就要求财务报告所提供的会计信息清晰明了,易于理解。只有这样,才能提高会计信息的有用性,实现财务报告的目标,满足向投资者等财务报告使用者提供决策有用信息的需求。

会计信息毕竟是一种专业性较强的信息产品,在强调会计信息的可理解性要求的同时,还应假定使用者具有一定的有关企业经营活动和会计方面的知识,并且愿意付出努力去研究这些信息。对于某些复杂的信息,如交易本身较为复杂或者会计处理较为复杂,但其对使用者的经济决策相关,企业就应当在财务报告中予以充分披露。

（四）可比性

可比性要求企业提供的会计信息应当相互可比。这主要包括以下两层含义:

（1）同一企业不同时期可比。其目的在于让投资者等财务报告使用者了解企业财务状况、经营成果和现金流量的变化趋势,比较企业在不同时期的财务报告信息,全面、客观地评价过去、预测未来,从而作出决策。会计信息质量的可比性要求同一企业不同时期发生的相同或者相似的交易或者事项,应当采用一致的会计政策,不得随意变更。但是,满足会计信息可比性要求,并非表明企业不得变更会计政策,如果按照规定或者在会计政策变更后可以提供更可靠、更相关的会计信息,则可以变更会计政策。有关会计政策变更的情况,应当在附注中予以说明。

（2）不同企业相同会计期间可比。为了便于投资者等财务报告使用者评价不同企业的财务状况、经营成果和现金流量及其变动情况,会计信息质量的可比性要求不同企业同一会计期间发生的相同或者相似的交易或者事项,应当采用规定的会计政策,确保会计信息口径一致、相互可比,以使不同企业按照一致的确认、计量和报告要求提供有关会计信息。

（五）实质重于形式

实质重于形式要求企业应当按照交易或者事项的经济实质进行会计确认、计量和报告,不仅仅以交易或者事项的法律形式为依据。

企业发生的交易或事项在多数情况下其经济实质和法律形式是一致的,但在有些情况下也会出现不一致。例如,企业按照销售合同销售商品但又签订了售后回购协议,虽然从法律形式上看实现了收入,但如果企业没有将商品所有权上的主要风险和报酬转移给购货方,没有满足收入确认的各项条件,即使签订了商品销售合同或者已将商品交付给购货方,也不应当确认销售收入。

（六）重要性

重要性要求企业提供的会计信息应当反映与企业财务状况、经营成果和现金流量有关的所有重要交易或者事项。

如果财务报告中提供的会计信息的省略或者错报会影响投资者等使用者据此作出决策的，该信息就具有重要性。重要性的应用需要依赖职业判断，企业应当根据其所处环境和实际情况，从项目的性质和金额大小两方面加以判断。

（七）谨慎性

谨慎性要求企业对交易或者事项进行会计确认、计量和报告时保持应有的谨慎，不应高估资产或者收益，低估负债或者费用。

在市场经济环境下，企业的生产经营活动面临着许多风险和不确定性，如应收款项的可收回性、固定资产的使用寿命、无形资产的使用寿命、售出存货可能发生的退货或者返修等。会计信息质量的谨慎性要求，需要企业在面临不确定性因素的情况下作出职业判断时，应当保持应有的谨慎，充分估计到各种风险和损失，既不高估资产或者收益，也不低估负债或者费用。例如，要求企业对售出商品所提供的产品质量保证确认一项预计负债，就体现了会计信息质量的谨慎性要求。

谨慎性的应用也不允许企业设置秘密准备，如果企业故意低估资产或者收入，或者故意高估负债或者费用，将不符合会计信息的可靠性和相关性要求，损害会计信息质量，扭曲企业实际的财务状况和经营成果，从而对使用者的决策产生误导，这是会计准则所不允许的。

（八）及时性

及时性要求企业对于已经发生的交易或者事项，应当及时进行确认、计量和报告，不得提前或者延后。

会计信息的价值在于帮助使用者作出经济决策，具有时效性。即使是可靠的、相关的会计信息，如果不及时提供，就失去了时效性，对于使用者的效用就大大降低，甚至不再具有实际意义。在会计确认、计量和报告过程中贯彻及时性：一是要求及时收集会计信息，即在经济交易或者事项发生后，及时收集和整理各种原始单据或者凭证；二是要求及时处理会计信息，即按照会计准则的规定，及时对经济交易或者事项进行确认或者计量，并编制财务报告；三是要求及时传递会计信息，即按照国家规定的有关时限，及时地将编制的财务报告传递给财务报告使用者,便于其及时使用和决策。

第四节　会计要素及其确认与计量原则

会计要素是根据交易或者事项的经济特征所确定的财务会计对象的基本分类。会计要素按照其性质分为资产、负债、所有者权益、收入、费用和利润。其中,资产、负债和所有者权益要素侧重于反映企业的财务状况,收入、费用和利润要素侧重于反映企业的经营成果。

一、资产的定义及其确认条件

(一)资产的定义

资产是指企业过去的交易或者事项形成的、由企业拥有或者控制的、预期会给企业带来经济利益的资源。根据资产的定义,资产具有以下特征。

1. 资产应为企业拥有或者控制的资源

资产作为一项资源,应当由企业拥有或者控制,具体是指企业享有某项资源的所有权,或者虽然不享有某项资源的所有权,但该资源能被企业所控制。

企业享有资产的所有权,通常表明企业能够排他性地从资产中获取经济利益。通常,在判断资产是否存在时,所有权是考虑的首要因素。在某些情况下,资产虽然不为企业所拥有,即企业并不享有其所有权,但企业控制了这些资产,同样表明企业能够从资产中获取经济利益,符合会计上对资产的定义。例如,某企业以融资租赁方式租入一项固定资产,尽管企业并不拥有其所有权,但是如果租赁合同规定的租赁期相当长,接近于该资产的使用寿命,表明企业控制了该资产的使用及其所能带来的经济利益,应当将其作为企业资产予以确认、计量和报告。

2. 资产预期会给企业带来经济利益

资产预期会给企业带来经济利益,是指资产直接或者间接导致现金和现金等价物流入企业的潜力。这种潜力可以来自企业日常的生产经营活动,也可以是非日常活动;带来经济利益可以是现金或者现金等价物的形式,也可以是能转化为现金或者现金等价物的形式,或者是可以减少现金或者现金等价物流出的形式。

资产预期能否会为企业带来经济利益是资产的重要特征。例如,企业采购的原材料、购置的固定资产等可以用于生产经营过程,制造商品或者提供劳务,对外出售后收回货款,货款即为企业所获得的经济利益。如果某一项目预期不能给企业带来经济利益,那么就不能将其确认为企业的资产。前期已经确认为资产的项目,如果不能再为企业带来经济利益,也不能再确认为企业的资产。例如,某企业在年末盘点存货时,发现存货毁损,企业以该存货管理责任不清为由,将毁损的存货计入待处理财产损失,并在资产负债表中作为流动资产予以反映。因为待处理财产损失预期不能为企业带来经济利益,不符合资产的定义,因此不应再在资产负债表中确认为一项资产。

3. 资产是由企业过去的交易或者事项形成的

资产应当由企业过去的交易或者事项所形成。过去的交易或者事项包括购买、生产、建造行为或者其他交易或事项。换句话说,只有过去的交易或者事项才能产生资产,企业预期在未来发生的交易或者事项不能形成资产。例如,企业有购买某存货的意愿或者计划,但是购买行为尚未发生,就不符合资产的定义,不能因此而确认存货资产。

(二)资产的确认条件

将一项资源确认为资产,需要符合资产的定义,还应同时满足以下两个条件。

1. 与该资源有关的经济利益很可能流入企业

从资产的定义来看,能否带来经济利益是资产的一个本质特征。但在现实生活中,由于经济环境瞬息万变,与资源有关的经济利益能否流入企业或者能够流入多少实际上带有不确定性。因此,资产的确认还应与经济利益流入的不确定性程度的判断结合起来。如果根据编制财务报表时所取得的证据,与资源有关的经济利益很可能流入企业,那么就应当将其作为资产予以确认;反之,则不能确认为资产。

2. 该资源的成本或者价值能够可靠地计量

财务会计系统是一个确认、计量和报告的系统,其中计量起着枢纽作用,可计量性是所有会计要素确认的重要前提,资产的确认也是如此。只有当有关资源的成本或者价值能够可靠地计量时,资产才能予以确认。在实务中,企业取得的许多资产都是发生了实际成本的,例如企业购买或者生产的存货,企业购置的厂房或者设备等,对于这些资产,只要实际发生的购买成本或者生产成本能够可靠计量,就视为符合了资产确认的可计量条件。

在某些情况下,企业取得的资产没有发生实际成本或者发生的实际成本很小,例如企业持有的某些衍生金融工具形成的资产,对于这些资产,尽管它们没有实际成本或者发生的实际成本很小,但是如果其公允价值能够可靠计量的话,也被认为符合了资产可计量性的确认条件。

二、负债的定义及其确认条件

(一)负债的定义

负债是指企业过去的交易或者事项形成的、预期会导致经济利益流出企业的现时义务。根据负债的定义,负债具有以下特征。

1. 负债是企业承担的现时义务

负债必须是企业承担的现时义务,这是负债的一个基本特征。其中,现时义务是指企业在现行条件下已承担的义务。未来发生的交易或者事项形成的义务,不属于现时义务,不应当确认为负债。

现时义务可以是法定义务,也可以是推定义务。其中,法定义务是指具有约束力的合同或者法律、法规规定的义务,通常必须依法执行。例如,企业购买原材料形成应付账款、企业向银行贷入款项形成借款、企业按照税法规定应当交纳的税款等,均属于企业承担的法定义务,需要依法予以偿还。推定义务是指根据企业多年来的习惯做法、公开的承诺或者公开宣布的政策而导致企业将承担的责任,这些责任也使有关各方形成了企业将履行义务解脱责任的合理预期。例如,某企业多年来制定有一项销售政策,对于售出商品提供一定期限内的售后保修服务,预期将为售出商品提供的保修服务就属于推定义务,应当将其确认为一项负债。

2. 负债预期会导致经济利益流出企业

预期会导致经济利益流出企业也是负债的一个本质特征。只有企业在履行义务时会导致经济利益流出企业的,才符合负债的定义;反之,就不符合负债的定义。在履行现时义务清偿负债时,导致经济利益流出企业的形式多种多样,例如用现金偿还或以实物资产形式偿还,以提供劳务形式偿还,以部分转移资产、部分提供劳务形式偿还和将负债转为资本等。

3. 负债是由企业过去的交易或者事项形成的

负债应当由企业过去的交易或者事项所形成。换句话说,只有过去的交易或者事项才形成负债。企业将在未来发生的承诺、签订的合同等交易或者事项,不形成负债。

（二）负债的确认条件

将一项现时义务确认为负债，需要符合负债的定义，还应当同时满足以下两个条件。

1. 与该义务有关的经济利益很可能流出企业

从负债的定义可以看到，预期会导致经济利益流出企业是负债的一个本质特征。在实务中，履行义务所需流出的经济利益带有不确定性，尤其是与推定义务相关的经济利益通常需要依赖于大量的估计。因此，负债的确认应当与经济利益流出的不确定性程度的判断结合起来。如果有确凿证据表明，与现时义务有关的经济利益很可能流出企业，就应当将其作为负债予以确认；反之，如果企业承担了现时义务，但是导致经济利益流出企业的可能性已不复存在，就不符合负债的确认条件，不应将其作为负债予以确认。

2. 未来流出的经济利益的金额能够可靠地计量

负债的确认在考虑经济利益流出企业的同时，对于未来流出的经济利益的金额应当能够可靠计量。对于与法定义务有关的经济利益流出金额，通常可以根据合同或者法律规定的金额予以确定。考虑到经济利益流出的金额通常在未来期间，有时未来期间较长，有关金额的计量需要考虑货币时间价值等因素的影响。对于与推定义务有关的经济利益流出的金额，企业应当根据履行相关义务所需支出的最佳估计数进行估计，并综合考虑有关货币时间价值、风险等因素的影响。

三、所有者权益的定义及其确认条件

（一）所有者权益的定义

所有者权益是指企业资产扣除负债后，由所有者享有的剩余权益。公司的所有者权益又称股东权益。所有者权益是所有者对企业资产的剩余索取权，它是企业资产中扣除债权人权益后应由所有者享有的部分，既可反映所有者投入资本的保值增值情况，又体现了保护债权人权益的理念。

（二）所有者权益的来源构成

所有者权益的来源包括所有者投入的资本、直接计入所有者权益的利得和损失、留存收益等，通常由实收资本（或股本）、资本公积（含资本溢价或股本溢价、其他资本公积）、盈余公积和未分配利润构成。

所有者投入的资本是指所有者投入企业的资本部分，它既包括构成企业注册资本（实收资本）或者股本部分的金额，也包括投入资本超过注册资本或者股本部分的金额,即计入资本公积中的资本溢价或者股本溢价。

直接计入所有者权益的利得和损失,是指不应计入当期损益、会导致所有者权益发生增减变动的、与所有者投入资本或者向所有者分配利润无关的利得或者损失。其中,利得是指由企业非日常活动所形成的、会导致所有者权益增加的、与所有者投入资本无关的经济利益的流入。利得包括直接计入所有者权益的利得和直接计入当期利润的利得。损失是指由企业非日常活动所发生的、会导致所有者权益减少的、与向所有者分配利润无关的经济利益的流出。损失包括直接计入所有者权益的损失和直接计入当期利润的损失。直接计入所有者权益的利得和损失主要包括可供出售金融资产的公允价值变动额等。

留存收益是企业历年实现的净利润留存于企业的部分,主要包括累计计提的盈余公积和未分配利润。

（三）所有者权益的确认条件

所有者权益体现的是所有者在企业中的剩余权益,因此,所有者权益的确认主要依赖于其他会计要素,尤其是资产和负债的确认,所有者权益金额的确定也主要取决于资产和负债的计量。例如,企业接受投资者投入的资产,在该资产符合企业资产确认条件时,就相应地符合了所有者权益的确认条件;当该资产的价值能够可靠计量时,所有者权益的金额也就可以确定。

四、收入的定义及其确认条件

（一）收入的定义

收入是指企业在日常活动中形成的、会导致所有者权益增加的、与所有者投入资本无关的经济利益的总流入。根据收入的定义,收入具有以下特征。

1. 收入是企业在日常活动中形成的

日常活动是指企业为完成其经营目标所从事的经常性活动以及与之相关的活动。例如,工业企业制造并销售产品、商业企业销售商品、保险公司签发保单、咨询公司提供咨询服务、软件企业为客户开发软件、安装公司提供安装服务、商业银行对外贷款、租赁公司出租资产等,均属于企业的日常活动。明确界定日常活动是为了将收入与利得相区分,因为企业非日常活动所形成的经济利益的流入不能确认为收入,而应当计入利得。

2. 收入会导致所有者权益的增加

与收入相关的经济利益的流入应当会导致所有者权益的增加,不会导致所有者权益增加的经济利益的流入不符合收入的定义,不应确认为收入。例如,企业向银行借入款项,尽管也导致了企业经济利益的流入,但该流入并不导致所有者权益的增加,反而使企业承担了一项现时义务。企业对于因借入款项所导致的经济利益的增加,不应将其确认为收入,应当确认一项负债。

3. 收入是与所有者投入资本无关的经济利益的总流入

收入应当会导致经济利益的流入,从而导致资产的增加。例如,企业销售商品,应当收到现金或者在未来有权收到现金,才表明该交易符合收入的定义。但是,经济利益的流入有时是所有者投入资本的增加所导致的,所有者投入资本的增加不应当确认为收入,应当将其直接确认为所有者权益。

(二)收入的确认条件

企业收入的来源渠道多种多样,不同收入来源的特征有所不同,其收入确认条件也往往存在差别,如销售商品、提供劳务、让渡资产使用权等。一般而言,收入只有在经济利益很可能流入从而导致企业资产增加或者负债减少、经济利益的流入额能够可靠计量时才能予以确认。即收入的确认至少应当符合以下条件:一是与收入相关的经济利益应当很可能流入企业;二是经济利益流入企业的结果会导致资产的增加或者负债的减少;三是经济利益的流入额能够可靠计量。

五、费用的定义及其确认条件

(一)费用的定义

费用是指企业在日常活动中发生的、会导致所有者权益减少的、与向所有者分配利润无关的经济利益的总流出。根据费用的定义,费用具有以下特征。

1. 费用是企业在日常活动中形成的

费用必须是企业在其日常活动中所形成的,这些日常活动的界定与收入定义中涉及的日常活动的界定相一致。因日常活动所产生的费用通常包括销售成本(营业成本)、管理费用等。将费用界定为日常活动所形成的,目的是为了将其与损失相区分。企业非日常活动所形成的经济利益的流出不能确认为费用,而应当计入损失。

2. 费用会导致所有者权益的减少

与费用相关的经济利益的流出应当会导致所有者权益的减少；不会导致所有者权益减少的经济利益的流出不符合费用的定义，不应确认为费用。

3. 费用是与向所有者分配利润无关的经济利益的总流出

费用的发生应当会导致经济利益的流出，从而导致资产的减少或者负债的增加（最终也会导致资产的减少）。其表现形式包括现金或者现金等价物的流出，存货、固定资产和无形资产等的流出或者消耗等。鉴于企业向所有者分配利润也会导致经济利益的流出，而该经济利益的流出显然属于所有者权益的抵减项目，不应确认为费用，应当将其排除在费用的定义之外。

（二）费用的确认条件

费用的确认除了应当符合定义外，也应当满足严格的条件，即费用只有在经济利益很可能流出从而导致企业资产减少或者负债增加、经济利益的流出额能够可靠计量时才能予以确认。因此，费用的确认至少应当符合以下条件：一是与费用相关的经济利益应当很可能流出企业；二是经济利益流出企业的结果会导致资产的减少或者负债的增加；三是经济利益的流出额能够可靠计量。

六、利润的定义及其确认条件

（一）利润的定义

利润是指企业在一定会计期间的经营成果。通常情况下，如果企业实现了利润，表明企业的所有者权益将增加，业绩得到了提升；反之，如果企业发生了亏损（即利润为负数），表明企业的所有者权益将减少，业绩下滑了。利润往往是评价企业管理层业绩的一项重要指标，也是投资者等财务报告使用者进行决策时的重要参考。

（二）利润的来源构成

利润包括收入减去费用后的净额、直接计入当期利润的利得和损失等。其中，收入减去费用后的净额反映的是企业日常活动的经营业绩，直接计入当期利润的利得和损失反映的是企业非日常活动的业绩。直接计入当期利润的利得和损失，是指应当计入当期损益、最终会引起所有者权益发生增减变动的、与所有者投入资本或者向所有者分配利润无关的利得或者损失。企业应当严格区分收入和利得、费用和损失之间的区别，以更加全面地反映企业的经营业绩。

（三）利润的确认条件

利润反映的是收入减去费用、利得减去损失后的净额的概念,因此,利润的确认主要依赖于收入和费用以及利得和损失的确认,其金额的确定也主要取决于收入、费用、利得、损失金额的计量。

七、会计要素的计量

会计计量是为了将符合确认条件的会计要素登记入账并列报于财务报表而确定其金额的过程。企业应当按照规定的会计计量属性进行计量,确定相关金额。会计的计量反映的是会计要素金额的确定基础,主要包括历史成本、重置成本、可变现净值、现值和公允价值等。

（一）历史成本

历史成本又称实际成本,是指取得或制造某项财产物资时所实际支付的现金或其他等价物。在历史成本计量下,资产按照其购置时支付的现金或者现金等价物的金额,或者按照购置资产时所付出的对价的公允价值计量。负债按照其因承担现时义务而实际收到的款项或者资产的金额,或者承担现时义务的合同金额,或者按照日常活动中为偿还负债预期需要支付的现金或者现金等价物的金额计量。

（二）重置成本

重置成本又称现行成本,是指按照当前市场条件,重新取得同样一项资产所需支付的现金或现金等价物金额。在重置成本计量下,资产按照现在购买相同或者相似资产所需支付的现金或者现金等价物的金额计量。负债按照现在偿付该项债务所需支付的现金或者现金等价物的金额计量。在实务中,重置成本多应用于盘盈固定资产的计量等。

（三）可变现净值

可变现净值是指在正常生产经营过程中,以预计售价减去进一步加工成本和预计销售费用以及相关税费后的净值。在可变现净值计量下,资产按照其正常对外销售所能收到现金或者现金等价物的金额扣减该资产至完工时估计将要发生的成本、估计的销售费用以及相关税费后的金额计量。可变现净值通常应用于存货资产减值情况下的后续计量。

（四）现值

现值是指对未来现金流量以恰当的折现率进行折现后的价值,是考虑货币时间价值的一种计量属性。在现值计量下,资产按照预计从其持续使用和最终处置中所产生的未来净现金流入量的折现金额计量。负债按照预计期限内需要偿还的未来净现金流出量的折现金额计量。现值通常用于非流动资产可收回金额和以摊余成本计量的金融资产价值的确定等。例如，在确定固定资产、无形资产等可收回金额时，通常需要计算资产预计未来现金流量的现值；对于持有至到期投资、贷款等以摊余成本计量的金融资产，通常需要使用实际利率法，将这些资产在预期存续期间或适用的更短期间内的未来现金流量折现，再通过相应的调整确定其摊余成本。

（五）公允价值

公允价值是指在公平交易中，熟悉情况的交易双方自愿进行资产交换或者债务清偿的金额。在公允价值计量下，资产和负债按照在公平交易中熟悉情况的交易双方自愿进行资产交换或者债务清偿的金额计量。公允价值主要应用于交易性金融资产、可供出售金融资产的计量等。

第 二 章

货币资金与应收项目

第一节 货币资金

货币资金是企业生产经营过程中处于货币形态的那部分资产。按照其存放的地点及其使用用途的不同,货币资金可分为库存现金、银行存款和其他货币资金。货币资金的会计处理比较简单,重点和难点在于其管理与内部控制。

一、库存现金

（一）库存现金管理与内部控制

库存现金是指通常存放于企业财会部门、由出纳人员经管的那部分货币资金。库存现金是企业流动性最强的资产。保证现金的安全、完整,是现金管理的首要目标。具体措施归纳起来有以下几个方面:

第一,现金收付必须严格遵守国家的相关管理制度的规定。根据国务院发布的《现金管理暂行条例》和中国人民银行《现金管理实施办法》的规定,现金管理制度主要包括以下内容:

（1）现金的使用范围。企业可用现金支付的款项有:职工工资、津贴;个人劳务报酬;根据国家规定颁发给个人的科学技术、文化艺术、体育等各种奖金;各种劳保、福利费用以及国家规定的对个人的其他支出;向个人收购农副产品和其他物资的款项;出差人员必须随身携带的差旅费;结算起点以下的零星支出;中国人民银行确定需要支付现金的其他支出。除上述情况可以用现金支付外,其他款项的支付应通过银行转账结算。

（2）库存现金的限额。库存现金的限额是指为了保证企业日常零星开支的需要,允许单位留存现金的最高数额。这一限额由开户银行根据单位的实际需要核定,一般按照单位 3～5 天日常零星开支的需要确定;边远地区和交通不便地区开户单位的库存现金限额,可按多于 5 天但不超过 15 天的日常零星开支的需要确定。核定后的现金限额,开户单位必须严格遵守,超过部分应于当日终了前存入银行;需要增加或减少现金限额的单位,应向开户银行提出申请,由开户银行核定。

(3) 现金收支的规定。一是开户单位收入现金应于当日送存开户银行,当日送存确有困难的,由开户银行确定送存时间;二是开户单位支付现金,可以从本单位库存现金中支付或从开户银行提取,不得从本单位的现金收入中直接支付,即不得"坐支"现金,因特殊情况需要坐支现金的单位,应事先报经有关部门审查批准,并在核定的范围和限额内进行,同时,收支的现金必须入账;三是开户单位从开户银行提取现金时,应如实写明提取现金的用途,由本单位财会部门负责人签字盖章,并经开户银行审查批准后予以支付;四是因采购地点不确定、交通不便、抢险救灾及其他特殊情况必须使用现金的单位,应向开户银行提出书面申请,由本单位财会部门负责人签字盖章,并经开户银行审查批准后予以支付。此外,不准用不符合国家统一的会计制度的凭证顶替库存现金,即:不得"白条顶库",不准谎报用途套取现金,不准用银行账户代其他单位和个人存入或支取现金,不准用单位收入的现金以个人名义存入储蓄,不准保留账外公款,即不得"公款私存",不得设置"小金库"等。银行对于违反上述规定的单位,将按照违规金额的一定比例予以处罚。

第二,现金收支业务中相关职务必须分离。现金收付及保管只能由经批准授权的出纳人员来负责处理,其他岗位人员不得接触支付前的任何现金。而且出纳也不得从事除登记现金、银行存款日记账之外其他账簿凭证的填制、登记工作。这也就是日常所说的"管钱的不管账,管账的不管钱"。"钱账分管"是内部会计控制的一项基本内容,旨在通过内部牵制,保证企业财产的安全。

第三,必须建立健全稽核制度。库存现金应做到日清、日结、日对,保证账实相符。出纳人员通过现金日记簿每天结账,同时清查现金,保证账实相符。会计部门或内部审计部门应随时派除出纳人员以外的其他人员抽查盘点现金,检查现金是否账实相符。

现金收入与支出的控制程序如图 2-1 和图 2-2 所示。

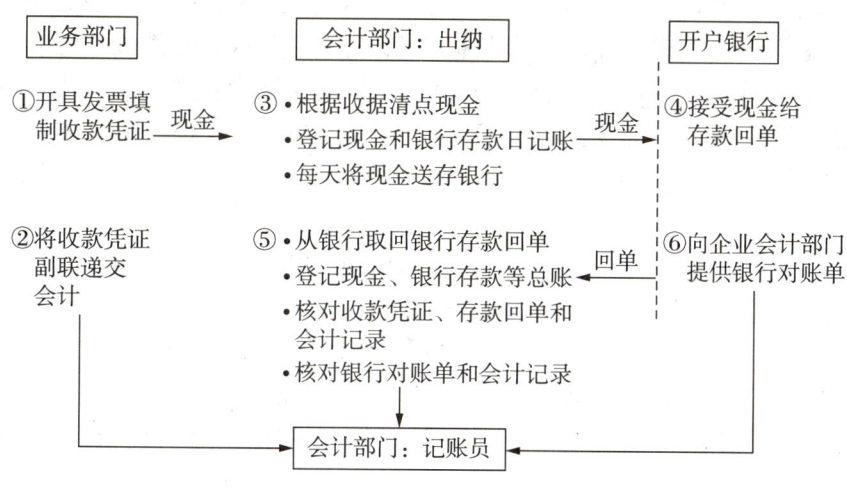

图 2-1 现金收入控制程序图

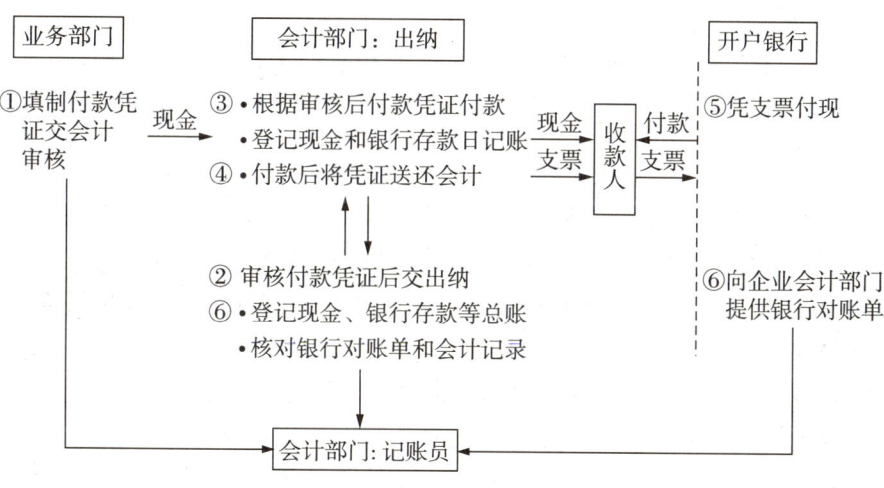

图 2-2 现金支出控制程序图

（二）现金的核算

　　企业应当设置现金总账和现金日记账,分别进行企业库存现金的总分类核算和明细分类核算。为了总括地反映企业库存现金的收入、支出和结存情况,企业应当设置"库存现金"总账账户,借方登记现金的增加,贷方登记现金的减少,期末余额在借方,反映企业实际持有的库存现金的金额。企业内部各部门周转使用的备用金,可以单独设置"备用金"账户进行核算。

现金日记账由出纳人员根据收付款凭证,按照业务发生顺序逐笔登记。每日终了,应当在现金日记账上计算出当日的现金收入合计额、现金支出合计额和结余额,并将现金日记账的账面结余额与实际库存现金额相核对,保证账款相符;月度终了,现金日记账的余额应当与现金总账的余额核对,做到账账相符。

1. 现金收支业务的会计处理

收入现金时,借记"库存现金"账户,贷记相关账户;支出现金时,借记相关账户,贷记"库存现金"账户。"库存现金"账户期末借方余额,反映企业持有的库存现金。

【例2-1】 华日公司2012年1月发生如下业务:

(1) 12日,开出现金支票1张,提取现金2 000元,以备临时使用。会计分录为:

    借:库存现金   2 000
        贷:银行存款   2 000

(2) 14日,企业行政管理部门报销办公用品费用600元。会计分录为:

    借:管理费用   600
        贷:库存现金   600

2. 现金清查的会计处理

根据规定,企业应定期或不定期对现金进行清查。清查采用的方法是实地盘点法。现金盘点应当有突击性,要由清查人员和出纳人员共同负责。盘点之前,出纳人员应将现金及付款凭证全部登记入账,并结出余额。盘点时,由清查人员逐一清点,由出纳人员监督,如发生盘盈盘亏,由盘点人员和出纳人员共同核实,同时要关注出纳人员有无违反现金管理规定的情况。盘点结束后,根据盘点结果编制"库存现金盘点报告表",由检查人员和出纳人员共同签章认可。此表是明确经济责任的依据,也是调整账实不符的原始凭证。

如果账款不符,发现有待查明原因的现金短缺或溢余,应先通过"待处理财产损溢"账户核算。按管理权限报经批准后,分别以下情况处理:

(1) 如为现金短缺,属于应由责任人赔偿或保险公司赔偿的部分,计入其他应收款;属于无法查明的其他原因,计入管理费用。

【例2-2】 华日公司清查库存现金时,发现现金短缺款50元。会计分录为：

　　借：待处理财产损溢——待处理流动资产损溢　　　　　　　　50
　　　　贷：库存现金　　　　　　　　　　　　　　　　　　　　　　50

　　经调查，上述 50 元短缺款中有 15 元是由于出纳人员的责任所导致，其余 35 元无法落实责任，经批准核销。会计分录为：

　　借：其他应收款——应收现金短缺款　　　　　　　　　　　　15
　　　　管理费用——现金短缺款　　　　　　　　　　　　　　　　35
　　　　贷：待处理财产损溢——待处理流动资产损溢　　　　　　　50

　　（2）如为现金溢余，属于应支付给有关人员或单位的，计入其他应付款；属于无法查明原因的，计入营业外收入。

　　【例 2-3】　华日公司盘点库存现金时，发现盘盈现金 80 元。会计分录为：

　　借：库存现金　　　　　　　　　　　　　　　　　　　　　　80
　　　　贷：待处理财产损溢——待处理流动资产损溢　　　　　　　80

　　经调查，该盘盈的 100 元现金中，有 70 元为客户多付款，有 30 元无法查明原因。会计分录为：

　　借：待处理财产损溢——待处理流动资产损溢　　　　　　　　80
　　　　贷：其他应付款——应付现金溢余款　　　　　　　　　　　50
　　　　　　营业外收入　　　　　　　　　　　　　　　　　　　　30

　　3. 备用金制度及其核算

　　备用金是指财会部门为了满足企业内部各业务部门和职工日常零星开支的需要，而暂付给有关部门和人员使用的备用现金又称业务周转金。实行备用金制度的原因是因为在企业日常经营活动中，会发生许多小额零星开支，若根据现金内部控制的要求逐笔审核与支付会非常麻烦，更可能影响业务的进行，遂按照重要性原则，对这些零星开支、零星采购或小额差旅费等需要的现金，建立备用金制度加以控制。

　　根据备用金的管理制度，备用金的核算分为定额制和非定额制。

　　（1）定额制。它是指根据使用部门和工作人员工作的实际需要，先核定其备用金定额并依此拨付备用金，使用后再拨补现金，保持原定额的制度。实行定额备用金制度，使用定额备用金的部门或工作人员应按核定的定额填写借款凭证,一次性领出全部定额现金,用后凭发票等有关凭证报销。出纳人员将报销金额补充原定额,从而保证该部门或工作人员经常保持核定的现金定额。只有等到撤销定额备用金或调换经办人时,才全部交回备用金。

企业内部周转使用的备用金在"其他应收款"账户或单设"备用金"账户核算,不在"库存现金"账户核算。"备用金"账户是资产类账户,其借方登记备用金的领用数,贷方登记备用金的核算数。备用金经管人员一般应设置"备用金登记簿",用以记录各项零星开支。

备用金第一次设立时,借记"备用金(或其他应收款——备用金)"账户,贷记"库存现金(银行存款)"账户;财务部门根据内部各单位提供的备用金报销清单,定期补足备用金时,借记"管理费用"账户,贷记"库存现金(银行存款)"账户;取消备用金制度时,借记"管理费用"、"库存现金(收回多余现金)"账户,贷记"备用金(其他应收款——备用金)"账户。

【例 2-4】 华日公司某部门采用定额备用金制度,金额为 1 000 元。2011年 1 月 1 日拨付备用金。会计分录为:

借:备用金	1 000
贷:库存现金	1 000

2011 年 1 月 12 日用现金购买零配件 800 元,其备用金只剩下 300 元,次日到财务部门报销,会计编制付款凭证,出纳员补给现金 800 元,这样该部门的备用金又达到了 1 000 元。会计分录为:

借:管理费用	800
贷:库存现金	800

(2)非定额制。它是指单位对非经常使用备用金的内部各部门或工作人员,根据每次业务所需备用金的数额填制借款凭证,向出纳人员预借现金,使用后凭发票等原始凭证一次性到财务部门报销,多退少补,一次结清,下次再用时重新办理领借手续的制度。报销时财务部门编制转账凭证,其借方账户与定额备用金报销时相同,其贷方账户则为"其他应收款——备用金"。对于实际支出额小于预借金额的,应编制现金收款凭证,收回多借的现金;对于实际支出大于预借金额的,编制现金付款凭证,补给经办人员垫付的款项。

【例 2-5】 华日公司对公司内某行政部门采用非定额备用金制度。该

行政部门为购买办公用品预借备用金 1 500 元,预借时,财务部门根据借款凭证编制现金付款凭证。会计分录为:

借:其他应收款——备用金(行政部门)　　　　　　　　　　　1 500
　　贷:库存现金　　　　　　　　　　　　　　　　　　　　　　1 500

行政部门购买办公用品 1 380 元后凭发票和验收入库单到财务部门报销,交回多余现金 120 元,财务部门编制转账凭证一张。会计分录为:

借:管理费用　　　　　　　　　　　　　　　　　　　　　　　1 380
　　库存现金　　　　　　　　　　　　　　　　　　　　　　　　120
　　贷:其他应收款——备用金(行政部门)　　　　　　　　　　1 500

如果行政部门实际购买办公用品 1 580 元,经办人员自己垫付了 80 元,则在报销时,财务部门按规定编制转账凭证一张。会计分录为:

借:管理费用　　　　　　　　　　　　　　　　　　　　　　　1 580
　　贷:其他应收款——备用金(行政部门)　　　　　　　　　　1 500
　　库存现金　　　　　　　　　　　　　　　　　　　　　　　　80

二、银行存款

银行存款是指企业存入银行或其他金融机构的各部分货币资金。企业应当根据业务需要,按照规定在其所在地银行开设账户,运用所开设的账户进行存款、取款以及各种收支转账业务的结算。银行存款的收付应严格执行银行结算制度的规定。

(一)银行存款的管理

与库存现金管理目标类似,银行存款管理的目标是保证银行存款的安全、完整。从会计技术角度看,要求定期将企业银行存款日记账与银行送来的企业银行存款对账单核对相符。不同规模、不同行业的企业,在银行存款的使用要求上存在差异,银行存款管理措施也就相应不同。但它们都有一些基本要求,包括:

第一,从事银行存款收付业务的相关人员必须职责分离。在银行存款收付业务中,涉及出纳、会计、主管及银行相关人员。在企业中,应做到银行存款的审批人同出纳人员、支票保管人员和记账员相分离,负责调整银行往来账的人员同现金收付、负责应收应付账款的人员的职责相分离。

第二,严格支票管理。所有的空白支票必须连续编号,空白支票要妥善保管,支票存根要按有关规定妥善保存,任何有文字或数字更改的支票应予作废(加盖"作废"戳记),并且同其他支票存根一起,按顺序编号并保留。每项支票支出,都必须有经过核准的发票或其他必要的凭证作为书面依据,而且必须经过指定的支票签署者的审批并签发。所有已签发的支票,应于当日及时入账,并定期与相关账户核对。

第三,要定期将企业银行存款日记账与银行送来的企业银行存款对账单核对相符。如不符,应及时查找原因,力图将损失控制在最低水平。

（二）银行存款业务的会计处理

企业应当设置银行存款总账和银行存款日记账,分别进行银行存款的总分类核算和明细分类核算。

为了核算存入银行或其他金融机构的各种款项,企业应设置"银行存款"总账账户。同时,企业应当按开户银行和其他金融机构、存款种类等分别设置"银行存款日记账",由出纳人员根据收付款凭证,按照业务的发生顺序逐笔登记。每日终了,应结出余额。

1. 银行存款收付业务的会计处理

企业将款项存入银行等金融机构时,借记"银行存款"账户,贷记"库存现金"等有关账户;提取或支付在银行等金融机构中的存款时,借记"库存现金"等有关账户,贷记"银行存款"账户。

企业在银行的其他存款,如外埠存款、银行本票存款、银行汇票存款、在途货币资金、信用证存款等,在"其他货币资金"账户核算,不通过"银行存款"账户进行会计处理。

【例2-6】 华日公司2012年1月21日发生如下银行存款收付业务。

（1）从银行提取现金2 000元。会计分录为：

借：库存现金   2 000
    贷：银行存款   2 000

（3）收回大华公司所欠货款21 000元。会计分录为：

借：银行存款   21 000
    贷：应收账款——大华公司   21 000

（2）签发转账支票1张,支付胜利公司的购货款20 500元。会计分录为：

借：应付账款——胜利公司   20 500
    贷：银行存款   20 500

2. 银行存款的核对

"银行存款日记账"应定期与"银行对账单"核对,至少每月核对一次。企业银行存款收、支业务发生后,账户凭证的填制和传递需要一定的时间。对于同一笔业务,企业会计入账的时间和程序与银行会计入账的时间和程序不一定相同。两方中某一方在记账时也可能有错漏,所以这些因素都会造成企业银行存款账户余额与同一日的开户银行企业存款账户余额不一致。为此,必须定期将企业银行存款余额与银行对账单上的余额进行核对、调整,以使两者余额一致。一般来讲,需要调整的业务分为两大类:一类为记账有错漏;另一类为未达账项。对银行或企业错记或漏记的业务,查找原因后,编制分录进行更正。因未达账项使双方余额不一致时,可通过编制银行存款余额调节表,使之调节相符,未达账项的原因不外乎下面四种:

(1)企业已入账、银行尚未入账的收款业务。即:企业已借记"银行存款"账户,而银行尚未使企业存款增加,未记入企业的存款账。

(2)企业已支付、银行尚未支付的付款业务。即:企业已贷记"银行存款"账户,而银行尚未作减少企业存款的记录。如:企业支付费用开出支票后,已根据支票存根作银行存款减少的记录,但持票人还未到银行兑取,以致银行在编制对账单时还未作企业存款减少的账务处理。

(3)银行已入账、企业尚未入账的收款业务。即:银行在根据有关凭证作了增加企业存款的账务处理,但企业因尚未收到通知而无法入账。如:在托收承付结算过程中,银行已根据托收凭证的"划款通知",将收到的款项记入了企业的存款账,但托收凭证的"收款通知"还未到达企业,故企业尚未作收款的账务处理。

(4)银行已付款、企业尚未付款的业务。即:银行已根据有关规定和有关付款凭证,作了减少企业银行存款的账务处理,但企业因没有收到有关通知或凭证,而尚未作出支付款项的账务处理。如:在结息日银行向企业结取借款利息,作了企业银行存款减少的账务处理,但企业尚未收到有关凭证,不能作出银行存款减少的账务处理。

【例2-7】 华日公司2012年1月1日银行存款日记账的余额为27 000元,而银行对账单上的存款余额是28 180元,经逐笔核对后,发现有以下未达账项尚未作记录。

(1)1月30日存入转账支票5 000元,但银行因内部手续尚未办妥,还未入账。

（2）1 月 30 日开出的 1 张转账支票 4 000 元和 1 张现金支票 280 元,由于持票人尚未到银行办理转账及取款手续,故银行尚未记账。

（3）委托银行代收的货款 3 000 元,1 月 30 日银行已经收到并登记入账,由于收账通知尚未送达企业,故企业尚未入账。

（4）电信局委托银行代收华日公司应付的电话费 1 100 元,银行已从企业存款中代付,由于转账通知单尚未送达企业,故企业尚未记账。

根据上述资料,华日公司 2012 年 1 月 31 日编制银行存款余额调节表,如表 2-1 所示。

表 2-1

银行存款余额调节表

币种:　　　　开户银行:　　　　账号:　　　　2012 年 1 月 31 日

项　　目	金额	项　　目	金额
企业银行存款账户余额	27 000	银行对账单上的存款余额	28 180
加:银行已代收的货款	3 000	加:企业已存入银行的支票	5 000
减:银行已代付的电话费	1 100	减:企业已开出的支票	4 280
调节后余额	28 900	调节后余额	28 900

"银行存款余额调节表"应由与现金无关的人员来编制。经过上述调整后的银行存款余额,表示企业可动用的银行存款额。同时需注意的是,银行存款余额调节表主要是用来核对企业与银行双方的记账有无差错,不能作为记账的依据。对于因未达账项而使双方账面余额出现的差异,无须作账面调整,待结算凭证到达后再进行账务处理,登记入账。

3. 银行存款的损失

企业应当加强对银行存款的管理,定期对银行存款进行检查。对于存在银行或其他金融机构的款项已经部分不能收回或者全部不能收回的,应当查明原因进行处理;有确凿证据表明无法收回的,应当根据企业管理权限报经批准后,将无法收回的部分作为当期损失计入营业外支出,冲减银行存款,借记"营业外支出"账户,贷记"银行存款"账户。

三、其他货币资金

其他货币资金是指企业除库存现金、银行存款以外的各种货币资金,主要包括银行汇票存款、银行本票存款、信用卡存款、信用证保证金存款、外埠存款、存出投资款。

其他货币资金不同于库存现金和银行存款，它是企业所持有的一种承诺了专门用途的货币资金，不能像结算户存款那样可以随意安排使用，因此，要设置"其他货币资金"账户对其进行核算。该账户应按照其他货币资金的种类设置明细账户，如"外埠存款"、"银行汇票"、"银行本票"、"信用卡"、"信用证保证金"、"存出投资款"等。

（一）银行汇票存款

银行汇票是指由出票银行签发的、由其在见票时按照实际结算金额无条件支付给收款人或者持票人的票据。银行汇票的出票银行为银行汇票的付款人。单位和个人的各种款项的结算，均可使用银行汇票。银行汇票可以用于转账，填明"现金"字样的银行汇票也可以用于支取现金。

汇款单位（即申请人）使用银行汇票，应向出票银行填写"银行汇票申请书"，填明收款人名称、汇票金额、申请人名称、申请日期等事项并签章，签章为其预留银行的签章。出票银行受理银行汇票申请书，收到款项后签发银行汇票，并用压数机压印出票金额，将银行汇票和解讫通知一并交给申请人。申请人应将银行汇票和解讫通知一并交付给汇票上记明的收款人。收款人受理申请人交付的银行汇票时，应在出票金额以内，根据实际需要的款项办理结算，并将实际结算的金额和多余金额准确、清晰地填入银行汇票和解讫通知的有关栏内，到银行办理款项入账手续。收款人可以将银行汇票背书转让给被背书人。银行汇票的背书转让以不超过出票金额的实际结算金额为准。未填写实际结算金额或实际结算金额超过出票金额的银行汇票，不得背书转让。银行汇票的提示付款期限为自出票日起1个月，持票人超过付款期限提示付款的，银行将不予受理。持票人向银行提示付款时，必须同时提交银行汇票和解讫通知，缺少任何一联，银行不予受理。

银行汇票丧失，失票人可以凭人民法院出具的其享有票据权利的证明，向出票银行请求付款或退款。

企业填写"银行出票申请书"、将款项交存银行时，借记"其他货币资金——银行汇票"账户，贷记"银行存款"账户；企业持银行汇票购货、收到有关发票账单时，借记"材料采购"或"原材料"、"库存商品"、"应交税费——应交增值税（进项税额）"等账户，贷记"其他货币资金——银行汇票"账户；采购完毕收回剩余款项时，借记"银行存款"账户，贷记"其他货币资金——银行汇票"账户。企业收到银行汇票、填制进账单到开户银行办理款项入账手续时,根据进账单及销货发票等,借记"银行存款"账户,贷记"主营业务收入"、"应交税费——应交增值税(销项税额)"等账户。

销货企业收到银行汇票、填制进账单到开户银行办理款项入账手续时,根据进账单及销货发票等,借记"银行存款"账户,贷记"主营业务收入"、"应交税费——应交增值税(销项税额)"等账户。

【例 2-8】 华日公司为增值税一般纳税人,向银行申请办理银行汇票用以购买原材料,将款项 250 000 元交存银行转作银行汇票存款。根据银行盖章退回的申请书存根联,作会计分录为:

借:其他货币资金——银行汇票 250 000
　贷:银行存款 250 000

华日公司购入原材料一批,取得的增值税专用发票上的原材料价款为200 000 元,增值税税额为 34 000 元,已用银行汇票办理结算,多余款项16 000元退回开户银行,企业已收到开户银行转来的银行汇票第四联(多余款收账通知)。会计分录为:

借:原材料 200 000
　应交税费——应交增值税(进项税额) 34 000
　贷:其他货币资金——银行汇票 234 000

借:银行存款 16 000
　贷:其他货币资金——银行汇票 16 000

(二)银行本票存款

银行本票是指由出票银行签发的、承诺自己再见票时无条件支付确定的金额给收款人或者持票人的票据。单位和个人在同一票据交换区域需要支付的各种款项,均可使用银行汇票。银行汇票可以用于转账,填明"现金"字样的银行汇票也可以用于支取现金。

银行本票分为不定额本票和定额本票两种。定额本票面额为 1 000 元、5 000 元、10 000 元和 50 000 元。银行本票的提示付款期限自出票日起最长不得超过 2 个月。在有效付款期内,银行见票付款。持票人超过付款期限提示付款的,银行不予受理。

申请人使用银行本票,应向银行填写"银行本票申请书"。申请人或收款人为单位的,不得申请签发现金银行本票。出票银行受理"银行本票申请书"，收妥款项后签发银行本票，在本票上签章后交给申请人。申请人应将银行本票交付给本票上记明的收款人。收款人可以将银行本票背书转让给被背书人。

申请人因银行本票超过提示付款期限或其他原因要求退款时，应将银行本票提交到出票银行并出具单位证明。根据银行盖章退回的进账单第一联，借记"银行存款"账户，贷记"其他货币资金——银行本票"账户。出票银行对于在本行开立存款账户的申请人，只能将款项转入原申请人账户；而对于现金银行本票和未到本行开立存款账户的申请人，银行可以退付现金。

银行本票丧失，失票人可以凭人民法院出具的其享有票据权利的证明，向出票银行请求付款或退款。

企业填写"银行本票申请书"、将款项交存银行时，借记"其他货币资金——银行本票"账户，贷记"银行存款"账户；企业持银行本票购货、收到有关发票账单时，借记"材料采购"或"原材料"、"库存商品"、"应交税费——应交增值税（进项税额）"等账户，贷记"其他货币资金——银行本票"账户。

销货企业收到银行本票、填制进账单到开户银行办理款项入账手续时，根据进账单及销货发票等，借记"银行存款"账户，贷记"主营业务收入"、"应交税费——应交增值税（销项税额）"等账户。

【例 2-9】 华日公司为取得银行本票，向银行填交"银行本票申请书"，并将 10 000 元银行存款转作银行本票存款。企业取得银行本票后，应根据银行盖章退回的"银行本票申请书"存根联填制银行付款凭证。会计分录为：

借：其他货币资金——银行本票　　　　　　　　　　　　　10 000
　　贷：银行存款　　　　　　　　　　　　　　　　　　　　10 000

华日公司用银行本票购买办公用品 10 000 元。根据发票账单等有关凭证，编制会计分录为：

借：管理费用　　　　　　　　　　　　　　　　　　　　　10 000
　　贷：其他货币资金——银行本票　　　　　　　　　　　　10 000

（三）信用卡存款

信用卡存款是指企业为取得信用卡而存入银行信用卡专户的款项。信用卡是银行卡的一种。

凡在中国境内金融机构开立基本存款账户的单位可申领单位卡。单位卡可申领若干张，持卡人资格由申领单位法定代表人或其委托的代理人书面指定和注销。单位卡账户的资金一律从其基本存款账户转账存入,不得交存现金,不得将销货收入的款项存入其账户。持卡人可持信用卡在特约单位购物、消费,但单位卡不得用于 10 万元以上的商品交易、劳务供应款项的结算,不得支取现金。特约单位在每日营业终了,应将当日受理的信用卡签购单汇总,计算手续费和净计金额,并填写汇(总)计单和进账单,连同签购单一并送交收单银行办理进账。

信用卡按是否向发卡银行交存备用金分为贷记卡、准贷记卡两类。贷记卡是指发卡银行给予持卡人一定的信用额度,持卡人可在信用额度内先消费、后还款的信用卡。准贷记卡是指持卡人须先按发卡银行要求交存一定金额的备用金,当备用金账户余额不足支付时,可在发卡银行规定的信用额度内透支的信用卡。

准贷记卡的透支期限最长为 60 天,贷记卡的首月最低还款额不得低于其当月透支余额的 10%。

企业应填制"信用卡申请表",连同支票和有关资料一并送存发卡银行,根据银行盖章退回的进账单第一联,借记"其他货币资金——信用卡"账户,贷记"银行存款"账户;企业用信用卡购物或支付有关费用,收到开户银行转来的信用卡存款的付款凭证及所附发票账单,借记"管理费用"等账户,贷记"其他货币资金——信用卡"账户;企业信用卡在使用过程中,需要向其账户续存资金的,应借记"其他货币资金——信用卡"账户,贷记"银行存款"账户;企业的持卡人如不需要继续使用信用卡时,应持信用卡主动到发卡银行办理销户,销卡时,信用卡余额转入企业基本存款户,不得提取现金,借记"银行存款"账户,贷记"其他货币资金——信用卡"账户。

【例 2-10】 华日公司于 2012 年 3 月 5 日向银行申领信用卡,向银行交存 50 000 元。4 月 10 日,该公司用信用卡向某饭店支付招待费 3 000 元。会计分录为:

借:其他货币资金——信用卡	50 000
贷:银行存款	50 000
借:管理费用	3 000
贷:其他货币资金——信用卡	3 000

(四)信用证保证金存款

信用证保证金存款是指采用信用证结算方式的企业为开具信用证而存

入银行信用证保证金专户的款项。企业向银行申请开立信用证，应按规定向银行提交卡纸申请书、信用证申请人承诺书和购销合同。

企业填写"信用证申请书"，将信用证保证金交存银行时，应根据银行盖章退回的"信用证申请书"回单，借记"其他货币资金——信用证保证金"账户，贷记"银行存款"账户。企业接到开证行通知，根据供货单位信用证结算凭证及所附发票账单，借记"材料采购"或"原材料"、"库存商品"、"应交税费——应交增值税（进项税额）"等账户，贷记"其他货币资金——信用证保证金"账户；将未用完的信用证保证金存款余额转回开户银行时，借记"银行存款"账户，贷记"其他货币资金——信用证保证金"账户。

【例2-11】华日公司向银行申请开具信用证2 000 000元，用于支付境外采购材料价款，公司已向银行交纳保证金，并收到银行盖章退回的进账单第一联。会计分录为：

借：其他货币资金——信用证保证金	2 000 000
贷：银行存款	2 000 000

公司收到银行转来的境外销货单位信用证结算凭证以及所附发票账单、海关进口增值税专用交款书等有关凭证，材料价款1 500 000元，增值税税额为255 000元。会计分录为：

借：原材料	1 500 000
应交税费——应交增值税（进项税额）	255 000
贷：其他货币资金——信用证保证金	1 755 000

公司收到银行收款通知，对该境外销货单位开出的信用证余款245 000元已经转回银行账户。会计分录为：

借：银行存款	245 000
贷：其他货币资金——信用证保证金	245 000

（五）外埠存款

外埠存款是指企业为了到外地进行临时或零星采购，而汇往采购地银行开立采购专户的款项。该账户的存款不计利息、只付不收、付完清户，除了采购人员可从中提取少量现金外，一律采用转账结算。

企业将款项汇往外地时，应填写汇款委托书，委托开户银行办理汇款。汇入地银行以汇款单位名义开立临时采购账户。该账户的存款不计利息、只付不收、付完清户，除了采购人员可从中提取少量现金外，一律采用转账结算。

企业将款项汇往外地开立采购专用账户时,根据汇出款项凭证,编制付款凭证,进行账务处理,借记"其他货币资金——外埠存款"账户,贷记"银行存款"账户;收到采购人员转来供应单位发票账单等报销凭证时,借记"材料采购"或"原材料"、"库存商品"、"应交税费——应交增值税(进项税额)"等账户,贷记"其他货币资金——外埠存款"账户;采购完毕收回剩余款项时,根据银行的收账通知,借记"银行存款"账户,贷记"其他货币资金——外埠存款"账户。

【例 2-12】 华日公司派采购员到异地采购原材料,2012 年 1 月 1 日企业委托开户银行汇款 100 000 元到采购地设立采购专户。根据收到的银行汇款凭证回单联,作会计分录为:

  借:其他货币资金——外埠存款   100 000
    贷:银行存款   100 000

1 月 20 日,采购员交来从采购专户付款购入材料的有关凭证,增值税专用发票上的原材料价款为 80 000 元,增值税额为 13 600 元。企业编制如下会计分录:

  借:原材料   80 000
    应交税费——应交增值税(进项税额)   13 600
    贷:其他货币资金——外埠存款   93 600

1 月 30 日,收到开户银行的收款通知,该采购专户中的结余款项已经转回。根据收账通知,企业编制如下会计分录:

  借:银行存款   6 400
    贷:其他货币资金   6 400

(六)存出投资款

企业向证券公司划出资金时,应按实际划出的金额,借记"其他货币资金——存出投资款"账户,贷记"银行存款"账户;购买股票、债券等时,借记"交易性金融资产"等账户,贷记"其他货币资金——存出投资款"账户。

第二节 应 收 项 目

应收项目是指企业在日常生产经营过程中发生的各项债权,包括应收款项和预付款项。应收款项包括应收票据、应收账款和其他应收款等;预付款项则是指企业按照合同规定预付的款项,如预付账款等。

一、应收票据

（一）应收票据概念与种类

应收票据是指企业因销售商品、提供劳务等而收到的商业汇票。商业汇票是一种由出票人签发的、委托付款人在指定日期无条件支付确定金额给收款人或者持票人的票据。

商业汇票的付款期限，最长不得超过 6 个月。商业汇票的提示付款期限，自汇票到期日起 10 日内。符合条件的商业汇票的持票人，可以持未到期的商业汇票连同贴现凭证向银行申请贴现。

根据承兑人不同，商业汇票分为商业承兑汇票和银行承兑汇票两种。

商业承兑汇票是指由付款人签发并承兑，或由收款人签发交由付款人承兑的汇票。商业承兑汇票的付款人收到开户银行的付款通知，应在当日通知银行付款。付款人在接到通知日的次日起 3 日内（遇法定休假日顺延）未通知银行付款的，视同付款人承诺付款，银行将于付款人接到通知日的次日起第四日（遇法定休假日顺延）上午开始营业时，将票款划给持票人。付款人提前收到由其承兑的商业汇票，应通知银行于汇票到期日付款。银行在办理划款时，付款人存款账户不足支付的，银行应填制付款人未付票款通知书，连同商业承兑汇票邮寄持票人开户银行转至持票人。

银行承兑汇票是指由在承兑银行开立存款账户的存款人（这里也是出票人）签发，由承兑银行承兑的票据。企业申请使用银行承兑汇票时，应向其承兑银行按票面金额的 5‰ 交纳手续费。银行承兑汇票的出票人应于汇票到期前将票款足额交存其开户银行，承兑银行应在汇票到期日或到期日后的见票当日交付票款。银行承兑汇票的出票人于汇票到期前未能足额交存票款时，承兑银行除凭票向持票人无条件付款外，对出票人尚未支付的汇票金额按照每天 5‰ 计收利息。

商业汇票按是否计息可分为不带息商业汇票和带息商业汇票。不带息商业汇票是指商业汇票到期时，承兑人只按票面金额（即面值）向收款人或被背书人支付款项的汇票。带息票据是指商业汇票到期时，承兑人必须按票面金额加上应计利息向收款人或被背书人支付票款的票据。

在我国，商业票据的期限一般较短，利息金额相对来说不大，因此，应收票据一般按其面值计价。即：企业收到应收票据时，应按照票据的面值入账。但对于带息的应收票据,按照现行制度的规定,应于期末(指中期期末和年度终了)按应收票据的票面价值和确定的利率计提利息,计提的利息应增加应收票据的账面价值。

(二)应收票据的核算

为了反映和监督应收票据取得、条款收回等经济业务,企业应当设置"应收票据"账户,借方登记取得的应收票据的面值,贷方登记到期收回票款或到期前向银行贴现的应收票据的票面余额,期末余额在借方,反映企业持有的商业汇票的票面金额。

1. 应收票据一般业务的账务处理

(1) 不带息应收票据的核算。不带息票据的到期价值等于应收票据的面值。企业销售商品或提供劳务收到商业汇票时,借记"应收票据"账户,贷记"主营业务收入"、"应交税费——应交增值税(销项税额)"等账户。应收票据到期收回时,应按票面金额,借记"银行存款"账户,贷记"应收票据"账户。商业承兑汇票到期,承兑人违约拒付或无力支付票款,企业收到银行退回的商业承兑汇票、委托收款凭证、未付票款通知书或拒绝付款证明等,应将到期票据的票面金额转入"应收账款"账户。

【例2-13】 华日公司销售一批产品给南方公司,货已发出,货款300 000元,增值税税额为51 000元。按合同约定90天以后付款,南方公司交给东方公司1张不带息90天到期的商业承兑汇票,面额351 000元。华日公司应作如下会计处理:

借:应收票据		351 000
贷:主营业务收入		300 000
应交税费——应交增值税(销项税额)		51 000

30天后,应收票据到期收回款项351 000元,存入银行。东方公司应作如下会计处理:

借:银行存款		351 000
贷:应收票据		351 000

如果该票据到期,南方公司无力偿还票款,东方公司应作如下会计处理:

借:应收账款		351 000
贷:应收票据		351 000

（2）带息应收票据的核算。企业收到的带息应收票据，除按照上述原则进行核算外，还应于中期期末和年度终了，按规定计提票据利息，并增加应收票据的票面价值，同时，冲减"财务费用"，借记"应收票据"账户，贷记"财务费用"账户。

票据利息的计算公式为：

$$应收票据利息＝应收票据票面金额×票面利率×期限$$

上式中，"利率"一般指年利率；"期限"指签发日至到期日的时间间隔（有效期）。票据的期限，有按月表示和按日表示两种。票据期限按月表示时，应以到期月份中与出票日相同的那一天为到期日。例如，7月20日签发的1个月票据，到期日应为8月20日。月末签发的票据，不论月份大小，以到期月份的月末那一天为到期日。与此同时，计算利息使用的利率要换算成月利率（年利率÷12）。票据期限按日表示时，应从出票日起按实际经历天数计算。通常出票日和到期日，只能计算其中的一天，即"算头不算尾"或"算尾不算头"。例如，6月15日签发的60天票据，其到期日应为8月14日〔60天－6月份剩余天数－7月份实有天数＝60－（30－15）－31＝14〕。同时，计算利息使用的利率，要换算成日利率（年利率÷360）。

带息的应收票据到期收回款项时，应按收到的本息，借记"银行存款"科目，按账面价值，贷记"应收票据"科目，按其差额，贷记"财务费用"科目。

【例2-14】 华日公司2011年9月1日销售一批产品给B公司，货已发出，发票上注明的价税合计为100 000元。华日公司收到B公司交来的商业承兑汇票1张，期限为6个月，票面利率为6％。华日公司的账务处理如下。

（1）收到票据时，会计分录为：

借：应收票据	100 000	
贷：主营业务收入		85 470
应交税费——应交增值税（销项税额）		14 530

（2）年度终了（2011年12月31日），计提票据利息时，会计分录为：

票据利息＝100 000×6％×4÷12＝2 000（元）

借：应收票据	2 000	
贷：财务费用		2 000

(3) 票据到期收回货款时,会计分录为:

收款金额＝100 000×(1＋6％×6÷12)＝103 000(元)

2012 年计提的票据利息＝100 000×6％×2÷12＝1 000(元)

借:银行存款	103 000
贷:应收票据	102 000
财务费用	1 000

2. 应收票据转让的核算

企业可以将自己持有的商业汇票背书转让。背书是指持票人在票据背面签字,签字人称为背书人,背书人对票据的到期付款负连带责任。

企业将持有的应收票据背书转让,以取得所需物资时,按应计入取得物资成本的价值,借记"物资采购"或"原材料"、"库存商品"等账户,按增值税专用发票上注明的增值税额,借记"应交税费——应交增值税(进项税额)"账户,按应收票据的账面余额,贷记"应收票据"账户,有差额,借记或贷记"银行存款"等账户。如为带息应收票据,按应收票据的账面余额,贷记"应收票据"账户,按尚未计提的利息,贷记"财务费用"账户,按应收或应付的金额,借记或贷记"银行存款"等账户。

(三) 应收票据贴现的核算

1. 应收票据贴现的含义

贴现是指企业将未到期的商业汇票经过背书,交给银行,银行受理后,从票面金额中扣除按银行的贴现率计算确定的贴现息后,将余额付给贴现企业。票据贴现实质上是一种融通资金的行为。在贴现中,企业给银行的利息称为贴现息,所用的利率称为贴现率,票据到期值与贴现息之差称为贴现所得。

企业以应收票据向银行贴现的贴息及贴现所得计算可概括为如下三步。

(1) 计算应收票据的到期值。计算公式为:

票据到期价值＝票据面值×(1＋年利率×票据到期天数÷360)

或＝票据面值×(1＋年利率×票据到期月数÷12)

对于无息票据来说,票据的到期价值就是其面值。

(2) 计算贴现利息。计算公式为:

贴现息＝票据到期价值×贴现率×贴现期

其中,贴现期为票据期限减去企业已持有票据的期限。

（3）计算贴现净额。计算公式为:

$$贴现所得金额＝票据到期价值－贴现息$$

2. 应收票据账款的账务处理

企业持未到期的应收票据向银行贴现,按实际收到的金额（即减去贴现息后的净额）,借记"银行存款"账户,按贴现息部分,借记"财务费用"账户,按应收票据的票面余额,贷记"应收票据"账户。如为带息应收票据,按实际收到的金额,借记"银行存款"账户,按应收票据的账面余额,贷记"应收票据"账户,按其差额,借记或贷记"财务费用"账户。

【例 2-15】 2012 年 4 月 20 日,华日公司持所收取的丰裕公司出票日期为 2 月 20 日、期限为 6 个月、面值为 200 000 元的不带息商业承兑汇票 1 张到银行贴现。假设该企业与承兑企业在同一票据交换区域内,银行年贴现率为 6％。

$$贴现息＝200\,000×6％×4÷12＝4\,000(元)$$
$$贴现净额＝200\,000－4\,000＝196\,000(元)$$

借：银行存款	196 000
财务费用	4 000
贷：应收票据	200 000

贴现的商业承兑汇票到期,因承兑人的银行账户不足支付,申请贴现的企业收到银行退回的应收票据、支款通知和拒绝付款理由书或付款人未付票款通知书时,按所付本息,借记"应收账款"账户,贷记"银行存款"账户;如果申请贴现企业的银行存款账户余额不足,银行作逾期贷款处理时,应按转作贷款的本息,借记"应收账款"账户,贷记"短期借款"账户。

企业应当设置"应收票据备查簿",逐笔登记每一应收票据的种类、号数和出票日期、票面金额、票面利率、交易合同号和付款人、承兑人、背书人的姓名或单位名称、到期日、背书转让日、贴现日期、贴现率和贴现净额、计提的利息,以及收款日期和收回金额、退票情况等资料。应收票据到期结清票款或退票后,应当在备查簿内逐笔注销。

二、应收账款

（一）应收账款概念与计价

应收账款是指企业在正常经营活动中,由于销售商品、产品或提供劳务等业务,而向购货单位或接受劳务单位收取的款项,主要包括企业销售商品或提供劳务等应向有关债务人收取的价款及代购货单位垫付的包装费、运杂费等。

应收账款通常应按交易实际发生的金额计价入账,包括发票金额和代购货单位垫付的运费两部分。计价时还需要考虑商业折扣和现金折扣等因素。

1. 商业折扣

商业折扣是指企业根据市场供需情况,或针对不同的顾客,在商品标价上给予的扣除。商业折扣是企业最常用的促销手段。企业一般采用销量越多、价格越低的促销策略。商业折扣一般在交易发生时即已确定,它仅仅是确定实际销售价格的一种手段。因此,在存在商业折扣的情况下,企业应收账款入账金额应按扣除商业折扣以后的实际售价确认。

2. 现金折扣

现金折扣是指债权人为鼓励债务人在规定的期限内付款,而向债务人提供的债务扣除。企业为了鼓励客户提前偿付货款,通常与债务人达成协议,债务人在不同期限内付款可享受不同比例的折扣。现金折扣一般用符号"折扣/付款期限"表示。例如,买方在 10 天内付款,可按售价给予 2% 的折扣,用符号"2/10"表示;在 20 天内付款,按售价给予 1% 的折扣,用符号"1/20"表示;在 30 天内付款,则不给折扣,用符号"n/30"表示。

存在现金折扣的情况下,应收账款入账金额的确认有两种方法:一种是总价法;另一种是净价法。我国的会计实务中通常采用总价法。

总价法是将未减去现金折扣前的金额作为实际售价,作为应收账款的入账价值。现金折扣只有客户在折扣期内支付货款时,才予以确认。在这种方法下,销售方把给予客户的现金折扣视为融资的理财费用,会计上作为财务费用处理。

由于应收账款是因为赊销业务而产生的,因此其入账时间与确认销售收入的时间是一致的,它们的入账时间可以根据确认收入实现的时间来定,具体确定方法,将在第十三章收入中介绍。

(二)应收账款的核算

1. 应收账款一般业务的核算

为了反映应收账款的增减变动及其结存情况,企业应设置"应收账款"账户。不单独设置"预收账款"账户的企业,预收的账款也在"应收账款"账户核算。"应收账款"账户的借方登记应收账款的增加,贷方登记应收账款的收回及确认的坏账损失,期末余额一般在借方,反映企业尚未收回的应收账款;如果期末余额在贷方,则反映企业预收的账款。

企业销售商品或提供劳务发生应收账款,在没有商业折扣的情况下,按应收的全部金额入账。存在商业折扣的情况下,应按扣除商业折扣后的金额入账。存在现金折扣的情况下,采用总价法入账,发生的现金折扣作为财务费用处理。进行有关的会计核算时,销售商品或提供劳务等应收取的款项,借记"应收账款"账户,贷记"主营业务收入"、"应交税费——应交增值税(销项税额)"等账户。收回应收账款时,按实收金额,借记"银行存款"等账户,贷记"应收账款"账户。如果应收账款改用商业汇票结算,在收到承兑的商业汇票时,按照票面金额,借记"应收票据"账户,贷记"应收账款"账户。这里仅就存在商业折扣情况下应收账款的核算举例说明,有关现金折扣的会计处理将在收入核算中介绍。

【例 2-16】　华日公司向 A 公司销售一批产品,按照价目表上标明的价格计算,其售价金额为 100 000 元。由于是批量销售,企业给予 10%的商业折扣,金额为 10 000 元,适用的增值税税率为 17%,同时以银行存款代垫运杂费 1 000 元,已办理托收手续。华日公司有关账务处理如下:

借:应收账款——A 公司　　　　　　　　　　　　　　106 300
　　贷:主营业务收入　　　　　　　　　　　　　　　　90 000
　　　　应交税费——应交增值税(销项税额)　　　　　15 300
　　　　银行存款　　　　　　　　　　　　　　　　　　1 000

收到货款时,会计分录为:

借:银行存款　　　　　　　　　　　　　　　　　　　106 300
　　贷:应收账款——A 公司　　　　　　　　　　　　　106 300

2. 应收账款出售和融资业务的核算

企业将其按照销售商品、提供劳务的销售合同所产生的应收账款出售给银行等金融机构,在进行会计核算时,应按照实质重于形式的原则,充分考虑交易的经济实质。对于有明确的证据表明有关交易事项满足销售确认条件,如与应收账款有关的风险和报酬实质上已经发生转移等,应按照出售应收账款处理,并确认相关损益;否则,应作为以应收账款为质押取得借款进行会计处理。

第一,以应收账款为质押取得借款的核算。企业将其按照销售商品、提供劳务的销售合同所产生的应收账款提供给银行作为其向银行借款质押的,应将从银行等金融机构获得的款项确认为对银行等金融机构的一项负债,作为短期借款核算。企业发生的借款利息及向银行等金融机构偿付借入款项的本息时的会计处理,应按有关借款核算的规定进行处理。企业应设置备查簿,详细记录质押的应收账款的账面金额、质押期限及回款情况等。

【例2-17】 2012年2月5日,华日公司销售一批商品给乙公司,开出的增值税专用发票上注明的销售价款为200 000元,增值税销项税额为34 000元,款项尚未收到。双方约定,乙公司应于2012年9月30日付款。2012年4月1日,华日公司因急需流动资金,经与中国银行协商,以应收乙公司货款为质押取得6个月期流动资金借款200 000元,年利率6%,每月月末偿付利息。假定不考虑其他因素,华日公司与应收账款质押有关的账务处理如下。

(1)4月1日取得短期借款时,会计分录为:

借:银行存款	200 000
贷:短期借款	200 000

(2)4月30日偿付利息时,会计分录为:

借:财务费用	1 000
贷:银行存款	1 000

(3)9月30日偿付短期借款本金及最后一期利息时,会计分录为:

借:财务费用	1 000
短期借款	200 000
贷:银行存款	201 000

第二,应收账款出售的核算。企业将其按照销售商品、提供劳务的销售合同所产生的应收账款出售给银行等金融机构,根据企业、债务人及银行等金融机构之间的协议,在所售应收账款到期无法收回时,银行等金融机构不能够向出售应收账款的企业进行追偿的,企业应将所售应收账款予以转销,结转计提的相关坏账准备,确认按协议约定预计将发生的销售退回等,确认出售损益。

【例2-18】 2007年3月15日,华日公司销售一批商品给乙公司,开出的增值税专用发票上注明的销售价款为300 000元,增值税销项税额为51 000

元,款项尚未收到。双方约定,乙公司应于 2007 年 10 月 31 日付款。2007 年 6 月 4 日,经与中国银行协商后约定:华日公司将应收乙公司的货款出售给中国银行,价款为 263 250 元;在应收乙公司货款到期无法收回时,中国银行不能向华日公司追偿。华日公司根据以往经验,预计该批商品将发生的销售退回金额为 23 400 元,其中,增值税销项税额为 3 400 元,成本为 13 000 元,实际发生的销售退回由华日公司承担。2007 年 8 月 3 日,华日公司收到乙公司退回的商品,价款为 23 400 元。假定不考虑其他因素。

华日公司与应收账款出售有关的账务处理如下。

(1) 2007 年 6 月 4 日出售应收账款:

借:银行存款	286 650
其他应收款	23 400
营业外支出	40 950
贷:应收账款	351 000

(2) 2007 年 8 月 3 日收到退回的商品:

借:主营业务收入	20 000
应交税费——应交增值税(销项税额)	3 400
贷:其他应收款	23 400

同时,

借:库存商品	13 000
贷:主营业务成本	13 000

企业在出售应收账款的过程中如附有追索权,即在有关应收账款到期无法从债务人处收回时,银行等金融机构有权向出售应收账款的企业追偿,或按照协议约定,企业有义务按照约定金额自银行等金融机构回购部分应收账款,如应收账款的坏账风险由售出应收账款的企业负担,则企业应按照以应收账款为质押取得借款的核算原则进行会计处理。

三、预付账款

预付账款是指企业按照购货合同或劳务合同规定,预先支付给供货方或提供劳务方的账款。预付账款是企业暂时被供货方或提供劳务方占有的资金,是企业的一项短期债权,故将其归入应收项目。

为了加强对预付账款的管理,一般应单独设置会计账户进行核算。

预付账款不多的企业,也可以将预付的货款记入"应付账款"账户的借方。但在编制会计报表时,仍然要将"预付账款"和"应付账款"的金额分开报告。

企业按购货合同的规定预付货款时,按预付的款项,借记"预付账款"账户,贷记"银行存款"账户。收到所购材料时,根据发票账单等列明应计入购入材料成本的金额,借记"材料采购"或"原材料"、"库存商品"等账户,按增值税专用发票上注明的增值税额,借记"应交税费——应交增值税(进项税额)"账户,按应付金额,贷记"预付账款"账户。补付的款项,借记"预付账款"账户,贷记"银行存款"账户;退回多付的款项,借记"银行存款"账户,贷记"预付账款"账户。

【例 2-19】 2012 年 4 月,华日公司向乙公司采购材料 1 000 千克,单价 50 元,所需支付的款项总额 50 000 元。按照合同规定向乙公司预付货款的 40%,验收货物后补付其余款项。

(1)预付 40%的货款。会计分录为:

借:预付账款——乙公司   20 000

 贷:银行存款   20 000

(2)收到乙公司发来的 1 000 千克材料,经验收无误,有关发票记载的货款为 50 000 元,增值税额为 8 500 元。据此以银行存款补付不足款项 38 500元。会计分录为:

借:原材料   50 000

  应交税费——应交增值税(进项税额)   8 500

 贷:预付账款   58 500

借:预付账款   38 500

 贷:银行存款   38 500

企业的预付账款,如有确凿证据表明其不符合预付账款性质,或者因供货单位破产、撤销等原因已无望再收到所购货物的,应将原计入预付账款的金额转入其他应收款。企业应按预计不能收到所购货物的预付账款账面余额,借记"其他应收款——预付账款转入"账户,贷记"预付账款"账户。

除转入"其他应收款"账户的预付账款外,其他预付账款不得计提坏账准备。

四、其他应收款

其他应收款是指企业除应收票据、应收账款、预付账款等以外的其他各种应收、暂付款项，包括不设置"备用金"账户的企业拨出的备用金、应收的各种赔款、罚款，应向职工收取的各种垫付款项，以及已不符合预付账款性质而按规定转入的预付账款等。其他应收、暂付款主要包括：①应收的各种赔款、罚款。②应收出租包装物租金。③应向职工收取的各种垫付款项。④备用金（向企业各职能科室、车间等拨出的备用金）。⑤存出保证金，如租入包装物支付的押金。⑥预付账款转入。⑦其他各种应收、暂付款项。

企业发生其他应收款时，借记"其他应收款"账户，贷记"库存现金"、"银行存款"、"营业外收入"等账户；收回备用金以外的其他应收款时，借记"库存现金"、"银行存款"、"应付职工薪酬"等账户，贷记"其他应收款"账户。

【例2-20】 2012年1月华日公司发生如下业务。

（1）10日，以银行存款代职工张洪垫付应由其个人负担的住院医药费600元。会计分录为：

```
借：其他应收款——张洪                              600
    贷：银行存款                                    600
```

（2）15日，从张洪工资中扣回垫付医药费时，会计分录为：

```
借：应付职工薪酬                                  600
    贷：其他应收款——张洪                          600
```

（3）20日，公司租入包装物一批，以银行存款向出租方支付押金3 000元。会计分录为：

```
借：其他应收款——存出保证金                      3 000
    贷：银行存款                                  3 000
```

（4）28日，租入包装物按期如数退回，收到出租方退还的押金3 000元，已存入银行。会计分录为：

```
借：银行存款                                    3 000
    贷：其他应收款——存出保证金                  3 000
```

企业应当定期或者至少于每年年度终了,对其他应收款进行检查,预计其可能发生的坏账损失,并计提坏账准备。

五、应收款项减值

(一)应收账款减值损失的确认

企业的各项应收款项,可能会因购货人拒付、破产、死亡等原因而无法收回。这类无法收回的应收款项就是坏账。因坏账而遭受的损失为坏账损失。按照我国有关规定,企业应收账款符合下列条件之一的,应确认为坏账:①因债务人死亡,以其遗产清偿后仍然无法收回。②因债务人破产,以其破产财产清偿后仍然无法收回。③债务人较长时期内(如超过 3 年)未履行偿债义务,并有足够的证据表明无法收回或收回的可能性极小。需要明确的是,对按照会计程序已确认为坏账的应收账款,并不意味着企业放弃了其追索权,一旦重新收回,应及时入账。

企业应当在资产负债表日对应收款项的账面价值进行检查,有客观证据表明该应收款项发生减值的,应当将该应收款项的账面价值减记至预计未来现金流量现值,减记的金额确认减值损失,计提坏账准备。

(二)应收账款减值损失的会计处理

应收账款实际发生减值时,应及时予以核销,避免坏账资产长期挂账,导致账面资产反映不实。应收款项减值在会计上有两种处理方法:直接转销法和备抵法。

1. 直接转销法

直接转销法,也就是"实报实销"的做法。即:在实际发生坏账时,把坏账损失一次计入资产减值损失,同时冲销应收账款。从实务的角度看,直接转销法操作简便,但这种做法的缺点是不能把某一时期计列的坏账损失与导致该项坏账的赊销额联系起来,因而违背了权责发生制及收入与费用配比的会计核算原则。

2. 备抵法

备抵法是指对企业的各项应收账款按期估计坏账损失并计入当期费用(资产减值损失),形成坏账准备,当某一应收账款全部或部分被确认为坏账时,根据其金额冲减坏账准备,同时转销相应的应收账款金额的方法。按照备抵法,销售收入与相关的坏账损失计入同期损益,体现了配比原则。在资产负债表上,应收账款按可实现净值列示,因而能够较真实地反映企业的资产状况。因此,现行会计制度规定企业的坏账损失只能采取备抵法进行核算。

第一,坏账准备的计提范围。坏账准备的计提范围包括应收账款、其他应收款;企业的预付账款如有确凿证据表明其不符合预付账款性质,或因供货单位破产、撤销等原因已无望再收到所购货物的,应将原计入预付账款的金额转入其他应收款,并计提坏账准备。除此之外,企业应收票据及其他预付账款不得计提坏账准备。

第二,坏账准备的账务处理。企业应当设置"坏账准备"账户,核算应收款项的坏账准备计提、转销等情况。企业当期计提的坏账准备应当计入资产减值损失。"坏账准备"账户的贷方登记当期计提的坏账准备金额,借方登记实际发生的坏账损失金额和冲减的坏账准备金额,期末余额一般在贷方,反映企业已计提但尚未转销的坏账准备。

坏账准备可按以下公式计算:

当期应计提的坏账准备＝当期按应收款项计算应提的坏账准备金额－
（或＋）"坏账准备"账户的贷方（或借方）余额

企业计提坏账准备时,按应减记的金额,借记"资产减值损失——计提的坏账准备"账户,贷记"坏账准备"账户。冲减多计提的坏账准备时,借记"坏账准备"账户,贷记"资产减值损失——计提的坏账准备"账户。

【例 2-21】 2007 年 12 月 31 日,华日公司对应收丙公司的账款进行减值测试。应收账款余额合计为 1 000 000 元,华日公司根据丙公司的资信情况确定按 10％计提坏账准备。2007 年年末计提坏账准备的会计分录为:

　　借:资产减值损失——计提的坏账准备　　　　　　　　100 000
　　　　贷:坏账准备　　　　　　　　　　　　　　　　　　100 000

企业确实无法收回的应收款项按管理权限报经批准后作为坏账转销时,应当冲减已计提的坏账准备。企业发生坏账损失时,借记"坏账准备"账户,贷记"应收账款"、"其他应收款"等账户。

【例 2-22】 华日公司 2008 年对丙公司的应收账款实际发生坏账损失 30 000 元。确认坏账损失时,应作如下会计处理:

　　借:坏账准备　　　　　　　　　　　　　　　　　　　30 000
　　　　贷:应收账款　　　　　　　　　　　　　　　　　　30 000

已确认并转销的应收款项以后又收回的,应当按照实际收到的金额增加坏账准备的账面余额。已确认并转销的应收款项以后又收回时,借记"应收账款"、"其他应收款"等账户,贷记"坏账准备"账户;同时,借记"银行存款"账户,贷记"应收账款"、"其他应收款"等账户。也可以按照实际收回的金额,借记"银行存款"账户,贷记"坏账准备"账户。

【例2-23】 华日公司2009年4月20日收到2008年已转销的坏账20 000元,已存入银行。华日公司应作如下会计处理:

借:应收账款	20 000
贷:坏账准备	20 000
借:银行存款	20 000
贷:应收账款	20 000

第三,估计坏账损失的方法。在备抵法下,企业应当根据实际情况合理估计当期坏账损失金额。由于企业发生坏账损失带有很大的不确定性,所以只能以过去的经验为基础,参照当前的信用政策、市场环境和行业惯例,准确地估计每期应收款项未来现金流量现值,从而确定当期减值损失金额,计入当期损益。企业在预计未来现金流量现值时,应当在合理预计未来现金流量的同时,合理选用折现利率。短期应收账款的预计未来现金流量与其现值相差很小的,在确认相关减值损失时,可不对其预计未来现金流量进行折现。

在目前的会计实务中,估计坏账损失主要有两种方法:应收账款余额百分比法(资产负债表法)和销货百分比法(利润表法)。下面仅介绍前者。

应收账款余额百分比法,是按应收账款余额的一定百分比来估计坏账损失的方法。这一方法是基于坏账的发生与应收账款余额之间存在相对稳定的比例关系,根据这个比例关系和当前应收账款的期末余额,估计本期可能发生的坏账损失,并据此提取坏账准备。由于此方法是取数于资产负债表,故又称为资产负债表法。

根据坏账计提比率的确定方法不同,应收账款余额百分比法又分为综合比率法和账龄分析法两种。

一是综合比率法。综合比率法是指对全部的应收账款,不论其账龄的长短,一律以统一的坏账率计提坏账准备的方法。估计坏账率可以按照以往的数据资料加以确定,也可根据规定的百分率计算。从理论上讲,这一比例应按坏账占应收账款的概率计算,企业发生的坏账多,比例相应就高些;反之,则低些。会计期末,企业应提取的坏账准备大于其账面余额的,按其差额提取;应提取的坏账准备小于其账面余额的,按其差额冲回坏账准备。

【例 2-24】 华日公司 2008 年年末应收账款的余额为 1 000 000 元,提取坏账准备的比例为 1‰,2009 年 2 月 5 日年发生了坏账损失 15 000 元,其中甲单位 5 000 元,乙单位 10 000 元,1999 年年末应收账款为 120 000 元,2000 年 5 月 8 日已冲销的上年乙单位应收账款 5 000 元又收回,2000 年年末应收账款 1 300 000 元。编制会计分录如下:

(1) 2008 年,提取坏账准备:

借:资产减值损失——计提的坏账准备   10 000
  贷:坏账准备   10 000

(2) 2009 年 2 月 5 日,冲销坏账:

借:坏账准备   15 000
  贷:应收账款——甲单位   5 000
        ——乙单位   10 000

(3) 2009 年年末按应收账款的余额计算提取坏账准备:

$$坏账准备余额 = 1\,200\,000 \times 1‰ = 12\,000(元)$$
$$应提的坏账准备 = 12\,000 + 3\,000 = 15\,000(元)(注)$$

注:"坏账准备"账户余额应为 12 000 元,但在期末提取坏账准备前,"坏账准备"账户有借方余额 3 000 元,还应补提坏账准备 3 000 元,应提取的坏账准备合计为 15 000 元。

借:资产减值损失——计提的坏账准备   15 000
  贷:坏账准备   15 000

(4) 2010 年 5 月 8 日,上年已冲销的甲单位账款 5 000 元又收回入账:

借:应收账款——甲单位   5 000
  贷:坏账准备   5 000

同时,

借:银行存款   5 000
  贷:应收账款——甲单位   5 000

（5）2010 年年末按应收账款的余额计算提取坏账准备：

$$坏账准备余额＝1\,300\,000×1\%＝13\,000(元)$$

$$应提的坏账准备＝17\,000－13\,000＝4\,000\ 元(注)$$

注："坏账准备"账户余额应为 13\,000 元,但在期末提取坏账准备前,"坏账准备"账户已有贷方余额 17\,000 元,即期初贷方余额 12\,000 元加上收回的已冲销坏账 5\,000 元,超过了应提坏账准备数,所以,应冲回多提坏账准备 4\,000 元。

借：坏账准备　　　　　　　　　　　　　　　　　　　　　　　　　4\,000

　　贷：资产减值损失——计提的坏账准备　　　　　　　　　　　　　　　4\,000

二是账龄分析法。账龄分析法是根据应收账款入账时间的长短来估计坏账损失的方法。虽然应收账款能否收回以及能收回多少,不一定完全取决于时间的长短,但一般来说,账款拖欠的时间越长,发生坏账的可能性就越大。

【例 2-25】 华日公司 2011 年 12 月 31 日应收账款账龄及估计坏账损失如表 2-2 所示。

表 2-2

应收账款账龄及估计坏账损失表

应收账款账龄	应收账款金额(元)	估计损失(%)	估计损失金额(元)
未到期	90\,000	0.5	450
过期 1 个月	60\,000	1	600
过期 2 个月	45\,000	2	900
过期 3 个月	30\,000	3	900
过期 3 个月以上	15\,000	5	750
合　计	240\,000		3\,600

如表 2-2 所示,企业 2011 年 12 月 31 日"坏账准备"账户的账面余额应为 3\,600 元,企业需要根据前期"坏账准备"账户的账面余额,计算本期应入账的金额,编制调整分录,予以入账。由于调整分录的入账金额受调整前账面余额的影响,将会出现两种情况：

（1）假设调整前"坏账准备"账户的账面余额为贷方 1\,100 元,则本期调整分录的金额应为 3\,600－1\,100＝2\,500(元)。调整分录为：

借：资产减值损失——计提的坏账准备　　　　　　　　　　　　　2\,500

　　贷：坏账准备　　　　　　　　　　　　　　　　　　　　　　　　2\,500

（2）假设调整前"坏账准备"账户的账面余额为借方 1 100 元,则本期调整分录的金额为 4 700 元(3 600＋1 100)。调整分录为:

借：资产减值损失——计提的坏账准备   4 700
 贷：坏账准备   4 700

第 三 章

金 融 资 产

第一节　交易性金融资产

交易性金融资产主要是指企业为了近期内出售而持有的金融资产。例如，企业以赚取差价为目的从二级市场购入的股票、债券和基金等。

为了核算交易性金融资产的取得、收取现金股利或利息、处置等业务，企业应当设置"交易性金融资产"、"公允价值变动损益"、"投资收益"等账户。

一、交易性金融资产的取得

企业取得交易性金融资产时，应当按照该金融资产取得时的公允价值作为其初始确认金额，记入"交易性金融资产——成本"账户。在取得交易性金融资产所支付的价款中包含了已宣告但尚未发放的现金股利或已到付息期但尚未领取的债券利息的，应当单独确认为应收项目，记入"应收股利"或"应收利息"账户。取得交易性金融资产所发生的相关交易费用，应当在发生时计入投资收益。

公允价值是指在公平交易中，熟悉情况的交易双方自愿进行资产交换或者债务清偿的金额。在公平交易中，交易双方应当是持续经营企业，不打算或不需要进行清算、缩减经营规模，或在不利条件下仍进行交易。交易费用是指可直接归属于购买、发行或处置金融工具新增的外部费用，包括支付给代理机构、咨询公司、券商等的手续费和佣金及其他必要支出。

【例 3-1】 2012 年 1 月 20 日，华日公司委托某证券公司从上海证券交易所购入乙上市公司股票 100 万股，并将其划分为交易性金融资产。该笔股票投资在购买日的公允价值为 1 000 万元。另支付相关交易费用金额为 2.5 万元。华日公司应作如下会计处理。

（1）2012 年 1 月 20 日，购买乙上市公司股票时：

借：交易性金融资产——乙公司股票——成本　　　　　10 000 000
　贷：其他货币资金——存出投资款　　　　　　　　　　　10 000 000

（2）支付相关交易费用时：

借：投资收益　　　　　　　　　　　　　　　　　　　　25 000
　贷：其他货币资金——存出投资款　　　　　　　　　　　　25 000

二、交易性金融资产的现金股利和利息

企业持有交易性金融资产期间对于被投资单位宣告发放的现金股利或企业在资产负债表日按分期付息、一次还本债券投资的票面利率计算的利息收入，应当确认为应收项目，记入"应收股利"或"应收利息"账户，并计入投资收益。

【例 3-2】　2011 年 1 月 8 日，华日公司购入丙公司发行的公司债券，该笔债券于 2010 年 7 月 1 日发行，面值为 2 500 万元，票面利率为 4%，债券利息按年支付。华日公司将其划分为交易性金融资产，支付价款为 2 600 万元（其中包含已宣告发放的债券利息 50 万元），另支付交易费用 30 万元。2011 年 2 月 5 日，华日公司收到该笔债券利息 50 万元。2012 年 2 月 10 日，华日公司收到债券利息 100 万元。华日公司应作如下会计处理。

（1）2011 年 1 月 8 日，购入丙公司的公司债券时：

借：交易性金融资产——丙公司债券——成本　　　　　25 500 000
　　应收利息——丙公司　　　　　　　　　　　　　　　500 000
　　投资收益　　　　　　　　　　　　　　　　　　　　300 000
　贷：银行存款　　　　　　　　　　　　　　　　　　　26 300 000

（2）2011 年 2 月 5 日，收到购买价款中包含的已宣告发放的债券利息时：

借：银行存款　　　　　　　　　　　　　　　　　　　　500 000
　贷：应收利息——丙公司　　　　　　　　　　　　　　　500 000

（3）2011 年 12 月 31 日，确认丙公司的公司债券利息收入时：

借：应收利息——丙公司　　　　　　　　　　　　　　1 000 000
　贷：投资收益　　　　　　　　　　　　　　　　　　　1 000 000

(4) 2012 年 2 月 10 日,收到持有丙公司的公司债券利息时:

借:银行存款   1 000 000

    贷:应收利息——丙公司   1 000 000

三、交易性金融资产的期末计量

资产负债表日,交易性金融资产应当按照公允价值计量,公允价值与账面余额之间的差额计入当期损益。

企业应当在资产负债表日按照交易性金融资产公允价值与其账面余额的差额,借记或贷记"交易性金融资产——公允价值变动"账户,贷记或借记"公允价值变动损益"账户。

【例 3-3】 承[例 3-2],假定 2011 年 6 月 30 日,华日公司购买的该笔债券的市价为 2 580 万元。2011 年 12 月 31 日,华日公司购买的该笔债券的市价为 2 560 万元。华日公司应作如下会计处理。

(1) 2011 年 6 月 30 日,确认该笔债券的公允价值变动损益时:

借:交易性金融资产——丙公司债券——公允价值变动   300 000

    贷:公允价值变动损益——丙公司债券   300 000

(2) 2011 年 12 月 31 日,确认该笔债券的公允价值变动损益时:

借:公允价值变动损益——丙公司债券   200 000

    贷:交易性金融资产——丙公司债券——公允价值变动   200 000

四、交易性金融资产的处置

出售交易性金融资产时,应当将该金融资产出售时的公允价值与其初始入账金额之间的差额确认为投资收益,同时调整公允价值变动损益。

企业应按实际收到的金额,借记"银行存款"等账户,按该金融资产的账面余额,贷记"交易性金融资产"账户,按其差额,贷记或借记"投资收益"账户。同时,将原计入该金融资产的公允价值变动转出,借记或贷记"公允价值变动损益"账户,贷记或借记"投资收益"账户。

【例 3-4】 承[例 3-3],假定 2012 年 1 月 15 日,华日公司出售了所持有的丙公司的公司债券,售价为 2565 万元,应作如下会计处理:

借：银行存款   25 650 000

   贷：交易金融资产——丙公司债券——成本   25 500 000

                          ——公允价值变动   100 000

     投资收益——丙公司债券   50 000

同时,

借：公允价值变动损益——丙公司债券   100 000

   贷：投资收益——丙公司债券   100 000

第二节 持有至到期投资

一、持有至到期投资的含义

持有至到期投资是指到期日固定、回收金额固定或可确定,且企业有明确意图和能力持有至到期的非衍生金融资产。

(1) 到期日固定、回收金额固定或可确定是指相关合同明确了投资者在确定的期间内获得或应收取现金流量(例如,投资利息和本金等)的金额和时间。

(2) 有明确意图持有至到期是指投资者在取得投资时意图就是明确的,除非遇到一些企业所不能控制、预期不会重复发生、难以合理预计的独立事件,否则将持有至到期。

(3) 有能力持有至到期是指企业有足够的财务资源,并不受外部因素影响将投资持有至到期。

企业应当于每个资产负债表日对持有至到期投资的意图和能力进行评价。发生变化的,应当将其重分类为可供出售金融资产进行处理。

二、持有至到期投资的会计处理

企业初始确认持有至到期投资时,应当按公允价值计量,相关交易费用应当计入初始确认金额。交易费用构成实际利率的组成部分。

持有至到期投资的后续计量,应当采用实际利率法,按摊余成本计量。实际利率法是指按照持有至到期投资的实际利率计算其摊余成本及各期利息收入或利息费用的方法。实际利率是指将持有至到期投资在预期存续期间内的未来现金流量,折现为该持有至到期投资当前账面价值所使用的利率。摊余成本是指该持有至到期投资的初始金额经过下列调整后的结果:①扣除已偿还的本金。②加上或减去采用实际利率法将该初始确认金额与到期日金额之间的差额进行摊销形成的累积摊销额。③扣除已发生的减值损失。若有客观证据表明该持有至到期投资按实际利率计算的各期利息收入与名义利率计算的相差很小,也可以采用名义利率摊余成本进行后续计量。

持有至到期投资的会计处理主要应解决该金融资产实际利率的计算、摊余成本的确定、持有期间的收益确认及将其处置时损益的处理。相关的账务处理如下:

(1) 企业取得的持有至到期投资,应按该投资的面值,借记"持有至到期投资——成本"账户,按支付的价款中包含的已到付息期但尚未领取的利息,借记"应收利息"账户,按实际支付的金额,贷记"银行存款"等账户,按其差额,借记或贷记"持有至到期投资——利息调整"账户。

(2) 资产负债表日,应按票面利率计算确定的应收未收利息,借记"应收利息"或"持有至到期投资——应计利息"账户,按持有至到期投资摊余成本和实际利率计算确定的利息收入,贷记"投资收益"账户,按其差额,借记或贷记"持有至到期投资——利息调整"账户。

(3) 出售持有至到期投资,应按实际收到的金额,借记"银行存款"等账户,按其账面余额,贷记"持有至到期投资——成本、利息调整、应计利息"账户,按其差额,贷记或借记"投资收益"账户。已计提减值准备的,还应同时结转减值准备。

【例 3-5】 2012 年 1 月 1 日,华日公司支付价款 1 000 万元(含交易费用)从活跃市场上购入丁公司同日发行的 5 年期公司债券 12.5 万份,面值总额 1 250 万元,票面年利率 4.72%,于年末支付本年度利息(即每年利息为 59 万元),本金最后一次支付。合同约定,该债券的发行方在遇到特定情况时可以将债券赎回,且不需要为提前赎回支付额外款项。甲公司在购买该债券时,预计发行方不会提前赎回。该公司有意图也有能力将该债券持有至到期,划分为持有至到期。不考虑所得税、减值损失等因素。

计算该债券的实际利率 r:

$$59 \times (1+r)^{-1} + 59 \times (1+r)^{-2} + 59 \times (1+r)^{-3} + 59 \times (1+r)^{-4} +$$
$$(59 + 1\ 250) \times (1+r)^{-5} = 1\ 000$$

采用插值法,计算得出 $r=10\%$

采用实际利率法计算的各期收入和摊余成本如表 3-1 所示。

表 3-1

各期实际利息收入和摊余成本余额计算表

金额单位:万元

日 期	现金流入 (1)=1 250× 4.72%	实际利息收入 (2)=上一行(4) ×10%	已收回的本金 (3)=(1)- (2)	摊余成本余额 (4)=上一行(4) -(3)
2012 年 1 月 1 日				1 000
2012 年 12 月 31 日	59	100	-41	1 041
2013 年 12 月 31 日	59	104	-45	1 086
2014 年 12 月 31 日	59	109	-50	1 136
2015 年 12 月 31 日	59	113	-54	1 190
2016 年 12 月 31 日	59	119	-60	1 250
小 计	295	545	-250	1 250
2016.12.31	1 250	—	1 250	0
合 计	1 545	545	1 000	—

根据上述数据,华日公司的有关账务处理如下(金额单位:万元)。

(1) 2000 年 1 月 1 日,购入债券:

借:持有至到期投资——丁公司债券——成本　　　　　1 250

　贷:银行存款　　　　　　　　　　　　　　　　　　　1 000

　　持有至到期投资——丁公司债券——利息调整　　　　250

(2) 2000 年 12 月 31 日,确认实际利息收入、收到票面利息等:

借:应收利息——丁公司债券　　　　　　　　　　　　59

　持有至到期投资——丁公司债券——利息调整　　　　41

　贷:投资收益——丁公司债券　　　　　　　　　　　　100

借:银行存款　　　　　　　　　　　　　　　　　　　59

　贷:应收利息——丁公司债券　　　　　　　　　　　　59

（3）2001 年 12 月 31 日,确认实际利息收入、收到票面利息等:

  借:应收利息——丁公司债券   59

    持有至到期投资——丁公司债券——利息调整   45

    贷:投资收益——丁公司债券   104

  借:银行存款   59

    贷:应收利息——丁公司债券   59

（4）2002 年 12 月 31 日,确认实际利息收入、收到票面利息等:

  借:应收利息——丁公司债券   59

    持有至到期投资——丁公司债券——利息调整   50

    贷:投资收益——丁公司债券   109

  借:银行存款   59

    贷:应收利息——丁公司债券   59

（5）2003 年 12 月 31 日,确认实际利息收入、收到票面利息等:

  借:应收利息——丁公司债券   59

    持有至到期投资——丁公司债券——利息调整   54

    贷:投资收益——丁公司债券   113

  借:银行存款   59

    贷:应收利息——丁公司债券   59

（6）2004 年 12 月 31 日,确认实际利息收入、收到票面利息和本金等:

  借:应收利息——丁公司债券   59

    持有至到期投资——丁公司债券——利息调整   60

    贷:投资收益——丁公司债券   119

  借:银行存款   59

    贷:应收利息——丁公司债券   59

  借:银行存款等   1 250

    贷:持有至到期投资——丁公司债券——成本   1 250

【例 3-6】 承[例 3-5],假定华日公司购买的债券不是分次付息,而是到期一次还本付息,且利息不是以复利计算。此时,甲公司所购买债券的实际利率 r 计算如下:

$$(59+59+59+59+59+1\,250)\times(1+r)^{-5}=1\,000,$$由此得出 $r\approx905\%$。

据此,调整表 3-1 中相关数据后如表 3-2 所示。

表 3-2

各期实际利息收入和摊余成本余额计算表

金额单位:万元

日　　期	现金流入 (1)=1 250× 4.72%	实际利息收入 (2)=期初(4)× 9.05%	已收回的本金 (3)=(1)- (2)	摊余成本余额 (4)=期初(4)- (3)
2012 年 1 月 1 日				1 000
2012 年 12 月 31 日	0	90.5	-90.5	1 090.5
2013 年 12 月 31 日	0	98.69	-98.69	1 189.19
2014 年 12 月 31 日	0	107.62	-107.62	1 296.81
2015 年 12 月 31 日		117	-117.36	1 414.17
2016 年 12 月 31 日	295	130.83 *	164.17	1 250
小　　计	295	545	-250	1 250
2016.12.31	1 250	—	1 250	0
合　　计	1 545	545	1 000	—

注:标 * 数字考虑了计算过程中出现的尾差 2.85 元。

根据表 3-2 的数据,华日公司的有关账务处理如下。

(1) 2012 年 1 月 1 日,购入债券:

借:持有至到期投资——丁公司债券——成本　　　　　　　　　1 250

　　贷:银行存款　　　　　　　　　　　　　　　　　　　　　　1 000

　　　　持有至到期投资——丁公司债券——利息调整　　　　　　250

(2) 2012 年 12 月 31 日,确认实际利息收入:

借:持有至到期投资——丁公司债券——应计利息　　　　　　　59.0

　　　　　　　　　　　　　　　　——利息调整　　　　　　　　31.5

　　贷:投资收益——丁公司债券　　　　　　　　　　　　　　　90.5

(3) 2013 年 12 月 31 日,确认实际利息收入:

借:持有至到期投资——丁公司债券——应计利息　　　　　　　59.00

　　　　　　　　　　　　　　　　——利息调整　　　　　　　　39.69

　　贷:投资收益——丁公司债券　　　　　　　　　　　　　　　98.69

（4）2014 年 12 月 31 日,确认实际利息收入：

借：持有至到期投资——丁公司债券——应计利息　　　59.00

　　　　　　　　　　　　　　　——利息调整　　　48.62

　　贷：投资收益　　　　　　　　　　　　　　　　107.62

（5）2015 年 12 月 31 日,确认实际利息收入：

借：持有至到期投资——丁公司债券——应计利息　　　59.00

　　　　　　　　　　　　　　　——利息调整　　　58.36

　　贷：投资收益——丁公司债券　　　　　　　　　117.36

（6）2016 年 12 月 31 日,确认实际利息收入、收到本金和名义利息等：

借：持有至到期投资——丁公司债券——应计利息　　　59.00

　　　　　　　　　　　　　　　——利息调整　　　71.83

　　贷：投资收益——丁公司债券　　　　　　　　　130.83

借：银行存款　　　　　　　　　　　　　　　　　1 545

　　贷：持有至到期投资——丁公司债券——成本　　　1 250

　　　　　　　　　　　　　　　——应计利息　　　295

第三节　可供出售金融资产

一、可供出售金融资产的含义

可供出售金融资产是指初始确认时即被指定为可供出售的非衍生金融资产,如企业购入的在活跃市场上有报价的股票、债券和基金等。没有划分为以公允价值计量且其变动计入当期损益的金融资产或持有至到期投资等金融资产的,可归为此类。

二、可供出售金融资产的会计处理

可供出售金融资产的会计处理与交易性金融资产的会计处理有类似之处,如均要求按公允价值进行后续计量;但也有不同之处,如可供出售金融资产取得时发生的交易费用应当计入初始入账金额、可供出售金融资产后续计量时公允价值变动计入所有者权益等。具体来讲,相关账务处理如下：

（1）企业取得可供出售的金融资产，应按其公允价值与交易费用之和，借记"可供出售金融资产——成本"账户，按支付的价款中包含的已宣告但尚未发放的现金股利，借记"应收股利"账户，按实际支付的金额，贷记"银行存款"等账户。

企业取得的可供出售金融资产为债券投资的，应按债券的面值，借记"可供出售金融资产——成本"账户，按支付的价款中包含的已到付息期但尚未领取的利息，借记"应收利息"账户，按实际支付的金额，贷记"银行存款"等账户，按差额，借记或贷记"可供出售金融资产——利息调整"账户。

（2）资产负债表日，可供出售的债券应按票面利率计算确定的应收未收利息，借记"应收利息"（分期付息、一次还本的债券投资）或"可供出售金融资产——应计利息"（一次还本付息的债券投资）账户，按可供出售的债券的摊余成本和实际利率计算确定的利息收入，贷记"投资收益"账户，按差额，借记或贷记"可供出售金融资产——利息调整"账户。

（3）资产负债表日，可供出售的金融资产的公允价值高于其账面余额的差额，借记"可供出售金融资产——公允价值变动"账户，贷记"资本公积——其他资本公积"账户；公允价值低于其账面余额的差额作相反的会计分录。

（4）出售可供出售的金融资产，应按实际收到的金额，借记"银行存款"等账户，按其账面余额，贷记"可供出售金融资产——成本、公允价值变动、利息调整、应计利息"账户，按应从所有者权益中转出的公允价值累计变动额，借记或贷记"资本公积——其他资本公积"账户，按其差额，贷记或借记"投资收益"账户。

【例3-7】 华日公司于 2011 年 7 月 13 日从二级市场购入丙公司股票 1 000 000股，每股市价 15 元，手续费 30 000 元；初始确认时，该股票划分为可供出售金融资产。华日公司至 2011 年 12 月 31 日仍持有该股票，该股票当时的市价为 16 元。2012 年 2 月 1 日，华日公司将该股票售出，售价为每股 13 元，另支付交易费用 13 000 元。假定不考虑其他因素，华日公司的账务处理如下。

（1）2011 年 7 月 13 日，购入股票时：

借：可供出售金融资产——丙公司股票——成本　　　　　　 15 030 000
　　贷：银行存款　　　　　　　　　　　　　　　　　　　 15 030 000

(2) 2011 年 12 月 31 日,确认股票价格变动:

借:可供出售金融资产——丙公司股票——公允价值变动　　　970 000
　　贷:资本公积——其他资本公积——公允价值变动
　　　　　　　　　　　　　　　　——丙公司股票　　　　　　970 000

(3) 2012 年 2 月 1 日,出售股票:

借:银行存款　　　　　　　　　　　　　　　　　　　　12 987 000
　　资本公积——其他资本公积——丙公司股票　　　　　　　970 000
　　投资收益——丙公司股票　　　　　　　　　　　　　　2 043 000
　　贷:可供出售金融资产——丙公司股票——成本　　　　　15 030 000
　　　　　　　　　　　　　　　　——公允价值变动　　　　　970 000

【例 3-8】　2011 年 1 月 1 日,华日公司支付价款 1 028.244 元购入乙公司发行的 3 年期公司债券。该公司债券的票面总金额为 1 000 元,票面年利率为 4%,实际利率为 3%,利息每年年末支付,本金到期支付、甲保险公司将该公司债券划分为可供出售金融资产。2011 年 12 月 31 日,该债券的市场价格为 1 000.094 元。假定不考虑交易费用和其他因素的影响,华日公司的账务处理如下。

(1) 2011 年 1 月 1 日,购入债券时:

借:可供出售金融资产——乙公司债券——成本　　　　　　1 000.000
　　　　　　　　　　　　　　　　——利息调整　　　　　　　28.244
　　贷:银行存款　　　　　　　　　　　　　　　　　　　　1 028.244

(2) 2012 年 12 月 31 日,收到债券利息、确认公允价值变动时:

　　　　实际利息 = 1 028.244 × 3% = 30.847 32 ≈ 30.85(元)
　　　　年末摊余成本 = 1 028.244 + 30.85 - 40 = 1 019.094(万元)

借:应收利息——乙公司　　　　　　　　　　　　　　　　　40.00
　　贷:可供出售金融资产——乙公司债券——利息调整　　　　　9.15
　　投资收益——乙公司债券　　　　　　　　　　　　　　　30.85

借:银行存款　　　　　　　　　　　　　　　　　　　　　　40
　　贷:应收利息——乙公司　　　　　　　　　　　　　　　　40

借:资本公积——其他资本公积——公允价值变动——乙公司债券　19
　　贷:可供出售金融资产——公允价值变动　　　　　　　　　19

三、金融资产之间重分类的处理

企业因持有意图或能力发生改变,使某项投资不再适合划分为持有至到期投资的,应当将其重分类为可供出售金融资产,并以公允价值进行后续计量。重分类日,该投资的账面价值与公允价值之间的差额计入所有者权益,在该可供出售金融资产发生减值或终止确认时转出,计入当期损益。

将持有至到期投资重分类为可供出售金融资产的,应在重分类日按其公允价值,借记"可供出售金融资产"账户,按其账面余额,贷记"持有至到期投资——成本、利息调整、应计利息"账户,按其差额,贷记或借记"资本公积——其他资本公积"账户。已计提减值准备的,还应同时结转减值准备。

第四节 金融资产减值

一、金融资产减值损失的确认

企业应当在资产负债表日对以公允价值计量且其变动计入当期损益的金融资产以外的金融资产(含单项金融资产或一组金融资产,下同)的账面价值进行检查。有客观证据表明该金融资产发生减值的,应当确认减值损失,计提减值准备。

表明金融资产发生减值的客观证据,是指金融资产初始确认后实际发生的、对该金融资产的预计未来现金流量有影响,且企业能够对该影响进行可靠计量的事项。金融资产发生减值的客观证据,包括下列各项:

(1)发行方或债务人发生严重财务困难。

(2)债务人违反了合同条款,如偿付利息或本金发生违约或逾期等。

(3)债权人出于经济或法律等方面因素的考虑,对发生财务困难的债务人作出让步。

(4)债务人很可能倒闭或进行其他财务重组。

(5)因发行方发生重大财务困难,该金融资产无法在活跃市场继续交易。

(6)无法辨认一组金融资产中的某项资产的现金流量是否已经减少,但根据公开的数据对其进行总体评价后发现,该组金融资产自初始确认以来的预计未来现金流量确已减少且可计量,如该组金融资产的债务人支付能力逐步恶化,或债务人所在国家或地区失业率提高、担保物在其所在地区的价格明显下降、所处行业不景气等。

（7）债务人经营所处的技术、市场、经济或法律环境等发生重大不利变化，使权益工具投资人可能无法收回投资成本。

（8）权益工具投资的公允价值发生严重或非暂时性下跌。

（9）其他表明金融资产发生减值的客观证据。

二、金融资产减值损失的计量

（一）持有至到期投资的计量

持有至到期投资以摊余成本后续计量，其发生减值时，应当将该金融资产的账面价值与预计未来现金流量现值之间的差额，确认为减值损失，计入当期损益。即：确定持有至到期投资发生减值的，按应减记的金额，借记"资产减值损失"账户，贷记"持有至到期投资减值准备"账户。

对持有至到期投资以摊余成本计量的金融资产确认减值损失后，如有客观证据表明该金融资产价值已恢复，且客观上与确认该损失后发生的事项有关（如债务人的信用评级已提高等），原确认的减值损失应当予以转回，计入当期损益。即：借记"持有至到期投资减值准备"账户，贷记"资产减值损失"等账户。但是，该转回后的账面价值不应当超过假定不计提减值准备情况下该金融资产在转回日的摊余成本。

【例3-9】 2009年1月1日，华日公司支付价款1 000 000元（含交易费用），从上海证券交易所购入A公司同日发行的5年期公司债券12 500份，债券票面价值总额为1 250 000元，票面年利率为4.72%，于年末支付本年度债券利息（即每年利息为59 000元），本金在债券到期时一次性偿还。合同约定：A公司在遇到特定情况时可以将债券赎回，且不需要为提前赎回支付额外款项。华日公司在购买该债券时，预计A公司不会提前赎回。华日公司有意图也有能力将该债券持有至到期，划分为持有至到期投资。有关资料如下：

（1）2010年12月31日，有客观证据表明A公司发生了严重财务困难，华日公司据此认定对A公司的债券投资发生了减值，并预期2011年12月31日将收到利息59 000元，2012年12月31日将收到利息59 000元，但2013年12月31日将仅收到本金800 000元。

（2）2011年12月31日，收到A公司支付的债券利息59 000元。

（3）2012年12月31日，收到A公司支付的债券利息59 000元，并且有客观证据表明A公司财务状况显著改善，A公司的偿债能力有所恢复，估计

2013 年 12 月 31 日将收到利息 59 000 元,本金 1 000 000 元。

(4) 2013 年 12 月 31 日,收到 A 公司支付的债券利息 59 000 元和偿还的本金 1 000 000 元。

假定不考虑所得税因素。

计算该债券的实际利率 r:

$$59\,000\times(1+r)^{-1}+59\,000\times(1+r)^{-2}+59\,000\times(1+r)^{-3}+59\,000\times(1+r)^{-4}+$$
$$(59\,000+1\,250\,000)\times(1+r)^{-5}=1\,000\,000$$

采用插值法,计算得出 $r=10\%$。

表 3-3 为财务费用与摊余成本余额计算情况。

表 3-3

财务费用与摊余成本余额计算表

金额单位:元

日 期	现金流入 (a)	实际利息收入 (b)=期初(d)× 10%	已收回的本金 (c)=(a)- (b)	摊余成本余额 (d)=期初(d)- (c)
20×9 年 1 月 1 日				1 000 000
20×9 年 12 月 31 日	59 000	100 000	−41 000	1 041 000
2×10 年 12 月 31 日	59 000	104 100	−45 100	1 086 100
减值损失			382 651.47	703 448.53
2×11 年 12 月 31 日	59 000	108 610	−49 610	1 135 710
		70 344.85	−11 344.85	714 793.38
2×12 年 12 月 31 日	59 000	113 571	−54 571	1 190 281
		71 479.34	−12 479.34	727 272.72
减值恢复			−235 454.55	962 727.27
2×13 年 12 月 31 日	59 000	118 719*	59 719	1 250 000
		96 272.73**	−37 272.73	1 000 000
小 计	295 000	545 000	−250 000	1 250 000
	295 000	442 196.92	0	1 000 000
2×13 年 12 月 31 日	1 250 000	—	1 250 000	0
	1 000 000	—	1 000 000	0
合 计	1 545 000	545 000	1 000 000	—
1 295 000	1 295 000	442 196.92	1 000 000	—

* 尾数调整:1 250 000+59 000−1 190 281=118 719(元)。

** 尾数调整:1 000 000+59 000−962 727.27=96 272.73(元)。

根据表 3-3 中的数据,华日公司有关账务处理如下。

(1) 2009 年 1 月 1 日,购入 A 公司债券:

借:持有至到期投资——A 公司债券——成本　　　　　1 250 000
　　贷:银行存款　　　　　　　　　　　　　　　　　　1 000 000
　　　　持有至到期投资——A 公司债券——利息调整　　　250 000

(2) 2009 年 12 月 31 日,确认 A 公司债券实际利息收入、收到债券利息:

借:应收利息——A 公司　　　　　　　　　　　　　　　　59 000
　　持有至到期投资——A 公司债券——利息调整　　　　　41 000
　　贷:投资收益——A 公司债券　　　　　　　　　　　　100 000

借:银行存款　　　　　　　　　　　　　　　　　　　　　59 000
　　贷:应收利息——A 公司　　　　　　　　　　　　　　　59 000

(3) 2010 年 12 月 31 日,确认 A 公司债券实际利息收入、收到债券利息:

借:应收利息——A 公司　　　　　　　　　　　　　　　　59 000
　　持有至到期投资——A 公司债券——利息调整　　　　　45 100
　　贷:投资收益——A 公司债券　　　　　　　　　　　　104 100

借:银行存款　　　　　　　　　　　　　　　　　　　　　59 000
　　贷:应收利息——A 公司　　　　　　　　　　　　　　　59 000

根据金融工具确认和计量准则的规定,2010 年 12 月 31 日华日公司对 A 公司债券应确认的减值损失按该日确认减值损失前的摊余成本与未来现金流量现值之间的差额确定。

根据表 3-3 可知:

2010 年 12 月 31 日未确认减值损失前,华日公司对 A 公司债券投资的摊余成本为 1 086 100 元。

2010 年 12 月 31 日,华日公司预计从对 A 公司债券投资将收到现金流量的现值计算如下:

$$59\,000\times(1+10\%)^{-1}+59\,000\times(1+10\%)^{-2}+800\,000\times(1+10\%)^{-3}=$$
$$53\,636.36+48\,760.33+601\,051.84=703\,448.53(元)$$

2010 年 1 月 31 日,华日公司应对 A 公司债券投资确认的减值损失 = 1 086 100 - 703 448.53 = 382 651.47(元)。

2010 年 12 月 31 日,确认 A 公司债券投资的减值损失:

借:资产减值损失——持有至到期投资——A 公司债券　　382 651.47

　　贷:持有至到期投资减值准备——A 公司债券　　　　382 651.47

(4) 2011 年 12 月 31 日,确认 A 公司债券实际利息收入、收到债券利息:

借:应收利息——A 公司　　　　　　　　　　　　　59 000.00

　　持有至到期投资——A 公司债券——利息调整　　11 344.85

　　贷:投资收益——A 公司债券　　　　　　　　　　70 344.85

2011 年 12 月 31 日,应确认的 A 公司债券实际利息收入＝7 034 485×10％＝70 344.85(元)。

借:银行存款　　　　　　　　　　　　　　　　　　59 000

　　贷:应收利息——A 公司　　　　　　　　　　　　　59 000

(5) 2012 年 12 月 31 日,确认 A 公司债券实际利息收入、收到债券利息:

借:应收利息——A 公司　　　　　　　　　　　　　59 000.00

　　持有至到期投资——A 公司债券——利息调整　　12 479.34

　　贷:投资收益——A 公司债券　　　　　　　　　　71 479.34

借:银行存款　　　　　　　　　　　　　　　　　　59 000

　　贷:应收利息——A 公司　　　　　　　　　　　　　59 000

2012 年 12 月 31 日,华日公司预计从 A 公司债券投资将收到的现金流量的现值计算如下:

$$(59\ 000＋1\ 000\ 000)×(＋10\%)^{-1}＝962\ 727.73(元)$$

根据金融工具确认和计量准则的规定,2012 年 12 月 31 日,华日公司对 A 公司债券转回减值损失后的账面价值不应当超过假定不计提减值准备情况下该金融资产在转回日的摊余成本。

根据表 3-3 可知:

2012 年 12 月 31 日,假定不计提减值准备情况下 A 公司债券投资的摊余成本为 1 190 281 元。

2012 年 12 月 31 日,华日公司可对 A 公司债券投资转回的减值准备金额＝962 727.27－727 272.72＝235 454.55(元)＜1 190 281－727 272.72＝463 008.28(元)。

2012 年 12 月 31 日,确认 A 公司债券投资减值损失的转回:

借:持有至到期投资减值准备——A 公司债券　　　　235 454.55
　　贷:资产减值损失——持有至到期投资——A 公司债券　　235 454.55

(6) 2013 年 12 月 31 日,确认 A 公司债券实际利息收入、收到债券利息和本金:

借:应收利息——A 公司　　　　　　　　　　　　59 000.00
　　持有至到期投资——A 公司债券——利息调整　　37 272.73
　　贷:投资收益——A 公司债券　　　　　　　　　96 272.73

借:银行存款　　　　　　　　　　　　　　　　59 000
　　贷:应收利息——A 公司　　　　　　　　　　59 000

借:银行存款　　　　　　　　　　　　　　　1 000 000.00
　　持有至到期投资减值准备——A 公司债券　　147 196.92
　　持有至到期投资——A 公司债券——利息调整　102 803.08
　　贷:持有至到期投资——A 公司债券——成本　　1 250 000.00

(二) 可供出售金融资产减值损失的计量

可供出售金融资产发生减值时,即使该金融资产没有终止确认,原直接计入所有者权益中的因公允价值下降形成的累计损失,应当予以转出,计入当期损益。该转出的累计损失,等于可供出售金融资产的初始取得成本扣除已收回本金和已摊余金额、当前公允价值和原已计入损益的减值损失后的余额。

(1) 在活跃市场中没有报价且其公允价值不能可靠计量的权益工具投资发生减值时,应当将该权益工具投资的账面价值,与按照类似金融资产当时市场收益率对未来现金流量折现确定的现值之间的差额确认为减值损失,计入当期损益。

(2) 对于已确认减值损失的可供出售债务工具,在随后的会计期间公允价值已上升且客观上与确认原减值损失确认后发生的事项有关的,原确认的减值损失应当予以转回,计入当期损益。

(3) 可供出售权益工具投资发生的减值损失,不得通过损益转回(即通过资本公积转回)。但是,在活跃市场中没有报价且其公允价值不能可靠计量的权益工具投资,或与该权益工具挂钩并需通过交付该权益工具结算的衍生金融资产发生的减值损失,不得转回。

【例 3-10】 2011 年 1 月 1 日,华日公司按面值从债券二级市场购入红星公司公开发行的债券 10 000 张,每张面值 100 元,票面利率 3%,划分为可供出售金融资产。

2011 年 12 月 31 日,红星公司债券的市场价格为每张 90 元(不含利息),红星公司仍可支付债券当年的利息。

2012 年,红星公司因投资决策失误,发生严重财务困难,但仍可交付该债券当年的票面利息。2012 年 12 月 31 日,该债券的公允价值下降为每张 80 元。华日公司预计,如红星公司不采取措施,该债券的公允价值预计会持续下跌。红星公司仍可支付债券当年的利息。

2013 年,红星公司调整产品结构并整合其他资源,致使上年发生的财务困难大为好转。2013 年 12 月 31 日,该债券的公允价值已上升至每张 105 元。红星公司仍可支付债券当年的利息。

2014 年 1 月 20 日,通过二级市场出售了红星公司的债券 10 000 份,取得价款 1 020 000 元。

假定华日公司初始确认该债券时计算确定的债券实际利率为 3%,且不考虑其他因素,则华日公司有关的账务处理如下。

(1) 2011 年 1 月 1 日购入债券:

借:可供出售金融资产——红星公司债券——成本	1 000 000
贷:银行存款	1 000 000

(2) 2011 年 12 月 31 日确认利息、公允价值变动:

$$应收利息 = 1\ 000\ 000 \times 3\% \times 1 = 30\ 000(元)$$

借:应收利息——红星公司	30 000
贷:投资收益——红星公司债券	30 000
借:银行存款	30 000
贷:应收利息——红星公司	30 000
借:资本公积——其他资本公积——公允价值变动——红星公司债券	
	100 000
贷:可供出售金融资产——红星公司债券——公允价值变动	100 000

(3) 2012 年 12 月 31 日确认利息收入及减值损失:

借:应收利息——红星公司	30 000
贷:投资收益——红星公司债券	30 000

借：银行存款		30 000
贷：应收利息——红星公司		30 000
借：资产减值损失——可供出售金融资产——红星公司债券	200 000	
贷：可供出售金融资产——红星公司债券——减值准备		100 000
资本公积——其他资本公积——公允价值变动——红星公司债券		100 000

由于红星公司债券的公允价值预计会持续下跌，华日公司应确认减值损失=(100−80)×1 000−10 000=10 000(元)。

(4) 2013 年 12 月 31 日确认利息收入、减值损失转回及公允价值变动：

借：应收利息——红星公司		30 000
贷：投资收益——红星公司债券		30 000
借：银行存款		30 000
贷：应收利息——红星公司		30 000
借：可供出售金融资产——红星公司债券——公允价值变动	100 000	
——减值准备	100 000	
贷：资产减值损失——可供出售金融资产——红星公司债券		200 000

确认原减值损失的转回=200 000(元)

借：可供出售金融资产——红星公司债券——公允价值变动	50 000	
贷：资本公积——其他资本公积——公允价值变动——红星公司债券		50 000

公允价值变动=1 050 000−1 000 000=50 000(元)

(5) 2014 年 1 月 20 日，确认出售红星公司债券实现损益：

借：银行存款	1 020 000	
投资收益——红星公司债券	30 000	
贷：可供出售金融资产——红星公司债券——成本		1 000 000
——公允价值变动		50 000
借：资本公积——其他资本公积——公允价值变动——红星公司债券	50 000	
贷：投资收益——红星公司债券		50 000

应从所有者权益中转出的公允价值累计变动额=−100 000+100 000+50 000=50 000(元)。

第 四 章

存 货

第一节 存货概述

一、存货的内容

存货是指企业在日常活动中持有以备出售的产品或商品、处在生产过程中的在产品、在生产过程或提供劳务过程中耗用的材料或物料等,包括各类材料、在产品、半成品、产成品、商品以及包装物、低值易耗品、委托代销商品等。

(1)原材料是指企业在生产过程中经加工改变其形态或性质并构成产品主要实体的各种原料及主要材料、辅助材料、燃料、修理用备件(备品备件)、包装材料、外购半成品(外购件)等。

(2)在产品是指企业正在制造尚未完工的生产物,包括正在各个生产工序中加工的产品和已加工完毕但尚未检验或已检验但尚未办理入库手续的产品。

(3)半成品是指经过一定生产过程并已检验合格交付半成品仓库保管,但尚未制造完工成为产成品,仍需进一步加工的中间产品。

(4)产成品是指工业企业已经完成全部生产过程并已验收入库,可以按照合同规定的条件送交订货单位,或者可以作为商品对外销售的产品。企业接受来料加工制造的代制品和为外单位加工修理的代修品,制造和修理完成验收入库后,应视同企业的产成品。

(5)商品是指商品流通企业外购或委托加工完成验收入库用于销售的各种商品。

(6)包装物是指为了包装本企业的商品而储备的各种包装容器,如桶、箱、瓶、坛、袋等。其主要作用是盛装、包装产品或商品。

(7)低值易耗品是指不能作为固定资产核算的各种用具物品,如工具、管理用具、玻璃器皿、劳动保护用品以及在经营过程中周转使用的容器等。其特点是单位价值较低，或使用期限相对于固定资产较短，在使用过程中保持其原有实物形态基本不变。包装物和低值易耗品构成了周转材料。周转材料是指企业能够多次使用、不符合固定资产定义、逐渐转移其价值但仍保持原有形态、不确认为固定资产的材料。

（8）委托代销商品是指企业委托其他单位代销的商品。

二、存货成本的确定

存货应当按照成本进行初始计量。存货成本包括采购成本、加工成本和其他成本。

（一）存货的采购成本

存货的采购成本，包括购买价款、相关税费、运输费、装卸费、保险费以及其他可归属于存货采购成本的费用。其中，购买价款是指企业购入的材料或商品的发票账单上列明的价款，但不包括按照规定可以抵扣的增值税税额。相关税费是指企业购买存货发生的进口关税、消费税、资源税和不能抵扣的增值税进项税额以及相应的教育费附加等应计入存货采购成本的税金。其他可归属于存货采购成本的费用是指采购成本中除上述各项以外的可归属于存货采购的费用，如在存货采购过程中发生的仓储费、包装费、运输途中的合理损耗、入库前的挑选整理费用等。

商品流通企业在采购商品过程中发生的运输费、装卸费、保险费以及其他可归属于存货采购成本的费用等进货费用，应当计入存货采购成本，也可以先进行归集，期末根据所购商品的存销情况进行分摊。对于已售商品的进货费用，计入当期损益；对于未售商品的进货费用，计入期末存货成本。企业采购商品的进货费用金额较小的，可以在发生时直接计入当期损益。

（二）存货的加工成本

存货的加工成本是指在存货的加工过程中发生的追加费用，包括直接人工以及按照一定方法分配的制造费用。其中，直接人工是指企业在生产产品和提供劳务过程中发生的直接从事产品生产和劳务提供人员的职工薪酬。制造费用是指企业为生产产品和提供劳务而发生的各项间接费用。

（三）存货的其他成本

存货的其他成本是指除采购成本、加工成本以外的、使存货达到目前场所和状态所发生的其他支出。企业设计产品发生的设计费用通常应计入当期损益,但是为特定客户设计产品所发生的、可直接确定的设计费用应计入存货的成本。

存货的来源不同,其成本的构成内容也不同。原材料、商品、低值易耗品等通过购买而取得的存货的成本由采购成本构成;产成品、在产品、半成品等自制或需委托外单位加工完成的存货的成本由采购成本、加工成本以及使存货达到目前场所和状态所发生的其他支出构成。实务中具体按以下原则确定:

(1)购入的存货,其成本包括买价、运杂费(包括运输费、装卸费、保险费、包装费、仓储费等)、运输途中的合理损耗、入库前的挑选整理费用(包括挑选整理中发生的工、费支出和挑选整理过程中所发生的数量损耗,并扣除回收的下脚废料价值)以及按规定应计入成本的税费和其他费用。

(2)自制的存货,包括自制原材料、自制包装物、自制低值易耗品、自制半成品及库存商品等。其成本包括直接材料、直接人工和制造费用等的各项实际支出。

(3)委托外单位加工完成的存货,包括加工后的原材料、包装物、低值易耗品、半成品、产成品等。其成本包括实际耗用的原材料或者半成品、加工费、装卸费、保险费、委托加工的往返运输费等费用以及按规定应计入成本的税费。

但是,下列费用不应计入存货成本,而应在其发生时计入当期损益:

(1)非正常消耗的直接材料、直接人工和制造费用,应在发生时计入当期损益,不应计入存货成本。如因自然灾害而发生的直接材料、直接人工和制造费用,由于这些费用的发生无助于使该存货达到目前场所和状态,不应计入存货成本,而应确认为当期损益。

(2)仓储费用指企业在存货采购入库后发生的储存费用,应在发生时计入当期损益。但是,在生产过程中为达到下一个生产阶段所必须发生的仓储费用,应计入存货成本。如:某种酒类产品生产企业为使生产的酒达到规定的产品质量标准而必须发生的仓储费用,应计入酒的成本,而不应计入当期损益。

(3)不能归属于使存货达到目前场所和状态的其他支出,应在发生时计入当期损益,不得计入存货成本。

(四)发出存货的计价方法

在日常工作中,企业发出的存货,可以按实际成本核算,也可以按计划成本核算。如采用计划成本核算,会计期末应调整为实际成本。

企业应当根据各类存货的实物流转方式、企业管理的要求、存货的性质等实际情况,合理地确定发出存货成本的计算方法,以及当期发出存货的实际成本。对于性质和用途相同的存货,应当采用相同的成本计算方法确定发出存货的成本。在实际成本核算方式下,企业可以采用的发出存货成本的计价方法包括个别计价法、先进先出法、月末一次加权平均法和移动加权平均法等。

1. 个别计价法

个别计价法亦称个别认定法、具体辨认法、分批实际法,采用这一方法是假设存货具体项目的实物流转与成本流转相一致,按照各种存货逐一辨认各批发出存货和期末存货所属的购进批别或生产批别,分别按其购入或生产时所确定的单位成本计算各批发出存货和期末存货成本的方法。在这种方法下,把每一种存货的实际成本作为计算发出存货成本和期末存货成本的基础。

个别计价法的成本计算准确,符合实际情况,但在存货收发频繁的情况下,其发出成本分辨的工作量较大。因此,这种方法适用于一般不能替代使用的存货。为特定项目专门购入或制造的存货以及提供的劳务,如珠宝、名画等贵重物品。

【例 4-1】 华日公司 2012 年 1 月甲商品的收入、发出及购进单位成本如表 4-1 所示。

表 4-1

甲商品购销明细账(个别认定法)

金额单位:元

日期		摘要	收入			发出			结存		
月	日		数量	单价	金额	数量	单价	金额	数量	单价	金额
1	1	期初余额							150	10	1 500
	5	购入	100	12	1 200						
	11	销售				200			50		
	16	购入	200	14					250		
	20	销售				100			150		
	23	购入	100	15	1 500						
	27	销售				100			150		
1	30	本期合计	400		5 500	400			1 500		

假设经过具体辨认,本期发出存货的单位成本如下:5月11日发出的200件存货中,100件系期初结存存货,单位成本为10元,100件为5日购入存货,单位成本为12元;5月20日发出的100件存货系16日购入,单位成本为14元;5月27日发出的100件存货中,50件为期初结存,单位成本为10元,50件为23日购入,单位成本为15元。按照个别认定法,大华公司5月份甲商品收入、发出与结存情况如表4-2所示。

表4-2

甲商品购销明细账

金额单位:元

日期		摘要	收入			发出			结存		
月	日		数量	单价	金额	数量	单价	金额	数量	单价	金额
1	1	期初余额							150	10	1 500
	5	购入	100	12	1 200				150	10	1 500
									100	12	1 200
	11	销售				100	10	1 000			
						100	12	1 200	50	10	500
	16	购入	200	14	2 800				50	10	500
									200	14	2 800
	20	销售				100	14	1 400	50	10	500
									100	14	1 400
	23	购入	100	15	1 500				50	10	500
									100	14	1 400
									100	15	1 500
	27	销售				50	10	500	100	14	1 400
						50	15	750	50	15	750
1	30	本期合计	400		5 500	400	—	4 850	100	14	1 400
									50	15	750

从表4-2中可知,华日公司本期发出存货成本及期末结存存货成本如下:

本期发出存货成本=100×10+100×12+100×14+50×10+50×15=4 850(元)

期末结存存货成本=期初结存存货成本+本期购入存货成本-本期发出存货成本=

150×10+100×12+200×14+100×15-4 850=2 150(元)

2. 先进先出法

先进先出法是指以先购入的存货应先发出（销售或耗用）这样一种存货实物流动假设为前提，对发出存货进行计价的一种方法。采用这种方法，先购入的存货成本在后购入存货成本之前转出，据此确定发出存货和期末存货的成本。具体方法是：收入存货时，逐笔登记收入存货的数量、单价和金额；发出存货时，按照先进先出的原则逐笔登记存货的发出成本和结存金额。

先进先出法可以随时结转存货、发出成本，但较繁琐。如果存货收发业务较多，且存货单价不稳定时，其工作量较大。在物价持续上升时，期末存货成本接近于市价，而发出成本偏低，会高估企业当期利润和库存存货价值；反之，会低估企业存货价值和当期利润。

【例 4-2】 在[例 4-1]中，假设华日公司甲商品本期收入、发出和结存情况如表 4-3 所示。

表 4-3

甲商品购销明细账

金额单位：元

日期		摘要	收入			发出			结存		
月	日		数量	单价	金额	数量	单价	金额	数量	单价	金额
1	1	期初余额							150	10	1 500
	5	购入	100	12	1 200				150	10	1 500
									100	12	1 200
	11	销售				150	10	1 500	50	12	600
						50	12	600			
	16	购入	200	14	2 800				50	12	600
									200	14	2 800
	20	销售				50	12	600			
						50	14	700	150	14	2 100
	23	购入	100	15	1 500				150	14	2 100
									100	15	1 500
	27	销售				100	14	1 400	50	14	700
									100	15	1 500
1	30	本期合计	400		5 500	400		4 850	50	14	700
									100	15	1 500

从表 4-3 中可以看出,存货成本的计价顺序,如 11 日发出的 200 件存货,按先进先出法的流转顺序,应先发出期初库存存货 1 500 元(150×10),然后再发出 5 日购入的 50 件,即 600 元(50×12),其他依次类推。从表 4-3 中可以看出,使用先进先出法得出的发出存货成本和期末存货成本分别为 4 800元和 2 200 元。

华日公司日常账面记录显示,甲商品期初结存存货为 1 500 元(150×10),本期购入存货 3 批,按先后顺序分别为:100×12,200×14,100×15。假设经过盘点,发现期末库存 150 件,则本期发出存货为 400 件,发出存货成本为:

发出存货成本=150×10+50×12+50×12+50×14+100×14=4 800(元)

期末存货成本=50×14+100×15=2 200(元)

3. 月末一次加权平均法

月末一次加权平均法是指以本月全部进货数量加上月初存货数量作为权数,去除本月全部进货成本加上月初存货成本,计算出存货的加权平均单位成本,以此为基础,计算本月发出存货的成本和期末存货的成本的一种方法。计算公式如下:

存货单位成本=(月初存货成本+本月购入存货成本)÷(月初库存存货的数量+本月购入存货数量)

本月发出存货的成本=本月发出存货的数量×存货单位成本

本月月末库存存货成本=月末库存存货的数量×库存单位成本

采用加权平均法只在月末一次计算加权平均单价,比较简单,有利于简化成本计算工作,但由于平时无法从账上提供发出和结存存货的单价及金额,因此不利于存货成本的日常管理与控制。

【例 4-3】 假设华日公司采用加权平均法,则 1 月份甲商品的平均单位成本为:

1 月份甲商品的平均单位成本=(150×10+100×12+200×14+100×15)÷(150+100+200+100)=12.727(元)

1 月份甲商品的发出成本=400×12.727=5 090.8(元)

1 月份甲商品的期末结存成本=7 000−5 090.8=1 909.2(元)

4. 移动加权平均法

移动加权平均法是指以每次进货的成本加上原有库存存货的成本,除以每次进货数量加上原有库存存货的数量,据以计算加权平均单位成本,作为在下次进货前计算各次发出存货成本依据的一种方法。计算公式如下:

存货单位成本=(原有库存存货的成本+本次进货的成本)÷

(原有存货数量+本次进货数量)

本次发出存货的成本=本次发出存货数量×本次发货前存货的单位成本

本月月末库存存货成本=月末库存存货的数量×本月月末存货单位成本

采用移动平均法能够使企业管理当局及时了解存货的结存情况,计算的平均单位成本以及发出和结存的存货成本比较客观。但由于每次收货都要计算一次平均单价,计算工作量较大,对收发货较频繁的企业不适用。

【例 4-4】 假设华日公司采用移动加权平均法核算企业存货,则甲商品本期收入、发出和结存情况如表 4-4 所示。

表 4-4

甲商品购销明细账

金额单位:元

日期		摘要	收 入			发 出			结 存		
月	日		数量	单价	金额	数量	单价	金额	数量	单价	金额
1	1	期初余额							150	10	1 500
	5	购入	100	12	1 200				150	10.8	2 700
	11	销售				200	10.8	2 160	50	10.8	540
	16	购入	200	14	2 800				250	13.36	3 340
	20	销售				100	13.36	1 400	150	13.36	2 004
	23	购入	100	15	15 00				250	14.016	3 504
	27	销售				100	14.016	1 401.36	150	14.016	2 102.4
1	30	本期合计	400		5 500	400		4 897.36	150	14.016	2 102.4

从表 4-4 中可以看出,存货的平均成本从期初的 10 元变为期中的 10.8 元、13.36 元,再变成期末的 14.016 元。各平均成本计算如下:

1 月 5 日购入存货的平均单位成本=(150×10+100×12)÷(150+100)=10.8(元)

1 月 16 日购入存货的平均单位成本=(50×10.8+200×14)÷(50+200)=13.36(元)

1 月 23 日购入存货的平均单位成本=(150×13.36+100×15)÷(150+100)=14.016(元)

如表 4-4 所示,采用加权平均成本法得出的本期发出存货成本和期末结存存货成本分别为 4 897.36 元和 2 102.4 元。

第二节　存货核算(一):原材料

原材料是指企业在生产过程中经过加工改变其形态或性质并构成产品主要实体的各种原料。原材料具体包括原料及主要材料、辅助材料、外购半成品(外购件)、修理用备件(备品备件)、包装材料、燃料等。

原材料的日常收发及结存,可以采用实际成本核算,也可以采用计划成本核算。

一、采用实际成本核算

(一) 账户设置

材料按实际成本计价核算时,材料的收发及结存,无论总分类核算还是明细分类核算,均按照实际成本计价。使用的会计账户有"原材料"、"在途物资"等,"原材料"账户的借方、贷方及余额均以实际成本计价。

"原材料"账户用于核算库存各种材料的收发与结存情况。在原材料按实际成本核算时,本账户的借方登记入库材料的实际成本,贷方登记发出材料的实际成本,期末余额在借方,反映企业库存材料的实际成本。

"在途物资"账户用于核算企业采用实际成本(进价)进行材料、商品等物资的日常核算、货款已付尚未验收入库的各种物资(即在途物资)的采购成本,本账户应按供应单位和物资品种进行明细核算。本账户的借方登记企业购入的在途物资的实际成本,贷方登记验收入库的在途物资的实际成本,期末余额在借方,反映企业在途物资的采购成本。

"应付账款"账户用于核算企业因购买材料、商品和接受劳务等经营活动应支付的款项。本账户的贷方登记企业因购入材料、商品和接受劳务等而尚未支付的款项,借方登记偿还的应付账款,期末余额一般在贷方,发映企业尚未支付的应付账款。

"预付账款"账户用于核算企业按照合同规定预付的款项。本账户的借方登记预付的款项及补付的款项,贷方登记收到所购物资时根据有关发票账单记入"原材料"等账户的金额及收回多付款项的金额。期末余额在借方,反映企业实际预付的款项;期末余额在贷方,则反映企业应付或应补付的款项。

（二）账务处理

1. 购入材料

由于支付方式不同，原材料入库的时间与付款的时间可能一致，也可能不一致，在会计处理上也有所不同。

第一，货款已经支付或开出、承兑商业汇票，同时材料已验收入库。对于发票账单与材料同时到达且材料已验收入库的采购业务，应通过"原材料"账户核算；对于增值税专用发票上注明的可抵扣的进项税额，应借记"应交税费——应交增值税（进项税额）"账户。

【例4-5】 华日公司发生如下材料采购业务：

（1）购入C材料一批，增值税专用发票上记载的货款为500 000元，增值税额85 000元，对方代垫包装费1 000元，全部款项已用转账支票付清，材料已验收入库。会计分录为：

借：原材料——C材料	501 000
应交税费——应交增值税（进项税额）	85 000
贷：银行存款	586 000

（2）持银行汇票1 874 000元购入D材料一批，增值税专用发票上记载的货款为1 600 000元，增值税额272 000元，对方代垫包装费2 000元，材料已验收入库。会计分录为：

借：原材料——D材料	1 602 000
应交税费——应交增值税（进项税额）	272 000
贷：其他货币资金——银行汇票	1 874 000

（3）采用托收承付结算方式购入E材料一批，货款40 000元，增值税额6 800元，对方代垫包装费5 000元，款项在承付期内以银行存款支付，材料已验收入库。会计分录为：

借：原材料——E材料	45 000
应交税费——应交增值税（进项税额）	6 800
贷：银行存款	51 800

第二，货款已经支付或已开出、承兑商业汇票，材料尚未到达或尚未验收入库。对于已经付款或已开出、承兑商业汇票，但材料尚未到达或尚未验收入库的采购业务，应通过"在途物资"账户核算；待材料到达、入库后，再根据收料单，由"在途物资"账户转入"原材料"账户核算。

【例 4-6】 华日公司发生如下材料采购业务：

（1）采用汇兑结算方式购入 F 材料一批，发票及账单已收到，增值税专用发票上记载的货款为 20 000 元，增值税额 3 400 元。支付保险费 1 000元，材料尚未到达。会计分录为：

借：在途物资   21 000

     应交税费——应交增值税（进项税额）   3 400

   贷：银行存款   24 400

（2）上述购入的 F 材料已收到，并验收入库。会计分录为：

借：原材料   21 000

   贷：在途物资   21 000

第三，货款尚未支付，材料已经验收入库。

【例 4-7】 华日公司发生如下采购业务：

（1）采用托收承付结算方式购入 G 材料一批，增值税专用发票上记载的货款为 50 000 元，增值税额 8 500 元，对方代垫包装费 1 000 元。银行转来的结算凭证已到，款项尚未支付，材料已验收入库。会计分录为：

借：原材料——G 材料   51 000

     应交税费——应交增值税（进项税额）   8 500

   贷：应付账款   59 500

（2）采用委托收款结算方式购入 H 材料一批，材料已验收入库，月末发票账单尚未收到也无法确定其实际成本，暂估价值为 30 000 元。会计分录为：

借：原材料   30 000

   贷：应付账款——暂估应付账款   30 000

下月初作相反的会计分录予以冲回：

借：应付账款——暂估应付账款   30 000

   贷：原材料   30 000

（3）上述购入的 H 材料于次月收到发票账单，增值税专用发票上记载的货款为 31 000 元，增值税额 5 270 元，对方代垫保险费 2 000 元，已用银行存款付记。会计分录为：

借:原材料——H 材料	33 000
应交税费——应交增值税(进项税额)	5 270
贷:银行存款	38 270

在这种情况下,发票账单未到也无法确定实际成本,期末应按照暂估价值先入账,但在下月初作相反的会计分录予以冲回,收到发票账单后再按照实际金额记账。即:对于材料已到达并已验收入库,但发票账单等结算凭证未到,货款尚未支付的采购业务,应于期末按材料的暂估价值,借记"原材料"账户,贷记"应付账款——暂估应付账款"账户。下月初作相反的会计分录予以冲回,以便下月付款或开出、承兑商业汇票后,按正常程序,借记"原材料"、"应交税费——应交增值税(进项税额)"账户,贷记"银行存款"或"应付票据"等账户。

第四,货款已经预付,材料尚未验收入库。

【例 4-8】 华日公司发生如下采购业务。

(1) 根据与某钢厂的购销合同规定,甲公司为购买 J 材料向该钢厂预付 100 000 元货款的 80%,计 80 000 元,已通过汇兑方式汇出。会计分录为:

| 借:预付账款 | 80 000 |
| 贷:银行存款 | 80 000 |

(2) 收到该钢厂发运来的 J 材料,已验收入库。有关发票账单记载,该批货物的货款 100 000 元,增值税额 17 000 元,对方代垫包装费 3 000 元,所欠款项以银行存款付讫。会计分录如下。

材料入库时:

借:原材料——J 材料	103 000
应交税费——应交增值税(进项税额)	17 000
贷:预付账款	120 000

补付货款时:

| 借:预付账款 | 40 000 |
| 贷:银行存款 | 40 000 |

2. 发出材料

企业各生产单位及有关部门另用的材料具有种类多、业务频繁等特点。为了简化核算,可以在月末根据"领料单"或"限额领料单"中有关领料的单位、部门等加以归类,编制"发料凭证汇总表",据以编制记账凭证,登记入账。发出材料实际成本的确定,可以由企业从上述个别计价法、先进先出法、月末一次加权平均法、移动加权平均法等方法中选择。计价方法一经确定,不得随意变更。如需变更,应在附注中予以说明。

月末,应当根据所发出材料的用途,按实际成本分别记入"生产成本"、"制造费用"、"销售费用"、"管理费用"等账户。

【例 4-9】 华日公司根据"发料凭证汇总表"的记录,5 月份基本生产车间领用 K 材料 500 000 元,辅助生产车间领用 K 材料 40 000 元,车间管理部门领用 K 材料 5 000 元,企业行政管理部门领用 K 材料 4 000 元,计 549 000元。会计分录为:

```
借:生产成本——基本生产成本                         500 000
        ——辅助生产成本                            40 000
   制造费用                                        5 000
   管理费用                                        4 000
  贷:原材料——K 材料                               549 000
```

采用实际成本核算,日常反映不出材料成本是节约还是超支,从而不能反映和考核物资采购业务的经营成果。因此,这种方法通常适用于材料收发业务较少的企业。在实务工作中,对于材料收发业务较多并且计划成本资料较为健全、准确的企业,一般可以采用计划成本进行材料收发的核算。

二、采用计划成本核算

(一)账户设置

材料采用计划成本核算时,材料的收发及结存,无论总分类核算还是明细分类核算,均按照计划成本计价。使用的会计账户有"原材料"、"材料采购"、"材料成本差异"等。材料实际成本与计划成本的差异,通过"材料成本差异"账户核算。月末,计算本月发出材料应负担的成本差异并进行分摊,根据领用材料的用途计入相关资产的成本或者当期损益,从而将发出材料的计划成本调整为实际成本。

"原材料"账户用于核算库存各种材料的收发与结存情况。在材料采用计划成本核算时,本账户的借方登记入库材料的计划成本,贷方登记发出材料的计划成本,期末余额在借方,反映企业库存材料的计划成本。

"材料采购"账户借方登记采购材料的实际成本,贷方登记入库材料的计划成本。借方大于贷方表示超支,从本账户贷方转入"材料成本差异"账户的借方;贷方大于借方表示节约,从本账户借方转入"材料成本差异"账户的贷方;期末为借方余额,反映企业在途材料的采购成本。

"材料成本差异"账户反映企业已入库各种材料的实际成本与计划成本的差异,借方登记超支差异及发出材料应负担的节约差异,贷方登记节约差异及发出材料应负担的超支差异。期末如为借方余额,反映企业库存材料的实际成本大于计划成本的差异(即超支差异);如为贷方余额,反映企业库存材料实际成本小于计划成本的差异(即节约差异)。

(二)账务处理

1. 购入材料

(1)货款已经支付,同时材料验收入库。在计划成本法下,取得的材料先要通过"材料采购"账户进行核算,企业支付材料价款和运杂费等构成存货实际成本的,记入"材料采购"账户的借方。

【例4-10】 华日公司购入 L 材料一批,增值税专用发票上记载的货款为 3 000 000 元,增值税额 510 000 元,发票账单已收到,计划成本为 3 200 000 元,已验收入库,全部款项以银行存款支付。会计分录为:

借:材料采购 3 000 000
　　应交税费——应交增值税(进项税额) 510 000
　　贷:银行存款 3 510 000

(2)货款已经支付,材料尚未验收入库。

【例4-11】 华日公司采用汇兑结算方式购入 M_1 材料一批,增值税专用发票上记载的货款为 200 000 元,增值税额 34 000 元,发票账单已收到,计划成本 180 000 元,材料尚未入库,款项已用银行存款支付。会计分录为:

借:材料采购 200 000
　　应交税费——应交增值税(进项税额) 34 000
　　贷:银行存款 234 000

(3)货款尚未支付,材料已经验收入库。

【例4-12】 华日公司采用商业承兑汇票支付方式购入 M_2 材料一批,增值税专用发票上记载的货款为 500 000 元,增值税额 85 000 元,发票账单已收到,计划成本 520 000 元,材料已验收入库。会计分录为:

借：材料采购 500 000

应交税费——应交增值税（进项税额） 85 000

贷：应付票据 585 000

在这种情况下，对于尚未收到发票账单的收料凭证，月末应按计划成本暂估入账，借记"原材料"等账户，贷记"应付账款——暂估应付账款"账户，下月初作相反分录予以冲回，借记"应付账款——暂估应付账款"账户，贷记"原材料"账户。

【例 4-13】 甲公司购入 M_3 材料一批，材料已验收入库，发票账单未到，月末应按照计划成本 600 000 元估价入账。会计分录为：

借：原材料 600 000

贷：应付账款——暂估应付账款 600 000

下月初作相反的会计分录予以冲回：

借：应付账款——暂估应付账款 600 000

贷：原材料 600 000

企业购入验收入库的材料，按计划成本，借记"原材料"账户，贷记"材料采购"账户，按实际成本大于计划成本的差异，借记"材料成本差异"账户，贷记"材料采购"账户；实际成本小于计划成本的差异，借记"材料采购"账户，贷记"材料成本差异"账户。

【例 4-14】 承［例 4-10］和［例 4-12］，月末，华日公司汇总本月已付款或已开出并承兑商业汇票的入库材料的计划成本 3 720 000 元（3 200 000＋520 000）。会计分录为：

借：原材料——L 材料 3 200 000

——M_2 材料 520 000

贷：材料采购 3 720 000

上述入库材料的实际成本为 3 500 000 元（3 000 000＋500 000），入库材料的成本差异为节约 220 000 元（3 500 000－3 720 000）。会计分录为：

借：材料采购 220 000

贷：材料成本差异——L 材料 200 000

——M_2 材料 20 000

2. 发出材料

月末，企业根据领料单等编制"发料凭证汇总表"结转发出材料的计划成本,应当根据所发出材料的用途,按计划成本分别记入"生产成本"、"制造费用"、"销售费用"、"管理费用"等账户,同时结转材料成本差异。

【例 4-15】 华日公司根据"发料凭证汇总表"的记录,某月 L 材料的消耗(计划成本)为:基本生产车间领用 2 000 000 元,辅助生产车间领用 600 000 元,车间管理部门领用 250 000 元,企业行政管理部门领用 50 000 元。会计分录为:

借:生产成本——基本生产成本　　　　　　　　　　2 000 000
　　　　　　——辅助生产成本　　　　　　　　　　　600 000
　　制造费用　　　　　　　　　　　　　　　　　　250 000
　　管理费用　　　　　　　　　　　　　　　　　　　50 000
　　贷:原材料——L 材料　　　　　　　　　　　　2 900 000

根据《企业会计准则第 1 号——存货》的规定,企业日常采用计划成本核算的,发出的材料成本应由计划成本调整为实际成本,通过"材料成本差异"账户进行结转,按照所发出材料的用途,分别记入"生产成本"、"制造费用"、"销售费用"、"管理费用"等账户。发出材料应负担的成本差异应当按期(月)分摊,不得在季末或年末一次计算。

本期材料成本差异率＝(期初结存材料的成本差异＋本期验收入库材料的成本差异)÷
　　　　　　　　　　(期初结存材料的计划成本＋本期验收入库材料的计划成本)
期初材料成本差异率＝期初结存材料的成本差异÷期初结存材料的计划成本
发出材料应负担的成本差异＝发出材料的计划成本×本期材料成本差异率

【例 4-16】 承[例 4-10]和[例 4-15],华日公司某月月初结存 L 材料的计划成本为 1 000 000 元,成本差异为超支 30 740 元;当月入库 L 材料的计划成本 3 200 000 元,成本差异为节约 200 000 元,则:

材料成本差异率＝(30 740－200 000)÷(1 000 000＋3 200 000)×100％＝－4.03％

结转发出材料的成本差异,会计分录为:

借:材料成本差异——L 材料　　　　　　　　　　　116 870
　　贷:生产成本——基本生产成本　　　　　　　　　80 600
　　　　　　　　——辅助生产成本　　　　　　　　241 80
　　　　制造费用　　　　　　　　　　　　　　　　10 075
　　　　管理费用　　　　　　　　　　　　　　　　 2 015

第三节 存货核算(二):其他存货

一、周转材料

(一)包装物

包装物是指为了包装本企业商品而储备的各种包装容器,如棉、箱、瓶、坛、袋等。其核算内容包括:

(1)生产过程中用于包装产品作为产品组成部分的包装物。

(2)随同商品出售而不单独计价的包装物。

(3)随同商品出售而单独计价的包装物。

(4)出租或出借给购买单位使用的包装物。

为了反映和监督包装物的增减变化及其价值损耗、结存等情况,企业应当设置"周转材料——包装物"账户进行核算。对于生产领用包装物,应根据领用包装物的实际成本或计划成本,借记"生产成本"账户,贷记"周转材料——包装物"、"材料成本差异"等账户。随同商品出售但不单独计价的包装物,应于包装物发出时,按其实际成本计入销售费用。随同商品出售且单独计价的包装物,一方面应反映其销售收入,计入其他业务收入;另一方面应反映其实际销售成本,计入其他业务成本。包装物的摊销方法有一次转销法和五五摊销法,有关五五摊销法的举例参见[例 4-21]。

1. 生产领用包装物

生产领用包装物,应按照领用包装物的实际成本,借记"生产成本"账户,按照领用包装物的计划成本,贷记"周转材料——包装物"账户,按其差额,借记或贷记"材料成本差异"账户。

【例 4-17】 华日公司对包装物采用计划成本核算,某月生产产品领用包装物的计划成本为 100 000 元,材料成本差异率为 -3%。会计分录为:

借:生产成本	97 000
材料成本差异	3 000
贷:周转材料——包装物	100 000

2. 随同商品出售包装物

随同商品出售而不单独计价的包装物,应按其实际成本计入销售费用,借记"销售费用"账户,按其计划成本,贷记"周转材料——包装物"账户,按其差额,借记或贷记"材料成本差异"账户。

【例 4-18】 华日公司某月销售商品领用不单独计价包装物的计划成本为 50 000 元,材料成本差异率为-3%。会计分录为:

借:销售费用　　　　　　　　　　　　　　　48 500

　　材料成本差异　　　　　　　　　　　　　 1 500

　　贷:周转材料——包装物　　　　　　　　　　　　50 000

随同商品出售且单独计价的包装物,一方面应反映其销售收入,计入其他业务收入;另一方面应反映其实际销售成本,计入其他业务成本。

【例 4-19】 华日公司某月销售商品领用单独计价包装物的计划成本为 80 000 元,销售收入为 100 000 元,增值税额为 17 000 元,款项已存入银行。该包装物的材料成本差异率为 3%。会计处理如下。

(1)出售单独计价包装物:

借:银行存款　　　　　　　　　　　　　　　117 000

　　贷:其他业务收入　　　　　　　　　　　　　　100 000

　　　　应交税费——应交增值税(销项税额)　　　 17 000

(2)结转所售单独计价包装物的成本:

借:其他业务成本　　　　　　　　　　　　　 82 400

　　贷:周转材料——包装物　　　　　　　　　　　　80 000

　　　　材料成本差异　　　　　　　　　　　　　　 2 400

(二)低值易耗品

低值易耗品通常被视同存货,作为流动资产进行核算和管理,一般划分为一般工具、专用工具、替换设备、管理用具、劳动保护用品、其他用具等。

为了反映和监督低值易耗品的增减变化及其结存情况,企业应当设置"周转材料——低值易耗品"账户,借方登记低值易耗品的增加,贷方登记低值易耗品的减少,期末余额在借方,通常反映企业期末结存低值易耗品的金额。

低值易耗品的摊销方法有一次转销法和五五摊销法。

1. 一次转销法

采用一次转销法摊销低值易耗品,在领用低值易耗品时,将其价值一次、全部计入有关资产成本或者当期损益,主要适用于价值较低或极易损坏的低值易耗品的摊销。

【例 4-20】 华日公司某基本生产车间领用一般工具一批,实际成本为

30 000 元,全部计入当期制造费用,应作如下会计处理:

借:制造费用 3 000
　贷:周转材料——低值易耗品 3 000

2. 五五摊销法

采用五五摊销法摊销低值易耗品,低值易耗品在领用时先摊销其账面价值的一半,在报废时再摊销其账面价值的另一半,即低值易耗品分两次各按 50% 进行摊销。五五摊销法通常既适用于价值较低、使用期限较短的低值易耗品,又适用于每期领用数量和报废数量大致相等的低值易耗品。在采用五五摊销法的情况下,需要单独设置“周转材料——值易耗品——在用”、“周转材料——低值易耗品——在库”和“周转材料——低值易耗品——摊销”明细账户。

【例 4-21】 华日公司的基本生产车间领用专用工具一批,实际成本为 10 000 元,采用五五摊销法进行摊销,应作如下会计处理。

(1)领用专用工具:

借:周转材料——低值易耗品——在用 10 000
　贷:周转材料——低值易耗品——在库 10 000

(2)领用时摊销其价值的一半:

借:制造费用 5 000
　贷:周转材料——低值易耗品——摊销 5 000

(3)报废时摊销其价值的一半:

借:制造费用 5 000
　贷:周转材料——低值易耗品——摊销 5 000

同时,

借:周转材料——低值易耗品——摊销 10 000
　贷:周转材料——低值易耗品——在用 10 000

二、委托加工物资

委托加工物资是指企业委托外单位加工的各种材料、商品等物资。

企业委托外单位加工物资的成本包括加工中实际耗用物资的成本、支付的加工费用及应负担的运杂费等。支付的税金包括委托加工物资所应负担的消费税(指属于消费税应税范围的加工物资)等。

为了反映和监督委托加工物资增减变动及其结存情况,企业应当设置"委托加工物资"账户,借方登记委托加工物资的实际成本,贷方登记加工完成验收入库的物资的实际成本和剩余物资的实际成本,期末余额在借方,反映企业尚未完工的委托加工物资的实际成本和发出加工物资的运杂费等。委托加工物资也可以采用计划成本或售价进行核算,其方法与库存商品相似。

【例4-22】 华日公司委托红星量具厂加工一批量具,具体业务如下。

(1) 发出加工量具用的材料一批,计划成本70 000元,材料成本差异率4%。会计分录为:

借:委托加工物资	72 800
贷:原材料	70 000
材料成本差异	2 800

(2) 以现金支付运杂费2 200元。会计分录为:

借:委托加工物资	2 200
贷:银行存款	2 200

(3) 以银行存款支付红星量具厂的加工费用20 000元。会计分录为:

借:委托加工物资	20 000
贷:银行存款	20 000

(4) 收回由红星量具厂代加工的量具,该批量具已验收入库,其计划成本为110 000元。会计分录为:

借:周转材料——低值易耗品	110 000
贷:委托加工物资	97 500
材料成本差异	12 500

三、库存商品

(一)库存商品的内容

库存商品是指企业已完成全部生产过程并已验收入库、合乎标准规格和技术条件,可以按照合同规定的条件送交订货单位,或可以作为商品对外销售的产品以及外购或委托加工完成验收入库用于销售的各种商品。库存商品具体包括库存产成品、外购商品、存放在门市部准备出售的商品、发出展览的商品、寄存在外的商品、接受来料加工制造的代制品和为外单位加工修理的代修品等。已完成销售手续、但购买单位在月末未提取的产品,不应作为企业的库存商品,而应作为代管商品处理,单独设置代管商品备查簿进行登记。库存商品可以采用实际成本核算,也可以采用计划成本核算,其方法与原材料相似。采用计划成本核算时,库存商品实际成本与计划成本的差异,可单独设置"产品成本差异"账户核算。

为了反映和监督库存商品的增减变化及其结存情况,企业应当设置"库存商品"账户,借方登记验收入库的库存商品成本,贷方登记发出的库存商品成本,期末余额在借方,反映各种库存商品的实际成本或计划成本。

(二)库存商品的核算

1. 验收入库商品

对于库存商品采用实际成本核算的企业,当库存商品生产完成并验收入库时,应按实际成本,借记"库存商品"账户,贷记"生产成本——基本生产成本"账户。

【例4-23】 华日公司"商品入库汇总表"记载,某月已验收入库 Y 产品 100 台,实际单位成本 500 元,计 50 000 元;Z 产品 200 台,实际单位成本 100 元,计 20 000 元。会计分录为:

借:库存商品——Y 产品		50 000
——Z 产品		20 000
贷:生产成本——基本生产成本(Y 产品)		50 000
——基本生产成本(Z 产品)		20 000

2. 销售商品

企业销售商品、确认收入时,应结转其销售成本,借记"主营业务成本"等账户,贷记"库存商品"账户。

【例4-24】 华日公司在月末汇总的发出商品中,当月已实现销售的 Y 产品有 50 台,Z 产品有 150 台,该月 Y 产品实际单位成本 5 00 元,Z 产品实际单位成本 100 元。在结转其销售成本时,会计分录为:

借:主营业务成本		40 000
贷:库存商品——Y 产品		25 000
——Z 产品		15 000

商品流通企业的库存商品还可以采用毛利率法和售价金额核算法进行

日常核算。

（1）毛利率法。毛利率法是指根据成本或销售净额乘以上期实际（或本期计划）毛利率匡算本期销售毛利，并据以计算发出存货和期末存货成本的一种方法。计算公式如下：

毛利率＝销售毛利÷销售净额×100％

销售净额＝商品销售收入－销售退回与折让

销售毛利＝销售净额×毛利率

销售成本＝销售净额－销售毛利

期末销货成本＝期初销货成本＋本期购货成本－本期销货成本

这一方法是商品流通企业，尤其是商业批发企业常用的计算本期商品销售成本和期末库存商品成本的方法。商品流通企业由于经营商品的品种繁多，如果分品种计算商品成本，工作量将大大增加。而且，一般来讲，商品流通企业同类商品的毛利率大致相同，采用这种存货计价方法既能减轻工作量，也能满足对存货管理的需要。

【例 4-25】 某商场 2011 年 4 月 1 日针织品存货 1 800 万元，本月购进 3 000 万元，本月销售收入 3 400 万元，上季度该类商品毛利率为 25％。本月已销商品和月末库存商品的成本计算如下：

本月销售收入＝3 400（万元）

销售毛利＝3 400×25％＝850（万元）

本月销售成本＝3 400－850＝2 550（万元）

库存商品成本＝1 800＋3 000－2 550＝2 250（万元）

（2）售价金额核算法。售价金额核算法是指平时商品的购入、加工收回、销售均按售价记账，售价与进价的差额通过"商品进销差价"账户核算，期末计算进销差价率和本期已销商品应分摊的进销差价，并据以调整本期销售成本的一种办法。计算公式如下：

商品进销差价率＝（期初库存商品进销差价＋本期购入商品进销差价）÷

（期初库存商品售价＋本期购入商品售价）×100％

本期销售商品应分的商品进销差价摊＝本期商品销售收入×商品进销差价率

本期销售商品的成本＝本期商品销售收入－本期已销商品应分摊的商品进销差价

期末结存商品的成本＝期初库存商品的进价成本＋本期购进商品的进价成本－

本期销售商品的成本

　　企业的商品进销差价率各期之间是比较均衡的,因此,也可以采用上期商品进销差价率计算分摊本期的商品进销差价。年度终了,应对商品进销差价进行核实调整。

　　对于从事商业零售业务的企业(如百货公司、超市等),由于经营的商品种类、品种、规格等繁多,而且要求按商品零售价格标价,采用其他成本计算结转方法均较困难,因此广泛采用这一方法。

　　【例 4-26】 某商场 2011 年 7 月期初库存商品的进价成本为 100 万元,售价总额为 110 万元,本月购进该商品的进价成本为 75 万元,售价总额为 90 万元,本月销售收入为 120 万元。有关计算如下:

　　　　商品进销差价率=(10+15)÷(110+90)×100% = 12.5%
　　　　已销商品应分摊的商品进销差价=120×12.5% = 15(万元)
　　　　本期销售商品的实际成本=120-15 = 105(万元)
　　　　期末结存商品的实际成本=100+75-105 = 70(万元)

第四节　存　货　清　查

一、存货清查的含义

　　存货清查是指通过对存货的实地盘点,确定存货的实有数量,并与账面结存数核对,从而确定存货实存数与账面结存数是否相符的一种专门方法。

　　由于存货种类繁多、收发频繁,在日常收发过程中可能发生计量错误、计算错误、自然损耗,还可能发生损坏变质以及贪污、盗窃等情况,造成账实不符,形成存货的盘盈盘亏。对于存货的盘盈盘亏,应填写存货盘点报告(如实存账存对比表),及时查明原因,按照规定程序报批处理。

　　为了反映企业在财产清查中查明的各种存货的盘盈盘亏和毁损情况,企业应当设置"待处理财产损溢"账户,借方登记存货的盘亏、毁损金额及盘盈的转销金额,贷方登记存货的盘盈金额及盘亏的转销金额。企业清查的各种存货损益,应在期末结账前处理完毕,期末处理后,本账户应无余额。

二、存货清查结果的处理

(一)存货盘盈的账务处理

　　企业发生存货盘盈时,借记"原材料"、"库存商品"等账户,贷记"待处理财产损溢"账户;在按管理权限报经批准后,借记"待处理财产损溢"账户,贷记"管理费用"账户。

【例 4-27】 华日公司在财产清查中盘盈 J 材料 10 千克,实际单位成本 60 元,经查属于材料收发计量方面的错误,应作如下会计处理。

(1)批准处理前:

  借:原材料   600
    贷:待处理财产损溢   600

(2)批准处理后:

  借:待处理财产损溢   600
    贷:管理费用   600

(二)存货盘亏及毁损的账务处理

企业发生存货盘亏及毁损时,借记"待处理财产损溢"账户,贷记"原材料"、"库存商品"等账户。在按管理权限报经批准后应作如下会计处理:对于入库的残料价值,记入"原材料"等账户;对于应由保险公司和过失人的赔款,记入"其他应收款"账户;扣除残料价值和应由保险公司、过失人赔款后的净损失,属于一般经营损失的部分,记入"管理费用"账户,属于非常损失的部分,记入"营业外支出"账户。

【例 4-28】 华日公司在财产清查中发现盘亏 K 材料 50 千克,实际单位成本 20 元,经查属于一般经营损失,应作如下会计处理。

(1)批准处理前:

  借:待处理财产损溢   1 000
    贷:原材料   1 000

(2)批准处理后:

  借:管理费用   1 000
    贷:待处理财产损溢   1 000

【例 4-29】 华日公司在财产清查中发现毁损 L 材料 300 千克,实际单位成本 15 元,经查属于材料保管员的过失造成的,按规定由其个人赔偿 2 000 元,残料已办理入库手续,价值 1 000 元,应作如下会计处理。

(1)批准处理前:

  借:待处理财产损溢   300
    贷:原材料   300

（2）批准处理后：

由过失人赔款部分：

借：其他应收款 2 000

　　贷：待处理财产损溢 2 000

残料入库：

借：原材料 1 000

　　贷：待处理财产损溢 1 000

材料毁损净损失：

借：管理费用 1 500

　　贷：待处理财产损溢 1 500

【例 4-30】　华日公司因台风造成一批库存材料毁损，实际成本 70 000 元，根据保险责任范围及保险合同规定，应由保险公司赔偿 50 000 元，应作如下会计处理。

（1）批准处理前：

借：待处理财产损溢 70 000

　　贷：原材料 70 000

（2）批准处理后：

借：其他应收款 50 000

　　营业外支出——非常损失 20 000

　　贷：待处理财产损溢 70 000

第五节　存货的期末计量

一、存货期末计量原则

资产负债表日，存货应当按照成本与可变现净值孰低计量。存货成本高于其可变现净值的，应当计提存货跌价准备，计入当期损益。其中，可变现净值是指在日常活动中，存货的估计售价减去至完工时估计将要发生的成本、估计的销售费用以及相关税费后的金额；存货成本是指期末存货的实际成本。如企业在存货成本的日常核算中采用计划成本法、售价金额核算法等简化核算方法,则成本应为经调整后的实际成本。

企业预计的销售存货现金流量,并不完全等于存货的可变现净值。存货在销售过程中可能发生的销售费用和相关税费,以及为达到预定可销售状态还可能发生的加工成本等相关支出,构成现金流入的抵减项目。企业预计的销售存货现金流量,扣除这些低减项目后,才能确定存货的可变现净值。

企业应以确凿证据为基础计算确定存货的可变现净值。

二、存货期末计量方法

(一)存货减值迹象的判断

存货存在下列情况之一的,表明存货的可变现净值低于成本:该存货的市场价格持续下跌,并且在可预见的未来无回升的希望;企业使用该项原材料生产的产品的成本大于产品的销售价格;企业因产品更新换代,原有库存原材料已不适应新产品的需要,而该原材料的市场价格又低于其账面成本;因企业所提供的商品或劳务过时或消费者偏好改变而使市场的需求发生变化,导致市场价格逐渐下跌;其他足以证明该项存货实质上已经发生减值的情形。

存货存在下列情形之一的,表明存货的可变现净值为零:已霉烂变质的存货;已过期且无转让价值的存货;生产中已不再需要,并且已无使用价值和转让价值的存货;其他足以证明已无使用价值和转让价值的存货。

(二)可变现净值的确定

1. 企业确定存货的可变现净值时应考虑的因素

企业确定存货的可变现净值,应当以取得的确凿证据为基础,并且考虑持有存货的目的、资产负债表日后事项的影响等因素。

(1)存货可变现净值的确凿证据。存货可变现净值的确凿证据,是对确定存货的可变现净值有直接影响的客观证明,如产成品或商品的市场销售价格、与产成品或商品相同或类似商品的市场销售价格、销售方提供的有关资料和生产成本资料等。

(2)持有存货的目的。由于企业持有存货的目的不同,因此确定存货可变现净值的计算方法也不同。如:用于出售的存货和用于继续加工的存货,其可变现净值的计算就不相同。因此,企业在确定存货的可变现净值时,应考虑持有存货的目的。一般来讲,企业持有存货的目的:一是持有以备出售,如商品、产成品,其中又分为有合同约定的存货和没有合同约定的存货;二是将在生产过程或提供劳务过程中耗用,如材料等。

(3) 资产负债表日后事项等的影响。在确定资产负债表日存货的可变现净值时,不仅要考虑资产负债表日与该存货相关的价格与成本波动,而且还应考虑未来的相关事项。也就是说,不仅考虑财务报告批准报出日之前发生的相关价格与成本波动,还应考虑以后期间发生的相关事项。

2. 不同情况下存货可变现净值的确定

(1) 产成品、商品等(不包括用于出售的材料)直接用于出售的商品存货,没有销售合同约定的,其可变现净值应当为在正常生产经营过程中,产成品或商品的一般销售价格(即市场销售价格)减去估计的销售费用和相关税费等后的金额。

【例 4-31】 2011 年 12 月 31 日,华日公司 A 型号机器的账面价值(成本)为 216 万元,数量为 12 台,单位成本为 18 万元/台。2011 年 12 月 31 日,A 型号机器的市场销售价格为 20 万元/台。华日公司没有签订有关 A 型号机器的销售合同。

分析:由于华日公司没有就 A 型号机器签订销售合同,因此,在这种情况下,计算确定 A 型号机器的可变现净值应以其一般销售价格总额 240 万元(20×12)作为计量基础。

(2) 用于出售的材料等,应当以市场价格减去估计的销售费用和相关税费等后的金额作为其可变现净值。这里的市场价格是指材料等的市场销售价格。

【例 4-32】 2011 年,华日公司根据市场需求的变化,决定停止生产 B 型号机器。为减少不必要的损失,华日公司决定将原材料中专门用于生产 B 型号机器的外购原材料——钢材全部出售。2011 年 12 月 31 日,其账面价值(成本)为 90 万元,数量为 10 000 千克。根据市场调查,此种钢材的市场销售价格为 60 元/千克,同时销售这 10 000 千克钢材可能发生销售费用及税金 0.5 万元。

分析:由于企业已经决定不再生产 B 型号机器,因此,该批钢材的可变现净值不能再以 B 型号机器的销售价格为计量基础,而应按钢材的市场销售价格为计量基础。因此,该批钢材的可变现净值应为 59.5 万元(60×1−0.5)。

(3) 需要经过加工的材料存货,如原料、在产品、委托加工材料等,由于持有该材料的目的是用于生产产品,而不是用于出售,该材料存货的价值将体现在生产的产品上,因此,在确定需要经过加工的材料存货的可变现净值时,需要用一起生产的产品的可变现净值与该产品的成本进行比较,如果该产品的可变现净值高于其成本,则材料应当按照其成本计量。

【例4-33】 2011年12月31日,华日公司库存原材料——A材料的账面价值(成本)为150万元,市场购买价格总额为140万元,假设不发生其他购买费用;用A材料生产的产成品——B型机器的可变现净值高于成本。确定2011年12月31日A材料的价值。

分析:2011年12月31日,虽然A材料的账面价值(成本)高于其市场价格,但是由于用其生产的产成品——B型机器的可变现净值高于其成本,即用该原材料生产的最终产品此时并没有发生价值减值。因此,在这种情况下,A材料即使其账面价值(成本)已高于市场价格,也不应计提存货跌价准备,仍应按其原账面价值(成本)150万元列示在华日公司2011年12月31日资产负债表的存货项目之中。

如果材料价格的下降表明以其生产的产成品的可变现净值低于成本,则该材料应当按可变现净值计量。其可变现净值为在正常生产经营过程中,以该材料所生产的产成品的估计售价减去至完工时估计将要发生的成本、估计的销售费用以及相关税费后的金额确定。

【例4-34】 2011年12月31日,华日公司库存原材料——C材料的账面价值(成本)为60万元,市场购买价格总额为55万元,假设不发生其他购买费用。由于C材料的市场销售价格下降,用C材料生产的D型机器的市场销售价格总额由150万元下降为135万元,但其生产成本仍为140万元,将C材料加工成D型机器尚需投入80万元,估计销售费用及税金为5万元。确定2011年12月31日C材料的价值。

分析:根据上述资料,可按以下步骤进行确定:

第一步,计算用该原材料所生产的产成品的可变现净值。

D型机器的可变现净值=D型机器估计售价-估计销售费用及税金=135-5=130(万元)。

第二步,将用该原材料所生产的产成品的可变现净值与其成本进行比较。

D型机器的可变现净值130万元小于其成本140万元,即C材料价格的下降和D型机器销售价格的下降表明D型机器的可变现净值低于其成本,因此,C材料应当按可变现净值计量。

第三步,计算该原材料的可变现净值,并确定其期末价值。

C 材料的可变现净值＝D 型机器的估计售价－将 C 材料加工成 D 型机器尚需投入的成本－估计销售费用及税金＝135－80－5＝50(万元)。

C 材料的可变现净值 50 万元小于其成本 60 万元,因此,C 材料的期末价值应为其可变现净值 50 万元,即：C 材料应按 50 万元列示在 2011 年 12 月 31 日资产负债表的存货项目之中。

(4) 为执行销售合同或者劳务合同而持有的存货。其可变现净值应当以合同价格,而不是估计售价减去估计的销售费用和相关税费等后的金额确定。

企业与购买方签订了销售合同(或劳务合同,下同),并且销售合同订购的数量大于或等于企业持有的存货数量。在这种情况下,与该项销售合同直接相关的存货的可变现净值,应当以合同价格为计量基础。即：如果企业就其产成品或商品签订了销售合同,则该批产成品或商品的可变现净值应当以合同价格作为计量基础；如果企业销售合同所规定的标的物还没有生产出来,但持有专门用于生产该标的物的材料,则其可变现净值也应当以合同价格作为计量基础。

【例 4-35】 2011 年 8 月 10 日,华日公司与乙公司签订了一份不可撤销的销售合同。双方约定,2012 年 2 月 15 日,华日公司应按 20 万元/台的价格向乙公司提供 A 型号的机器 10 台。2011 年 12 月 31 日,华日公司 A 型号机器的账面价值(成本)为 136 万元,数量为 8 台,单位成本为 17 万元/台。2011 年 12 月 31 日,A 型号机器的市场销售价格为 19 万元/台。

分析：根据华日公司与乙公司签订的销售合同,华日公司该批 A 型号机器的销售价格已由销售合同约定,并且其库存数量小于销售合同订购的数量。在这种情况下,计算库存 A 型号机器的可变现净值时,应以销售合同约定的价格 160 万元(20×8)作为计量基础,即估计售价 160 万元。

【例 4-36】 2011 年 12 月 20 日,华日公司与乙公司签订一份不可撤销的销售合同。双方约定,2012 年 3 月 15 日,华日公司应按照 20 万元/台的价格向乙公司提供 10 台 B 型号的机器。2011 年 12 月 31 日,华日公司还没有生产该批 B 型号机器,但是持有专门生产该批 10 台 B 型号的机器库存原材料——钢材,其账面价值(成本)为 90 万元,市场销售价格总额为 70 万元。

分析：根据华日公司与乙公司签订的销售合同,华日公司该批 B 型机器的销售价格已由销售合同约定。虽然华日公司还未生产,但是持有专门用于生产该批 B 型机器的库存原材料——钢材,其可生产的 B 型号机器的数量不大于销售合同订购的数量。在这种情况下,计算该批原材料——钢材的可变现净值时,应以销售合同约定的 B 型号机器的销售价格总额 200 万元(20×10)作为其计量基础。

如果企业持有的同一项存货的数量多于销售合同或劳务合同订购的数量的,则应分别确定其可变现净值,并与其相对应的成本进行比较,分别确定存货跌价准备的计提或转回金额。超出合同部分的存货的可变现净值,应当以一般销售价格为计算基础。

【例 4-37】 2011 年 9 月 10 日,华日公司与乙公司签订了一份不可撤销的销售合同。双方约定,2008 年 2 月 15 日,华日公司应按 18 万元/台的价格向乙公司提供 A 型号的机器 10 台。2011 年 12 月 31 日,华日公司 A 型号机器的账面价值(成本)为 19.2 万元,数量为 12 台,单位成本为 16 万元/台。2011 年 12 月 31 日,A 型号机器的市场销售价格为 20 万元/台。

分析:根据华日公司与乙公司签订的销售合同,华日公司该批 A 型号机器的销售价格已由销售合同约定,但是其库存数量大于销售合同约定的数量。在这种情况下,对于销售合同约定数量即 10 台的 A 型号机器的可变现净值应以销售合同约定的价格总额 180 万元(18×10)作为计量基础;而对于超出部分即 2 台的 A 型号机器的可变现净值应以一般销售价格总额 40 万元(20×2)作为计量基础。

(三)存货跌价准备的核算

1. 存货跌价准备的计提

资产负债表日,存货的成本高于其可变现净值的,企业应当计提存货跌价准备。

企业通常应当按照单个存货项目计提存货跌价准备。即:资产负债表日,企业将每个存货项目的成本与其可变现净值逐一进行比较,按较低者计量存货,对其中可变现净值低于成本的,两者的差额即为应计提的存货跌价准备,然后再与已提数进行比较,若应提数大于已提数,则应予以补提。企业计提的存货跌价准备,应计入当期损益。

但是,对于数量繁多、单价较低的存货,可以按照存货类别计提存货跌价准备。与在同一地区生产和销售的产品系列相关、具有相同或类似最终用途或目的,且难以与其他项目分开计量的存货,可以合并计提存货跌价准备。

【例 4-38】　华日公司采用成本与可变现净值孰低法对期末存货进行计量,存货成本与可变现净值的比较采用单项比较法。2011 年 12 月 31 日,A、B 两种存货的成本分别为 30 万元、21 万元,可变现净值分别为 28 万元、25 万元。

分析:对于 A 存货,其成本 30 万元高于可变现净值 28 万元,应计提存货跌价准备 2 万元(30－28);对于 B 存货,其成本 21 万元低于可变现净值 25 万元,不需计提存货跌价准备。因此,该企业对 A、B 两种存货计提的跌价准备共计为 2 万元,在当日资产负债表中列示的存货金额为 49 万元(28＋21)。

【例 4-39】　华日公司采用成本与可变现净值孰低法对 A 存货进行期末计价。2011 年年末,A 存货的账面成本为 10 万元,由于本年以来 A 存货的市场价格持续下跌,并在可预见的将来无回升的希望。根据资产负债表日状况确定的 A 存货的可变现净值为 9.5 万元,"存货跌价准备"账户金额为零,应计提的存货跌价准备为 0.5 万元(10－9.5)。相关账务处理如下:

借:资产减值损失　　　　　　　　　　　　　　　　　　5 000
　贷:存货跌价准备　　　　　　　　　　　　　　　　　　　　5 000

假设 2012 年年末,A 存货的种类和数量、账面成本和已计提的存货跌价准备均未发生变化。2012 年年末,A 存货的可变现净值为 9.7 万元,计算出应计提的存货跌价准备为 0.3 万元(10－9.7)。由于 A 存货已计提存货跌价准备 0.5 万元,因此,应冲减已计提的存货跌价准备 0.2 万元(0.5－0.3)。相关账务处理如下:

借:存货跌价准备　　　　　　　　　　　　　　　　　　2 000
　贷:资产减值损失　　　　　　　　　　　　　　　　　　　　2 000

2. 存货跌价准备的转回

当以前减记存货价值的影响因素已经消失,减记的金额应当予以恢复,并在原已计提的存货跌价准备金额内转回,转回的金额计入当期的损益(资产减值损失)。

在核算存货跌价准备的转回时,转回的存货跌价准备与计提该准备的存货项目或类别应当存在直接对应的关系。在原已计提的存货跌价准备金额内转回,意味着转回的金额以将存货跌价准备的余额冲减至零为限。

【例 4-40】　承[例 4-39],假设 2013 年年末,存货的种类和数量、账面成本和已计提的存货跌价准备均未发生变化,但是,2013 年以来,A 存货的市场价格持续上升,市场前景明显好转,至 2013 年年末,根据当时状态确定的 A 存货的可变现净值为 11 万元。根据以上资料,可以判断以前造成减记存货价值的影响因素已经消失,减记的金额应当在原已计提的存货跌价准备金额 0.3 万元(0.5-0.2)内予以恢复。相关账务处理如下:

借:存货跌价准备		3 000
贷:资产减值损失		3 000

需要注意的是,导致存货跌价准备转回的是以前减记存货价值的影响因素的消失,而不是在当期造成存货可变现净值高于其成本的其他影响因素。如果本期导致存货可变现净值高于其成本的影响因素不是以前减记该存货价值的影响因素,则企业会计准则不允许将该存货跌价准备转回。

3. 存货跌价准备的结转

企业计提了存货跌价准备,如果其中有部分存货已经销售,则企业结转销售成本时,应同时结转对其已计提的存货跌价准备。

【例 4-41】 2011 年 12 月 31 日,华日公司库存 A 机器 5 台,每台成本为 5 000 元,已经计提的存货跌阶准备为 6 000 元。2012 年 1 月 15 日,华日公司将库存的 5 台机器全部以每台 6 000 元的价格售出。假定不考虑可能发生的销售费用及税金的影响,华日公司应将这 5 台 A 机器已经计提的跌价准备在结转其销售成本的同时,全部予以结转。

华日公司的相关账务处理如下;

借:主营业务成本		19 000
存货跌价准备		6 000
贷:库存商品——A 机器		25 000

对于因债务重组、非货币性交易转出的存货,应同时结转已计提的存货跌价准备,但不冲减当期的管理费用,按债务重组和非货币性交易的原则进行会计处理。

第 五 章

长期股权投资

第一节 长期股权投资概述

一、长期股权投资的范围

投资是企业为了获得收益或实现资本增值向被投资单位投放资金的经济行为。企业对外进行的投资,可以有不同的分类。从性质上划分,可以分为债权性投资与权益性投资;从管理层持有意图划分,可以分为交易性投资、可供出售投资、持有至到期投资、长期股权投资等。交易性投资、可供出售投资、持有至到期投资在金融资产一章详细介绍,本章介绍长期股权投资。

《企业会计准则第2号——长期股权投资》规范的长期股权投资,主要包括两个方面:一是企业持有的对子公司、联营企业及合营企业的投资(对子公司投资,即企业持有的能够对被投资单位实施控制的权益性投资;对合营企业投资,即企业持有的能够与其他合营方一同对被投资单位实施共同控制的权益性投资;对联营企业投资,即企业持有的能够对被投资单位施加重大影响的权益性投资);二是企业持有的对被投资单位不具有控制、共同控制或重大影响、在活跃市场上没有报价且公允价值不能可靠计量的权益性投资。

二、长期股权投资与企业合并

长期股权投资与企业合并密切相关。为了便于理解长期股权投资的含义,下面对企业合并作简要介绍。

所谓企业合并,是指将两个或者两个以上单独的企业合并形成一个报告主体的交易或事项。若以合并方式为基础,企业合并分为控股合并、吸收合并及新设合并。

（1）控股合并是指合并方（或购买方，下同）通过企业合并交易或事项取得对被合并方（或被购买方，下同）的控制权，能够主导被合并方的生产经营决策，从而将被合并方纳入其合并财务报表范围，形成一个报告主体的情况。在控股合并中，被合并方在企业合并后仍保持其独立的法人资格继续经营，合并方在合并中取得的是对被合并方的股权。合并方在其账簿及个别财务报表中应确认对被合并方的长期股权投资，合并中取得的被合并方的资产和负债仅在合并财务报表中确认。

（2）吸收合并是指合并方在企业合并中取得被合并方的全部净资产，并将有关资产、负债并入合并方自身的账簿和报表进行核算。企业合并后，注销被合并方的法人资格，由合并方持有合并中取得的被合并方的资产、负债，在新的基础上继续经营。

（3）新设合并是指企业合并中注册成立一家新的企业，由其持有原参与合并各方的资产、负债在新的基础上经营。原参与合并各方在合并后均注销其法人资格。

若以是否在同一控制下进行企业合并为基础，企业合并可分为同一控制下的企业合并和非同一控制下的企业合并。其中，参与合并的企业在合并前后均受同一方或相同的多方最终控制且该控制并非暂时性的，为同一控制下的企业合并。同一控制下的企业合并包括但不仅限于以下几种情况：母公司将其所持有的对子公司的股权用于交换非全资子公司增加发行的股份；母公司将其持有的某一子公司的控股权出售给另一子公司；集团内某子公司自另一孙公司处取得对某一子公司的控制权。而参与合并的各方在合并前后不受同一方或相同的多方最终控制的，为非同一控制下的企业合并。

第二节　长期股权投资的初始计量

一、企业合并形成的长期股权投资的初始计量

企业合并形成的长期股权投资，其初始投资成本应分别同一控制下的企业合并与非同一控制下的企业合并情形确定。

（一）同一控制下的企业合并形成的长期股权投资

属于同一控制下的企业合并形成的长期股权投资，合并方以支付现金、

转让非现金资产或承担债务方式作为合并对价的,应当在合并日按照取得被合并方所有者权益账面价值的份额作为其初始投资成本。该初始投资成本与支付的现金、转让的非现金资产及所承担债务账面价值之间的差额,应当调整资本公积;资本公积不足冲减的,调整留存收益。

合并方以发行权益性证券作为合并对价的,应当在合并日按照取得被合并方所有者权益账面价值的份额作为长期股权投资的初始投资成本。按照发行股份的面值总额作为股本,长期股权投资初始投资成本与所发行股份面值总额之间的差额,应当调整资本公积(资本溢价或股本溢价);资本公积不足冲减的,调整留存收益。

【例5-1】　20×6年6月30日,华日公司向同一集团内S公司发行1 000万股普通股(每股面值为1元,市价为4.34元),取得S公司100%的股权,并于当日起能够对S公司实施控制。合并后S公司仍维持其独立法人地位继续经营。参与合并企业在20×6年6月30日未考虑该项企业合并时,S公司净资产的账面价值为2 202万元。两公司在企业合并前采用的会计政策相同。

S公司在合并后维持其法人资格继续经营,合并日华日公司在其账簿及个别财务报表中应确认对S公司的长期股权投资,其成本为合并日享有S公司账面所有者权益的份额,华日公司在合并日应进行的账务处理如下:

借:长期股权投资　　　　　　　　　　　　　　　22 020 000
　贷:股本　　　　　　　　　　　　　　　　　　10 000 000
　　　资本公积——资本溢价　　　　　　　　　　12 020 000

(二)非同一控制下的企业合并形成的长期股权投资

在非同一控制下的企业合并中,购买方应当按照确定的企业合并成本作为长期股权投资的初始投资成本。企业合并成本包括购买方付出的资产、发生或承担的负债、发行的权益性证券的公允价值以及为进行企业合并发生的各项直接相关费用。其中,用作对价的非货币性资产的公允价值与其账面价值的差额应作为资产处置损益,计入企业合并当期损益。

【例5-2】　华日公司于2011年3月31日取得了B公司70%的股权。合并中,华日公司支付的有关资产,在购买日的账面价值与公允价值如表5-1所示。合并中,华日公司为核实B公司的资产价值,聘请有关机构对该项合并进行咨询,交付咨询费用 100 万元。本例中假定合并前华日公司与 B 公司不存在任何关联方关系。

表 5-1

华日公司在购买日的账面价值与公允价值

2011 年 3 月 31 日　　　　　　　　　　　　金额单位:元

项　目	账面价值	公允价值
土地使用权	20 000 000 (成本 30 000 000,累计摊销 10 000 000)	32 000 000
专利权	8 000 000 (成本 10 000 000,累计摊销 2 000 000)	10 000 000
银行存款	8 000 000	8 000 000
合　计	36 000 000	50 000 000

分析:本例中因华日公司与 B 公司在合并前不存在任何关联方关系,应作为非同一控制下的企业合并处理。华日公司对于合并形成的对 B 公司的长期股权投资,应按支付对价的公允价值确定其初始投资成本。华日公司应进行的账务处理如下:

借:长期股权投资　　　　　　　　　　　　　　51 000 000
　　累计摊销　　　　　　　　　　　　　　　　12 000 000
　　贷:无形资产　　　　　　　　　　　　　　40 000 000
　　　　银行存款　　　　　　　　　　　　　　 9 000 000
　　　　营业外收入　　　　　　　　　　　　　14 000 000

无论是在同一控制下的企业合并还是在非同一控制下的企业合并形成的长期股权投资,其实际支付的价款或对价中包含的已宣告但尚未发放的现金股利或利润,应作为应收项目处理。

二、企业合并以外其他方式取得的长期股权投资

除企业合并形成的长期股权投资以外,企业通过支付现金、非现金资产或发行股份等方式取得的长期股权投资,其初始投资成本为实际支付的价款或发行权益性证券以及支付其他对价的公允价值。

(1) 以支付现金作为对价的,应当按照实际支付的金额作为长期股权投

资的初始投资成本(不含应自被投资单位收取的已宣告但尚未发放的现金股利或利润)。

【例5-3】 华日公司于2012年2月10日,自公开市场中买入乙公司20%的股份,实际支付价款8 000万元。另外,在购买过程中另外支付手续费等相关费用200万元。会计分录为:

借:长期股权投资——乙公司——成本   82 000 000
    贷:银行存款   82 000 000

(2)以发行权益性证券方式取得的长期股权投资,其成本为所发行权益性证券的公允价值。为发行权益性证券支付的手续费、佣金等应自权益性证券的溢价发行收入中扣除,溢价收入不足的,应冲减盈余公积和未分配利润。

【例5-4】 2012年1月,华日公司通过增发3 000万股(每股面值1元)自身的股份取得对B公司20%的股权,按照增发前后的平均股价计算,该3 000万股股份的公允价值为5 200万元。为增发该部分股份,A公司支付了200万元的佣金和手续费。

分析:本例中华日公司应当以所发行股份的公允价值作为取得长期股权投资的成本。会计处理为:

借:长期股权投资——B公司   52 000 000
    贷:股本   30 000 000
      资本公积——股本溢价   22 000 000

借:资本公积——股本溢价   2 000 000
    贷:银行存款   2 000 000

(3)以投资者投入、非货币性资产交换、债务重组等方式取得的长期股权投资的初始投资成本的确定,分别参照本书第十二章、第九章和第十五章的相关内容。

三、投资成本中包含的已宣告尚未发放现金股利或利润的处理

企业无论是以何种方式取得长期股权投资,取得投资时,对于被投资单位已经宣告发放的现金股利或利润应作为应收项目单独核算,不构成长期股权投资成本。

【例5-5】 承[例5-3]中的有关资料,假定华日公司取得该项投资时,乙

公司已经宣告发放现金股利,甲公司按持股比例计算确定可分得 500 000 元,则甲公司的会计处理为:

借:长期股权投资——乙公司——成本　　　　　　　　　81 500 000
　　应收股利——乙公司　　　　　　　　　　　　　　　　 500 000
　　贷:银行存款　　　　　　　　　　　　　　　　　　82 000 000

第三节　长期股权投资的后续计量

企业取得的长期股权投资,在确定其初始投资成本后,持续持有期间,应当视对被投资单位的影响程度等情况的不同,分别采用成本法或权益法进行核算。

一、成本法

采用成本法核算的长期股权投资主要为两类:一是对子公司投资;二是对被投资单位不具有共同控制或重大影响,且在活跃市场中没有报价、公允价值不能可靠计量的长期股权投资。

采用成本法核算的长期股权投资,除追加投资外,其投资成本在持有期间基本上保持不变。被投资单位宣告分派的现金股利或利润,确认为当期投资收益,但所确认的投资收益仅限于被投资单位在接受投资后产生的累积净利润的分配额,超过部分应冲减长期股权投资的成本。

长期股权投资持有期间被投资单位宣告发放现金股利或利润时,企业按应享有的部分确认为投资收益,借记"应收股利"账户,贷记"投资收益"账户。

企业收到被投资单位分发的现金股利或利润时,借记"银行存款"账户,贷记"应收股利"账户。

【例 5-6】 华日公司 2011 年 1 月 15 日以银行存款购买乙股份有限公司的股票 100 000 股作为长期投资,从而拥有乙公司 5% 的股份。每股买入价为 10 元,另交付相关税费 7 000 元。该企业应作如下会计处理:

初始投资成本=股票成交金额+相关税费=1 000 000+7 000=1 007 000(元)

借:长期股权投资　　　　　　　　　　　　　　　 1 007 000
　　贷:银行存款　　　　　　　　　　　　　　　　　　 1 007 000

假定甲公司 2012 年 3 月 20 日乙股份有限公司宣告分配股利,华日公司应分得 20 000 元。此时,应作如下会计处理:

借:应收股利　　　　　　　　　　　　　　　　　　　20 000
　贷:投资收益　　　　　　　　　　　　　　　　　　　　　20 000

投资企业在确认自被投资单位应分得的现金或利润后,应当考虑长期股权投资是否发生减值。如相关长期股权存在减值迹象的,企业应当按照《企业会计准则第 8 号——资产减值》的规定对长期股权投资进行减值测试,可收回金额低于长期股权投资账面价值的,应当计提减值准备。

二、权益法

按权益法核算的长期股权投资主要有两类:一是对合营企业的投资(对被投资单位具有共同控制的长期股权投资);二是对联营企业的投资(对被投资单位具有重大影响的长期股权投资)。

(一)权益法的一般核算程序

采用权益法核算的长期股权投资,一般的核算程序为:

(1)初始投资或追加投资时,按照初始投资成本或追加投资成本,增加长期股权投资的账面价值。

(2)比较初始投资成本与投资时应享有被投资单位可辨认净资产公允价值的份额,对于初始投资成本大于应享有被投资单位可辨认净资产公允价值份额的,不要求调整长期股权投资的成本;对于初始投资成本小于应享有被投资单位可辨认净资产公允价值份额的,应对长期股权投资的成本进行调整,并计入取得当期的损益。

(3)持有投资期间,随着被投资单位所有者权益的变动相应调整增加或减少长期股权投资的账面价值,并分别情况处理:对属于因被投资单位实现净损益产生的所有者权益的变动,投资企业按照持股比例计算应享有的份额,增加或减少长期股权投资的账面价值,同时确认为当期投资损益;对被投资单位除净损益以外其他因素导致的所有者权益变动,在持股比例不变的情况下,按照持股比例计算应享有或应分担的份额,增加或减少长期股权投资的账面价值,同时确认为资本公积(其他资本公积)。

(4)被投资单位宣告分派现金股利或利润时,投资企业按持股比例计算应分得的部分,一般应冲减长期股权投资的账面价值。

（二）初始投资成本的调整

投资企业取得对联营企业或合营企业的投资以后，对于取得投资时点上投资成本与应享有被投资单位可辨认净资产公允价值份额之间的差额，应区别以下情况处理：

（1）投资成本大于取得投资时应享有被投资单位可辨认净资产公允价值份额的，该部分差额体现为投资企业在购入该项投资过程中通过作价体现出的与所取得股权份额相对应的商誉。该部分差额不要求调整长期股权投资的成本。

（2）投资成本小于取得投资时应享有被投资单位可辨认净资产公允价值份额的，两者之间的差额体现为交易双方在作价过程中转让方对投资企业给予的让步或是出于其他方面的考虑给予投资企业的无偿经济利益流入，应计入取得投资当期的损益。

【例 5-7】 华日公司于 2012 年 1 月取得 B 公司 30% 的股权，实际支付价款 3 000 万元。取得投资时被投资单位账面所有者权益的构成如下（假定该时点被投资单位各项可辨认资产、负债的公允价值与其账面价值相同，金额单位：万元）：

实收资本	3 000
资本公积	2 400
盈余公积	600
未分配利润	1 500
所有者权益总额	7 500

假定在 B 公司的董事会中，所有股东均以其持股比例行使表决权。华日公司在取得对 B 公司的股权后，派人参与了 B 公司的生产经营决策。因能够对 B 公司的生产经营决策施加重大影响，华日公司对该投资按照权益法核算。在取得投资时点上，华日公司应进行的账务处理如下：

借：长期股权投资		30 000 000
贷：银行存款		30 000 000

长期股权投资的成本 3 000 万元大于取得投资时点上应享有被投资单位净资产公允价值的份额 2 250 万元（7500×30%），不对其账面价值进行调整。

假定上例中取得投资时点上的被投资单位净资产公允价值为 12 000 万

元,华日公司按持股比例 30% 计算确定应享有 3 600 万元,则初始投资成本与应享有被投资单位净资产公允价值份额之间的差额 600 万元应计入取得投资当期的损益。

借：长期股权投资　　　　　　　　　　　　　　36 000 000
　贷：银行存款　　　　　　　　　　　　　　　　30 000 000
　　　营业外收入　　　　　　　　　　　　　　　　6 000 000

（三）投资损益的确认

1. 一般原则

在确认应享有或应分担被投资单位的净利润或净亏损时,如果取得投资时被投资单位各项资产、负债的公允价值与其账面价值不同的,投资企业在计算确认投资收益时,不能完全以被投资单位自身核算的净利润与持股比例计算确定,而是需要在被投资单位实现净利润的基础上经过适当调整后确定。

在确认应享有被投资单位的净利润或净亏损时,主要应考虑以下因素对被投资单位净利润的影响：

（1）以取得投资时被投资单位固定资产、无形资产的公允价值为基础计提的折旧额或摊销额对被投资单位净利润的影响。如取得投资时被投资单位固定资产公允价值高于账面价值,对于投资企业来讲,相关固定资产的折旧额应以取得投资时该固定资产的公允价值为基础确定,并根据被投资单位已计提的折旧额与对于投资企业来讲应计提的折旧额之间的差额,对被投资单位的净利润进行调整。

（2）被投资单位有关长期资产以投资企业取得投资时的公允价值为基础计算确定的减值准备金额对被投资单位净利润的影响。

（3）被投资单位采用的会计政策和会计期间与投资企业不一致时,应按投资企业的会计政策和会计期间对被投资单位的财务报表进行调整,以调整后的净利润为基础计算确认投资损益。

投资企业无法合理确定取得投资时被投资单位各项可辨认资产公允价值的,或者投资时被投资单位可辨认资产的公允价值与账面价值相比,两者之间的差额不具重要性的,或是无法取得对被投资单位净利润进行调整所需资料的,可以按照被投资单位的账面净利润与持股比例计算的结果直接确认为投资损益。

【例 5-8】 华日公司于 2011 年 1 月 25 日购入乙公司 30% 的股份,购买价款为 2 000 万元,并自取得股份之日起派人参与乙公司的生产经营决策。取得投资日,乙公司净资产公允价值为 6 000 万元,除下列项目外,其账面其他资产、负债的公允价值与账面价值相同(金额单位:万元),如表 5-2 所示。

表 5-2

华日公司投资情况

项　目	账面原价	已提折旧	公允价值	预计使用年限
存货	500		700	
固定资产	1 000	200	1 200	20
无形资产	600		800	10
小计	2 100	200	2 700	

假定乙公司于 2011 年实现净利润 600 万元,其中在华日公司取得投资时的账面存货有 80% 对外出售。华日公司与乙公司的会计年度及采用的会计政策相同。

华日公司在确定其应享有的投资收益时,应在乙公司实现净利润的基础上,根据取得投资时有关资产的账面价值与其公允价值差额的影响进行调整(不考虑所得税影响):

调整后的净利润＝600－(700－500)×80%－(1 200－1 000)÷20－(800－600)÷10＝
　　　　　　　　600－160－10－20＝410(万元)

华日公司应享有份额＝410×30%＝123(万元)

借:长期股权投资　　　　　　　　　　　　　　　　　　1 230 000
　　贷:投资收益　　　　　　　　　　　　　　　　　　　　1 230 000

2. 取得现金股利或利润的处理

采用权益法核算的长期股权投资,投资企业自被投资企业取得的现金股利或利润,应冲减长期股权投资的账面价值。在被投资企业宣告分配现金股利或利润时,借记"应收股利"账户,贷记"长期股权投资——损益调整"账户;自被投资单位取得的现金股利或利润超过已确认损益调整的部分应视同投资成本的收回,冲减长期股权投资的账面价值,贷记"长期股权投资——成本"账户。

3. 超额亏损的确认

在权益法下,投资企业确认应分担被投资单位发生的损失,原则上应以长期股权投资及其他实质上构成长期权益的项目减记至零为限,投资企业负有承担额外损失义务的除外。这里所讲"其他实质上构成长期权益的项目"主要是指长期性的应收项目等,应收被投资单位的长期债权从目前来看没有明确的清偿计划,并且在可预见的未来期间也不可能进行清偿的,从实质上来看,即构成长期权益。

在采用权益法核算的情况下,投资企业在确认应分担被投资单位发生的亏损时,应按照以下顺序处理:

首先,减记长期股权投资的账面价值。

其次,在长期股权投资的账面价值减记至零的情况下,考虑是否有其他构成长期权益的项目,如果有,则以其他实质上构成对被投资单位长期权益的账面价值为限,继续减记。

最后,在有关其他实质上构成对被投资单位长期权益的价值也减记至零的情况下,如果按照投资合同或协议约定,投资企业需要承担额外义务的,则需按预计将承担责任的金额确认相关的损失。

除按上述顺序已确认的损失以外仍有额外损失的,应在账外作备查登记,不再予以确认。

在确认了有关投资损失以后,被投资单位于以后期间实现盈利的,应按以上相反顺序恢复其他实质上构成对被投资单位净投资的长期权益及长期股权投资的账面价值。

【例5-9】　华日公司持有乙企业40％的股权,2010年12月31日的账面价值为2 000万元,包括投资成本以及因乙企业以前期间实现净利润而确认的投资收益。乙企业2011年由于一项主要经营业务市场条件发生变化,当年度发生亏损3 000万元。假定华日公司在取得投资时点上,乙企业各项可辨认资产、负债的公允价值与其账面价值相等,双方所采用的会计政策及会计期间也相同,则华日公司当年度应确认的投资损失为1 200万元。确认上述投资损失后,长期股权投资的账面价值变为800万元。

如果乙企业当年度的亏损额为6 000万元,则华日公司按其持股比例确认应分担的损失为2 400万元,但长期股权投资的账面价值仅为2 000万元;如果没有其他构成长期权益的项目,则华日公司应确认的投资损失仅为2 000万元,超额损失在账外进行备查登记;如果在确认了2 000万元的投资损失后,华日公司账上仍有应收乙企业的长期应收款 800 万元(该长期应收款从实质上构成对投资单位的长期权益),则在长期应收款的账面价值大于 400 万元的情况下,应进一步确认投资损失 400 万元。华日公司应进行的账务处理如下:

借:投资收益   24 000 000
 贷:长期股权投资——乙公司——成本、损益调整 20 000 000
   长期应收款——乙公司——超额亏损   4 000 000

(四)被投资单位除净损益以外所有者权益的其他变动

在持股比例不变的情况下,被投资单位除净损益以外所有者权益的其他变动,企业按持股比例计算应享有的份额,借记或贷记"长期股权投资——其他权益变动"账户,贷记或借记"资本公积——其他资本公积"账户。

【例 5-10】 华日公司持有 B 企业 30% 的股份,当期 B 企业因持有的可供出售金融资产公允价值的变动计入资本公积的金额为 600 万元,除该事项外,B 企业当期实现的净损益为 3 200 万元。假定华日公司与 B 企业适用的会计政策、会计期间相同,投资时有关资产的公允价值与其账面价值亦相同,不考虑相关的所得税影响。

华日公司在确认应享有被投资单位所有者权益的变动时:

借:长期股权投资——B公司——损益调整(32 000 000×30%) 9 600 000
       ——其他权益变动(6 000 000×30%) 1 800 000
 贷:投资收益   9 600 000
   资本公积——其他资本公积——B公司   1 800 000

三、长期股权投资核算方法的转换

长期股权投资在持有期间,因各方面情况的变化,可能导致其核算需要由一种方法转换为另外一种方法。

(一)成本法转换为权益法

长期股权投资的核算由成本法转为权益法时,应区别形成该转换的不同情况进行处理。

第一,原持有的对被投资单位不具有控制、共同控制或重大影响、在活跃市场中没有报价、公允价值不能可靠计量的长期股权投资,因追加投资导致持股比例上升,能够对被投资单位施加重大影响或是实施共同控制的,在

自成本法转为权益法时,应区分原持有的长期股权投资以及追加长期股权投资两部分处理:

首先,原持有长期股权投资的账面余额与按照原持股比例计算确定应享有原取得投资时被投资单位可辨认净资产公允价值之间的差额,前者大于后者的,不调整长期股权投资的账面价值;前者小于后者的,根据其差额分别调整长期股权投资的账面价值和留存收益。其次,对于新取得的股权部分,应比较追加投资的成本与取得该部分投资时应享有被投资单位可辨认净资产公允价值的份额,前者大于后者的,不调整长期股权投资的成本;前者小于后者的,根据其差额分别调增长期股权投资成本和当期的营业外收入。进行上述调整时,应当综合考虑与原持有投资和追加投资相关的商誉或计入损益的金额。

对于原取得投资后至追加投资的交易日之间被投资单位可辨认净资产公允价值的变动相对于原持股比例的部分,属于在此期间被投资单位实现的净损益中应享有份额的,应调整长期股权投资的账面价值,同时对于原取得投资时至追加投资当期期初按照原持股比例计算应享有被投资单位实现的净损益,应调整留存收益,对于追加投资当期期初至追加投资交易日之间享有被投资单位的净损益,应计入当期损益;属于其他原因导致的被投资单位可辨认净资产公允价值变动中应享有的份额,在调整长期股权投资账面价值的同时,应当记入"资本公积——其他资本公积"账户。

【例 5-11】　华日公司于 2009 年 1 月 2 日取得 B 公司 10% 的股权,成本为 3 000 000 元,取得投资时 B 公司可辨认净资产公允价值总额为28 000 000元(假定公允价值与账面价值相同)。因对被投资单位不具有重大影响且无法可靠确定该项投资的公允价值,华日公司对其采用成本法核算。华日公司按照净利润的 10% 提取盈余公积。

2010 年 1 月 2 日,华日公司又以 6 000 000 元取得 B 公司 12% 的股权,当日 B 公司可辨认净资产公允价值总额为 40 000 000 元。取得该部分股权后,按照 B 公司章程规定,华日公司能够派人参与 B 公司的生产经营决策,对该项长期股权投资转为采用权益法核算。假定 A 公司在取得对 B 公司 10% 股权后至新增投资日,双方未发生任何内部交易,B 公司通过生产经营活动实现的净利润为 3 000 000 元,未派发现金股利或利润。除所实现净利润外,未发生其他计入资本公积的交易或事项。

(1) 2009 年 1 月 2 日,华日公司应确认对 B 公司的长期股权投资:

借：长期股权投资——B公司——成本   6 000 000
 贷：银行存款   6 000 000

对于新取得的股权,其成本为 6 000 000 元,与取得该投资时按照持股比例计算确定应享有被投资单位可辨认净资产公允价值的份额 4 800 000 元 (40 000 000×12%)之间的差额为投资作价中体现出的商誉,该部分商誉不要求调整长期股权投资的成本。

(2) 对原持有 10%长期股权投资账面价值的调整。确认该部分长期股权投资后,华日公司对 B 公司投资的账面价值为 9 000 000 元。

对于原 10%股权的成本 3 000 000 元与原投资时应享有被投资单位可辨认净资产公允价值份额 2 800 000 元之间的差额 200 000 元,属于原投资时体现的商誉,该部分差额不调整长期股权投资的账面价值。

对于被投资单位可辨认净资产在原投资时至新增投资交易日之间公允价值的变动 12 000 000 元(40 000 000－28 000 000)相对于原持股比例的部分 1 200 000 元,其中属于投资后被投资单位实现净利润部分的 300 000 元 (3 000 000×10%),应调整增加长期股权投资的账面余额,同时调整留存收益;除实现净损益外其他原因导致的被投资单位可辨认净资产公允价值的变动 900 000 元,应当调整增加长期股权投资的账面余额,同时计入资本公积(其他资本公积)。针对该部分投资的账务处理如下:

借：长期股权投资——B公司——损益调整   300 000
       ——其他权益变动   900 000
 贷：盈余公积   30 000
  利润分配——未分配利润   270 000
  资本公积——其他资本公积——B公司   900 000

第二,在因处置投资导致对被投资单位的影响能力由控制转为具有重大影响或者与其他投资方一起实施共同控制的情况下,首先应按处置或收回投资的比例结转应终止确认的长期股权投资成本。在此基础上,应当比较剩余的长期股权投资成本与按照剩余持股比例计算原投资时应享有被投资单位可辨认净资产公允价值的份额,属于投资作价中体现的商誉部分不调整长期股权投资的账面价值;属于投资成本小于原投资时应享有被投资单位可辨认净资产公允价值份额的,在调整长期股权投资成本的同时,应调整留存收益。对于原取得投资后至处置投资导致转变为权益法核算之间被投资单位实现的净损益中应享有的份额,一方面应调整长期股权投资的账面价值,另一方面对于原取得投资时至处置投资当期期初被投资单位实现的净损益扣除已发放及已宣告发放的现金股利及利润)中应享有的份额,调整留存收益,对于处置投资当期期初至处置投资之日被投资单位实现的净损益中享有的份额,调整当期损益;其他原因导致被投资单位所有者权益变动中应享有的份额,在调整长期股权投资账面价值的同时,应当记入"资本公积——其他资本公积"账户。

长期股权投资自成本法转为权益法后,未来期间应当按照《企业会计准则第2号——长期股权投资》规定计算确认应享有被投资单位实现的净损益及所有者权益其他变动的份额。

【例5-12】　华日公司原持有B公司60%的股权,其账面余额为30 000 000元,未计提减值准备。2010年5月3日,华日公司将其持有的对B公司长期股权投资中的1/3出售给某企业。出售取得价款18 000 000元,当日被投资单位可辨认净资产公允价值总额为80 000 000元。A公司取得B公司60%股权时,B公司可辨认净资产公允价值总额为45 000 000元(假定公允价值与账面价值相同)。自A公司取得对B公司长期股权投资后至部分处置投资前,B公司实现净利润25 000 000元,其中,自A公司取得投资日至2010年年初实现净利润20 000 000元。假定B公司一直未进行利润分配。除所实现净利润外,B公司未发生其他计入资本公积的交易或事项。本例中华日公司按净利润的10%提取盈余公积。在出售20%的股权后,华日公司对B公司的持股比例为40%,在被投资单位董事会中派有代表,但不能对B公司生产经营决策实施控制。对B公司长期股权投资应由成本法改为按照权益法核算。

(1)确认长期股权投资处置损益:

借:银行存款	18 000 000
贷:长期股权投资——B公司	10 000 000
投资收益	8 000 000

(2)调整长期股权投资账面价值。剩余长期股权投资的账面价值为20 000 000元,以原投资时应享有被投资单位可辨认净资产公允价值份额之间的差额2 000 000元(20 000 000-45 000 000×40%)为商誉,该部分商誉的价值不需要对长期股权投资的成本进行调整。

处置投资以后按照持股比例计算享有被投资单位自购买日至处置投

日期间实现的净利润为 10 000 000 元(25 000 000×40％),应调整增加长期股权投资的账面价值,同时调整留存收益和当期损益。华日公司应进行如下账务处理:

借:长期股权投资——B公司——损益调整　　　　　　　　10 000 000
　　贷:盈余公积　　　　　　　　　　　　　　　　　　　　800 000
　　　　利润分配——未分配利润　　　　　　　　　　　　7 200 000
　　　　投资收益　　　　　　　　　　　　　　　　　　　2 000 000

(二)权益法转换为成本法

因追加投资原因导致原持有的对联营企业或合营企业的投资转变为对子公司投资的,长期股权投资账面价值的调整应当按照分步实现企业合并的原则处理。除此之外,因减少投资导致长期股权投资的核算由权益法转换为成本法(投资企业对被投资单位不具有控制、共同控制或重大影响的,并且在活跃市场中没有报价,公允价值不能可靠计量的长期股权投资)的,应以转换时长期股权投资的账面价值作为按照成本法核算的基础。

【例 5-13】 华日公司持有乙公司 30％的有表决权股份,能够对乙公司的生产经营决策施加重大影响,采用权益法核算。2011 年 10 月,甲公司将该项投资中的 50％对外出售。出售以后,无法再对乙公司施加重大影响,且该项投资不存在活跃市场,公允价值无法可靠确定,转为采用成本法核算。出售时,该项长期股权投资的账面价值为 16 000 000 元,其中投资成本 13 000 000 元,损益调整为 3 000 000 元,出售取得价款 9 000 000 元。

甲公司确认处置部分投资相关的账务处理如下:

借:银行存款　　　　　　　　　　　　　　　　　　　　9 000 000
　　贷:长期股权投资——乙公司——成本　　　　　　　　6 500 000
　　　　　　　　　　　　　　　——损益调整　　　　　　1 500 000
　　　　投资收益　　　　　　　　　　　　　　　　　　1 000 000

第四节　长期股权投资的减值和处置

一、长期股权投资的减值

长期股权投资在按照规定进行核算确定其账面价值的基础上,如果存在减值迹象的,应当按照相关准则的规定计提减值准备。

（一）长期股权投资减值金额的确定

（1）企业对子公司、合营企业及联营企业的长期股权投资减值的规定。该类长期股权投资在资产负债表日存在可能发生减值的迹象时,其可收回金额低于账面价值的,应当将该长期股权投资的账面价值减记至可收回金额,减记的金额确认为减值损失,计入当期损益,同时计提相应的资产减值准备。

（2）企业对被投资单位不具有控制、共同控制或重大影响、且在活跃市场中没有报价、公允价值不能可靠计量的长期股权投资减值的规定。企业应当将该类长期股权投资在资产负债表日的账面价值,与按照类似金融资产当时市场收益率对未来现金流量折现确定的现值之间的差额,确认为减值损失,计入当期损益。

（二）长期股权投资减值的会计处理

企业计提长期股权投资减值准备,应当设置"长期股权投资减值准备"账户核算。企业按应减记的金额,借记"资产减值损失——计提的长期股权投资减值准备"账户,贷记"长期股权投资减值准备"账户。

长期股权投资减值损失一经确认,在以后会计期间不得转回。

二、长期股权投资的处置

处置长期股权投资时,按实际取得的价款与长期股权投资账面价值的差额确认为投资损益,并应同时结转已计提的长期股权投资减值准备。其会计处理是:企业处置长期股权投资时,应按实际收到的金额,借记"银行存款"等账户,按原已计提的减值准备,借记"长期股权投资减值准备"账户,按该长期股权投资的账面余额,贷记"长期股权投资"账户,按尚未领取的现金股利或利润,贷记"应收股利"账户,按其差额,贷记或借记"投资收益"账户。

采用权益法核算的长期股权投资,还应结转原计入资本公积的相关金额,借记或贷记"资本公积——其他资本公积"账户,贷记或借记"投资收益"账户。

【例5-14】　华日公司原持有B企业40%的股权,2011年12月20日,华日公司决定出售其特有的B企业股权的1/4,出售时华日公司账面上对B企业长期股权投资的构成为:投资成本1 200万元,损益调整320万元,其他权益变动 200 万元,出售取得价款 470 万元。

华日公司应确认的处置损益的账务处理如下:

借:银行存款   4 700 000
 贷:长期股权投资——B公司——成本   3 000 000
        ——损益调整   800 000
        ——其他权益变动   500 000
   投资收益   400 000

同时,还应将原计入资本公积的部分按比例转入当期损益:

借:资本公积——其他资本公积   500 000
 贷:投资收益   500 000

第 六 章

固 定 资 产

第一节　固定资产概述

一、固定资产的概念和特征

固定资产是指同时具有以下特征的有形资产：①为生产商品、提供劳务、出租或经营管理而持有的。②使用寿命超过一个会计年度。

从这一定义可以看出，作为企业的固定资产应具备以下三个特征：第一，企业持有固定资产的目的，是为了生产商品、提供劳务、出租或经营管理的需要，而不像商品一样为了对外出售。这一特征是固定资产区别于商品的重要标志。第二，企业使用固定资产的期限较长，使用寿命一般超过一个会计年度。这一特征表明企业固定资产的收益期超过 1 年，能在 1 年以上的时间里为企业创造经济利益。该特征使固定资产明显区别于流动资产。第三，固定资产必须是有形资产。该特征将固定资产与无形资产区别开来。

二、固定资产的确认

固定资产在同时满足以下两个条件时，才能予以确认。

1. 与该固定资产有关的经济利益很可能流入企业

资产最基本的特征是预期能给企业带来经济利益；如果某一项目预期不能给企业带来经济利益，就不能确认为企业的资产。对固定资产的确认来说，如果某一固定资产预期不能给企业带来经济利益，就不能确认为企业的固定资产。

在实务中，判断固定资产包含的经济利益是否很可能流入企业，主要依据与该固定资产所有权相关的风险和报酬是否转移给了企业。其中，与固定资产所有权相关的风险,是指由于经营情况变化造成的相关收益的变动,以及由于资产闲置、技术陈旧等原因造成的损失;与固定资产所有权相关的报酬,是指在固定资产使用寿命内直接使用该资产而获得的收入以及处置该资产所实现的利得等。通常,取得固定资产的所有权是判断与固定资产所有权相关的风险和报酬转移给了企业的一个重要标志。凡是所有权已属于企业,不论企业是否收到或持有该固定资产,均可作为企业的固定资产;反之,如果没有取得所有权,即使存放在企业,也不能作为企业的固定资产。有时某项固定资产的所有权虽然不属于企业,但是,企业能够控制该项固定资产所包含的经济利益流入企业。在这种情况下,可以认为与固定资产所有权相关的风险和报酬实质上已转移给企业,也可以作为企业的固定资产加以确认。比如,融资租入固定资产,企业(承租人)虽然不拥有该固定资产的所有权,但企业能够控制该固定资产所包含的经济利益,与固定资产所有权相关的风险和报酬实质上已转移到了企业,因此,符合固定资产确认的第一个条件。

2. 该固定资产的成本能够可靠地计量

成本能够可靠地计量,是资产确认的一项基本条件。固定资产作为企业资产的重要组成部分,要予以确认,其为取得该固定资产而发生的支出也必须能够可靠地计量。如果固定资产的成本能够可靠地计量,并同时满足其他确认条件,就可以加以确认;否则,企业不应加以确认。

企业在确定固定资产成本时,有时需要根据所获得的最新资料,对固定资产的成本进行合理的估计。比如,企业对于已达到预定可使用状态的固定资产,在尚未办理竣工决算前,需要根据工程预算、工程造价或者工程实际发生的成本等资料,按估计价值确定固定资产的成本,待办理竣工决算后,再按实际成本调整原来的暂估价值。

在实务中,对于固定资产进行确认时,还需要注意以下几个问题:

(1) 企业购置的环保设备和安全设备等资产,对它们的使用虽然不能直接为企业带来经济利益,但是有助于企业从相关资产中获得经济利益,或者将减少企业未来经济利益的流出。因此,对于这些设备,企业应将其确认为固定资产。

(2) 工业企业所持有的工具、用具、备品备件、维修设备等资产,施工企业所持有的模板、挡板、染料等周转材料,企业应当根据实际情况,分别管理和核算。尽管该类资产具有固定资产的某些特征,比如使用期限超过1年,也能够带来经济利益,但由于数量多、单价低,考虑到成本效益原则,在实务中,通常将其确认为存货。但符合固定资产定义和确认条件的,比如企业(民用航空运输)的高价周转件等,应当确认为固定资产。

(3) 固定资产的各组成部分,如果各自具有不同使用寿命或者以不同方式为企业提供经济利益,从而适用不同折旧率或折旧方法的,该各组成部分实际上是以独立的方式为企业提供经济利益,企业应当分别将各组成部分确认为单项固定资产。例如,飞机的引擎,如果其与飞机机身具有不同的使用寿命,适用不同折旧率或折旧方法,则企业应当将其确认为单项固定资产。

(4) 与固定资产有关的后续支出,满足固定资产确认条件的,应当计入固定资产成本;不满足固定资产确认条件的,应当在发生时计入当期损益。

三、固定资产的分类

企业的固定资产种类繁多、规格不一,为加强管理,便于组织会计核算,有必要对其进行科学、合理的分类。根据不同的管理需要和核算要求以及不同的分类标准,可以对固定资产进行不同的分类,主要有以下几种分类方法。

1. 按经济用途分类

按固定资产的经济用途分类,可分为生产经营用固定资产和非生产经营用固定资产。生产经营用固定资产是指直接服务于企业生产、经营过程的各种固定资产,如生产经营用的房屋、建筑物、机器、设备、器具、工具等;非生产经营用固定资产是指不直接服务于生产、经营过程的各种固定资产,如职工宿舍等使用的房屋、设备和其他固定资产等。

按照固定资产的经济用途分类,可以归类反映和监督企业生产经营用固定资产和非生产经营用固定资产之间,以及生产经营用各类固定资产之间的组成和变化情况,借以考核和分析企业固定资产的利用情况,促使企业合理地配备固定资产,充分发挥其效用。

2. 综合分类

按固定资产的经济用途和使用情况等综合分类,可把企业的固定资产划分为七大类:生产经营用固定资产;非生产经营用固定资产;租出固定资产(指在经营租赁方式下出租给外单位使用的固定资产);不需用固定资产;未使用固定资产;土地(指过去已经估价单独入账的土地。因征地而支付的补偿费,应计入与土地有关的房屋、建筑物的价值内,不单独作为土地价值入账。企业取得的土地使用权,应作为无形资产管理,不作为固定资产管理;融资租入固定资产(指企业以融资租赁方式租入的固定资产,在租赁期内,应视同自有固定资产进行管理)。

由于企业的经营性质不同,经营规模各异,对固定资产的分类不可能完全一致。但实际工作中,企业大多采用综合分类的方法作为编制固定资产目录,进行固定资产核算的依据。

四、固定资产核算应设置的会计账户

为了核算固定资产,企业一般需要设置"固定资产"、"累计折旧"、"在建工程"、"工程物资"、"固定资产清理"等账户,核算固定资产取得、计提折旧、处置等情况。

"固定资产"账户核算企业固定资产的原价。该账户借方登记企业增加的固定资产原价,贷方登记企业减少的固定资产原价,期末借方余额,反映企业期末固定资产的账面原价。企业应当设置"固定资产登记簿"和"固定资产卡片",按固定资产类别、使用部门和每项固定资产进行明细核算。

"累计折旧"账户属于"固定资产"的调整账户,核算企业固定资产的累计折旧。该账户贷方登记企业计提的固定资产折旧,借方登记处置固定资产转出的累计折旧,期末贷方余额,反映企业固定资产的累计折旧额。

"在建工程"账户核算企业基建、更新改造等在建工程发生的支出。该账户借方登记企业各项在建工程的实际支出,贷方登记完工工程转出的成本,期末借方余额反映企业尚未达到预定可使用状态的在建工程的成本。

"工程物资"账户核算企业为在建工程而准备的各种物资的实际成本。该账户借方登记企业购入工程物资的成本,贷方登记领用工程物资的成本,期末借方余额,反映企业为在建工程准备的各种物资的成本。

"固定资产清理"账户核算企业因出售、报废、毁损、对外投资、非货币性资产交换、债务重组等原因转出的固定资产价值以及在清理过程中发生的费用等。该账户借方登记转出的固定资产价值、清理过程中应支付的相关税费及其他费用,贷方登记固定资产清理完成的处理结果,期末借方余额反映企业尚未清理完毕固定资产清理净损失。该账户应按被清理的固定资产项目设置明细账,进行明细核算。

此外,企业固定资产、在建工程、工程物资发生减值的,还应当设置"固定资产减值准备"、"在建工程减值准备"、"工程物资减值准备"等账户进行核算。

第二节 固定资产初始计量

固定资产应当按照成本进行初始计量。固定资产的成本是指企业为购建某项固定资产达到预定可使用状态前所发生的一切合理的、必要的支出。这些支出包括直接发生的价款、相关税费、运杂费、包装费和安装成本等,也包括间接发生的费用,如应承担的借款利息、外币借款折算差额以及应分摊的其他间接费用。

在实务中,企业取得固定资产的方式是多种多样的,包括外购、自行建造、租入、投资者投入以及非货币性资产交换、债务重组、企业合并和融资租赁等,取得的方式不同,其成本的具体构成内容及确定方法也不尽相同。

一、外购固定资产

企业外购的固定资产,应按实际支付的购买价款、相关税费以及使固定资产达到预定可使用状态前所发生的可归属于该项资产的运输费、装卸费、安装费和专业人员服务费等,作为固定资产的取得成本。

第一,购入不需要安装的固定资产,应按实际支付的购买价款、相关税费以及使固定资产达到预定可使用状态前所发生的可归属于该项资产的运输费、装卸费和专业人员服务费等,作为固定资产成本,借记"固定资产"账户,贷记"银行存款"等账户。

【例6-1】 华日公司购入1台不需要安装即可投入使用的设备,取得的增值税专用发票上注明的设备价款为30 000元,增值税额为5 100元,另支付运输费300元,包装费400元,款项以银行存款支付。华日公司应作如下会计处理:

固定资产的成本＝固定资产买价＋运输费＋包装费＝30 000＋300＋400＝30 700(元)

借:固定资产　　　　　　　　　　　　　　　　30 700
　　应交税费——应交增值税(进项税额)　　　　5 100
　　贷:银行存款　　　　　　　　　　　　　　　35 800

第二，购入需要安装的固定资产，应在购入的固定资产取得成本的基础上加上安装调试成本等，作为购入固定资产的成本，先通过"在建工程"账户核算，待安装完毕达到预定可使用状态时，再由"在建工程"账户转入"固定资产"账户。

企业购入固定资产时，按实际支付的购买价款、运输费、装卸费和其他相关税费等，借记"在建工程"账户，贷记"银行存款"等账户；支付安装费用等时，借记"在建工程"账户，贷记"银行存款"等账户；安装完毕达到预定可使用状态时，按其实际成本，借记"固定资产"账户，贷记"在建工程"账户。

【例6-2】 华日公司用银行存款购入1台需要安装的设备，增值税专用发票上注明的设备买价为100 000元，增值税额为17 000元，支付运输费10 000元，支付安装费3 000元。华日公司应作如下会计处理。

（1）支付设备价款时：

借：在建工程		110 000
应交税费——应交增值税（进项税额）		17 000
贷：银行存款		127 000

（2）支付安装费时：

借：在建工程		3 000
贷：银行存款		3 000

（3）设备安装完毕交付使用时，确定的固定资产成本为113 000元（110 000＋3 000）：

借：固定资产		113 000
贷：在建工程		113 000

企业基于产品价格等因素的考虑，可能以一笔款项购入多项没有单独标价的固定资产。如果这些资产均符合固定资产的定义，并满足固定资产的确认条件，则应将各项资产单独确认为固定资产，并按各项固定资产公允价值的比例对总成本进行分配，分别确定各项固定资产的成本。

【例6-3】 2011年4月1日，华日公司为降低采购成本，向乙公司一次购进了两套不同型号且具有不同生产能力的设备甲、乙。华日公司为该批设备共支付货款245万元，增值税税额41.65万元，包装费5万元，全部以银行存款支付。假定设备甲、乙均满足固定资产的定义及其确认条件，公允价值分别为

156 万元、104 万元；不考虑其他相关税费。华日公司的账务处理如下：

> 应计入固定资产成本的金额＝245＋5＝250(万元)
> 甲设备应分配的固定资产价值比例＝156÷(156＋104)×100%＝60%
> 乙设备应分配的固定资产价值比例＝104÷(156＋104)×100%＝40%
> 甲设备的入账价值＝250×60%＝150(万元)
> 乙设备的入账价值＝250×40%＝100(万元)

(4) 编制会计分录：

> 借：固定资产——甲　　　　　　　　　　　　　　1 500 000
> 　　　　　　——乙　　　　　　　　　　　　　　1 000 000
> 　贷：银行存款　　　　　　　　　　　　　　　　　　2 500 000

企业购买固定资产如果超过正常信用条件支付价款,如采用分期付款方式购买资产,且在合同中规定的付款期限比较长,超过了正常信用条件(通常在 3 年以上),则该项合同实质上具有融资性质。具体参见融资租入固定资产的核算。

二、建造固定资产

企业自行建造固定资产,应按建造该项资产达到预定可使用状态前所发生的必要支出,作为固定资产的成本。自行建造固定资产的成本,包括工程物资成本、人工成本、交纳的相关税费、应予资本化的借款费用以及应分摊的间接费用等。自建固定资产应先通过"在建工程"账户核算,工程达到预定可使用状态时,再从"在建工程"账户转入"固定资产"账户。企业自建固定资产,主要有自营和出包两种方式,由于采用的建设方式不同,其会计处理也不同。

(一)自营方式

自营工程是指企业自行组织工程物资采购、自行组织施工人员施工的建筑工程和安装工程。企业通过自营方式建造固定资产,其入账价值应当按照建造该项固定资产达到预定可使用状态前所发生的必要支出确定,包括直接材料、直接人工、直接机械施工费等。工程项目较多且工程支出较大的企业,应当按照工程项目的性质分别核算各工程项目的成本。

企业为在建工程准备的各种物资,应当按照实际支付的买价、运输费、保险费等相关税费,作为实际成本,并按照各种专项物资的种类进行明细核算。工程完工后剩余的工程物资转作本企业库存材料,按其实际成本或计划成本结转。盘盈、盘亏、报废、毁损的工程物资,减去残料价值以及保险公司、过失人赔偿部分后的差额,计入当期损益。

建造固定资产领用的工程物资、原材料或库存商品,应按其实际成本转入所建工程成本。自营方式建造固定资产应负担的职工薪酬、辅助生产部门为之提供的水、电、修理、运输等劳务,以及其他必要支出等也应计入所建工程项目的成本。

工程完工达到预定可使用状态后,应将该项工程完工达到预定可使用状态前所发生的必要支出结转,作为固定资产的入账价值。所建造的固定资产已达到预定可使用状态但尚未办理竣工决算的,应当自达到预定可使用状态之日起,根据工程预算、造价或者工程实际成本等,按暂估价值转入固定资产,并按有关计提固定资产折旧的规定,计提固定资产折旧。待办理竣工决算手续后再调整原来的暂估价值,但不需要调整原已计提的折旧额。

企业自营工程购入工程物资时,借记"工程物资"、"应交税费——应交增值税(进项税额)"账户,贷记"银行存款"等账户。领用工程物资时,借记"在建工程"账户,贷记"工程物资"账户。在建工程领用本企业原材料时,借记"在建工程"账户,贷记"原材料"等账户。在建工程领用本企业生产的商品时,借记"在建工程"账户,贷记"库存商品"、"应交税费——应交增值税(销项税额)"等账户。自营工程发生的其他费用(如分配工程人员工资等),借记"在建工程"账户,贷记"银行存款"、"应付职工薪酬"等账户。自营工程达到预定可使用状态时,按其成本,借记"固定资产"账户,贷记"在建工程"账户。

【例6-4】 华日公司自建厂房1幢,购入为工程准备的各种物资500 000元,支付的增值税税额为85 000元,全部用于工程建设。领用本企业生产的水泥一批,实际成本为80 000元,税务部门确定的计税价格为100 000元,增值税税率17%,工程人员应计工资100 000元,辅助生产车间为工程提供有关劳务支出35 000元,支付的其他费用30 000元。工程完工并达到预定可使用状态。华日公司应作如下会计处理。

(1)购入工程物资时:

借:工程物资		500 000
应交税费——应交增值税(进项税额)		85 000
贷:银行存款		585 000

（2）工程领用工程物资时：

借：在建工程　　　　　　　　　　　　　　　　　　　500 000
　贷：工程物资　　　　　　　　　　　　　　　　　　　　500 000

（3）工程领用本企业生产的水泥，确定应计入在建工程成本的金额为：

$$80\,000+100\,000\times17\%=97\,000（元）$$

借：在建工程　　　　　　　　　　　　　　　　　　　97 000
　贷：库存商品　　　　　　　　　　　　　　　　　　　　80 000
　　应交税费——应交增值税（销项税额）　　　　　　　17 000

（4）分配工程人员工资时：

借：在建工程　　　　　　　　　　　　　　　　　　　100 000
　贷：应付职工薪酬　　　　　　　　　　　　　　　　　　100 000

（5）辅助生产车间为工程提供劳务支出：

借：在建工程　　　　　　　　　　　　　　　　　　　35 000
　贷：生产成本——辅助生产成本　　　　　　　　　　　　35 000

（6）支付工程发生的其他费用时：

借：在建工程　　　　　　　　　　　　　　　　　　　30 000
　　货：银行存款等　　　　　　　　　　　　　　　　　　30 000

（7）工程完工转入固定资产成本为：

$$500\,000+97\,000+100\,000+35\,000+30\,000=762\,000（元）$$

借：固定资产　　　　　　　　　　　　　　　　　　　762 000
　贷：在建工程　　　　　　　　　　　　　　　　　　　　762 000

（二）出包方式

出包工程是指企业通过招标等方式将工程项目发包给建造承包商，由建造承包商组织施工的建筑工程和安装工程。采用出包方式建造固定资产，企业要与建造承包商签订建造合同。企业的新建、改建、扩建等建设项目，通常均采用出包方式。

企业通过出包方式建造固定资产的，其入账价值应当按照建造该项固定资产达到预定可使用状态前所发生的必要支出确定，包括建筑工程支出、安装工程支出、在安装设备支出以及需分摊计入的待摊支出。

企业采用出包方式建造固定资产发生的、需分摊计入固定资产价值的待摊支出，应按下列公式进行分摊：

$$待摊支出分配率 = \frac{累计发生的待摊支出}{建筑工程支出+安装工程支出+在安装设备支出} \times 100\%$$

$$某工程应分配的待摊支出 = \frac{某工程的建筑工程支出、安装}{工程支出和在安装设备支出合计} \times 分配率$$

企业采用出包方式进行的固定资产工程，其工程的具体支出主要由建造承包商核算，在这种方式下，"在建工程"账户主要是企业与建造承包商办理工程价款的结算账户，企业支付给建造承包商的工程价款作为工程成本，通过"在建工程"账户核算。企业按合理估计的发包工程进度和合同规定向建造承包商结算的进度款，借记"在建工程"账户，贷记"银行存款"等账户；工程完成时按合同规定补付的工程款，借记"在建工程"账户，贷记"银行存款"等账户；工程达到预定可使用状态时，按其成本，借记"固定资产"账户，贷记"在建工程"账户。

【例 6-5】 华日公司经批准新建一个火电厂，包括建造发电车间、冷却塔、安装发电设备等三个单项工程。2011 年 2 月 1 日，华日公司与乙公司签订合同，将火电厂新建工程出包给乙公司。双方约定，建造发电车间的价款为 5 000 000 元，建造冷却塔的价款为 2 800 000 元，安装发电设备的安装费用为 450 000 元。其他有关资料如下。

（1）2011 年 2 月 1 日，华日公司向乙公司预付建造发电车间的工程价款3 000 000 元。

（2）2011 年 5 月 8 日，华日公司购入需要安装的发电设备，取得增值税专用发票上注明的价款为 3 000 000 元，增值税 510 000 元。款项已经银行转账支付。

（3）2011 年 7 月 2 日，华日公司和乙公司预付建造冷却塔的工程价款1 400 000元。

（4）2011 年 7 月 22 日，华日公司将发电设备运抵现场，交付乙公司安装。

（5）工程项目发生管理费、可行性研究费、公证费、监理费共计 108 000元，款项已经支付。

（6）工程建造期间，由于台风造成冷却塔工程部分毁损，经核算，损失为450 000 元，保险公司已承诺支付 300 000 元。

（7）2011 年 12 月 20 日，所有工程完工，华日公司收到乙公司的有关工程结算单据后,补付剩余工程款。

华日公司的账务处理如下。

(1) 2011 年 2 月 1 日,预付建造发电车间工程款:

借:预付账款——建筑工程(发电车间) 3 000 000
　　贷:银行存款 3 000 000

(2) 2011 年 5 月 8 日,购入发电设备:

借:工程物资——发电设备 3 000 000
　　应交税费——应交增值税(进项税额) 510 000
　　贷:银行存款 3 510 000

(3) 2011 年 7 月 2 日,预付建造冷却塔工程款:

借:预付账款——建筑工程(冷却塔) 1 400 000
　　贷:银行存款 1 400 000

(4) 2011 年 7 月 22 日,将发电设备交乙公司安装:

借:在建工程——在安装设备(发电设备) 3 000 000
　　贷:工程物资——发电设备 3 000 000

(5) 支付工程发生的管理费、可行性研究费、公证费、监理费:

借:在建工程——待摊支出 108 000
　　贷:银行存款 108 000

(6) 台风造成冷却塔工程部分毁损:

借:营业外支出 150 000
　　其他应收款——××保险公司 300 000
　　贷:在建工程——建筑工程(冷却塔) 450 000

(7) 2011 年 12 月 20 日,结算工程款并补付剩余工程款:

借:在建工程——建筑工程(发电车间) 5 000 000
　　　　　　——建筑工程(冷却塔) 2 800 000
　　　　　　——安装工程(发电车间) 450 000
　　贷:银行存款 3 850 000
　　　　预付账款——建筑工程(发电车间) 3 000 000
　　　　　　　　——建筑工程(冷却塔) 1 400 000

（8）分摊待摊支出：

待摊支出分摊率＝116 000÷(5 000 000＋2 800 000－450 000＋3 000 000＋

450 000)×100％＝1‰

发电车间应分摊的待摊支出＝5 000 000×1‰＝50 000(元)

冷却塔应分摊的待摊支出＝(2 800 000－450 000)×1‰＝23 500(元)

发电设备(安装工程)应分摊的待摊支出＝450 000×1‰＝4 500(元)

发电设备(在安装设备)应分摊的待摊支出＝3 000 000×1‰＝30 000(元)

```
借：在建工程——建筑工程(发电车间)                   50 000
        ——建筑工程(冷却塔)                    23 500
        ——安装工程(发电设备)                   4 500
        ——在安装设备(发电设备)                 30 000
    贷：在建工程——待摊支出                       108 000
```

（9）结转固定资产：

```
借：固定资产——发电车间                        4 242 000
        ——冷却塔                        2 373 500
        ——发电设备                       4 292 500
    贷：在建工程——建筑工程(发电车间)               4 242 000
        ——建筑工程(冷却塔)                2 373 500
        ——分装工程(发电设备)                454 500
        ——在安装设备(发电设备)              3 838 000
```

三、租入固定资产

（一）融资租入固定资产

融资租赁是指实质上转移了与资产所有权有关的全部风险和报酬的租赁。因此，承租企业应将融资租入资产作为一项固定资产入账，同时确认相应的负债，并采用与自有应折旧资产相一致的折旧政策计提折旧。

为与企业自有固定资产相区别，企业应对融资租入固定资产单设"融资租入固定资产"明细账户进行核算。企业应在租赁起开始日，将租赁开始租赁资产的公允价值与最低租赁付款额现值两者中较低者，加上在租赁谈判和签订租赁合同过程中发生的、可直接归属租赁项目的手续费、律师费、差旅费、印花税等初始直接费用，作为租入资产的入账价值，借记"固定资产——融资租入固定资产"账户,按最低租赁付款额,贷记"长期应付款"账户,按发生的初始直接费用,贷记"库存现金"、"银行存款"等账户;按其差额,借记"未确定融资费用"账户。每期支付租金费用时,借记"长期应付款"账户,贷记"银行存款"账户。如果支付的租金中包含履约成本,按履约成本金额,借记"制造费用""管理费用"等账户,贷记"银行存款"等账户。每期采用实际利率法分摊未确认融资费用时,按当期应分摊的未确定融资费用金额,借记"财务费用"账户,贷记"未确认融资费用"账户。租赁期届满如合同规定将租赁财产所有权专归承租企业的,企业应进行转账,将固定资产从"融资租入固定资产"明细账户转入有关明细账户。

【例6-6】 2011年12月1日,华日公司与乙租赁公司签订了一份矿泉水生产线融资租赁合同。租赁合同规定:租赁期开始日为2012年1月1日;租赁期为3年,每年年末支付租金2 000 000元;租赁期届满,矿泉水生产线的估计残余价值为400 000元,其中华日公司担保余值为300 000元,未担保余值为100 000元。

该矿泉水生产线于2011年12月31日运抵华日公司,当日投入使用;华日公司采用年限平均法计提固定折旧,于每年年末一次确认融资费用并计提折旧。假定该矿泉水生产线为全新生产线,租赁开始日的公允价值为6 000 000元,租赁内含利率为6%。2014年12月31日,华日公司将该矿泉水生产线归还给乙租赁公司。

华日公司的账务处理如下。

(1) 2011年12月31日,租入固定资产:

$$最低租赁付款额现值=2\,000\,000\times2.673\,0+300\,000\times0.839\,6=$$
$$5\,597\,880(元)<6\,000\,000(元)$$

$$融资租入固定资产入账价值=5\,597\,880(元)$$

$$未确认融资费用=6\,300\,000-5\,597\,880=702\,120(元)$$

借:固定资产——融资租入固定资产	5 597 880
未确认融资费用	702 120
贷:长期应付款	6 300 000

(2) 2012年12月31日,支付租金、分摊融资费用并计提折旧。未确认融资费用的分摊结果如表6-1所示。

表 6-1

未确认融资费用的分摊表

金额单位：元

日期	租金	确认的融资费用	应付本金减少额	应付本金余额
	(1)	(2)＝期初(4)×6％	(3)＝(1)－(2)	(4)＝期初(4)－(3)
2012 年年初				5 597 880
2012 年年末	2 000 000	335 872.80	1 664 127.20	3 933 752.80
2013 年年末	2 000 000	236 025.17	1 763 974.83	2 169 777.97
2014 年年末	2 000 000	130 222.03 *	1 869 777.97	300 000
合　计	6 000 000	702 120	5 297 880	

*尾数调整。

应计提的折旧＝(5 597 880－300 000)÷3＝1 765 960(元)

借：长期应付款　　　　　　　　　　　　　　　　　　2 000 000

　贷：银行存款　　　　　　　　　　　　　　　　　　　2 000 000

借：财务费用　　　　　　　　　　　　　　　　　　　335 872.8

　贷：未确认融资费用　　　　　　　　　　　　　　　　335 872.8

借：制造费用　　　　　　　　　　　　　　　　　　　1 765 960

　贷：累计折旧　　　　　　　　　　　　　　　　　　　1 765 960

2013 年及 2014 年支付租金、分摊融资费用并计提折旧的账务处理，比照 2012 年相关账务处理。

(3) 2014 年 12 月 31 日，归还矿泉水生产线：

借：长期应付款　　　　　　　　　　　　　　　　　　300 000

　　累计折旧　　　　　　　　　　　　　　　　　　　5 297 880

　贷：固定资产——融资租入固定资产　　　　　　　　5 597 880

(二) 经营租赁

如果一项租赁在实质上没有转移与租赁资产所有权有关的全部风险和报酬，那么该项租赁应认定为经营租赁。在经营租赁方式下，由于与租赁资产所有权有关的全部风险和报酬在实质上没有转移给承租企业，因此，承租企业不需承担租赁资产的主要风险，其会计处理比较简单，不需将所取得的租入资产的使用权资本化，相应地，也不必将所承担的付款义务列作负债。

承租企业确认各期租金费用时,借记"管理费用"、"销售费用"、"长期待摊费用"等账户,贷记"其他应付款"等账户。实际支付租金时,借记"其他应付款"等账户,贷记"银行存款"、"库存现金"等账户。

【例6-7】　2011 年 1 月 1 日,华日公司从乙租赁公司采用经营租赁方式租入 1 台办公设备,租赁期为 3 年。该办公设备价值为 1 000 000 元,预计使用年限为 10 年。租赁合同规定:租赁期开始日为 2011 年 1 月 1 日,华日公司预付租金 150 000 元,第一年年末支付租金 150 000 元,第二年年末支付租金 200 000 元,第三年年末支付租金 250 000 元;租赁期满,乙租赁公司收回办公设备,3 年的租金总额为 750 000 元。假设华日公司在每年年末确认租金费用,并按时支付租金。华日公司的账务处理如下。

(1) 2011 年 1 月 1 日,支付租金:

　　借:长期待摊费用　　　　　　　　　　　　　　　　150 000
　　　　贷:银行存款　　　　　　　　　　　　　　　　　150 000

(2) 2011 年 12 月 31 日,确认租金费用:

　　借:管理费用　　　　　　　　　　　　　　　　　　250 000
　　　　贷:长期待摊费用　　　　　　　　　　　　　　　100 000
　　　　　银行存款　　　　　　　　　　　　　　　　　150 000

(3) 2012 年 12 月 31 日,确认租金费用:

　　借:管理费用　　　　　　　　　　　　　　　　　　250 000
　　　　贷:长期待摊费用　　　　　　　　　　　　　　　50 000
　　　　　银行存款　　　　　　　　　　　　　　　　　200 000

(3) 2013 年 12 月 31 日,确认租金费用:

　　借:管理费用　　　　　　　　　　　　　　　　　　250 000
　　　　贷:银行存款　　　　　　　　　　　　　　　　250 000

四、其他方式取得的固定资产的成本

企业取得固定资产的其他方式主要包括接受投资者投资、非货币性资产交换、债务重组、企业合并等。

(1) 投资者投入固定资产的成本,应当按照投资合同或协议约定的价值确定,但合同或协议约定价值不公允的除外。在投资合同或协议约定价值不公允的情况下,按照该项固定资产的公允价值作为入账价值。具体内容详见本教材第十二章。

(2) 通过非货币性资产交换、债务重组等方式取得的固定资产的成本,应当分别按照《企业会计准则第 7 号——非货币性资产交换》、《企业会计准则第 12 号——债务重组》等的规定确定。但是,该项固定资产的后续计量和披露应当执行固定资产准则的规定。具体内容详见本教材第九章和第十五章。

五、存在弃置义务的固定资产

对于特殊行业的特定固定资产,确定其初始成本时,还应考虑弃置费用。弃置费用通常是指根据国家法律和行政法规、国际公约等规定,企业承担的环境保护和生态恢复等义务所确定的支出,如核电站核设施等的弃置和恢复环境义务。

弃置费用的金额通常较大,需要考虑货币时间价值,对于这些特殊行业的特定固定资产,企业应当根据《企业会计准则第 13 号——或有事项》,按照现值计算确定应计入固定资产成本的金额和相应的预计负债。在固定资产的使用寿命内按照预计负债的摊余成本和实际利率计算确定的利息费用应当在发生时计入财务费用。一般工商企业的固定资产发生的报废清理费用不属于弃置费用,应当在发生时作为固定资产处置费用处理。

【例 6-8】 华日公司经国家审批计划建造一个核电站,其主体设备核反应堆将会对当地的生态环境产生一定的影响。根据法律规定,企业应在该项设备使用期满后将其拆除,并对造成的污染进行整治。2011 年 1 月 1 日,该项设备建造完成并交付使用,建造成本共 80 000 000 元。预计使用寿命 10 年,预计弃置费用为 1 000 000 元。假定折现率(即为实际利率)为 10%。

(1) 计算已完工的固定资产的成本。核反应堆属于特殊行业的特定固定资产,确定其成本时应考虑弃置费用。

2011 年 1 月 1 日:

弃置费用的现值=1 000 000×(P/F,10%,10)=1 000 000×0.385 5=385 500(元)
固定资产入账价值=80 000 000+385 500=80 385 500(元)

借:固定资产　　　　　　　　　　　　　　　　　80 385 500
　　贷:在建工程　　　　　　　　　　　　　　　　80 000 000
　　　　预计负债　　　　　　　　　　　　　　　　　385 500

（2）计算第一年应负担的利息为 38 550 元(38 550×10％)。

借：财务费用　　　　　　　　　　　　　　　　　38 550
　　贷：预计负债　　　　　　　　　　　　　　　　　　38 550

（3）计算第二年应负担的利息(按实际利率法计算)为 42 405 元[(385 500＋38 550)×10％]。

借：财务费用　　　　　　　　　　　　　　　　　42 405
　　贷：预计负债　　　　　　　　　　　　　　　　　　42 405

以后会计年度的会计处理略。

第三节　固定资产的后续计量

一、固定资产的折旧

（一）固定资产折旧概念

企业应当在固定资产的使用寿命内,按照确定的方法对应计折旧额进行系统分摊。应计折旧额,是指应当计提折旧的固定资产的原价扣除其预计净残值后的余额。如果已对固定资产计提减值准备,还应当扣除已计提的固定资产减值准备累计金额。

（二）影响固定资产折旧的因素

影响固定资产折旧的因素主要有以下几个方面：

（1）固定资产原价是指固定资产的成本。

（2）预计净残值是指假定固定资产预计使用寿命已满并处于使用寿命终了时的预期状态,企业目前从该项资产处置中获得的扣除预计处置费用后的金额。

（3）固定资产减值准备是指固定资产已计提的固定资产减值准备累计金额。

（4）固定资产的使用寿命是指企业使用固定资产的预计期间,或者该固定资产所能生产产品或提供劳务的数量。企业确定固定资产使用寿命时,应当考虑下列因素：该项资产预计生产能力或实物产量;该项资产预计有形损耗,如设备使用中发生磨损、房屋建筑物受到自然侵蚀等;该项资产预计无形损耗,如高新技术的出现而使现有的资产技术水平相对陈旧、市场需求变化使产品过时等;法律或者类似规定对该项资产使用的限制。

总之,企业应当根据固定资产的性质和使用情况,合理确定固定资产的使用寿命和预计净残值。固定资产的使用寿命、预计净残值一经确定,不得随意变更,但是符合《企业会计准则第4号——固定资产》第19条规定的除外。上述事项在报经股东大会或董事会、经理(厂长)会议或类似机构批准后,作为计提折旧的依据,并按照法律、行政法规等的规定报送有关各方备案。

（三）计提折旧的固定资产范围

企业应当对所有固定资产计提折旧,但是已提足折旧仍继续使用的固定资产和单独计价入账的土地除外。

在确定计提折旧的范围时,还应注意以下几点:

（1）固定资产应当按月计提折旧,当月增加的固定资产,当月不计提折旧,从下月起计提折旧;当月减少的固定资产,当月仍计提折旧,从下月起不计提折旧。

（2）固定资产提足折旧后,不论能否继续使用,均不再计提折旧;提前报废的固定资产,也不再补提折旧。所谓提足折旧,是指已经提足该项固定资产的应计折旧额。

（3）已达到预定可使用状态但尚未办理竣工决算的固定资产,应当按照估计价值确定其成本,并计提折旧;待办理竣工决算后,再按实际成本调整原来的暂估价值,但不需要调整原已计提的折旧额。

（四）固定资产的折旧方法

企业应当根据与固定资产有关的经济利益的预期实现方式,合理选择折旧方法。固定资产折旧方法包括年限平均法、工作量法、双倍余额递减法和年数总和法等。企业选用不同的固定资产折旧方法,将影响固定资产使用寿命期间内不同时期的折旧费用,因此,固定资产的折旧方法一经确定,不得随意变更。

1. 年限平均法

年限平均法又称直线法,是指将固定资产的应计折旧额均衡地分摊到固定资产预计使用寿命内的一种方法。采用这种方法计算的每期折旧额相等。计算公式如下:

年折旧率＝(1－预计净残值率)÷预计使用寿命(年)×100％

月折旧率＝年折旧率÷12

月折旧额＝固定资产原价×月折旧率

【例 6-9】 华日公司有一设备,原价为 100 000 元,预计可使用 10 年,预计报废时的净残值率为 4%。该厂房的折旧率和折旧额的计算如下:

$$年折旧率＝(1－4\%)÷10＝9.6\%$$
$$月折旧率＝9.6\%÷12＝0.8\%$$
$$月折旧额＝100\ 000×0.8\%＝8\ 000(元)$$

2. 工作量法

工作量法是根据实际工作量计算每期应提折旧额的一种方法。计算公式如下:

$$单位工作量折旧额＝固定资产原价×(1－预计净残值率)÷预计总工作量$$
$$某项固定资产月折旧额＝该项固定资产当月工作量×单位工作量折旧额$$

【例 6-10】 华日公司的 1 辆运货卡车的原价为 600 000 元,预计总行驶里程为 500 000 千米,预计报废时的净残值率为 5%,本月行驶 4 000 千米。该辆汽车的月折旧额计算如下:

$$单位里程折旧额＝600\ 000×(1－5\%)÷500\ 000＝1.14(元/千米)$$
$$本月折旧额＝4\ 000×1.14＝4\ 560(元)$$

3. 双倍余额递减法

双倍余额递减法是指在不考虑固定资产预计净残值的情况下,根据每期期初固定资产原价减去累计折旧后的金额和双倍的直线法折旧率计算固定资产折旧的一种方法。应用这种方法计算折旧额时,由于每年年初固定资产净值没有扣除预计净残值,所以在计算固定资产折旧额时,应在其折旧年限到期前 2 年内,将固定资产净值扣除预计净残值后的余额平均摊销。双倍余额递减法的计算公式如下:

$$年折旧率＝2÷预计使用年限×100\%$$
$$月折旧率＝年折旧率÷12$$
$$月折旧额＝(固定资产账面原价－累计折旧)×月折旧率$$

【例 6-11】 华日公司一项固定资产的原价为 1 000 000 元,预计使用年限为 5 年,预计净残值为 4 000 元。按双倍余额递减法计提折旧,每年的折旧额计算如下:

$$年折旧额＝2÷5×100\%＝40\%$$
$$第一年应提的折旧额＝1\ 000\ 000×40\%＝400\ 000(元)$$
$$第二年应提的折旧额＝(1\ 000\ 000－400\ 000)×40\%＝240\ 000(元)$$

第三年应提的折旧额＝（600 000－240 000）×40％＝144 000(元)

从第四年起改用年限平均法(直线法)计提折旧。

第四、第五年的率折旧额＝[（360 000－144 000）－4 000]÷2＝1 600(元)

每年各月折旧额根据年折旧额除以12来计算。

4. 年数总和法

年数总和法又称年限合计法,是指将固定资产的原价减去预计净残值后的余额,乘以一个逐年递减的分数计算每年的折旧额,这个分数的分子代表固定资产尚可使用寿命,分母代表预计使用寿命逐年数字总和。年数总和法的计算公式如下:

年折旧率＝尚可使用年限÷预计使用年限的年数总和×100％

其中: 尚可使用年限＝预计使用年限－已使用年限

预计使用年限的年数总和＝预计使用年限×（预计使用年限＋1）÷2

月折旧率＝年折旧率÷12

月折旧额＝（固定资产原价－预计净残值）×月折旧率

【例6-12】 承【例6-11】若采用年数总和法,计算的各年折旧额如表6-2所示。

表6-2

年数总和法计算表

年次	尚可使用年限	原价－净残值	变动折旧率	年折旧额	累计折旧
1	5	996 000	5/15	332 000	332 000
2	4	996 000	4/15	26 500	597 600
3	3	996 000	3/15	199 200	796 800
4	2	996 000	2/15	132 800	929 600
5	1	996 000	1/15	66 400	996 000

(五)固定资产折旧的账务处理

固定资产应当按月计提折旧,计提的折旧应当记入"累计折旧"账户,并根据用途计入相关资产的成本或者当期损益。企业自行建造固定资产过程中使用的固定资产,其计提的折旧应计入在建工程成本;基本生产车间所使用的固定资产,其计提的折旧应计入制造费用;管理部门所使用的固定资产,其计提的折旧应计入管理费用;销售部门所使用的固定资产,其计提的折旧应计入销售费用；经营租出的固定资产，其应提的折旧额应计入其他业务成本。企业计提固定资产折旧时，借记"制造费用"、"销售费用"、"管理费用"、"在建工程"、"其他业务支出"等账户，贷记"累计折旧"账户。

【例6-13】 华日公司采用年限平均法对固定资产计提折旧。2007年1月，根据"固定资产折旧计算表"，确定的各车间及厂部管理部门应分配的折旧额为：一车间1 500 000元，二车间2 400 000元，三车间3 000 000元，厂管理部门600 000元。该企业应作如下会计处理：

```
借：制造费用——一车间                    1 500 000
          ——二车间                    2 400 000
          ——三车间                    3 000 000
    管理费用                            600 000
  贷：累计折旧                                    7 500 000
```

企业至少应当于每年年度终了，对固定资产的使用寿命、预计净残值和折旧方法进行复核。使用寿命预计数与原先估计数有差异的，应当调整固定资产使用寿命。预计净残值预计数与原先估计数有差异的，应当调整预计净残值。与固定资产有关的经济利益预期实现方式有重大改变的，应当改变固定资产折旧方法。固定资产使用寿命、预计净残值和折旧方法的改变应当作为会计估计变更。

二、固定资产的后续支出

固定资产的后续支出是指固定资产在使用过程中发生的更新改造支出、修理费用等。企业的固定资产投入使用后，由于各个组成部分耐用程度不同或者使用的条件不同，因而往往发生固定资产的局部损坏。为了保持固定资产的正常运转和使用，充分发挥其使用效能，就必须对其进行必要的后续支出。后续支出的处理原则为：与固定资产有关的更新改造等后续支出，满足固定资产确认条件的，应当计入固定资产成本，同时将被替换部分的账面价值从该固定资产原账面价值中扣除；不满足固定资产确认条件的，应当在发生时计入当期损益。

1. 资本化的后续支出

固定资产发生可资本化的后续支出时，企业一般应将该固定资产的原价、已计提的累计折旧和减值准备转销，将固定资产的账面价值转入在建工程,并在此基础上重新确定固定资产原价。因已转入在建工程,所以停止计提折旧。在固定资产发生的后续支出完工并达到预定可使用状态时,再从在建工程转为固定资产,并按重新确定的固定资产原价、使用寿命、预计净残值和折旧方法计提折旧。固定资产发生的可资本化的后续支出,通过"在建工程"账户核算。

企业发生的某些固定资产后续支出可能会涉及更换某项固定资产的某组成部分,当发生的后续支出符合固定资产确认条件时,应将其计入固定资产成本,同时将被替换部分的账面价值扣除。这样可以避免将替换部分的价值和被替换部分的价值同时计入固定资产成本,导致固定资产成本高估。

2. 费用化的后续支出

与固定资产有关的修理费用等后续支出,不符合固定资产确认条件的,应当根据不同情况分别在发生时计入当期管理费用或销售费用。

固定资产的日常修理费用等支出只是确保固定资产的正常工作状况,一般不产生未来的经济利益,因此不符合固定资产的确认条件,在发生时应直接计入当期损益。企业生产车间(部门)和行政管理部门等发生的固定资产修理费用等后续支出计入管理费用;企业专设销售机构的,其发生的与专设销售机构相关的固定资产修理费用等后续支出,计入销售费用。对于处于修理、更新改造过程而停止使用的固定资产,如果其修理、更新改造支出不满足固定资产的确认条件,在发生时也应直接计入当期损益。

【例6-14】 2011年6月1日,华日公司对现有的1台生产机器设备进行日常修理,修理过程中发生的材料费100 000元,应支付的维修人员工资为20 000元。

分析:对机器设备的日常修理没有满足固定资产的确认条件,因此,应将该项固定资产后续支出在其发生时计入当期损益,属于生产车间(部门)和行政管理部门等发生的固定资产修理费用等后续支出,应记入"管理费用"账户。甲公司应作如下会计处理:

借:管理费用   120 000

 贷:原材料   100 000

   应付职工薪酬   20 000

第四节　固定资产的处置

一、固定资产终止确认的条件

固定资产满足下列条件之一的,应当予以终止确认:

(1)该固定资产处于处置状态。固定资产处于处置状态包括固定资产的出售、转让、报废或毁损、对外投资、非货币性资产交换、债务重组等。处于处置状态的固定资产不再用于生产商品、提供劳务、出租或经营管理,因此不再符合固定资产的定义,应予终止确认。

(2)该固定资产预期通过使用或处置不能产生经济利益。固定资产的确认条件之一是与该固定资产有关的经济利益可能流入企业。如果一项固定资产预期通过使用或处置不能产生经济利益,那么它就不再符合固定资产的定义和确认条件,应予终止确认。

二、固定资产处置的会计处理

企业出售、转让、报废固定资产或发生固定资产毁损,应当将处置收入扣除账面价值和相关税费后的金额计入当期损益。其中,固定资产的账面价值是指固定资产成本扣减累计折旧和累计减值准备后的金额。固定资产处置应通过"固定资产清理"账户进行核算。

企业因出售、转让、报废或毁损、对外投资、非货币性资产交换、债务重组等处置固定资产,其会计处理一般经过以下几个步骤:

(1)固定资产转入清理。企业因出售、报废、毁损、对外投资、非货币性资产交换、债务重组等转出的固定资产,按该项固定资产的账面价值,借记"固定资产清理"账户,按已计提的累计折旧,借记"累计折旧"账户,按已计提的减值准备,借记"固定资产减值准备"账户,按其账面原价,贷记"固定资产"账户。

(2)发生的清理费用等。固定资产清理过程中应支付的相关税费及其他费用,借记"固定资产清理"账户,贷记"银行存款"、"应交税费——应交营业税"等账户。

(3)收回出售固定资产的价款、残料价值和变价收入等,借记"银行存款"、"原材料"等账户,贷记"固定资产清理"账户。

（4）保险赔偿等的处理。应由保险公司或过失人赔偿的损失，借记"其他应收款"等账户，贷记"固定资产清理"账户。

（5）清理净损益的处理。固定资产清理完成后，属于生产经营期间正常的处理损失，借记"营业外支出——处置非流动资产损失"账户，贷记"固定资产清理"账户；属于自然灾害等非正常原因造成的损失，借记"营业外支出——非常损失"账户，贷记"固定资产清理"账户。如为贷方余额，借记"固定资产清理"账户，贷记"营业外收入"账户。

【例 6-15】 华日公司出售 1 座建筑物，原价为 2 000 000 元，已计提折旧 1 000 000 元，未计提减值准备，实际出售价格为 1 200 000 元，已通过银行收回价款。该公司应作如下会计处理。

（1）将出售固定资产转入清理时：

借：固定资产清理	1 000 000
累计折旧	1 000 000
贷：固定资产	2 000 000

（2）收回出售固定资产的价款时：

借：银行存款	1 200 000
贷：固定资产清理	1 200 000

（3）计算销售该固定资产应交纳的营业税，按规定适用的营业税税率为 5%，应纳税为 60 000 元（1 200 000×5%）：

借：固定资产清理	60 000
贷：应交税费——应交营业税	60 000

（4）结转出售固定资产实现的利得时：

借：固定资产清理	140 000
贷：营业外收 A——非流动资产处置利得	140 000

【例 6-16】 华日公司现有 1 台设备由于性能等原因决定提前报废，原价为 500 000 元，已计提折旧 450 000 元，未计提减值准备。报废时的残值变价收入为 20 000 元，报废清理过程中发生清理费用 3 500 元。有关收入、支出均通过银行办理结算。该公司应作如下会计处理。

（1）将报废固定资产转入清理时：

借：固定资产清理	50 000
累计折旧	450 000
贷：固定资产	500 000

（2）收回残料变价收入时：

| 借：银行存款 | 20 000 |
| 贷：固定资产清理 | 20 000 |

（3）支付清理费用时：

| 借：固定资产清理 | 3 500 |
| 贷：银行存款 | 3 500 |

（4）结转报废固定资产发生的净损失时：

| 借：营业外支出——非流动资产处置损失 | 33 500 |
| 贷：固定资产清理 | 33 500 |

【例6-17】 华日公司因遭受水灾而毁损1座仓库,该仓库原价4 000 000元,已计提折旧1 000 000元,未计提减值准备。其残料估计价值50 000元,残料已办理入库。发生的清理费用20 000元,以现金支付。经保险公司核定应赔偿损失1 500 000元,尚未收到赔款。该公司应如下会计处理。

（1）将毁损的仓库转入清理时：

借：固定资产清理	3 000 000
累计折旧	1 000 000
贷：固定资产	4 000 000

（2）残料入库时：

| 借：原材料 | 50 000 |
| 贷：固定资产清理 | 50 000 |

（3）支付清理费用时：

| 借：固定资产清理 | 20 000 |
| 贷：库存现金 | 20 000 |

（4）确定应由保险公司理赔的损失时：

| 借：其他应收款 | 1 500 000 |
| 贷：固定资产清理 | 1 500 000 |

（5）结转毁损固定资产发生的损失时：

借：营业外交出——非常损失 1 470 000
　　贷：固定资产清理 1 470 000

三、持有待售的固定资产

持有待售的固定资产是指在当前状况下仅根据出售同类固定资产的惯例就可以直接出售且极可能出售的固定资产，如已经与买主签订了不可撤销的销售协议等。企业对于持有待售的固定资产，应当调整该项固定资产的预计净残值，使该项固定资产的预计净残值能够反映其公允价值减去处置费用后的金额，但不得超过符合持有待售条件时该项固定资产的原账面价值，原账面价值高于预计净残值的差额，应作为资产减值损失计入当期损益。

持有待售的固定资产从划归为持有待售之日起停止计提折旧和减值测试。在编制资产负债表时，企业可将持有待售的固定资产与其他固定资产一起合并列示在"固定资产"项目中，但需在报表附注中披露持有待售的固定资产名称、账面价值、公允价值、预计处置费用和预计处置时间等。

第五节　固定资产清查

企业应定期或者至少于每年年末对固定资产进行清查盘点，以保证固定资产核算的真实性，充分挖掘企业现有固定资产的潜力。在固定资产清查过程中，如果发现盘盈盘亏的固定资产，应填制固定资产盘盈盘亏报告表。发现固定资产的损益，应及时查明原因，并按照规定程序报批处理。

一、固定资产盘盈

企业在财产清查中盘盈的固定资产，作为前期差错处理。企业在财产清查中盘盈的固定资产，在按管理权限报经批准处理前应先通过"以前年度损益调整"账户核算。盘盈的固定资产，应按以下规定确定其入账价值：如果同类或类似固定资产存在活跃市场的，按同类或类似固定资产的市场价格，减去按该项资产的新旧程度估计的价值损耗后的余额，作为入账价值；如果同类或类似固定资产不存在活跃市场的，按该项固定资产的预计未来现金流量的现值，作为入账价值。企业应按上述规定确定的入账价值，借记

"固定资产"账户,贷记"以前年度损益调整"账户。

【例 6-18】 华日公司在财产清查过程中,发现 1 台未入账的设备,按同类或类似商品市场价格,减去按该项资产的新旧程度估计的价值损耗后的余额为 30 000 元(假定与其计税基础不存在差异)。根据《企业会计准则第28 号——会计政策、会计估计变更和差错更正》规定,该盘盈固定资产作为前期差错进行处理。假定丁公司适用的所得税税率为 33%,按净利润的10%计提法定盈余公积。该公司应作如下会计处理。

(1)盘盈固定资产时:

借:固定资产	30 000
贷:以前年度损益调整	30 000

(2)确定应交纳的所得税时:

借:以前年度损益调整	9 900
贷:应交税费——应交所得税	9 900

(3)结转为留存收益时:

借:以前年度损益调整	20 100
贷:盈余公积——法定盈余公积	2 010
利润分配——未分配利润	18 090

二、固定资产盘亏

企业在财产清查中盘亏的固定资产,按盘亏固定资产的账面价值,借记"待处理财产损溢"账户,按已计提的累计折旧,借记"累计折旧"账户,按计提的减值准备,借记"固定资产减值准备"账户,按固定资产的原价,贷记"固定资产"账户。按管理权限报经批准后处理时,按可收回的保险赔偿或过失人赔偿,借记"其他应收款"账户,按应计入营业外支出的金额,借记"营业外支出——盘亏损失"账户,贷记"待处理财产损溢"账户。

【例 6-19】 华日公司进行财产清查时发现短缺 1 台笔记本电脑,原价为 10 000 元,已计提折旧 7 000 元。该公司应作如下会计处理。

(1)盘亏固定资产时:

借:待处理财产损溢	3 000
累计折旧	7 000
贷:固定资产	10 000

（2）报经批准转销时：

借：营业外支出——盘亏损失   3 000

贷：待处理财产损溢   3 000

第六节　固定资产减值准备

一、固定资产减值准备计提的基本原理

固定资产的主要特征之一是它必须能够为企业带来经济利益的流入，如果固定资产不能够为企业带来经济利益或者带来的经济利益低于其账面价值，那么该固定资产就不能再予确认，或者不能再以原账面价值予以确认。因此，当企业固定资产的可收回金额低于其账面价值时，即表明固定资产发生了减值，企业应当确认固定资产减值损失，并把固定资产的账面价值减记至可收回金额，同时计提固定资产减值准备。固定资产账面价值是指固定资产原值减去累计折旧后的金额，可收回金额应当根据资产的公允价值减去处置费用后的净额与资产预计未来现金流量的现值两者之间较高者确定。

具体而言，固定资产期末减值准备的步骤可以概括如下。

1. 判断是否存在减值的迹象

企业在资产负债表日应当判断资产是否存在可能发生减值的迹象，根据《企业会计准则第8号——资产减值》的规定，出现以下迹象就表明资产可能发生了减值：

（1）固定资产的市价当期大幅度下跌，其跌幅明显高于因时间的推移或者正常使用而预计的下跌。

（2）企业经营所处的经济、技术或法律等环境以及固定资产所处的市场在当期或将在近期发生重大变化，从而对企业产生不利影响。

（3）市场利率或者其他市场投资报酬率在当期已经提高，从而影响企业计算固定资产预计未来现金流量现值的折现率，导致固定资产可收回金额大幅度降低。

（4）有证据表明固定资产已经陈旧过时或其实体已经损坏。

（5）固定资产已经或者将被闲置、终止使用或者计划提前处置。

（6）企业内部报告的证据表明固定资产的经济绩效已经低于或者将低于预期,如固定资产所创造的净现金流量或者实现的营业利润（或者亏损）远远低于（或者高于）预计金额等。

（7）其他表明固定资产可能已经发生减值的迹象。

2. 估计其可收回金额

可收回金额应当根据固定资产的公允价值减去处置费用后的净额以及固定资产预计未来现金流量的现值两者之间较高者确定。其中:

（1）资产的公允价值减去处置费用后的净额,应当根据公平交易中有法律约束力的销售协议价格减去直接归属于该资产处置费用的金额确定,资产的市场价格通常应当根据资产的买方出价确定。在既没有法律约束力的销售协议又不存在活跃市场的情况下,应当以可获取的最佳信息为基础,估计资产的公允价值减去处置费用后的净额,同行业类似资产的最近交易价格或者结果可以作为估计资产公允价值减去处置费用后的净额的参考。

（2）资产未来现金流量的现值,应当按照资产在持续使用过程中和最终处置时所产生的预计未来现金流量,选择恰当的折现率对其进行折现后的金额加以确定。预计资产未来现金流量的现值,应当综合考虑资产的预计未来现金流量、使用寿命和折现率等因素。

3. 确定是否发生了减值

比较固定资产的可收回金额和其账面价值,如果前者高于后者,则表明资产没有发生减值;反之,则表明发生了减值,应当将资产的账面价值减记至可收回金额,减记的金额确认为资产减值损失,计入当期损益,同时计提相应的资产减值准备。资产减值损失一经确认,在以后会计期间不得转回。

【例6-20】　华日公司于2010年12月31日发现,有迹象表明其拥有的1台设备可能会发生减值。该设备是于2009年8月购入的,原值124 000元,预计残值为4 000元,预计可使用年限为10年,采用年限平均法计提折旧。华日公司确定该设备当前的公允价值为105 000元,处置费用为4 000元,预计设备的未来现金流量的现值为100 000元,假设在此之前没有为该设备计提固定资产减值准备。

（1）确定该设备的账面价值。该设备从2004年9月至2005年12月内计提折旧,累计折旧15 000元[（124 000－4 000）÷10÷12×15],所以2010年12月31日该设备的账面净值为109 000元（124 000－15 000）。

（2）确定可收回金额。资产的公允价值减去处置费用后的净额 101 000 元（105 000－4 000），资产预计未来现金流量的现值 100 000 元，因此资产的公允价值减去处置费用后的净额大于资产预计未来现金流量的现值，故可收回金额为 101 000 元。

（3）确定是否发生减值。因为设备的账面价值 109 000 元大于可收回金额 101 000 元，说明它发生了减值，应将设备的账面价值减记至固定资产的可收回金额，并计提相应的减值准备。期初固定资产减值准备的余额为零，所以本期应计提的减值准备为 8 000 元（109 000－101 000）。编制会计分录如下：

借：资产减值损失   8 000
　　贷：固定资产减值准备   8 000

应当说明的是，固定资产减值损失确认后，减值固定资产的折旧应当在未来期间作相应调整，以使固定资产在剩余使用寿命内，系统地分摊调整后的固定资产账面价值（扣除预计净残值）。也就是说，当固定资产发生减值准备时，应计折旧额也相应发生了变化，其计算公式为：

应计折旧额＝固定资产原值－预计残值－固定资产减值准备

二、资产组的减值问题

资产减值准则规定，如果有迹象表明一项资产可能发生减值的，企业应当以单项资产为基础估计其可收回金额。但是在企业难以对单项资产的可收回金额进行估计的情况下，应当以该资产所属的资产组为基础确定资产组的可收回金额。

（一）资产组的认定

资产组是企业可以认定的最小资产组合，其产生的现金流入应当基本上独立于其他资产或者资产组。资产组应当由创造现金流入相关的资产组成。资产组的认定，应当以资产组产生的主要现金流入是否独立于其他资产或者资产组的现金流入为依据。因此，资产组能否独立产生现金流入是认定资产组的最关键因素。同时，资产组的认定，也应当考虑企业管理层对生产经营活动的管理或者监控方式（如是按照生产线、业务种类还是按照地区或者区域等）和对资产的持续使用或者处置的决策方式等。资产组一经确定后，在各个会计期间应当保持一致，不得随意变更。

（二）资产组减值测试

资产组减值测试的原理和单项资产是一致的，即企业需要预计资产组的可收回金额和计算资产组的账面价值，并将两者进行比较，如果资产组的可收回金额低于其账面价值的，表明资产组发生了减值损失，应当予以确认。

资产组的可收回金额，应当按照该资产组的公允价值减去处置费用后的净额与其预计未来现金流量的现值两者之间较高者确定。

资产组的账面价值，应当包括可直接归属于资产组并可以合理和一致地分摊至资产组的资产账面价值。

（三）资产组减值的会计处理

根据减值测试的结果，资产组（包括资产组组合）的可收回金额如低于其账面价值的，应当确认相应的减值损失。减值损失金额应当根据资产组中各项资产的账面价值所占比重，按比例抵减各项资产的账面价值。以上资产账面价值的抵减应当作为各单项资产的减值损失处理，计入当期损益。抵减后的各资产的账面价值不得低于以下三者之中最高者：该资产的公允价值减去处置费用后的净额（如可确定的）、该资产预计未来现金流量的现值（如可确定的）和零，由此而导致的未能分摊的减值损失金额，应当按照相关资产组中其他各项资产的账面价值所占比重进行分摊。

【例6-21】 华日公司有一条甲生产线，该生产线生产某精密仪器，由A、B、C三部机器构成，成本分别为400 000元、600 000元和1 000 000元。使用年限为10年，净残值为零，以年限平均法计提折旧。各机器均无法单独产生现金流量，但整条生产线构成完整的产销单位，属于一个资产组。2007年，甲生产线所生产的精密仪器有替代产品上市，到年底，导致公司精密仪器的销路锐减40%，因此，对甲生产线进行减值测试。2007年12月31日，A、B、C三部机器的账面价值分别为200 000元、300 000元、500 000元。估计A机器的公允价值减去处置费用后的净额为150 000元，B、C机器都无法合理估计其公允价值减去处置费用后的净额以及未来现金流量的现值。整条生产线预计尚可使用5年。

1. 进行减值测试

（1）确定2007年12月31日资产组的账面价值。2007年12月31日，资产组的账面价值为1 000 000元（200 000＋300 000＋500 000）。

（2）估计资产组可收回金额。经估计其未来5年的现金流量及其恰当的折现率后,得到该生产线预计未来现金流量的现值为 600 000 元。由于公司无法合理估计生产线的公允价值减去处置费用后的净额,公司以该生产线预计未来现金流量的现值为其可收回金额,故资产组可收回金额为 600 000 元。

(3) 鉴于在 2007 年 12 月 31 日该生产线的账面价值为 1 000 000 元,而其可收回金额为 600 000 元,生产线的账面价值高于其可收回金额,因此该生产线已经发生了减值,公司应当确认减值损失 400 000 元。

2. 减值损失的分配

400 000 元减值损失应分摊到构成生产线的三部机器中。由于 A 机器的公允价值减去处置费用后的净额为 150 000 元,因此,A 机器分摊了减值损失后的账面价值不应低于 150 000 元。具体分摊过程如表 6-3 所示。

表 6-3

资产组减值损失分摊表

金额单位:元

项　目	机器 A	机器 A	机器 A	整个生产线（资产组）
账面价值	200 000	300 000	500 000	1 000 000
可收回金额				600 000
减值损失				400 000
减值损失分配比例(%)	20	30	50	
分摊减值损失	50 000*	120 000	200 000	370 000
分摊后账面价值	150 000	180 000	300 000	
尚未分摊减值损失				30 000
二次分摊比例(%)		37.50	62.50	
二次分摊减值损失		11 250	18 750	
二次分摊后应确认减值损失总额		131 250	218 750	
二次分摊后账面价值	150 000	168 750	281 250	600 000

　　* 按照分摊比例,机器 A 应当分摊减值损失 80 000 元(400 000×20%),但由于机器 A 的公允价值减去处置费用后的净额为 150 000 元,因此机器 A 最多只能确认减值损失 50 000 元(200 000−150 000),未能分摊的减值损失 30 000 元(80 000−50 000),应当在机器 B 和机器 C 之间进行再分摊。

　　根据上述计算和分摊结果,构成甲生产线的机器 A、机器 B 和机器 C 应当分别确认减值损失 50 000 元、131 250 元和 218 750 元。其账务处理如下：

借：资产减值损失——机器 A　　　　　　　　　　50 000

　　　　　　　　　——机器 B　　　　　　　　　131 250

　　　　　　　　　——机器 C　　　　　　　　　218 750

　　贷：固定资产减值准备——机器 A　　　　　　　50 000

　　　　　　　　　　　　——机器 B　　　　　　131 250

　　　　　　　　　　　　——机器 C　　　　　　218 750

第 七 章

无 形 资 产

第一节　无形资产概述

一、无形资产的概念及其基本特征

无形资产是指企业拥有或者控制的没有实物形态的可辨认非货币性资产。相对于其他资产,无形资产具有以下特征:

(1) 由企业拥有或者控制并能为企业带来未来经济利益的资源。无形资产作为一项资产,具有一般资产的本质特征,即由企业拥有或者控制并能为企业带来未来经济利益。

(2) 无形资产不具有实物形态。无形资产通常表现为某种权利、某项技术或是某种获取超额利润的综合能力,它们不具有实物形态,看不见,摸不着。

(3) 无形资产具有可辨认性。符合以下条件之一的,则认为其具有可辨认性:一是能够从企业中分离或者划分出来,并能单独用于出售或转让等;二是产生于合同性权利或其他法定权利,无论这些权利是否可以从企业或其他权利和义务中转移或者分离出来。

商誉的存在无法与企业自身分离,不具有可辨认性,不属于本章所指的无形资产。

(4) 无形资产属于非货币性资产。无形资产由于没有发达的交易市场,一般不容易转化成现金,在持有过程中为企业带来未来经济利益的情况不确定,不属于以固定或可确定的金额收取的资产,属于非货币性资产。

二、无形资产的确认条件

某个项目要确认为无形资产,应符合无形资产的定义,并同时满足下列条件。

1. 与该无形资产有关的经济利益很可能流入企业

通常情况下,无形资产产生的未来经济利益可能包括在销售商品、提供劳务的收入当中,或者企业使用该项无形资产而减少或节约了成本,或者体现在获得的其他利益当中。例如,生产加工企业在生产工序中使用了某种知识产权,使其降低了未来生产成本。

2. 该无形资产的成本能够可靠地计量

成本能够可靠地计量是确认资产的一项基本条件,对于无形资产而言,这个条件相对更为重要。例如,企业自创商誉以及内部产生的品牌、报刊名等,因其成本无法可靠地计量,因此不作为无形资产确认。

三、无形资产的内容

无形资产通常包括专利权、商标权、土地使用权、非专利技术、著作权、特许权等。

（一）专利权

专利权是指国家专利主管机关依法授予发明创造专利申请人对其发明创造在法定期限内所享有的专有权利,包括发明专利权、实用新型专利权和外观设计专利权。它给予持有者独家使用或控制某项发明的特殊权利。《中华人民共和国专利法》明确规定,专利人拥有的专利权受到国家法律保护。专利权是允许其持有者独家使用或控制的特权,但它并不保证一定能给持有者带来经济效益,如有的专利可能会被另外更有经济价值的专利所淘汰等。因此,企业不应将其所拥有的一切专利权都予以资本化,作为无形资产管理和核算。一般而言,只有从外单位购入的专利或者自行开发并按法律程序申请取得的专利,才能作为无形资产管理和核算。这种专利可以降低成本,或者提高产品质量,或者将其转让出去获得转让收入。

企业从外单位购入的专利权,应按实际支付的价款作为专利权的成本。企业自行开发并按法律程序申请取得的专利权,应按照无形资产准则确定的金额作为成本。

（二）商标权

商标是用来辨认特定的商品或劳务的标记。商标权是指专门在某类指定的商品或产品上使用特定的名称或图案的权利。商标经过注册登记,就获得了法律上的保护。《中华人民共和国商标法》明确规定,经商标局核准注册的商标为注册商标,商标注册人享有商标专用权,受法律的保护。

　　企业自创的商标并将其注册登记,所花费用一般不多,是否将其资本化并不重要。能够给拥有者带来获利能力的商标,往往是通过多年的广告宣传和其他传播商标名称的手段,以及客户的信赖等树立起来的。广告费一般不作为商标权的成本,而是在发生时直接计入当期损益。

　　按照《中华人民共和国商标法》的规定,商标可以转让,但受让人应保证使用该注册商标的产品质量。如果企业购买他人的商标,一次性支出费用较大的,可以将其资本化,作为无形资产管理。这时,应根据购入商标的价款、支付的手续费及有关费用作为商标的成本。

　　(三)土地使用权

　　土地使用权是指国家准许某一企业或单位在一定期间内对国有土地享有开发、利用、经营的权利。企业取得土地使用权,应将取得时发生的支出资本化,作为土地使用权的成本,记入"无形资产"账户。

　　(四)非专利技术

　　非专利技术即专有技术,或技术秘密、技术诀窍,是指先进的、未公开的、未申请专利、可以带来经济效益的技术及诀窍。主要内容包括:一是工业专有技术,即在生产上已经采用,仅限于少数人知道,不享有专利权或发明权的生产、装配、修理、工艺或加工方法的技术知识;二是商业(贸易)专有技术,即具有保密性质的市场情报、原材料价格情报以及用户、竞争对象的情况和有关知识;三是管理专有技术,即生产组织的经营方式、管理方式、培训职工方法等保密知识。非专利技术并不是专利法的保护对象,专有技术所有人依靠自我保密的方式来维持其独占权,可以用于转让和投资。

　　企业的非专利技术,有些是自己开发研究的,有些是根据合同规定从外部购入的。如果是企业自己开发研究的,应将符合《企业会计准则第6号——无形资产》规定的开发支出资本化条件的,确认为无形资产。对于从外部购入的非专利技术,应将实际发生的支出予以资本化,作为无形资产入账。

　　(五)著作权

　　著作权又称版权,制作者对其创作的文学、科学和艺术作品依法享有的某种特殊权利。著作权包括两方面的权利,即精神权利(人身权利)和经济权利(财产权利)。前者指作品署名、发表作品、确认作者身份、保护作品的完整性、修改已经发表的作品等各项权利,包括发表权、署名权、修改权和保护作品完整权;后者指以出版、表演、广播、展览、录制唱片、摄制影片等方式使用作品以及因授权他人使用作品而获得经济利益的权利。

（六）特许权

特许权又称经营特许权、专营权,是指企业在某一地区经营或销售某种特定商品的权利或是一家企业接受另一家企业使用其商标、商号、技术秘密等的权利。前者一般是指政府机关授权、准许企业使用或在一定地区享有经营某种业务的特权,如水、电、通讯等专营权、烟草专卖权等;后者指企业间依照签订的合同,有限期或无限期使用另一家企业的某些权利,如连锁店分店、使用总店的名称等。

第二节　无形资产的初始计量

无形资产通常是按实际成本计量,即以取得无形资产并使之达到预定用途而发生的全部支出作为无形资产的成本。对于不同来源取得的无形资产,其成本构成不尽相同。

为了核算无形资产的取得、摊销和处置等情况,企业应当设置"无形资产"、"累计摊销"等账户。

"无形资产"账户核算企业持有的无形资产成本,借方登记取得无形资产的成本,贷方登记出售无形资产转出的无形资产账面余额,期末借方余额,反映企业无形资产的成本。本账户应按无形资产项目设置明细账,进行明细核算。

"累计摊销"账户属于"无形资产"的调整账户,核算企业对使用寿命有限的无形资产计提的累计摊销,贷方登记企业计提的无形资产摊销,借方登记处置无形资产转出的累计摊销,期末贷方余额,反映企业无形资产的累计摊销额。

此外,企业无形资产发生减值的,还应当设置"无形资产减值准备"账户进行核算。

一、外购的无形资产成本

外购的无形资产,其成本包括购买价款、相关税费以及直接归属于使该项资产达到预定用途所发生的其他支出。其中,直接归属于使该项资产达到预定用途所发生的其他支出包括使无形资产达到预定用途所发生的专业服务费用、测试无形资产是否能够正常发挥作用的费用等,但不包括为导入新产品进行宣传发生的广告费、管理费用及其他间接费用,也不包括在无形资产已经达到预定用途以后发生的费用。

【例 7-1】 2012 年 1 月 1 日,华日公司支付价款 3 000 000 元从乙公司购入一项专利权;此外,另支付相关税费 10 000 元,款项已通过银行转账支付。如果使用了该项专利权,华日公司预计其生产能力将比原先提高 20%,销售利润率将增长 15%。假设不涉及其他相关税费。华日公司的账务处理如下:

借:无形资产——专利权	3 010 000
贷:银行存款	3 010 000

购买无形资产的价款超过正常信用条件延期支付(如付款期在 3 年以上),实际上它具有融资性质,因此,所支付的货款必须考虑货币的时间价值,根据无形资产准则的规定,要采用现值计价的模式,无形资产的成本为购买价款的现值。实际支付的价款与购买价款的现值之间的差额作为未确认融资费用,在信用期间内采用实际利率法进行摊销,摊销金额除满足借款费用资本化条件应当计入无形资产成本外,均应当在信用期间内确认为财务费用,计入当期损益。具体核算过程请参考"融资租入固定资产"核算的相关内容。

二、投资者投入的无形资产成本

投资者投入的无形资产的成本,应当按照投资合同或协议约定的价值确定,在投资合同或协议约定价值不公允的情况下,应按无形资产的公允价值入账。具体来说,投资者投入的无形资产,应按投资各方确认的价值或公允价值,借记"无形资产"账户,贷记"实收资本"或"股本"等账户。

【例 7-2】 假定华日公司的注册资本为 1 000 000 元。2007 年 6 月 15 日,华日公司接受乙公司以专利权进行投资。该专利权的账面价值为 420 000 元,双方经协商确认的价值为 440 000 元,占华日公司注册资本的 20%。不考虑其他相关税费。甲股份有限公司的账务处理如下:

借:无形资产	440 000
贷:股本——乙公司	200 000
资本公积——股本溢价	240 000

三、通过非货性资产交换和债务重组取得的无形资产成本

通过非货币性资产交换和债务重组取得的无形资产,其成本的确定及具体处理参见本书"非货币性资产交换"和"债务重组"的相关内容介绍。

四、土地使用权的处理

企业取得的土地使用权,通常应当按照取得时所支付的价款及相关税费确认为无形资产。土地使用权用于自行开发建造厂房等地上建筑物时,土地使用权的账面价值不与地上建筑物合并计算其成本,而仍作为无形资产进行核算。但是,如果房地产开发企业取得的土地使用权用于建造对外出售的房屋建筑物的,其相关的土地使用权的价值应当计入所建造的房屋建筑物成本。

企业外购房屋建筑物所支付的价款中包括土地使用权以及建筑物的价值的,则应当对实际支付的价款按照合理的方法(例如,公允价值相对比例)在土地使用权和地上建筑物之间进行分配;如果确实无法在土地使用权和地上建筑物之间进行合理分配的,应当全部作为固定资产,按照固定资产确认和计量的原则进行处理。

企业改变土地使用权的用途,停止自用土地使用权而用于赚取租金或资本增值时,应将其账面价值转为投资性房地产。

【例7-3】　2012年1月1日,假定华日公司购入一块土地的使用权,以银行存款转账支付9 000万元,并在该土地上自行建造厂房等工程,发生材料支出1 000万元,薪酬费用500万元,其他相关费用1 000万元等。该工程已经完工并达到预定可使用状态。假定土地使用权的使用年限为50年,该厂房的使用年限为25年,两者都没有净残值,都采用直线法进行摊销和计提折旧。为简化核算,不考虑其他相关税费。华日公司的账务处理如下(金额单位:万元)。

(1) 支付转让价款:

借:无形资产——土地使用权　　　　　　　　　　　　　　9 000
　　贷:银行存款　　　　　　　　　　　　　　　　　　　　　9 000

(2) 在土地上自行建造厂房:

借：在建工程   25 000

  贷：工程物资   10 000

    应付职工薪酬   5 000

    银行存款   10 000

（3）厂房达到预定可使用状态：

借：固定资产   250 00

  贷：在建工程   250 00

（4）每年分期摊销土地使用权和对厂房计提折旧：

借：管理费用   180

  制造费用   1 000

  贷：累计摊销   180

    累计折旧   1 000

第三节　内部研究与开发费用的确认与计量

一、研究与开发阶段的区分及其支出确认

对于企业自行进行的研究开发项目，应当区分研究阶段与开发阶段并进行核算。

（一）研究阶段

研究是指为获取并理解新的科学或技术知识而进行的独创性的有计划调查。研究阶段是探索性的，是为进一步的开发活动进行资料及相关方面的准备，已进行的研究活动将来是否会转入开发、开发后是否会形成无形资产等均具有较大的不确定性。在这一阶段不会形成阶段性成果，企业无法证明其能够带来未来经济利益的无形资产的存在。因此，研究阶段的有关支出，应当在发生时全部费用化，计入当期损益（管理费用）。

（二）开发阶段

开发是指在进行商业性生产或使用前，将研究成果或其他知识应用于某项计划或设计，以生产出新的或具有实质性改进的材料、装置、产品等。相对于研究阶段而言，开发阶段应当是已完成研究阶段的工作，在很大程度上具备了形成一项新产品或新技术的基本条件。此时，如果企业能够证

明开发支出符合无形资产的定义及相关确认条件,则可将其确认为无形资产。具体来讲,对于企业内部研究开发项目,开发阶段的支出同时只有满足下列条件的才能资本化,计入无形资产的成本,否则应当计入当期损益(管理费用)。

(1) 从技术上讲,完成该无形资产以使其能够使用或出售具有可行性。

(2) 具有完成该无形资产并使用或出售的意图。

(3) 无形资产产生经济利益的方式,包括能够证明运用该无形资产生产的产品存在市场或无形资产自身存在市场,无形资产将在内部使用的,应当证明其有用性。

(4) 有足够的技术、财务和其他资源支持,以完成该无形资产的开发,并有能力使用或出售该无形资产。

(5) 归属于该无形资产开发阶段的支出能够可靠地计量。

无法区分研究阶段和开发阶段的支出,应当在发生时作为管理费用,全部计入当期损益。

二、内部开发无形资产成本的计量

内部研发形成的无形资产的成本,由可直接归属于该资产的创造、生产并使该资产能够以管理层预定的方式运作的所有必要支出组成。可直接归属成本包括:开发该无形资产时耗费的材料、劳务成本、注册费,在开发该无形资产过程中使用的其他专利权和特许权的摊销,以及按照借款费用的处理原则可以资本化的利息支出。在开发无形资产过程中发生的,除上述可直接归属于无形资产开发活动之外的其他销售费用、管理费用等间接费用,无形资产达到预定用途前发生的可辨认的无效和初始运作损失,为运行该无形资产发生的培训支出等不构成无形资产的开发成本。

值得说明的是,内部开发无形资产的成本仅包括在满足资本化条件的时点至无形资产达到预定用途前发生的支出总和,对于同一项无形资产在开发过程中达到资本化条件之前已经费用化计入当期损益的支出不再进行调整。

三、内部研究开发费用的会计处理

企业自行开发无形资产发生的研发支出,未满足资本化条件的,借记"研发支出——费用化支出"账户,满足资本化条件的,借记"研发支出——

资本化支出"账户,贷记"原材料"、"银行存款"、"应付职工薪酬"等账户。

研究开发项目达到预定用途形成无形资产的,应按"研发支出——资本化支出"账户的余额,借记"无形资产"账户,贷记"研发支出——资本化支出"账户。

期(月)末,应将"研发支出——费用化支出"账户归集的金额转入"管理费用"账户,借记"管理费用"账户,贷记"研发支出——费用化支出"账户。

【例 7-4】 华日公司自行研究开发一项新产品专利技术,在研究开发过程中发生材料费 40 000 元、人工工资 10 000 元,以及其他费用 30 000 元,总计 80 000 元,其中,符合资本化条件的支出为 50 000 元。期末,该专利技术已经达到预定用途。

(1) 相关费用发生时:

借:研发支出——费用化支出	30 000
——资本化支出	50 000
贷:原材料	40 000
应付职工薪酬	10 000
银行存款	30 000

(2) 2007 年 12 月 31 日,该项新型技术已经达到预定用途:

借:管理费用	30 000
无形资产	50 000
贷:研发支出——费用化支出	30 000
——资本化支出	50 000

第四节 无形资产的后续计量

一、无形资产后续计量的原则

无形资产初始确认和计量后,在其后使用该项无形资产期间内应以成本减去累计摊销额和累计减值损失后的余额计量。要确定无形资产在使用过程中的累计摊销额,基础是估计其使用寿命,只有使用寿命有限的无形资产才需要在估计的使用寿命内采用系统合理的方法进行摊销,对于使用寿命不确定的无形资产则不需要摊销。

（一）无形资产使用寿命的确定

企业应当于取得无形资产时分析判断其使用寿命。无形资产的使用寿命如为有限的,应当估计该使用寿命的年限或者构成使用寿命的产量等类似计量单位数量;无法预见无形资产为企业带来未来经济利益期限的,应当视为使用寿命不确定的无形资产。

无形资产的后续计量是以其使用寿命为基础的。使用寿命有限的无形资产需要摊销,而对于使用寿命不确定的无形资产则不需要摊销。

无形资产的使用寿命包括法定寿命和经济寿命两个方面:有些无形资产的使用寿命受法律、规章或合同的限制,称为法定寿命。如:我国法律规定发明专利权有效期为 20 年,商标权的有效期为 10 年。有些无形资产如永久性特许经营权、非专利技术等的寿命则不受法律或合同的限制。经济寿命是指无形资产可以为企业带来经济利益的年限。由于受技术进步、市场竞争等因素的影响,无形资产的经济寿命往往短于法定寿命。因此,在估计无形资产的使用寿命时,应当综合考虑各方面相关因素的影响,合理确定无形资产的使用寿命。

（二）无形资产使用寿命的复核

企业至少应当于每年年度终了,对无形资产的使用寿命及摊销方法进行复核,如果有证据表明无形资产的使用寿命及摊销方法不同于以前的估计,则对于使用寿命有限的无形资产,应改变其摊销年限及摊销方法,并按照会计估计变更进行处理。

对于使用寿命不确定的无形资产,如果有证据表明其使用寿命是有限的,则应视为会计估计变更,应当估计其使用寿命并按照使用寿命有限的无形资产的处理原则进行处理。

二、使用寿命有限的无形资产摊销

（一）应摊销金额

使用寿命有限的无形资产,应在其预计的使用寿命内采用系统合理的方法对应摊销金额进行摊销。应摊销金额是指无形资产的成本扣除残值后的金额。已计提减值准备的无形资产,还应扣除已计提的无形资产减值准备累计金额。使用寿命有限的无形资产,其残值一般应当视为零,但下列情况除外:

（1）有第三方承诺在无形资产使用寿命结束时购买该无形资产。

（2）可以根据活跃市场得到预计残值信息,并且市场在无形资产使用寿命结束时可能存在。

（二）摊销期和摊销方法

无形资产的摊销期自其可供使用（即其达到预定用途）时起至终止确认时止。在无形资产的使用寿命内系统地分摊其应摊销金额,存在多种方法。这些方法包括直线法、生产总量法等。企业选择的无形资产摊销方法,应当能够反映与该项无形资产有关的经济利益的预期实现方式,并一致地运用于不同会计期间;对无法可靠确定其预期实现方式的,应当采用直线法进行摊销。

（三）使用寿命有限的无形资产摊销的会计处理

无形资产的摊销金额一般应当计入当期损益,但如果某项无形资产是专门用于生产某种产品或其他资产的,其所包含的经济利益是通过转入所生产的产品或其他资产中实现的,则该无形资产的摊销额应当计入相关资产的成本。例如,一项专门用于生产某种产品的专利技术,其摊销金额应构成所生产产品成本的一部分,计入制造该产品的制造费用。

【例 7-5】 华日公司从外单位购得一项商标权,支付价款 300 000 元,款项已支付。该商标权的使用寿命为 10 年,不考虑残值的因素,以直线法摊销预期实现经济利益的方式。其会计分录为:

借:无形资产——商标权 300 000
　贷:银行存款 300 000

借:管理费用 30 000
　贷:累计摊销 30 000

三、使用寿命不确定无形资产减值测试

根据可获得的相关信息判断,对如果无法合理估计某项无形资产使用寿命的,应将其作为使用寿命不确定的无形资产进行核算。对于使用寿命不确定的无形资产,在持有期间内不需要进行摊销,但应当在每个会计期间进行减值测试。其减值测试的方法按照判断资产减值的原则进行处理,如经减值测试表明已发生减值,则需要计提相应的减值准备,其相关的账务处理为:借记"资产减值损失"账户,贷记"无形资产减值准备"账户。

第五节　无形资产的处置

无形资产的处置,主要是指无形资产出售、对外出租、对外捐赠,或者是无法为企业带来未来经济利益时,应予转销并终止确认。

一、无形资产的出售

无形资产准则规定,企业出售无形资产时,应将所取得的价款与该无形资产账面价值的差额计入当期损益。

出售无形资产时,应按实际收到的金额,借记"银行存款"等账户;按已摊销的累计摊销额,借记"累计摊销"账户;原已计提减值准备的,借记"无形资产减值准备"账户;按应支付的相关税费,贷记"应交税费"等账户;按其账面余额,贷记"无形资产"账户,按其差额,贷记"营业外收入——处置非流动资产利得"账户或借记"营业外支出——处置非流动资产损失"账户。

【例7-6】　华日公司将拥有的一项非专利技术出售,取得收入 800 000元,应交的营业税为 40 000 元。该非专利技术的账面余额为 700 000 元,累计摊销额为 350 000 元,已计提的减值准备为 200 000 元。账务处理如下:

```
借:银行存款                                    800 000
    累计摊销                                    350 000
    无形资产减值准备                            200 000
  贷:无形资产                                   700.000
      应交税费                                   40 000
      营业外收入——处置非流动资产利得            610 000
```

二、无形资产的出租

企业将所拥有的无形资产的使用权让渡给他人,并收取租金,在满足收入准则规定的确认标准的情况下,应确认相关的收入及成本。

出租无形资产时,取得的租金收入,借记"银行存款"等账户,贷记"其他业务收入"等账户;摊销出租无形资产的成本并发生与转让有关的各种费用支出时,借记"其他业务成本"账户,贷记"无形资产"账户。

【例7-7】　华日公司将一项专利技术出租给另外一个企业使用,该专利技术账面余额为 500 000 元,摊销期限为 10 年。出租合同规定,承租方每销售一件该专利生产的产品,必须付给出租方 1 元专利技术使用费。假定承租方当年销售该产品 10 万件。假定不考虑其他相关税费。华日公司的账务处理如下:

借:银行存款	100 000	
贷:其他业务收入		100 000
借:其他业务成本	50 000	
贷:累计摊销		50 000

三、无形资产的报废

如果无形资产预期不能为企业带来未来经济利益,不再符合无形资产的定义,应将其转销。转销时应按累计摊销额,借记"累计摊销"账户;原已计提减值准备的,借记"无形资产减值准备"账户;按其账面余额,贷记"无形资产"账户;按其差额,借记"营业外支出"账户。

【例 7-8】 华日公司的某项专利技术,其账面余额为 600 000 元,摊销期限为 10 年,采用直线法进行摊销,已摊销了 5 年,假定该项专利权的残值为零,计提的减值准备为 160 000 元,今年其生产的产品没有市场,应予转销。假定不考虑其他相关因素,其账务处理如下:

借:累计摊销	300 000	
无形资产减值准备	160 000	
营业外支出——处置无形资产损失	140 000	
贷:无形资产——专利权		600 000

第 八 章

投资性房地产

第一节　投资性房地产概述

一、投资性房地产的含义与特征

投资性房地产是指为赚取租金或资本增值,或者两者兼有而持有的房地产。投资性房地产应当能够单独计量和出售。在这里,房地产是土地和房屋及其权属的总称。其中,土地是指土地使用权;房屋是指土地上的房屋等建筑物及构筑物。

投资性房地产具有以下特征:

第一,投资性房地产是一种经营性活动,主要形式是出租建筑物、出租土地使用权,这实质上属于一种让渡资产使用权的行为。房地产租金就是让渡资产使用权而取得的使用费收入,是企业为完成其经营目标所从事的经营性活动以及与之相关的其他活动形成的经济利益总流入。投资性房地产的另一种形式是持有并准备增值后转让的土地使用权,其目的是为了增值后转让以赚取增值收益,也是企业为完成其经营目标所从事的经营性活动以及与之相关的其他活动形成的经济利益总流入。

第二,投资性房地产在用途、状态、目的等方面与企业自用的厂房、办公楼等作为生产经营活动场所的房地产和房地产开发企业用于销售的房地产是不同的。企业持有房地产除了用于自身生产经营和管理活动的场所和作为存货对外销售外,还出现了将房地产用于赚取租金或增值收益的活动,甚至成为个别企业的主营业务活动。这就需要将投资性房地产单独作为一项资产核算和反映,与自用的厂房、办公楼等房地产和作为存货(已建完工商品房)的房地产加以区别,从而更加清晰地反映企业所持有房地产的真实情况。

二、投资性房地产的范围

根据投资性房地产准则的规定,投资性房地产的范围包括以下方面:

(1) 已出租的土地使用权是指企业通过出让或转让方式取得并以经营租赁方式出租的土地使用权。企业计划用于出租但尚未出租的土地使用权,不属于此类。对于以经营租赁方式租入土地使用权再转租给其他单位的,不能确认为投资性房地产。

(2) 持有并准备增值后转让的土地使用权是指企业取得的、准备增值后转让的土地使用权。但是,按照国家有关规定认定的闲置土地,不属于持有并准备增值后转让的土地使用权。

(3) 已出租的建筑物是指企业拥有产权的、以经营租赁方式出租的建筑物,包括外购、自行建造或开发活动完成后用于出租的建筑物。企业将建筑物出租,按租赁协议向承租人提供的相关辅助服务在整个协议中不重大的,应当将该建筑物确认为投资性房地产。

自用房地产、作为存货的房地产不属于投资性房地产。自用房地产是指为生产商品、提供劳务或者经营管理而持有的房地产。作为存货的房地产,通常是指房地产开发企业在正常经营过程中销售的或为销售而正在开发的商品房和土地。

如果某项房地产部分用于赚取租金或资本增值、部分自用(即用于生产商品、提供劳务或经营管理),能够单独计量和出售的、用于赚取租金或资本增值的部分,应当确认为投资性房地产;不能单独计量和出售的、用于赚取租金或资本增值的部分,不确认为投资性房地产。该项房地产自用的部分,以及不能够单独计量和出售的、用于赚取租金或资本增值的部分,应当确认为固定资产或无形资产。

第二节　投资性房地产的初始确认与计量

一、投资性房地产初始确认与计量的一般规定

与其他资产项目一样,某个项目在符合投资性房地产定义的前提下,同时满足下列两项条件时,才能确认为投资性房地产:①与投资性房地产有关的经济利益很可能流入企业。②该投资性房地产的成本能

够可靠计量。

投资性房地产初始计量时,应当按照成本进行计量。

二、外购投资性房地产的确认和初始计量

企业外购的房地产,只有在购入的同时开始对外出租或用于资本增值,才能作为投资性房地产加以确认。

企业外购投资性房地产,应当按照取得时实际成本进行初始计量。取得时的实际成本,包括购买价款、相关税费和可直接归属于该资产的其他支出。外购取得投资性房地产时,借记"投资性房地产"账户,贷记"银行存款"等账户。

【例 8-1】 2012 年 3 月,华日公司计划购入一栋写字楼用于对外出租。3 月 15 日,华日公司与乙企业签订了经营租赁合同,约定自写字楼购买日起将这栋写字楼出租给乙企业,为期 5 年。4 月 5 日,华日公司实际购入写字楼,支付价款共计 1 200 万元(假设不考虑其他因素,华日公司采用成本模式进行后续计量,下同)。

华日公司的账务处理如下:

借:投资性房地产——写字楼　　　　　　　　　　　 12 000 000
　 贷:银行存款　　　　　　　　　　　　　　　　　　　　 12 000 000

三、自行建造的投资性房地产的确认和初始计量

企业自行建造房地产,只有在自行建造活动完成(即达到预定使用状态)的同时开始对外出租或用于资本增值,才能将自行建造的房地产确认为投资性房地产。自行建造的投资性房地产,其成本由建造该项资产达到预定可使用状态前发生的必要支出构成,包括土地开发费、建筑成本、安装成本、应予资本化的借款费用、支付的其他费用和分摊的间接费用等。由在建工程转入投资性房地产,按照确定的自行建造投资性房地产成本,借记"投资性房地产"账户,贷记"在建工程"等账户。

【例 8-2】 2012 年 3 月,华日公司从其他单位购入一块土地的使用权,并在该块土地上开始自行建造三栋厂房。2012 年 6 月,华日公司预计厂房即将完工,与乙公司签订了经营租赁合同,将其中的一栋厂房租赁给乙公司使用。租赁合同约定,该厂房于完工(达到预定可使用状态)时开始起租。

2012 年 7 月 5 日，三栋厂房同时完工（达到预定可使用状态）。该块土地使用权的成本为 600 万元，三栋厂房的造价均为 1 000 万元，能够单独出售。华日公司的账务处理如下：

土地使用权中的对应部分同时转换为投资性房地产＝600×(1 000÷3 000)＝

200(万元)

借：投资性房地产——厂房	10 000 000	
贷：在建工程		10 000 000
借：投资性房地产——土地使用权	2 000 000	
贷：无形资产——土地使用权		2 000 000

第三节　投资性房地产的后续计量

投资性房地产的后续计量有成本和公允价值两种模式，通常采用成本模式计量，满足特定条件时可以采用公允价值模式计量。但是，同一企业只能采用一种模式对所有投资性房地产进行后续计量，不得同时采用两种计量模式。

一、采用成本模式进行后续计量的投资性房地产

企业通常应当采用成本模式对投资性房地产进行后续计量。采用成本模式进行后续计量的投资性房地产，应当按以下规定进行会计处理：

(1) 按照固定资产或无形资产的有关规定，按期（月）计提折旧或摊销，借记"其他业务成本"等账户，贷记"投资性房地产累计折旧（摊销）"账户。

(2) 取得的租金收入，计入其他业务收入或主营业务收入，借记"银行存款"等账户，贷记"其他业务收入"等账户。

(3) 投资性房地产存在减值迹象的，还应当适用资产减值的有关规定。经减值测试后确定减值的，应当计提减值准备，借记"资产减值损失"等账户，贷记"投资性房地产减值准备"账户。已计提减值准备的投资性房地产，其减值损失在以后的会计期间不得转回。

【例 8-3】　华日公司一栋办公楼出租给乙企业使用，已确认为投资性房地产，采用成本模式进行后续计量。假设该栋办公楼的成本为 1 800 万元，按照直线法计提折旧，使用寿命为 20 年，预计净残值为零。按照经营租赁合

同约定,乙企业每月支付华日公司租金 8 万元。当年 12 月,这栋办公楼发生减值迹象,经减值测试,其可收回金额为 1 200 万元,此时办公楼的账面价值为 1 500 万元,以前未计提减值准备。华日公司的账务处理如下:

计提折旧:

$$每月计提折旧=1\,800\div20\div12=7.5(万元)$$

借:其他业务成本　　　　　　　　　　　　　　　　　　　　75 000
　　贷:投资性房地产累计折旧　　　　　　　　　　　　　　　　75 000

确认租金:

借:银行存款(或其他应收款)　　　　　　　　　　　　　　80 000
　　贷:其他业务收入　　　　　　　　　　　　　　　　　　　　80 000

计提减值准备:

借:资产减值损失　　　　　　　　　　　　　　　　　　　3 000 000
　　贷:投资性房地产减值准备　　　　　　　　　　　　　　3 000 000

二、采用公允价值模式计量的投资性房地产

(一)采用公允价值模式计量投资性房地产的条件

只有存在确凿证据表明投资性房地产的公允价值能够持续可靠取得的情况下,企业才可以采用公允价值模式对投资性房地产进行后续计量。企业一旦选择采用公允价值计量模式,就应当对其所有投资性房地产均采用公允价值模式进行后续计量。

根据投资性房地产准则的规定,采用公允价值模式计量投资性房地产,应当同时满足以下两个条件:一是投资性房地产所在地有活跃的房地产交易市场;二是企业能够从房地产交易市场上取得同类或类似房地产的市场价格及其他相关信息,从而对投资性房地产的公允价值作出科学合理的估计。

投资性房地产的公允价值是指在公平交易中,熟悉情况的当事人之间自愿进行房产交换的价格。确定投资性房地产的公允价值时,应当参照活跃市场上同类或类似房地产的现行市场价格(市场公开报价);无法取得同类或类似房地产现行市场价格的,应当参照活跃市场上同类或类似房地产的最近交易价格,并考虑交易情况、交易日期、所在区域等因素,从而对投

资性房地产的公允价值作出合理的估计；也可以基于预计未来获得的租金收益和相关现金流量予以计量。

（二）采用公允价值模式进行后续计量的投资性房地产的会计处理规定

（1）对投资性房地产不计提折旧或摊销。企业应当以资产负债表日的公允价值为基础调整其账面价值，公允价值与原账面价值的差额计入投资性房地产（公允价值变动）和公允价值变动损益。即：资产负债表日，投资性房地产的公允价值高于其账面余额的差额，借记"投资性房地产——公允价值变动"账户，贷记"公允价值变动损益"账户；公允价值低于其账面余额的差额作相反的分录。

（2）取得的租金收入，计入其他业务收入或主营业务收入等，即：取得的租金收入，借记"银行存款"等账户，贷记"其他业务收入"或"主营业务收入"等账户。

【例 8-4】 2010 年 8 月，华日公司与乙公司签订租赁协议，约定将华日公司开发的一栋精装修的写字楼于开发完成的同时开始租赁给乙公司使用，租赁期为 10 年。当年 10 月 1 日，该写字楼开发完成并开始起租，写字楼的造价为 90 000 000 元。由于该栋写字楼地处商业繁华区，所在城区有活跃的房地产交易市场，而且能够从房地产交易市场上取得同类房地产的市场报价，华日公司决定采用公允价值模式对该项出租的房地产进行后续计量。2010 年 12 月 31 日，该写字楼的公允价值为 92 000 000 元。2011 年 12 月 31 日，该写字楼的公允价值为 93 000 000 元。甲企业的账务处理如下。

（1）2010 年 10 月 1 日，华日公司开发完成写字楼并出租：

借：投资性房地产——写字楼（成本）	90 000 000
贷：开发产品	90 000 000

（2）2010 年 12 月 31 日，以公允价值为基础调整其账面价值，公允价值与原账面价值之间的差额计入当期损益：

借：投资性房地产——写字楼（公允价值变动）	2 000 000
贷：公允价值变动损益	2 000 000

（3）2011 年 12 月 31 日，公允价值又发生变动：

借：投资性房地产——写字楼（公允价值变动）	1 000 000
贷：公允价值变动损益	1 000 000

三、投资性房地产后续计量模式的变更

企业对投资性房地产的计量模式一经确定,不得随意变更。只有在房地产市场比较成熟、能够满足采用公允价值模式条件的情况下,才允许企业对投资性房地产从成本模式计量变更为公允价值模式计量。成本模式转为公允价值模式的,应当作为会计政策变更处理,并按计量模式变更时公允价值与账面价值的差额调整期初留存收益(未分配利润)。企业变更投资性房地产计量模式时,应当按照计量模式变更时投资性房地产的公允价值,借记"投资性房地产(成本)"账户,按照已计提的折旧或摊销,借记"投资性房地产累计折旧(摊销)"账户,原已计提减值准备的,借记"投资性房地产减值准备"账户,按照原账面余额,贷记"投资性房地产"账户,按照公允价值与账面价值的差额,贷记或借记"利润分配——未分配利润"、"盈余公积"等账户。

已采用公允价值模式计量的投资性房地产,不得从公允价值模式转为成本模式。

【例 8-5】　华日公司将其一栋写字楼租赁给乙公司使用,并一直采用成本模式进行后续计量。2009 年 1 月 1 日,华日公司认为,出租给乙公司使用的写字楼,其所在地的房地产交易市场比较成熟,具备了采用公允价值模式计量的条件,决定对该项投资性房地产从成本模式转换为公元价值模式计量。该写字楼的原造价为 90 000 000 元,已计提折旧 2 700 000 元,账面价值为 87 300 000 元。2009 年 1 月 1 日,该写字楼的公允价值为 95 000 000 元。假设华日公司按净利润的 10％计提盈余公积。华日公司的账务处理如下:

```
借：投资性房地产——写字楼(成本)                    95 000 000
    投资性房地产累计折旧                             2 700 000
  贷：投资性房地产——写字楼                          90 000 000
    利润分配——未分配利润                           6 930 000
    盈余公积                                         770 000
```

四、与投资性房地产有关的后续支出

(一)资本化的后续支出

与投资性房地产有关的后续支出,满足投资性房地产确认条件的,应当计入投资性房地产成本。例如,企业为了提高投资性房地产的使用效能,往往需要对投资性房地产进行改建、扩建而使其更加坚固耐用,或者通过装修

而改善其室内装潢,改扩建或装修支出满足确认条件的,应当将其资本化。

采用成本模式计量的,投资性房地产进入改扩建或装修阶段后,应当将其账面价值转入改扩建工程。借记"投资性房地产——在建"、"投资性房地产累计折旧"等账户,贷记"投资性房地产"账户。发生资本化的改良或装修支出,通过"投资性房地产——在建"账户归集,借记"投资性房地产——在建"账户,贷记"银行存款"、"应付账款"等账户。改扩建或装修完成后,借记"投资性房地产"账户,贷记"投资性房地产——在建"账户。

【例 8-6】 2011 年 3 月,华日公司与乙企业的一项厂房经营租赁合同即将到期,该厂房按照成本模式进行后续计量,原价为 2 000 万元,已计提折旧600 万元。为了提高厂房的租金收入,华日公司决定在租赁期满后对厂房进行改扩建,并与丙企业签订了经营租赁合同,约定自改扩建完工时将厂房出租给丙企业。3 月 15 日,与乙企业的租赁合同到期,厂房随即进入改扩建工程。12 月 15 日,厂房改扩建工程完工,共发生支出 150 万元,即日按照租赁合同出租给丙企业。改扩建支出属于资本化的后续支出,应当计入投资性房地产的成本。华日公司的账务处理如下。

2011 年 3 月 15 日,投资性房地产转入改扩建工程:

借:在建工程		14 000 000
投资性房地产累计折旧		6 000 000
贷:投资性房地产——厂房		20 000 000

2011 年 3 月 15 日至 12 月 15 日,厂房改扩建工程发生支出:

借:在建工程		1 500 000
贷:银行存款等		1 500 000

2011 年 12 月 15 日,改扩建工程完工:

借:投资性房地产——厂房		15 500 000
贷:在建工程		15 500 000

采用公允价值模式计量的,投资性房地产进入改扩建或装修阶段,借记"投资性房地产——在建"账户,贷记"投资性房地产——成本"、"投资性房地产——公允价值变动"等账户;在改扩建或装修完成后,借记"投资性房地产——成本"账户,贷记"投资性房地产——在建"账户。

【例 8-7】 2009 年 5 月,华日公司与乙公司的一项厂房经营租赁合同即将到期。为了提高厂房的租金收入,华日公司决定在租赁期满后对该厂房进行改扩建,并与丙公司签订了经营租赁合同,约定自改扩建完工时将该厂房出租给丙公司。2009 年 5 月 31 日,与乙公司的租赁合同到期,该厂房随即进入改扩建工程。2009 年 5 月 31 日,该厂房账面余额为 20 000 000 元,其中成本 16 000 000 元,累计公允价值变动 4 000 000 元。2009 年 11 月 30 日,该厂房改扩建工程完工,共发生支出 3 000 000 元,均已支付,即日按照租赁合同出租给丙公司。假定华日公司采用公允价值计量模式。华日公司的账务处理如下。

(1) 2009 年 5 月 31 日,投资性房地产转入改扩建工程:

借:投资性房地产——厂房——在建　　　　　　　　　　20 000 000

　　贷:投资性房地产——厂房——成本　　　　　　　　　　16 000 000

　　　　　　　　　　——公允价值变动　　　　　　　　　4 000 000

(2) 2009 年 5 月 31 日至 2009 年 11 月 30 日,发生改建支出:

借:投资住房地产——厂房——在建　　　　　　　　　　3 000 000

　　贷:银行存款　　　　　　　　　　　　　　　　　　　3 000 000

(3) 2009 年 11 月 30 日,改扩建工程完工:

借:投资性房地产——厂房——成本　　　　　　　　　　23 000 000

　　贷:投资性房地产——厂房——在建　　　　　　　　　23 000 000

企业对某项投资性房地产进行改扩建等再开发且将来仍作为投资性房地产的,再开发期间应继续将其作为投资性房地产,再开发期间不计提折旧或摊销。

(二) 费用化的后续支出

与投资性房地产有关的后续支出,不满足投资性房地产确认条件的,如企业对投资性房地产进行日常维护所发生的支出,应当在发生时计入当期损益,借记“其他业务成本”等账户,贷记“银行存款”等账户。

【例 8-8】　甲企业对其某项投资性房地产进行日常维修,发生维修支出 1 500 万元。本例中,日常维修支出属于费用化的后续支出,应当计入当期损益。甲企业的账务处理如下:

借:其他业务成本　　　　　　　　　　　　　　　　　　15 000 000

　　贷:银行存款　　　　　　　　　　　　　　　　　　　15 000 000

第四节 投资性房地产的转换与处置

一、房地产的转换

（一）房地产的转换形式

房地产的转换是指房地产用途的变更。企业有确凿证据表明房地产用途发生改变，满足下列条件之一的，应当将投资性房地产转换为其他资产或者将其他资产转换为投资性房地产：

（1）投资性房地产开始自用，即将投资性房地产转为自用房地产。

（2）作为存货的房地产，改为出租，通常指房地产开发企业将其持有的开发产品以经营租赁的方式出租，存货相应地转换为投资性房地产。

（3）自用建筑物停止自用，改为出租。即：企业将原本用于生产商品、提供劳务或者经营管理的房地产改用于出租，固定资产相应地转换为投资性房地产。

（4）自用土地使用权停止自用，改用于赚取租金或资本增值。即：企业将原本用于生产商品、提供劳务或者经营管理的土地使用权改用于赚取租金或资本增值，该土地使用权相应地转换为投资性房地产。

（5）房地产企业将用于经营出租的房地产重新开发用于对外销售，从投资性房地产转为存货。

以上所指确凿证据包括两个方面：一是企业董事会或类似机构应当就改变房地产用途形成正式的书面决议；二是房地产因用途改变而发生实际状态上的改变，如从自用状态改为出租状态。

（二）成本模式下的转换

（1）作为存货的房地产转换为投资性房地产。企业将作为存货的房地产转换为以成本模式计量的投资性房地产，应当按该项存货在转换日的账面价值，借记"投资性房地产"账户，原已计提跌价准备的，借记"存货跌价准备"账户，按其账面余额，贷记"开发产品"等账户。

【例8-9】 华日公司是从事房地产开发业务的企业，2011年3月10日，华日公司与乙企业签订了租赁协议，将其开发的一栋写字楼出租给乙企业使用，租赁期开始日为2011年4月15日。2011年4月15日，该写字楼的账面余额45 000万元，未计提存货跌价准备，转换后采用成本模式计量。

本例中,租赁期开始日为 2011 年 4 月 15 日,当日相应由存货转换为投资性房地产。华日公司的账务处理如下:

借:投资性房地产——写字楼　　　　　　　　　　　45 000 000
　　贷:开发产品　　　　　　　　　　　　　　　　　　　45 000 000

（2）自用房地产转换为投资性房地产。企业将自用土地使用权或建筑物转换为以成本模式计量的投资性房地产时,应当按该项建筑物或土地使用权在转换日的原价、累计折旧、减值准备等,分别转入"投资性房地产"、"投资性房地产累计折旧（摊销）"、"投资性房地产减值准备"账户;按其账面余额,借记"投资性房地产"账户,贷记"固定资产"或"无形资产"账户;按已计提的折旧或摊销,借记"累计摊销"或"累计折旧"账户,贷记"投资性房地产累计折旧（摊销）"账户;原已计提减值准备的,借记"固定资产减值准备"或"无形资产减值准备"账户,贷记"投资性房地产减值准备"账户。

【例 8-10】　华日公司拥有一栋办公楼,用于本企业总部办公。2011 年 3 月 10 日,华日公司与乙企业签订了经营租赁协议,将这栋办公楼整体出租给乙企业使用,租赁期开始日为 2011 年 4 月 15 日,为期 5 年。2011 年 4 月 15 日,这栋办公楼的账面余额 45 000 万元,已计提折旧 300 万元。假设华日公司采用成本计量模式。

华日公司的账务处理如下:

借:投资性房地产——写字楼　　　　　　　　　　　450 000 000
　　累计折旧　　　　　　　　　　　　　　　　　　　　3 000 000
　　贷:固定资产　　　　　　　　　　　　　　　　　　450 000 000
　　　　投资性房地产累计折旧（摊销）　　　　　　　　3 000 000

（3）投资性房地产转换为自用房地产。企业将投资性房地产转换为自用房地产,应当按该项投资性房地产在转换日的账面余额、累计折旧或摊销、减值准备等,分别转入"固定资产"、"累计折旧"、"固定资产减值准备"等账户;按投资性房地产的账面余额,借记"固定资产"或"无形资产"账户,贷记"投资性房地产"账户;按已计提的折旧或摊销,借记"投资性房地产累计折旧（摊销）"账户,贷记"累计折旧"或"累计摊销"账户;原已计提减值准备的,借记"投资性房地产减值准备"账户,贷记"固定资产减值准备"或"无形资产减值准备"账户。

【例 8-11】 2011 年 8 月 1 日,华日公司将出租在外的厂房收回,开始用于本企业生产商品。该项房地产账面价值为 3 765 万元,其中,原价 5 000 万元,累计已提折旧 1 235 万元。华日公司采用成本计量模式的账务处理如下:

借:固定资产	50 000 000
投资性房地产累计折旧	12 350 000
贷:投资性房地产	50 000 000
累计折旧	12 350 000

(三) 公允价值模式下的转换

(1) 作为存货的房地产转换为投资性房地产。企业将作为存货的房地产转换为采用公允价值模式计量的投资性房地产,应当按该项房地产在转换日的公允价值入账,借记"投资性房地产——成本"账户;原已计提跌价准备的,借记"存货跌价准备"账户;按其账面余额,贷记"开发产品"等账户。同时,转换日的公允价值小于账面价值的,按其差额,借记"公允价值变动损益"账户;转换日的公允价值大于账面价值的,按其差额,贷记"资本公积——其他资本公积"账户。

【例 8-12】 2011 年 3 月 15 日,华日公司与乙企业签订了租赁协议,将其开发的一栋写字楼出租给乙企业。租赁期开始日为 2011 年 4 月 15 日。2011 年 4 月 15 日,该写字楼的账面余额 45 000 万元,公允价值为 47 000 万元。2011 年 12 月 31 日,该项投资性房地产的公允价值为 48 000 万元。华日公司的账务处理如下。

2011 年 4 月 15 日:

借:投资性房地产——成本	470 000 000
贷:开发产品	450 000 000
资本公积——其他资本公积	20 000 000

2011 年 12 月 31 日:

借:投资性房地产——公允价值变动	10 000 000
贷:公允价值变动损益	10 000 000

(2) 自用房地产转换为投资性房地产。企业将自用房地产转换为采用公允价值模式计量的投资性房地产时,应当按该项土地使用权或建筑物在转换日的公允价值,借记"投资性房地产(成本)"账户;按已计提的累计摊销

或累计折旧,借记"累计摊销"或"累计折旧"账户;原已计提减值准备的,借记"无形资产减值准备"、"固定资产减值准备"账户;按其账面余额,贷记"固定资产"或"无形资产"账户。同时,转换日的公允价值小于账面价值的,按其差额,借记"公允价值变动损益"账户;转换日的公允价值大于账面价值的,按其差额,贷记"资本公积——其他资本公积"账户。待该项投资性房地产处置时,因转换计入资本公积的部分应转入当期的营业外收入,借记"资本公积——其他资本公积"账户,贷记"其他业务收入"账户。

【例 8-13】　2011 年 6 月,华日公司打算搬迁至新建办公楼,由于原办公楼处于商业繁华地段,华日公司准备将其出租,以赚取租金收入。2011年 10 月,华日公司完成了搬迁工作,原办公楼停止自用。2011 年 12 月,华日公司与乙企业签订了租赁协议,将其原办公楼租赁给乙企业使用,租赁期开始日为 2012 年 1 月 1 日,租赁期限为 3 年。2012 年 1 月 1 日,该办公楼的公允价值为 35 000 万元,其原价为 5 亿元,已计提折旧 14 250 万元。假设华日公司对投资性房地产采用公允价值模式计量。华日公司的账务处理如下:

借:投资性房地产——成本	350 000 000
公允价值变动损益	7 500 000
累计折旧	142 500 000
贷:固定资产	500 000 000

(3) 投资性房地产转换为自用房地产。投资性房地产转换为自用房地产,应当以投资性房地产转换当日的公允价值作为转换后自用房地产的账面价值,公允价值与原账面价值的差额计入公允价值变动损益。转换日,按该项投资性房地产的公允价值,借记"固定资产"或"无形资产"账户;按该项投资性房地产的成本,贷记"投资性房地产——成本"账户;按该项投资性房地产的累计公允价值变动,贷记或借记"投资性房地产——公允价值变动"账户;按其差额,贷记或借记"公允价值变动损益"账户。

【例 8-14】　2011 年 10 月 15 日,华日公司因租赁期满,将出租的写字楼收回,开始作为办公楼用于本企业的行政管理。2011 年 10 月 15 日,该写字楼的公允价值为 4 800 万元。该项房地产在转换前采用公允价值模式计量,原账面价值为 4 750 万元,其中,成本为 4 500 万元,公允价值变动为增值250 万元。华日公司的账务处理如下:

借：固定资产	48 000 000
贷：投资性房地产——成本	45 000 000
——公允价值变动	2 500 000
公允价值变动损益——投资性房地产	500 000

二、投资性房地产的处置

投资性房地产被处置，或者永久退出使用且预计不能从其处置中取得经济利益时，应当终止确认该项投资性房地产，将处置收入扣除其账面价值和相关税费后的金额计入当期损益。

（一）成本模式计量的投资性房地产的处置

出售、转让按成本模式进行后续计量的投资性房地产时，应当按实际收到的金额，借记"银行存款"等账户，贷记"其他业务收入"账户；按该项投资性房地产的账面价值，借记"其他业务成本"账户；按其账面余额，贷记"投资性房地产"账户；按照已计提的折旧或摊销，借记"投资性房地产累计折旧（摊销）"账户；原已计提减值准备的，借记"投资性房地产减值准备"账户。

【例 8-15】 华日公司将其出租的一栋写字楼确认为投资性房地产，采用成本模式计量。租赁期届满后，甲公司将该栋写字楼出售给乙公司，合同价款为 30 000 万元，乙公司已用银行存款付清。出售时，该栋写字楼的成本为 28 000 万元，已计提折旧 3 000 万元。华日公司的账务处理如下：

借：银行存款	300 000 000
贷：其他业务收入	300 000 000
借：其他业务成本	250 000 000
投资性房地产累计折旧（摊销）	30 000 000
贷：投资性房地产——写字楼	280 000 000

【例 8-16】 华日公司为了满足市场需求、扩大再生产，将生产车间从市中心搬迁到郊区。2006 年 3 月，管理层决定，将原厂区陈旧厂房拆除平整后，持有以备增值后转让。土地使用权的账面余额为 3 000 万元，已计提摊销 900 万元，剩余使用年限 40 年，按照直线法摊销，不考虑残值。2009 年 3 月，华日公司将原厂区出售，取得转让收入 4 000 万元。假设不考虑相关税费。华日公司的账务处理如下。

（1）转换日：

借：投资性房地产——土地使用权　　　　　　　　　　30 000 000

　　累计摊销　　　　　　　　　　　　　　　　　　　　9 000 000

　　贷：无形资产——土地使用权　　　　　　　　　　30 000 000

　　　　投资性房地产累计折旧（摊销）　　　　　　　　9 000 000

（2）计提摊销（假设按年）：

借：其他业务成本　　　　　　　　　　　　　　　　　525 000

　　贷：投资性房地产累计折旧（摊销）　　　　　　　　525 000

（3）出售时：

借：银行存款　　　　　　　　　　　　　　　　　　40 000 000

　　贷：其他业务收入　　　　　　　　　　　　　　　40 000 000

借：其他业务成本　　　　　　　　　　　　　　　　28 425 000

　　投资性房地产累计折旧（摊销）　　　　　　　　　1 575 000

　　贷：投资性房地产——已出租土地使用权　　　　30 000 000

（二）公允价值模式计量的投资性房地产的处置

出售、转让采用公允价值模式计量的投资性房地产，应当按实际收到的金额，借记"银行存款"等账户，贷记"其他业务收入"账户；按该项投资性房地产的账面余额，借记"其他业务成本"账户；按其成本，贷记"投资性房地产——成本"账户；按其累计公允价值变动，贷记或借记"投资性房地产——公允价值变动"账户。同时，将投资性房地产累计公允价值变动转入其他业务收入，借记或贷记"公允价值变动"账户，贷记或借记"其他业务收入"账户。若存在原转换日计入资本公积的金额，则也需一并转入其他业务收入，借记"资本公积——其他资本公积"账户，贷记"其他业务收入"账户。

【例8-17】　2010年3月10日，华日公司与乙企业签订了租赁协议，将其开发的一栋写字楼出租给乙企业使用，租赁期开始日为2010年4月15日。2010年4月15日，该写字楼的账面余额45 000万元，公允价值为47 000万元。2010年4月30日，该项投资性房地产的公允价值为48 000万元。2011年6月租赁期届满，企业收回该项投资性房地产，并以55 000万元出售，出售款项已收讫。华日公司采用公允价值模式计量。华日公司的账务处理如下。

（1）2010年4月15日，存货转换为投资性房地产：

借：投资性房地产——成本 470 000 000

 贷：开发产品 450 000 000

  资本公积——其他资本公积 20 000 000

（2）2010 年 12 月 31 日，公允价值变动：

借：投资性房地产——公允价值变动 10 000 000

 贷：公允价值变动损益 10 000 000

（3）2011 年 6 月，出售投资性房地产：

借：银行存款 550 000 000

 贷：其他业务收入 550 000 000

借：其他业务成本 480 000 000

 贷：投资性房地产——成本 470 000 000

    ——公允价值变动 10 000 000

同时，将投资性房地产累计公允价值变动转入其他业务收入：

借：公允价值变动损益 10 000 000

 贷：其他业务收入 10 000 000

同时，将转换时原计入资本公积的部分转入其他业务收入：

借：资本公积——其他资本公积 20 000 000

 贷：其他业务收入 20 000 000

第 九 章

非货币性资产交换

第一节　非货币性资产交换的认定

一、非货币性资产交换的概念

非货币性资产交换是指交易双方主要以存货、固定资产、无形资产和长期股权投资等非货币性资产进行的交换。该交换不涉及或只涉及少量的货币性资产(即补价)。其中,货币性资产是指企业持有的货币资金和将以固定或可确定的金额收取的资产,包括现金、银行存款、应收账款和应收票据以及债券投资等。非货币性资产是指货币性资产以外的资产。非货币性资产交换的交易对象主要是非货币性资产。

二、非货币性资产的认定条件

非货币性资产交换的交易对象主要是非货币性资产,交易中一般不涉及或只涉及少量货币性资产,即涉及少量的补价。一般认为,如果补价占整个资产交换金额的比例低于 25％,则认定所涉及的补价为"少量"。在涉及少量补价的情况下,支付的货币性资产占换入资产公允价值(或者占换出资产的公允价值与支付的货币性资产之和)的比例低于 25％(不含 25％),视为非货币性资产交换;高于 25％(含 25％)的,则视为以货币性资产取得非货币性资产。

第二节　非货币性资产交换的确认和计量

非货币性资产的确认和计量与非货币性资产交换是否具有商业实质密切相关。

一、商业实质的判断

认定某项非货币性资产交换具有商业实质，必须满足下列条件之一：

第一，换入资产的未来现金流量在风险、时间和金额方面与换出资产显著不同。这种情形主要包括以下几种情况：

（1）未来现金流量的风险、金额相同，时间不同。例如，某企业以一批存货换入一项设备，因存货流动性强，能够在较短的时间内产生现金流量，设备作为固定资产要在较长的时间内为企业带来现金流量，两者产生现金流量的时间相差较大，上述存货与固定资产产生的未来现金流量显著不同。

（2）未来现金流量的时间、金额相同，风险不同。例如，某企业以其不准备持有至到期的国库券换入一幢房屋以备出租。该企业预计未来每年收到的国库券利息与房屋租金在金额和流入时间上相同，但是国库券利息通常风险很小，租金的取得需要依赖于承租人的财务及信用情况等，两者现金流量的风险或不确定性程度存在明显差异。上述国库券与房屋的未来现金流量显著不同。

（3）未来现金流量的风险、时间相同，金额不同。例如，某企业以其商标权换入另一企业的一项专利技术，预计两项无形资产的使用寿命相同，在使用寿命内预计为企业带来的现金流量总额相同，但是换入的专利技术是新开发的，预计开始阶段产生的未来现金流量明显少于后期，而该企业拥有的商标每年产生的现金流量比较均衡，两者产生的现金流量金额差异明显，即上述商标权与专利技术的未来现金流量显著不同。

第二，换入资产与换出资产的预计未来现金流量现值不同，且其差额与换入资产和换出资产的公允价值相比是重大的。例如，某企业以一项专利权换入另一企业拥有的长期股权投资，该项专利权与该项长期股权投资的公允价值相同，两项资产未来现金流量的风险、时间和金额亦相同，但对换入企业而言，换入该项长期股权投资使该企业对被投资方由重大影响变为控制关系，从而对换入企业的特定价值即预计未来现金流量现值与换出的专利权有较大差异；另一企业换入的专利权能够解决生产中的技术难题，从而对换入企业的特定价值即预计未来现金流量现值与换出的长期股权投资存在明显差异，因而两项资产的交换具有商业实质。

不满足上述任何一项条件的非货币性资产交换交易，通常认为不具有商业实质。在确定非货币性资产交换交易是否具有商业实质时，应当关注交易各方之间是否存在关联方关系。关联方关系的存在可能导致发生的非货币性资产交换不具有商业实质。

二、公允价值能否可靠计量的判断

符合下列情形之一的,表明换入资产或换出资产的公允价值能够可靠地计量。

(1) 换入资产或换出资产存在活跃市场。对于存在活跃市场的存货、长期股权投资、固定资产、无形资产等非货币性资产,应当以该资产的市场价格为基础确定其公允价值。

(2) 换入资产或换出资产不存在活跃市场,但同类或类似资产存在活跃市场。对于同类或类似资产存在活跃市场的存货、长期股权投资、固定资产、无形资产等非货币性资产,应当以同类或类似资产市场价格为基础确定其公允价值。

(3) 换入资产或换出资产不存在同类或类似资产的可比市场交易,应当采用估值技术确定其公允价值。该公允价值估计数的变动区间很小,或者在公允价值估计数变动区间内,各种用于确定公允价值估计数的概率能够合理确定的,视为公允价值能够可靠计量。

三、非货币性资产交换的会计处理

(一) 以公允价值计量的非货币性资产交换的会计处理

非货币性资产交换同时满足下列条件的,应当以换出资产的公允价值和应支付的相关税费作为换入资产的成本,公允价值与换出资产账面价值的差额计入当期损益。

(1) 该项交换具有商业实质。

(2) 换入资产或换出资产的公允价值能够可靠地计量。

在以公允价值计量的情况下,换出资产公允价值与其账面价值的差额,应当分别不同情况处理:

(1) 换出资产为存货的,应当作为销售处理,按其公允价值确认收入,同时结转相应的成本。

(2) 换出资产为固定资产、无形资产的,视同固定资产、无形资产处置处理,换出资产公允价值与其账面价值的差额,计入营业外收入或营业外支出。

（3）换出资产为长期股权投资的，应当视同长期股权投资处置处理，换出资产公允价值与其账面价值的差额，计入投资损益。

非货币性资产交换涉及相关税费的，如换出存货视同销售计算的增值税销项税额，换入资产作为存货、固定资产应当确认的增值税进项税额，以及换出固定资产、无形资产视同转让应交纳的增值税、营业税等，按照相关税收规定计算确定。

1. 不涉及补价的会计处理

以公允价值计量的非货币性资产交换，不涉及补价的，应当按照换出资产的公允价值作为确定换入资产成本的基础，但有确凿证据表明换入资产的公允价值更加可靠的，则以换入资产的公允价值作为确定换入资产成本的基础。换出资产账面价值与其公允价值之间的差额，计入当期损益。

【例 9-1】 2012 年 1 月 1 日，华日公司以其使用中的 1 台设备换入乙公司生产的一批钢材。华日公司换入钢材作为原材料用于生产产品，乙公司换入设备作为固定资产管理继续用于生产钢材。华日公司设备的账面原价为 1 000 000 元，在交换日的累计折旧为 150 000 元，公允价值为 1 000 000 元，该设备此前未计提减值准备。乙公司钢材的账面价值为 800 000 元，在交换日公允价值为 1 000 000 元。华日公司和乙公司均为增值税一般纳税人，适用的增值税税率均为 17%，计税价格等于公允价值。假定甲、乙公司不存在关联方关系，交易价格公允，交易过程除增值税以外不考虑其他税费，甲、乙公司均开具了增值税专用发票。

分析：整个资产交换过程没有涉及收付货币性资产，因此，该项交换属于非货币性交换。华日公司以固定资产换入存货，乙公司以存货换入固定资产，两项资产交换后与换入企业的特定价值显著不同，因而两项资产的交换具有商业实质。同时，华日公司和乙公司换出和换入资产的公允价值均能够可靠地计量，符合公允价值的两个条件。因此，华日公司与乙公司应当以换出资产的公允价值为基础确定换入资产的成本，并确认产生的相关损益。

华日公司的账务处理如下：

华日公司换入钢材的公允价值与其换出设备的公允价值相同，华日公司换入的钢材作为原材料核算，华日公司以换出设备的公允价值作为换入钢材的成本。

换出设备的增值税销项税额＝1 000 000×17%＝170 000（元）

借：固定资产清理	850 000	
累计折旧	150 000	
贷：固定资产		1 000 000

借：原材料——钢材	1 000 000	
应交税费——应交增值税（进项税额）	170 000	
贷：固定资产清理		850 000
营业外收入		150 000
应交税费——应交增值税（销项税额）		170 000

其中，营业外收入的金额为换出设备的公允价值 1 000 000 元与其账面价值 850 000 元的余额，即 150 000 元。

乙公司的账务处理如下。

（1）乙公司以库存商品换入其他资产，应计算增值税销项税额，交纳增值税。

换出钢材的增值税销项税额＝1 000 000×17％＝170 000（元）

（2）根据规定换入设备的增值税进项税额可以从销项税额中抵扣。

换入设备的增值税进项税额＝1 000 000×17％＝170 000（元）

借：固定资产——××设备	1 000 000	
应交税费——应交增值税（进项税额）	170 000	
贷：主管业务收入		1 000 000
应交税费——应交增值税（销项税额）		170 000

| 借：主营业务成本 | 800 000 | |
| 贷：库存商品 | | 800 000 |

2. 涉及补价的会计处理

在以公允价值确定换入资产成本的情况下，在发生补价的情况下，支付补价方和收到补价方应当分别下列情况处理：

（1）支付补价的，应当以换出资产的公允价值加上支付的补价（或换入资产的公允价值）和应支付的相关税费，作为换入资产的成本。

换入资产成本＝换出资产公允价值＋支付补价＋应支付的相关税费

计入当期损益的金额＝换出资产公允价值－换出资产账面价值

（2）收到补价的，应当以换出资产的公允价值减去补价（或换入资产的公允价值）加上应支付的相关税费，作为换入资产的成本。

换入资产成本＝换出资产公允价值－支付补价＋应支付的相关税费

计入当期损益的金额＝换出资产公允价值－换出资产账面价值

【例 9-2】 华日公司经协商以其拥有的一幢自用写字楼与乙公司持有的对丙公司长期股权投资交换。在交换日,该幢写字楼的账面原价为 6 000 000 元,已提折旧 1 200 000 元,未计提减值准备,在交换日的公允价值为 6 750 000 元,税务机关核定华日公司因交换写字楼需要交纳营业税 337 500 元;乙公司持有的对丙公司长期股权投资账面价值为 4 500 000 元,没有计提减值准备,在交换日的公允价值为 6 000 000 元,乙公司支付 750 000 元给华日公司。乙公司换入写字楼后用于经营出租,并拟采用成本计量模式。华日公司换入对丙公司投资仍然作为长期股权投资,并采用成本法核算。华日公司转让写字楼的营业税尚未支付,假定除营业税外,该项交易过程中不涉及其他相关税费。

本例中,该项资产交换涉及收付货币性资产,即补价 750 000 元。对华日公司而言,收到的补价 750 000 元÷换出资产的公允价值 6 750 000 元(或换入长期股权投资公允价值 6 000 000 元＋收到的补价 750 000 元)＝11.11%<25%,属于非货币性资产交换。

对乙公司而言,支付的补价 750 000 元÷换入资产的公允价值 6 750 000 元(或换出长期股权投资公允价值 6 000 000 元＋支付的补价 750 000 元)＝11.11%<25%,属于非货币性资产交换。

本例属于以固定资产交换长期股权投资。由于两项资产的交换具有商业实质,且长期股权投资和固定资产的公允价值均能够可靠地计量,因此,华日公司、乙公司均应当以公允价值为基础确定换入资产的成本,并确认产生的损益。

华日公司的账务处理如下:

借:固定资产清理		4 800 000
累计折旧		1 200 000
贷:固定资产——办公楼		6 000 000
借:固定资产清理		337 500
贷:应交税费——应交营业税		337 500
借:长期股权投资——丙公司		6 000 000
银行存款		750 000
贷:固定资产清理		6 750 000

借：固定资产清理　　　　　　　　　　　　　　　1 612 500
　　贷：营业外收入　　　　　　　　　　　　　　　　　　1 612 500

其中,营业外收入金额为甲公司换出固定资产的公允价值 6 750 000 元与账面价值 4 800 000 元之间的差额,减去处置时发生的营业税 337 500 元,即 1 612 500 元。

乙公司的账务处理如下：

借：固定资产　　　　　　　　　　　　　　　　　6 750 000
　　贷：长期股权投资——丙公司　　　　　　　　　　　4 500 000
　　　　银行存款　　　　　　　　　　　　　　　　　　750 000
　　　　投资收益　　　　　　　　　　　　　　　　　1 500 000

其中,投资收益金额为乙公司换出长期股权投资的公允价值 6 000 000 元与账面价值 4 500 000 元之间的差额,即 1 500 000 元。

（二）以账面价值计量的非货币性资产交换的会计处理

如果非货币性资产交换交易不具有商业实质,或者虽具有商业实质,但换入资产或换出资产的公允价值均不能可靠计量的,应当以换出资产的账面价值和应支付的相关税费作为换入资产的成本,无论是否支付补价,均不确认损益。

1. 不涉及补价情况下的会计处理

【例 9-3】　华日公司以其持有的对乙公司的长期股权投资交换丙公司拥有的商标权。在交换日,华日公司持有的对乙公司的长期股权投资的账面原价为 120 000 元,该长期股权投资在市场上没有公开报价,公允价值也不可能可靠计量;乙公司商标权的账面原价为 140 000 元,已累计摊销 20 000 元,其公允价值也不可能可靠计量,乙公司没有为该项商标权计提减值准备,税务机关核定乙公司为交换该商标权需要交纳营业税 6 000 元。假定丙公司将换入的对乙公司的投资仍作为长期股权投资,并采用成本法核算。丙公司尚未交纳营业税。

在这项交易中,由于交换的是非货币性资产且没有涉及货币性资产的收付,故属于非货币性交换。由于换入资产与换出资产的公允价值都无法计量,因此,甲、丙公司换入资产的成本均应当按照换出资产的账面价值确定,不确认损益。

华日公司的账务处理如下：

借：无形资产——商标权   120 000

  贷：长期股权投资——乙公司   120 000

丙公司的账务处理如下：

借：长期股权投资——乙公司   120 000

  累计摊销   20 000

  贷：无形资产——专利权   140 000

2. 涉及补价情况下的会计处理

不具有商业实质的非货币性资产交换中，在涉及补价的情况下，换入资产的入账价值应分别确定：

（1）支付补价的，按换出资产账面价值加上支付的补价和应支付的相关税费，作为换入资产的入账价值，不确认损益。其计算公式为：

$$\text{换入资产} \atop \text{入账价值} = {\text{换出资产} \atop \text{账面价值}} + {\text{支付的} \atop \text{补 价}} + {\text{应支付的} \atop \text{相关税费}}$$

（2）收到补价的，按换出资产账面价值，减去收到的补价加上应支付的相关税费。作为换入资产的入账价值，不确认损益。其计算公式为：

$$\text{换入资产} \atop \text{入账价值} = {\text{换出资产} \atop \text{账面价值}} - {\text{收到的} \atop \text{补 价}} + {\text{应支付的} \atop \text{相关税费}}$$

【例 9-4】 华日公司以其离主要生产基地较远的仓库与离华日公司主要生产基地较近的乙公司的办公楼交换。华日公司换出仓库的账面原价为 4 100 000元，已计提折旧为 500 000 元；乙公司换出办公楼的账面原价为 4 500 000 元，已计提折旧为 800 000 元。华日公司另支付现金 100 000 元给乙公司。假定甲、乙公司换入和换出的资产均作为固定资产管理，其换入和换出资产的公允价值不能可靠计量，华日公司、乙公司均未对换出固定资产计提减值准备，华日公司、乙公司换入、换出资产均应交纳营业税 180 000 元，尚未支付。

本例中，华日公司以其仓库与乙公司的办公楼交换，换入换出资产的公允价值不能够可靠地计量，因此，只能按照账面价值计量；同时，在这项交易中涉及少量的货币性资产，即涉及补价 100 000 元。对华日公司而言，支付的补价 100 000 元÷换出资产的账面价值与支付补价之和 3 700 000 元（3 600 000＋100 000）×100％＝2.7％＜25％。因此，该项交换属于非货币性交换，乙公司的情况也类似。由于两项资产的公允价值不能计量，因此，甲、乙公司换入资产的成本均应当以换出资产的账面价值为基础确定，不确认损益。

据此,华日公司的账务处理如下:

(1) 将固定资产净值转入固定资产清理:

借:固定资产清理　　　　　　　　　　　　　　　　　　3 600 000

　　累计折旧　　　　　　　　　　　　　　　　　　　　500 000

　　　贷:固定资产　　　　　　　　　　　　　　　　　　　　4 100 000

(2) 支付补价:

借:固定资产清理　　　　　　　　　　　　　　　　　　100 000

　　贷:银行存款　　　　　　　　　　　　　　　　　　　　100 000

(3) 交纳营业税等:

借:固定资产清理　　　　　　　　　　　　　　　　　　180 000

　　贷:应交税费——应交营业税　　　　　　　　　　　　　180 000

(4) 换入办公楼的入账价值为 3 780 000 元:

借:固定资产　　　　　　　　　　　　　　　　　　　　3 780 000

　　贷:固定资产清理　　　　　　　　　　　　　　　　　　3 780 000

乙公司的账务处理程序与甲公司基本相同。

四、非货币性资产交换中涉及多项资产交换的会计处理

(一)具有商业实质且公允价值能够可靠计量的会计处理

具有商业实质且换入资产的公允价值能够可靠计量的非货币性资产交换,在同时换入多项资产的情况下,应当按照换入各项资产的公允价值占换入资产公允价值总额的比例,对换入资产的成本总额进行分配,确定各项换入资产的成本。

【例 9-5】 2012 年 6 月 30 日,为适应业务发展的需要,经与乙公司协商,华日公司决定以生产经营过程中使用的办公楼、机器设备和库存商品换入乙公司生产经营过程中使用的 10 辆货运车、5 辆轿车和 15 辆客运汽车。

华日公司办公楼的账面原价为 2 250 000 元,在交换日的累计折旧为 450 000 元,公允价值为 1 600 000 元;机器设备系由华日公司于 2009 年购入,账面原价为 1 800 000 元,在交换日的累计折旧为 900 000 元,公允价值为 1 200 000 元;库存商品的账面余额为 4 500 000 元,市场价格为 5 250 000 元。

乙公司的货运车、轿车和客运汽车均系 2010 年年初购入,货运车的账面原

价为 2 250 000 元,在交换日的累计折旧为 750 000 元,公允价值为 2 250 000 元;轿车的账面原价为 3 000 000 元,在交换日的累计折旧为 1 350 000 元,公允价值为 2 500 000 元;客运汽车的账面原价为 4 500 000 元,在交换日的累计折旧为 1 200 000元,公允价值为 3 600 000 元。

乙公司另外收取华日公司以银行存款支付的 623 000 元,其中包括由于换出和换入资产公允价值不同而支付的补价 300 000 元,以及换出资产销项税额与换入资产进项税额的差额 323 000 元。

假定华日公司和乙公司都没有为换出资产计提减值准备;华日公司换入乙公司的货运车、轿车、客运汽车均作为固定资产使用和管理;乙公司换入华日公司的办公楼、机器设备作为固定资产使用和管理,换入的库存商品作为原材料使用和管理。华日公司和乙公司均为增值税一般纳税人,适用的增值税税率均为 17%。华日公司、乙公司均开具了增值税专用发票。华日公司交换办公楼需要按照 5% 交纳营业税,计税价格等于相关资产的公允价值或市场价格。

本例中,交换涉及收付货币性资产,应当计算华日公司支付的货币性资产占华日公司换出资产公允价值与支付的货币性资产之和的比例,即 623 000 ÷ (1 600 000＋1 200 000＋5 250 000＋300 000)×100% ＝7.46%<25%。可以认定这一涉及多项资产的交换行为属于非货币性资产交换。对华日公司而言,为了拓展运输业务,需要客运汽车、轿车、货运汽车等,乙公司为了满足生产,需要办公楼、机器设备、原材料等,换入资产对换入企业均能发挥更大的作用,因此,该项涉及多项资产的非货币性资产交换具有商业实质。同时,各单项换入资产和换出资产的公允价值均能可靠计量,因此,甲、乙公司均应当以公允价值为基础确定换入资产的总成本,确认产生的相关损益。同时,按照各单项换入资产的公允价值占换入资产公允价值总额的比例,确定各单项换入资产的成本。

华日公司的账务处理如下。

(1) 计算换出营业税税额等、换入增值税进项税额:

换出办公楼的营业税税额＝1 600 000×5%＝80 000(元)

换出设备的增值税销项税额＝1 200 000×17%＝204 000(元)

换出库存商品的增值税销项税额＝5 250 000×17%＝892 500(元)

换入货运车、轿车和客运汽车的增值税进项税额＝(2 250 000＋2 500 000＋3 600 000)×17%＝1 419 500(元)

（2）计算换入资产、换出资产公允价值总额：

换出资产公允价值总额＝1 600 000＋1 200 000＋5 250 000＝8 050 000（元）

换入资产公允价值总额＝2 250 000＋2 500 000＋3 600 000＝8 350 000（元）

（3）计算换入资产总成本：

换入资产总成本＝换出资产公允价值＋支付的补价＋应支付的相关税费＝
8 050 000＋300 000＋0＝8 350 000（元）

（4）计算确定换入各项资产的成本：

货运车的成本＝8 350 000×（2 250 000÷8 350 000×100％）＝2 250 000（元）

轿车的成本＝8 350 000×（2 500 000÷8 350 000×100％）＝2 500 000（元）

客运汽车的成本＝8 350 000×（3 600 000÷8 350 000×100％）＝3 600 000（元）

（5）会计分录：

借：固定资产清理		2 700 000
累计折旧		1 350 000
贷：固定资产——办公楼		2 250 000
——机器设备		1 800 000
借：固定资产清理		80 000
贷：应交税费——应交营业税		80 000
借：固定资产——货运车		2 250 000
——轿车		2 500 000
——客运汽车		3 600 000
应交税费——应交增值税（进项税额）		1 419 500
贷：固定资产清理		2 780 000
主营业务收入		5 250 000
应交税费——应交增值税（销项税额）		1 096 500
银行存款		623 000
营业外收入		20 000
借：主营业务成本		4 500 000
贷：库存商品		4 500 000

乙公司的账务处理如下。

（1）计算换入进项税额：

换入设备的增值税进项税额＝1 200 000×17％＝204 000(元)

换入原材料的增值税进项税额＝5 250 000×17％＝892 500(元)

（2）计算换入资产、换出资产公允价值总额：

换出资产公允价值总额＝2 250 000＋2 500 000＋3 600 000＝8 350 000(元)

换入资产公允价值总额＝1 600 000＋1 200 000＋5 250 000＝8 050 000(元)

（3）确定换入资产总成本：

换入资产总成本＝换出资产公允价值－收取的补价＋应支付的相关税费＝

8 350 000－300 000＋0＝8 050 000(元)

（4）计算确定换入各项资产的成本：

办公楼的成本＝8 050 000×(1 600 000÷8 050 000×100％)＝1 600 000(元)

机器设备的成本＝8 050 000×(1 200 000÷8 050 000×100％)＝1 200 000(元)

原材料的成本＝8 050 000×(5 250 000÷8 050 000×100％)＝5 250 000(元)

（5）会计分录：

借：固定资产清理		6 450 000
累计折旧		3 300 000
贷：固定资产——货运车		2 250 000
——轿车		3 000 000
——客运汽车		4 500 000
借：固定资产——办公楼		1 600 000
——机器设备		1 200 000
原材料		5 250 000
应交税费——应交增值税(进项税额)		1 096 500
银行存款		623 000
贷：固定资产清理		8 350 000
应交税费——应交增值税(销项税额)		1 419 500
借：固定资产清理		1 900 000
贷：营业外收入		1 900 000

（二）不具有商业实质或者公允价值不能可靠计量的会计处理

非货币性交换不具有商业实质，或者虽具有商业实质但换入资产的公允价值不能可靠计量，应以换出资产的账面价值加上应支付的相关税费，作为换入资产的入账价值。但是,由于换入、换出的是多项资产,换出各项资产的账面价值无法与换入各项资产一一对应,因此,需要确定各项换入资产的入账价值。在确定各项换入资产的入账价值时,按照换入资产各项资产的原账面价值占换入资产原账面价值总额的比例,对换入资产的成本总额进行分配,确定各项换入资产的成本。

【例9-6】 华日公司因经营战略发生较大转变,产品结构发生较大调整,原生产厂房、专利技术等已不符合生产新产品的需要,经与乙公司协商,2010年1月1日,华日公司将其生产厂房连同专利技术与乙公司正在建造过程中的一幢建筑物、乙公司对丙公司的长期股权投资(采用成本法核算)进行交换。

华日公司换出生产厂房的账面原价为2 000 000元,已计提折旧1 250 000元;专利技术账面原价为750 000元,已摊销金额为375 000元。

乙公司在建工程截止到交换日的成本为875 000元,对丙公司的长期股权投资成本为250 000元。

华日公司的厂房公允价值难以取得,专利技术市场上并不多见,公允价值也不能可靠计量。乙公司的在建工程因完工程度难以合理确定,其公允价值不能可靠计量,由于丙公司不是上市公司,乙公司对丙公司长期股权投资的公允价值也不能可靠计量。假定华日公司、乙公司均未对上述资产计提减值准备。经税务机关核定,因此该项交易华日公司和乙公司分别需要交纳营业税56 250元和43 750元。

本例中,交换不涉及收付货币性资产,属于非货币性资产交换。由于换入资产、换出资产的公允价值均不能可靠计量,华日公司、乙公司均应当以换出资产账面价值总额作为换入资产的总成本,各项换入资产的成本,应当按各项换入资产的账面价值占换入资产账面价值总额的比例分配后确定。

华日公司的账务处理如下。

(1)计算换入资产、换出资产账面价值总额:

换入资产账面价值总额＝875 000＋250 000＝1 125 000(元)

换出资产账面价值总额＝(2 000 000－1 250 000)＋(75 000－375 000)＝
1 125 000(元)

(2)确定换入资产总成本:

换入资产总成本＝换出资产账面价值＝1 125 000(元)

(3) 确定各项换入资产成本：

在建工程成本＝1 125 000×(875 000÷1 125 000×100％)＝875 000(元)

长期股权投资成本＝1 125 000×(250 000÷1 125 000×100％)＝250 000(元)

(4) 会计分录：

借：固定资产清理	750 000
累计折旧	1 250 000
贷：固定资产——厂房	2 000 000

借：在建工程——××工程	875 000
长期股权投资	250 000
累计摊销	375 000
贷：固定资产清理	750 000
无形资产——专利技术	750 000

借：营业外支出	56 250
贷：应交税费——应交营业税	56 250

乙公司的账务处理如下。

(1) 计算换入资产、换出资产账面价值总额：

换入资产账面价值总额＝(2 000 000－1 250 000)＋(750 000－375 000)＝1 125 000(元)

换出资产账面价值总额＝875 000＋250 000＝1 125 000(元)

(2) 确定换入资产总成本：

换入资产总成本＝换出资产账面价值＝1 125 000(元)

(3) 确定各项换入资产成本：

厂房成本＝1 125 000×(750 000÷1 125 000×100％)＝750 000(元)

专利技术成本＝1 125 000×(375 000÷1 125 000×100％)＝375 000(元)

(4) 会计分录：

借：固定资产清理	875 000
贷：在建工程——××工程	875 000

借：固定资产清理	43 750
贷：应交税费——应交营业税	43 750

借：固定资产——厂房   750 000

　　无形资产——专利技术   375 000

　　营业外支出   43 750

　贷：固定资产清理   918 750

　　　长期股权投资   250 000

第 十 章

流 动 负 债

第 一 节　短 期 借 款

短期借款是指企业向银行或其他金融机构等借入的期限在 1 年以下（含 1 年）的各种借款，通常是为了满足正常生产经营的需要。无论借入款项的来源如何，企业均需要向债权人按期偿还借款的本金及利息。在会计核算上，企业要及时如实地反映短期借款的借入、利息的发生和本金及利息的偿还情况。

企业应通过"短期借款"账户，核算短期借款的取得及偿还情况。该账户贷方登记取得借款的本金数额，借方登记偿还借款的本金数额，余额在贷方，表示尚未偿还的短期借款。本账户可按借款种类、贷款人和币种进行明细核算。

企业从银行或其他金融机构取得短期借款时，借记"银行存款"账户，贷记"短期借款"账户。

在实际工作中，银行一般于每季度末收取短期借款利息。为此，企业的短期借款利息一般采用月末预提的方式进行核算。短期借款利息属于筹资费用，应记入"财务费用"账户。企业应当在资产负债表日按照计算确定的短期借款利息费用，借记"财务费用"账户，贷记"应付利息"账户；实际支付利息时，根据已预提的利息，借记"应付利息"账户，根据应计利息，借记"财务费用"账户，根据应付利息总额，贷记"银行存款"账户。

企业短期借款到期偿还本金时，借记"短期借款"账户，贷记"银行存款"账户。

【例 10-1】　华日公司于 2012 年 1 月 1 日向银行借入一笔生产经营用短期借款，共计 120 000 元，期限为 9 个月，年利率为 8%。根据与银行签署的借款协议，该项借款的本金到期后一次归还；利息分月预提，按季支付。华日公司的有关账务处理如下。

(1) 1月1日借入短期借款时：

借：银行存款   120 000

 贷：短期借款   120 000

(2) 1月末，计提1月份应计利息时：

$$本月应计提的利息金额＝120\,000×8\%÷12＝800(元)$$

借：财务费用   800

 贷：应付利息   800

2月末计提2月份利息费用的处理与1月份相同。

(3) 3月末支付第一季度银行借款利息时：

借：财务费用   800

  应付利息   1 600

 贷：银行存款   2 400

第二、第三季度的会计处理同上。

(4) 10月1日偿还银行借款本金时：

借：短期借款   120 000

 贷：银行存款   120 000

如果上述借款期限是8个月，则到期日为9月1日，8月末之前的会计处理与上述相同。9月1日偿还银行借款本金，同时支付7月和8月已提未付利息：

借：短期借款   120 000

  应付利息   1 600

 贷：银行存款   121 600

第二节　应付及预收款项

一、应付票据

应付票据是指企业购买材料、商品和接受劳务供应等而开出、承兑的商业汇票,包括商业承兑汇票和银行承兑汇票。企业应当设置"应付票据备查簿",详细登记商业汇票的种类、号数和出票日期、到期日、票面余额、交易合同号和收款人姓名或单位名称以及付款日期和金额等资料。应付票据到期结清时,应当在备查簿内予以注销。

企业应通过"应付票据"账户,核算应付票据的发生、偿付等情况。该账户贷方登记开出、承兑汇票的面值及带息票据的预提利息,借方登记支付票据的金额,余额在贷方,表示企业尚未到期的商业汇票的票面金额。

1. 发生应付票据

通常而言,商业汇票的付款期限不超过 6 个月,因此在会计上应作为流动负债管理和核算。同时,由于应付票据的偿付时间较短,在会计实务中,一般均按照开出、承兑的应付票据的面值入账。

企业因购买材料、商品和接受劳务供应等而开出、承兑的商业汇票,应当按其票面金额作为应付票据的入账金额,借记"材料采购"、"库存商品"、"应付账款"、"应交税费——应交增值税(进项税额)"等账户,贷记"应付票据"账户。

企业支付的银行承兑汇票手续费应当计入当期财务费用,借记"财务费用"账户,贷记"银行存款"账户。

【例 10-2】 华日公司于 2012 年 2 月 6 日开出一张面值为 58 500 元、期限 5 个月的不带息商业汇票,用于采购一批材料。增值税专用发票上注明的材料价款为 50 000 元,增值税额为 8 500 元。该公司的有关会计分录如下:

借:材料采购 50 000
  应交税费——应交增值税(进项税额) 8 500
 贷:应付票据 58 500

若例中的商业汇票为银行承兑汇票,甲企业交纳承兑手续费 29.25 元。会计分录为:

借:财务费用 29.25
 贷:银行存款 29.25

2. 偿还应付票据

应付票据到期支付票款时,应按账面余额予以结转,借记"应付票据"账户,贷记"银行存款"账户。

【例 10-3】　承［例 10-2］，2012 年 7 月 6 日，华日公司于 2 月 6 日开出的商业汇票到期。华日公司通知其开户银行以银行存款支付票款。会计分录为：

借：应付票据　　　　　　　　　　　　　　　　　　　58 500
　贷：银行存款　　　　　　　　　　　　　　　　　　　　　58 500

3. 转销应付票据

应付承兑汇票到期，如企业无力支付票款，应将应付票据的账面余额转作应付账款或短期借款，借记"应付票据"账户，贷记"应付账款"或"短期借款"账户。

【例 10-4】　承［例 10-2］，假设上述商业汇票为银行承兑汇票，该汇票到期时华日公司无力支付票款。会计分录为：

借：应付票据　　　　　　　　　　　　　　　　　　　58 500
　贷：短期借款　　　　　　　　　　　　　　　　　　　　　58 500

二、应付账款

应付账款是指企业因购买材料、商品或接受劳务供应等经营活动应支付的款项。应付账款，一般应在与所购买物资所有权相关的主要风险和报酬已经转移，或者所购买的劳务已经接受时确认。在实务工作中，为了使所购入物资的金额、品种、数量和质量等与合同规定的条款相符，避免因验收时发现所购物资存在数量或质量问题而对入账的物资或应付账款金额进行改动，在物资和发票账单同时到达的情况下，一般在所购物资验收入库后，再根据发票账单登记入账，确认应付账款。在所购物资已经验收入库，但是发票账单未能同时到达的情况下，企业应付物资供应单位的债务已经成立，在会计期末，为了反映企业的负债情况，需要将所购物资和相关的应付账款暂估入账，待下月初作相反分录予以冲回。

企业应通过"应付账款"账户，核算应付账款的发生、偿还、转销等情况。该账户贷方登记企业购买材料、商品和接受劳务等而发生的应付账款，借方登记偿还的应付账款，或开出商业汇票抵付应付账款的款项，或已冲销的无法支付的应付账款，余额一般在贷方，表示企业尚未支付的应付账款余额。本账户一般应按照债权人设置明细账户进行明细核算。

1. 发生应付账款

企业购入材料、商品等或接受劳务所产生的应付账款，应按应付金额入账。购入材料、商品等验收入库，但货款尚未支付，根据有关凭证（发票账单、随货同行发票上记载的实际价款或暂估价值），借记"材料采购"、"在途物资"等账户，按可抵扣的增值税额，借记"应交税费——应交增值税（进项税额）"账户，按应付的价款，贷记"应付账款"账户。企业接受供应单位提供劳务而发生的应付未付款项，根据供应单位的发票账单，借记"生产成本"、"管理费用"等账户，贷记"应付账款"账户。

【例 10-5】 2012 年 1 月 1 日，华日公司从 A 公司购入一批材料，货款 100 000 元，增值税 17 000 元，对方代垫运杂费 1 000 元。材料已运到并验收入库（该企业材料按实际成本计价核算），款项尚未支付。华日公司的有关会计分录如下：

借：材料采购　　　　　　　　　　　　　　　　　　　101 000
　　应交税费——应交增值税（进项税额）　　　　　　　 17 000
　　贷：应付账款——A 公司　　　　　　　　　　　　　118 000

【例 10-6】 根据供电部门通知，华日公司本月应支付电费 48 000 元。其中生产车间电费 32 000 元，企业行政管理部门电费 16 000 元，款项尚未支付。丙企业的有关会计分录如下：

借：制造费用　　　　　　　　　　　　　　　　　　　 32 000
　　管理费用　　　　　　　　　　　　　　　　　　　 16 000
　　贷：应付账款——××电力公司　　　　　　　　　　 48 000

2. 偿还应付账款

企业偿还应付账款或开出商业汇票抵付应付账款时，借记"应付账款"账户，贷记"银行存款"、"应付票据"等账户。

【例 10-7】 承[例 10-5]，3 月 31 日，华日公司用银行存款支付上述应付账款。该企业的有关会计分录如下：

借：应付账款——A 公司　　　　　　　　　　　　　　118 000
　　贷：银行存款　　　　　　　　　　　　　　　　　　118 000

3. 转销应付账款

企业转销确实无法支付的应付账款（比如因债权人撤销等原因而产生无法支付的应付账款），应按其账面余额计入营业外收入，借记"应付账款"账户，贷记"营业外收入"账户。

【例 10-8】 2012 年 12 月 31 日，华日公司确定一笔应付账款 4 000 元为

无法支付的款项,应予转销。会计分录为:

  借:应付账款   4 000

   贷:营业外收入——其他   4 000

  若应付账款附有现金折扣的,应按照扣除现金折扣前的应付款总额入账。因在折扣期限内付款而获得的现金折扣,应在偿付应付账款时冲减财务费用。

  【例 10-9】 2012 年 1 月 2 日,乙百货商场从 A 公司购入一批家电产品并已验收入库。增值税专用发票上列明,该批家电的价款为 100 万元,增值税为 17 万元。按照购货协议的规定,乙百货商场如在 15 天内付清货款,将获得 1% 的现金折扣(假定计算现金折扣时需考虑增值税)。乙百货商场的有关会计分录如下。

  (1) 2012 年 1 月 1 日,购入货物时:

  借:库存商品   1 000 000

    应交税费——应交增值税(进项税额)   170 000

   贷:应付账款——A 公司   1 170 000

  (2) 2012 年 1 月 10 日,偿付货款时:

    乙百货商场获得的现金折扣 = 1 170 000×1% = 11 700(元)

    实际支付的货款 = 1 170 000 − 1 170 000×1% = 1 158 300(元)

  借:应付账款——A 公司   1 170 000

   贷:银行存款   1 158 300

    财务费用   11 700

三、预收账款

  预收账款是指企业按照合同规定向购货单位预收的款项。与应付账款不同,预收账款所形成的负债不是以货币偿付,而是以货物偿付。有些购销合同规定,销货企业可向购货企业预先收取一部分货款,待向对方发货后再收取其余货款。企业在发货前收取的货款,表明了企业承担了会在未来导致经济利益流出企业的应履行的义务,就成为企业的一项负债。

  企业应通过"预收账款"账户,核算预收账款的取得、偿付等情况。该账户贷方登记发生的预收账款的数额和购货单位补付账款的数额,借方登记企业向购货方发货后冲销的预收账款数额和退回购货方多付账款的数额，余额一般在贷方，反映企业向购货单位预收款项但尚未向购货方发货的数额，如为借方余额，反映企业尚未转销的款项。企业应当按照购货单位设置明细账户进行明细核算。

企业向购货单位预收款项时，借记"银行存款"账户，贷记"预收账款"账户；销售实现时，按实现的收入和应交的增值税销项税额，借记"预收账款"账户，按照实现的营业收入，贷记"主营业务收入"账户，按照增值税专用发票上注明的增值税额，贷记"应交税费——应交增值税（销项税额）"等账户；企业收到购货单位补付的款项，借记"银行存款"账户，贷记"预收账款"账户；向购货单位退回其多付的款项时，借记"预收账款"账户，贷记"银行存款"账户。

【例 10-10】 2012 年 1 月 3 日，D 公司与甲企业签订供货合同，向其出售一批设备，货款金额共计 100 000 元，应交纳增值税 17 000 元。根据购货合同规定，甲企业在购货合同签订 1 周内，应当向 D 公司预付货款 60 000 元，剩余货款在交货后付清。2012 年 1 月 8 日，D 公司收到甲企业交来的预付款 60 000 元并存入银行，1 月 18 日，D 公司将货物发到甲企业并开出增值税专用发票，甲企业验收合格后付清了剩余货款。D 公司的有关会计处理如下。

（1）1 月 8 日，收到甲企业交来预付款 60 000 元：

借：银行存款 60 000
    贷：预收账款——甲企业 60 000

（2）1 月 18 日，D 公司发货后收到甲企业剩余货款：

借：预收账款——甲企业 117 000
    贷：主营业务收入 100 000
      应交税费——应交增值税（销项税额） 17 000

借：银行存款 57 000
    贷：预收账款——甲企业 57 000

    甲企业补付的货款＝117 000－60 000＝57 000（元）

此外，在预收账款核算中值得注意的是，企业预收账款情况不多的，也可不设"预收账款"账户，将预收的款项直接记入"应收账款"账户的贷方。

【例 10-11】 以［例 10-10］的资料，假设 D 公司不设置"预收账款"账户，通过"应收账款"账户核算有关业务。D公司的有关会计处理如下。

（1）1月8日，收到甲企业交来预付款60 000元：

借：银行存款	60 000
贷：应收账款——甲企业	60 000

（2）1月18日，D公司发货后收到甲企业剩余货款：

借：应收账款——甲企业	117 000
贷：主营业务收入	100 000
应交税费——应交增值税（销项税额）	17 000
借：银行存款	57 000
贷：应收账款——甲企业	57 000

第三节　应付职工薪酬

一、应付职工薪酬核算的内容

应付职工薪酬是指企业根据有关规定应付给职工的各种薪酬，包括职工工资、奖金、津贴和补贴，职工福利费，医疗、养老、失业、工伤、生育等社会保险费，住房公积金，工会经费，职工教育经费，非货币性福利等因职工提供服务而产生的义务。从广义上讲，职工薪酬是企业必须付出的人力成本，是吸引和激励职工的重要手段。也就是说，职工薪酬既是职工对企业投入劳动而获得的报酬，也是企业的成本费用。具体而言，职工薪酬主要包括以下几方面的内容：

（1）职工工资、奖金、津贴和补贴，是指按照国家统计局《关于职工工资总额组成的规定》，构成工资总额的计时工资、计件工资、支付给职工的超额劳动报酬和增收节支的劳动报酬、为了补偿职工特殊或额外的劳动消耗和因其他特殊原则支付给职工的津贴，以及为了保证职工工资水平不受物价影响支付给职工的物价补贴等。企业按规定支付给职工的加班加点工资以及根据国家法律、法规和政策规定，企业在职工因病、工伤、产假、计划生育假、婚丧假、事假、探亲假、定期休假、停工学习、执行国家或社会义务等特殊情况下，按照计时工资或计件工资标准的一定比例支付的工资，也属于职工工资范畴，在职工休假或缺勤时，不应当从工资总额中扣除。

（2）职工福利费，是指企业为职工集体提供的福利，如补助生活困难职工等。

（3）医疗保险费、养老保险费、失业保险费、工伤保险费和生育保险费等社会保险费，是指企业按照国家规定的基准和比例计算，向社会保险经办机构交纳的医疗保险金、基本养老保险金、失业保险金、工伤保险费和生育保险费，以及根据《企业年金试行办法》、《企业年金基金管理试行办法》等相关规定，向有关单位（企业年金基金账户管理人）交纳的补充养老保险费。此外，以商业保险形式提供给职工的各种保险待遇也属于企业提供的职工薪酬。

（4）住房公积金，是指企业按照国家《住房公积金管理条例》规定的基准和比例计算，向住房公积金管理机构交存的住房公积金。

（5）工会经费和职工教育经费，是指企业为了改善职工文化生活、提高职工业务素质，用于开展工会活动和职工教育及职业技能培训，根据国家规定的基准和比例，从成本费用中提取的金额。

（6）非货币性福利，包括企业以自己的产品或其他有形资产发放给职工作为福利、向职工提供无偿使用自己拥有的资产（如提供给企业高级管理人员的汽车、住房等）、为职工无偿提供商品或类似医疗保健的服务等。

（7）其他职工薪酬。比如因解除与职工的劳动关系给予的补偿（又称辞退福利）。即：由于企业分离办社会职能、实施主辅分离、辅业改制、分流安置富余人员、实施重组、改组计划、职工不能胜任等原因，企业在职工劳动合同到期之前解除与职工的劳动关系，或者为鼓励职工自愿接受裁减而提出补偿建议的计划中给予职工的经济补偿。对于其他职工薪酬的内容，本书暂不涉及。

二、应付职工薪酬的核算

企业应当通过"应付职工薪酬"账户，核算应付职工薪酬的提取、结算、使用等情况。该账户贷方登记已分配计入有关成本费用项目的职工薪酬的数额，借方登记实际发放职工薪酬的数额。该账户期末贷方余额，反映企业应付未付的职工薪酬。"应付职工薪酬"账户应当按照"工资"、"职工福利"、"社会保险费"、"住房公积金"、"工会经费"、"职工教育经费"、"非货币性福利"等应付职工薪酬项目设置明细账户，进行明细核算。

（一）确认应付职工薪酬

1. 货币性职工薪酬

企业应当在职工为其提供服务的会计期间,根据职工提供服务的受益对象,将应确认的职工薪酬(包括货币性薪酬和非货币性福利)计入相关资产成本或当期损益,同时确认为应付职工薪酬。具体分别以下情况进行处理:

生产部门人员的职工薪酬,借记"生产成本"、"制造费用"、"劳务成本"等账户,贷记"应付职工薪酬"账户。

管理部门人员的职工薪酬,借记"管理费用"账户,贷记"应付职工薪酬"账户。

销售人员的职工薪酬,借记"销售费用"账户,贷记"应付职工薪酬"账户。

应由在建工程、研发支出负担的职工薪酬,借记"在建工程"、"研发支出"账户,贷记"应付职工薪酬"账户。

【例 10-12】 乙企业本月应付工资总额 462 000 元,工资费用分配汇总表中列示的产品生产人员工资为 320 000 元,车间管理人员工资为 70 000元,企业行政管理人员工资为 60 400 元,销售人员工资为 11 600 元。乙企业的有关会计分录如下:

```
借:生产成本——基本生产成本                    320 000
    制造费用                                   70 000
    管理费用                                   60 400
    销售费用                                   11 600
  贷:应付职工薪酬——工资                                462 000
```

企业在计量应付职工薪酬时,应当注意是否国家有相关的明确计提标准加以区别处理。一般而言,企业应向社会保险经办机构(或企业年金基金账户管理人)交纳的医疗保险费、养老保险费、失业保险费、工伤保险费、生育保险费等社会保险费,应向住房公积金管理中心交存的住房公积金,以及应向工会部门交纳的工会经费等。国家(或企业年金计划)统一规定了计提基础和计提比例,应当按照国家规定的标准计提。而职工福利费等职工薪酬,国家(或企业年金计划)没有明确规定计提基础和计提比例,企业应当根据历史经验数据和实际情况,合理预计当期应付职工薪酬。当期实际发生金额大于预计金额的,应当补提应付职工薪酬;当期实际发生金额小于预计金额的,应当冲回多提的应付职工薪酬。

【例 10-13】 丙企业下设一所职工食堂,每月根据在岗职工数量及岗位分布情况、相关历史经验数据等计算需要补贴食堂的金额,从而确定企业每期因职工食堂而需要承担的福利费金额。2012 年 1 月,企业在岗职工共计100 人,其中管理部门 20 人,生产车间 80 人。企业的历史经验数据表明,对于每个职工企业每月需补贴食堂 120 元。丙企业的有关会计分录如下:

借:生产成本   9 600

    管理费用   2 400

  贷:应付职工薪酬——职工福利   12 000

丙企业应当提取的职工福利为 12 000 元(120×100)。

【例 10-14】 根据国家规定的计提标准计算,甲企业本月应向社会保险经办机构交纳职工基本养老保险费,共计 64 680 元,其中,应计入基本生产车间生产成本的金额为 44 800 元,应计入制造费用的金额为 9 800 元,应计入管理费用的金额为 10 080 元。甲企业的有关会计处理如下:

借:生产成本——基本生产成本   44 800

    制造费用   9 800

    管理费用   10 080

  贷:应付职工薪酬——社会保险费(基本养老保险)   64 680

2. 非货币性职工薪酬

企业以其自产产品作为非货币性福利发放给职工的,应当根据受益对象,按照该产品的公允价值,计入相关资产成本或当期损益,同时确认应付职工薪酬,借记“管理费用”、“生产成本”、“制造费用”等账户,贷记“应付职工薪酬——非货币性福利”账户。

将企业拥有的房屋等资产无偿提供给职工使用的,应当根据受益对象,将该住房每期应计提的折旧计入相关资产成本或当期损益,同时确认应付职工薪酬,借记“管理费用”、“生产成本”、“制造费用”等账户,贷记“应付职工薪酬——非货币性福利”账户,并且同时借记“应付职工薪酬——非货币性福利”账户,贷记“累计折旧”账户。

租赁住房等资产供职工无偿使用的,应当根据受益对象,将每期应付的租金计入相关资产成本或当期损益,并确认应付职工薪酬,借记“管理费用”、“生产成本”、“制造费用”等账户,贷记“应付职工薪酬——非货币性福利”账户。

难以认定受益对象的非货币性福利,直接计入当期损益。

【例 10-15】 B 公司为小家电生产企业,共有职工 200 名,其中 170 名为直接参加生产的职工,30 名为总部管理人员。2007 年 2 月,B 公司以其生产的每台成本为 900 元的电暖气作为春节福利发放给公司每位职工。该型号的电暖气市场售价为每台 1 000 元。

分析:本例中,应确认的应付职工薪酬 234 000 元($200 \times 1 000 \times 17\% + 200 \times 1 000$)。其中,应记入"生产成本"账户的金额 198 900 元($170 \times 1 000 \times 17\% + 170 \times 1 000$)。应记入"管理费用"账户的金额 35 100 元($30 \times 1 000 \times 17\% + 30 \times 1 000$)。

B 公司的有关会计处理如下:

借:生产成本	198 900
管理费用	35 100
贷:应付职工薪酬——非货币性福利	234 000

【例 10-16】 C 公司为总部各部门经理级别以上职工提供汽车免费使用,同时为副总裁以上高级管理人员每人租赁 1 套住房。C 公司总部共有部门经理以上职工 20 名,每人提供 1 辆桑塔纳汽车免费使用。假定每辆桑塔纳汽车每月计提折旧 1 000 元。该公司共有副总裁以上高级管理人员 5 名,公司为其每人租赁 1 套面积为 200 平方米带有家具和电器的公寓,月租金为每套 8 000 元。

分析:本例中,C 公司为总部各部门经理级别以上职工提供汽车免费使用,同时为副总裁以上高级管理人员租赁住房使用,根据受益对象,确认的应付职工薪酬应当计入管理费用。

应确认的应付职工薪酬 60 000 元($20 \times 1 000 + 5 \times 8 000$)。其中,提供企业拥有的汽车供职工使用的非货币性福利 20 000 元($20 \times 1 000$);租赁住房供职工使用的非货币性福利 40 000 元($5 \times 8 000$)。此外,C 公司将其拥有的汽车无偿提供给职工使用的,还应当考虑该部分非货币性福利 20 000 元。C 公司的有关会计处理如下:

借:管理费用	60 000
贷:应付职工薪酬——非货币性福利	60 000
借:应付职工薪酬——非货币性福利	20 000
贷:累计折旧	20 000

（二）发放职工薪酬

1. 支付职工工资、奖金、津贴和补贴

企业按照有关规定向职工支付工资、奖金、津贴等，借记"应付职工薪酬——工资"账户，贷记"银行存款"、"库存现金"等账户；企业从应付职工薪酬中扣还的各种款项（代垫的家属药费、个人所得税等），借记"应付职工薪酬"账户，贷记"银行存款"、"库存现金"、"其他应收款"、"应交税费——应交个人所得税"等账户。

在实务中，企业一般在每月发放工资前，根据"工资结算汇总表"中的"实发金额"栏的合计数向开户银行提取现金，借记"库存现金"账户，贷记"银行存款"账户，然后再向职工发放。

【例 10-17】 A 企业根据"工资结算汇总表"结算本月应付职工工资总额 462 000 元，代扣职工房租 40 000 元，企业代垫职工家属医药费 2 000 元，实发工资 420 000 元。A 企业的有关账务处理如下。

（1）向银行提取现金：

借：库存现金   420 000

  贷：银行存款   420 000

（2）发放工资，支付现金：

借：应付职工薪酬——工资   420 000

  贷：库存现金   420 000

（3）代扣款项：

借：应付职工薪酬——工资   42 000

  贷：其他应收款——职工房租   40 000

       ——代垫医药费   2 000

2. 支付职工福利费

企业向职工食堂、职工医院、生活困难职工等支付职工福利费时，借记"应付职工薪酬——职工福利"账户，贷记"银行存款"、"库存现金"等账户。

【例 10-18】 2012 年 1 月，甲企业以现金支付职工张某生活困难补助 800 元。甲企业的有关会计分录如下：

借：应付职工薪酬——职工福利   800

  贷：库存现金   800

3. 支付工会经费、职工教育经费和交纳社会保险费、住房公积金

企业支付工会经费和职工教育经费用于工会运作和职工培训,或按照国家有关规定交纳社会保险费或住房公积金时,借记"应付职工薪酬——工会经费(或职工教育经费、社会保险费、住房公积金)"账户,贷记"银行存款"、"库存现金"等账户。

【例10-19】 B企业以银行存款交纳参加职工医疗保险的医疗保险费40 000元,B企业的有关会计分录如下:

借:应付职工薪酬——社会保险费　　　　　　　　　　　　　　　　40 000
　　贷:银行存款　　　　　　　　　　　　　　　　　　　　　　　　　40 000

4. 发放非货币性福利

企业以自产产品作为职工薪酬发放给职工时,应确认主营业务收入,借记"应付职工薪酬——非货币性福利"账户,贷记"主营业务收入"账户。同时结转相关成本,涉及增值税销项税额的,还应进行相应的处理。

企业支付租赁住房等资产供职工无偿使用所发生的租金,借记"应付职工薪酬——非货币性福利"账户,贷记"银行存款"等账户。

【例10-20】 承[例10-15],B公司向职工发放电暖器作为福利,同时要根据相关税收规定,视同销售计算增值税销项税额。B公司的有关会计处理如下:

借:应付职工薪酬——非货币性福利　　　　　　　　　　　　　　　234 000
　　贷:主营业务收入　　　　　　　　　　　　　　　　　　　　　　 200 000
　　　　应交税费——应交增值税(销项税额)　　　　　　　　　　　　34 000

借:主营业务成本　　　　　　　　　　　　　　　　　　　　　　　 180 000
　　贷:库存商品——电暖器　　　　　　　　　　　　　　　　　　　 180 000

　　B公司应确认的主营业务收入=200×1 000=200 000(元)

　　B公司应确认的增值税销项税额=200×1 000×17%=34 000(元)

　　B公司应结转的销售成本=200×900=180 000(元)

【例10-21】 承[例10-16],C公司每月支付副总裁以上高级管理人员住房租金时,应进行如下会计处理:

借:应付职工薪酬——非货币性福利　　　　　　　　　　　　　　　 40 000
　　贷:银行存款　　　　　　　　　　　　　　　　　　　　　　　　　40 000

第四节　应　交　税　费

　　企业根据税法规定应交纳的各种税费包括增值税、消费税、营业税、城市维护建设税、资源税、所得税、土地增值税、房产税、车船税、土地使用税、教育费附加、矿产资源补偿费、印花税、耕地占用税等。

　　企业应通过"应交税费"账户，总括反映各种税费的交纳情况，并按照应交税费项目进行明细核算。该账户贷方登记应交纳的各种税费等，借方登记实际交纳的税费；期末余额一般在贷方，反映企业尚未交纳的税费，期末余额如在借方，反映企业多交或尚未抵扣的税费。企业交纳的印花税、耕地占用税等不需要预计应交数的税金，不通过"应交税费"账户核算。

一、应交增值税

　　（一）增值税概述

　　增值税是指对我国境内销售货物、进口货物，或提供加工、修理修配劳务的增值额征收的一种流转税。增值税的纳税人是在我国境内销售货物、进口货物，或提供加工、修理修配劳务的单位和个人。按照纳税人的经营规模及会计核算的健全程度，增值税纳税人分为一般纳税人和小规模纳税人。一般纳税人应纳增值税额，根据当期销项税额减去当期进项税额计算确定；小规模纳税人应纳增值税，按照销售额和规定的征收率计算确定。

　　在税收征管上，从世界各国来看，一般都实行凭购物发票进行抵扣。按照《中华人民共和国增值税暂行条例》规定，企业购入货物或接受应税劳务支付的增值税（即进项税额），可从销售货物或提供劳务按规定收取的增值税（即销项税额）中抵扣。准予从销项税额中抵扣的进项税额通常包括：①从销售方取得的增值税专用发票上注明的增值税额。②从海关取得的完税凭证上注明的增值税额。

　　（二）一般纳税企业的核算

　　为了核算企业应交增值税的发生、抵扣、交纳、退税及转出等情况，应在"应交税费"账户下设置"应交增值税"明细账户，并在"应交增值税"明细账内设置"进项税额"、"已交税金"、"销项税额"、"出口退税"、"进项税额转出"等专栏。

1. 采购商品和接受应税劳务

企业从国内采购商品或接受应税劳务等,根据增值税专用发票上记载的应计入采购成本或应计入加工、修理修配等物资成本的金额,借记"材料采购"、"在途物资"、"原材料"、"库存商品"或"生产成本"、"制造费用"、"委托加工物资"、"管理费用"等账户,根据增值税专用发票上注明的可抵扣的增值税额,借记"应交税费——应交增值税(进项税额)"账户,按照应付或实际支付的总额,贷记"应付账款"、"应付票据"、"银行存款"等账户。购入货物发生的退货,作相反的会计分录。

【例10-22】 甲企业购入原材料一批,增值税专用发票上注明货款 60 000 元,增值税额 10 200 元,货物尚未到达,货款和进项税款已用银行存款支付。该企业采用计划成本对原材料进行核算。甲企业的有关会计分录如下:

借:材料采购 60 000
　应交税费——应交增值税(进项税额) 10 200
　贷:银行存款 70 200

按照增值税暂行条例,企业购入免征增值税货物,一般不能够抵扣增值税销项税额。但是对于购入的免税农产品,可以按照买价和规定的扣除率计算进项税额,并准予从企业的销项税额中抵扣。企业购入免税农产品,按照买价和规定的扣除率计算进项税额,借记"应交税费——应交增值税(进项税额)"账户,按照买价扣除按规定计算的进项税额后的差额,借记"材料采购"、"原材料"、"库存商品"等账户,按照应付或实际支付的价款,贷记"应付账款"、"银行存款"等账户。

【例10-23】 A 商场购入免税农产品一批,价款 100 000 元,规定的扣除率为 10%,货物尚未到达,货款已用银行存款支付。A 企业的有关会计分录如下:

进项税额＝购买价款×扣除率＝100 000×10%＝10 000(元)

借:材料采购 90 000
　应交税费——应交增值税(进项税额) 10 000
　贷:银行存款 100 000

根据新修订的增值税暂行条例,企业购进固定资产所支付的增值税进项税额,允许在购置当期全部一次扣除。

【例10-24】 B 企业购入不需要安装设备 1 台,增值税专用发票上注明

的货款 300 000 元,增值税额 51 000 元,款项尚未支付。B 企业的有关会计分录如下:

借:固定资产 300 000
　　应交税费——应交增值税(进项税额) 51 000
　　贷:应付账款 351 000

【例 10-25】 D 企业生产车间委托外单位修理机器设备,对方开来的专用发票上注明修理费用 10 000 元,增值税额 1 700 元,款项已用银行存款支付。D 企业的有关会计分录如下:

借:制造费用 10 000
　　应交税费——应交增值税(进项税额) 1 700
　　贷:银行存款 11 700

2. 进项税额转出

企业购进的货物发生非常损失以及将购进货物改变用途(如用于非应税项目、集体福利或个人消费等),其进项税额应通过"应交税费——应交增值税(进项税额转出)"账户转入有关账户,借记"待处理财产损溢"、"在建工程"、"应付职工薪酬"等账户,贷记"应交税费——应交增值税(进项税额转出)"账户;属于转作待处理财产损失的进项税额,应与遭受非常损失的购进货物、在产品或库存商品的成本一并处理。

购进货物改变用途通常是指购进的货物在没有经过任何加工的情况下,对内改变用途的行为,如企业下属医务室等福利部门领用原材料等。

【例 10-26】 E 企业库存材料因意外火灾毁损一批,有关增值税专用发票确认的成本为 10 000 元,增值税额 1 700 元。E 企业的有关会计分录如下:

借:待处理财产损溢——待处理流动资产损溢 11 700
　　贷:原材料 10 000
　　　　应交税费——应交增值税(进项税额转出) 1 700

【例 10-27】 H 企业所属的职工医院维修领用原材料 5 000 元,其购入时支付的增值税为 850 元。H 企业的有关会计分录如下:

借:应付职工薪酬——职工福利 5 850
　　贷:原材料 5 000
　　　　应交税费——应交增值税(进项税额转出) 850

3. 销售物资或者提供应税劳务

企业销售货物或者提供应税劳务,按照营业收入和应收取的增值税额,借记"应收账款"、"应收票据"、"银行存款"等账户,按增值税专用发票上注明的增值税额,贷记"应交税费——应交增值税(销项税额)"账户,按照实现的营业收入,贷记"主营业务收入"、"其他业务收入"等账户。发生的销售退回,作相反的会计分录。

【例 10-28】 K 企业销售产品一批,价款 500 000 元,按规定应收取增值税额 85 000 元,提货单和增值税专用发票已交给买方,款项尚未收到。K 企业的有关会计分录如下:

借:应收账款	585 000
贷:主营业务收入	500 000
应交税费——应交增值税(销项税额)	85 000

【例 10-29】 M 企业为外单位代加工电脑桌 400 个,每个收取加工费 100 元,适用的增值税税率为 17％,加工完成,款项已收到并存入银行。M 企业的有关会计分录如下:

借:银行存款	46 800
贷:主营业务收入	40 000
应交税费——应交增值税(销项税额)	6 800

此外,企业将自产、委托加工或购买的货物分配给股东,应当参照企业销售物资或者提供应税劳务进行会计处理。

4. 视同销售行为

企业的有些交易和事项从会计角度看不属于销售行为,不能确认销售收入,但是按照税法规定,应视同对外销售处理,计算应交增值税。视同销售需要交纳增值税的事项,如企业将自产或委托加工的货物用于非应税项目、集体福利或个人消费,将自产、委托加工或购买的货物作为投资、分配给股东或投资者、无偿赠送他人等。在这些情况下,企业应当借记"在建工程"、"长期股权投资"、"营业外支出"等账户,贷记"应交税费——应交增值税(销项税额)"等账户。

【例 10-30】 N 企业将自己生产的产品用于自行建造职工俱乐部。该批产品的成本为 200 000 元,计税价格为 300 000 元,增值税税率为 17％。N 企业的有关会计分录如下:

借：在建工程   251 000

   贷：库存商品   200 000

      应交税费——应交增值税（销项税额）   51 000

企业在建工程领用自己生产的产品的销项税额＝300 000×17％＝51 000（元）

5. 交纳增值税

企业应纳的增值税，借记"应交税费——应交增值税（已交税金）"账户，贷记"银行存款"账户。"应交税费——应交增值税"账户的贷方余额，表示企业应交纳的增值税。

【例 10-31】 某企业以银行存款交纳本月增值税 60 000 元。该企业的有关会计分录如下：

借：应交税费——应交增值税（已交税金）   60 000

   贷：银行存款   60 000

【例 10-32】 某企业本月发生销项税额合计 84 770 元，进项税额转出 24 578 元，进项税额 20 440 元，已交增值税 60 000 元。

该企业本月"应交税费——应交增值税"账户的余额 28 908 元（84 770＋24 578－20 440－60 000）。

该金额在贷方，表示企业尚未交纳增值税 28 908 元。

（三）小规模纳税企业的核算

小规模纳税企业应当按照不含税销售额和规定的增值税征收率计算交纳增值税，销售货物或提供应税劳务时只能开具普通发票，不能开具增值税专用发票。小规模纳税企业不享有进项税额的抵扣权，其购进货物或接受应税劳务支付的增值税直接计入有关货物或劳务的成本。因此，小规模纳税企业只需在"应交税费"账户下设置"应交增值税"明细账户，不需要在"应交增值税"明细账户中设置专栏，"应交税费——应交增值税"账户贷方登记应交纳的增值税，借方登记已交纳的增值税；期末贷方余额为尚未交纳的增值税，借方余额为多交纳的增值税。

小规模纳税企业购进货物和接受应税劳务时支付的增值税，直接计入有关货物和劳务的成本，借记"材料采购"、"在途物资"等账户，贷记"银行存款"账户。

【例 10-33】 某小规模纳税企业购入材料一批，取得的增值税专用发票中注明货款 20 000 元，增值税 3 400 元，款项以银行存款支付，材料已验收入库（该企业按实际成本计价核算）。该企业的有关会计分录如下：

借：原材料　　　　　　　　　　　　　　　　　　　　　　　　23 400
　　贷：银行存款　　　　　　　　　　　　　　　　　　　　　　　23 400

本例中,小规模纳税企业购进货物时支付的增值税 3 400 元,直接计入有关货物和劳务的成本。

【例 10-34】 某小规模纳税企业销售产品一批,所开出的普通发票中注明的货款(含税)为 20 600 元,增值税征收率为 3%,款项已存入银行。该企业的有关会计分录如下:

借：银行存款　　　　　　　　　　　　　　　　　　　　　　　20 600
　　贷：主营业务收入　　　　　　　　　　　　　　　　　　　　20 000
　　　　应交税费——应交增值税　　　　　　　　　　　　　　　　600

不含税销售额＝含税销售额÷(1＋征收率)＝20 600÷(1＋3%)＝20 000(元)
应纳增值税＝不含税销售额×征收率＝20 000×3%＝600(元)

【例 10-35】 承[例 10-34],该小规模纳税企业月末以银行存款上交增值税 1 200 元。有关会计处理如下:

借：应交税费——应交增值税　　　　　　　　　　　　　　　　1 200
　　贷：银行存款　　　　　　　　　　　　　　　　　　　　　　1 200

此外,企业购入材料不能取得增值税专用发票的,比照小规模纳税企业进行处理,发生的增值税计入材料采购成本,借记"材料采购"、"在途物资"等账户,贷记"银行存款"账户。

二、应交消费税

消费税是指在我国境内生产、委托加工和进口应税消费品的单位和个人,按其流转额交纳的一种税。消费税有从价定率和从量定额两种征收方法。采取从价定率方法征收的消费税,以不含增值税的销售额为税基,按照税法规定的税率计算。企业的销售收入包含增值税的,应将其换算为不含增值税的销售额。采取从量定额计征的消费税,根据按税法确定的企业应税消费品的数量和单位应税消费品应交纳的消费税计算确定。

企业应在"应交税费"账户下设置"应交消费税"明细账户,核算应交消费税的发生、交纳情况。该账户贷方登记应交纳的消费税,借方登记已交纳的消费税;期末贷方余额为尚未交纳的消费税,借方余额为多交纳的消费税。

1. 销售应税消费品

企业销售应税消费品应交的消费税,应借记"营业税金及附加"账户,贷记"应交税费——应交消费税"账户。

【例10-36】 某企业销售所生产的化妆品,价款2 000 000元(不含增值税),适用的消费税税率为30%。甲企业的有关会计分录如下:

$$应交消费税额＝2 000 000×30\%＝600 000(元)$$

借:营业税金及附加	600 000
贷:应交税费——应交消费税	600 000

2. 自产自用应税消费品

企业将生产的应税消费品用于在建工程等非生产机构时,按规定应交纳的消费税,借记"在建工程"等账户,贷记"应交税费——应交消费税"账户。

【例10-37】 某企业在建工程领用自产柴油成本50 000元,应纳增值税10 200元,应纳消费税6 000元。该企业的有关会计分录如下:

借:在建工程	66 200
贷:库存商品	50 000
应交税费——应交增值税(销项税额)	10 200
——应交消费税	6 000

【例10-38】 某企业下设的职工食堂享受企业提供的补贴,本月领用自产产品一批,该产品的账面价值40 000元,市场价格60 000元(不含增值税),适用的消费税税率为10%,增值税税率为17%。该企业的有关会计分录如下:

应记入"应付职工薪酬——职工福利"账户的金额56 200元(40 000＋60 000×17%＋60 000×10%)。

借:应付职工薪酬——职工福利	56 200
贷:库存商品	40 000
应交税费——应交增值税(销项税额)	10 200
——应交消费税	6 000

3. 委托加工应税消费品

企业如有应交消费税的委托加工物资,一般应由受托方代收代交税款,受托方按照应交税款金额,借记"应收账款"、"银行存款"等账户,贷记"应交税费——应交消费税"账户。受托加工或翻新改制金银首饰按照规定由受托方交纳消费税。

委托加工物资收回后,直接用于销售的,应将受托方代收代交的消费税计入委托加工物资的成本,借记"委托加工物资"等账户,贷记"应付账款"、"银行存款"等账户;委托加工物资收回后用于连续生产的,按规定准予抵扣的,应按已由受托方代收代交的消费税,借记"应交税费——应交消费税"账户,贷记"应付账款"、"银行存款"等账户。

【例10-39】 甲企业委托乙企业代为加工一批应交消费税的材料(非金银首饰)。甲企业的材料成本为1 000 000元,加工费为200 000元,由乙企业代收代交的消费税为80 000元(不考虑增值税)。材料已经加工完成,并由甲企业收回验收入库,加工费尚未支付。甲企业采用实际成本法进行原材料的核算。

(1) 如果甲企业收回的委托加工物资用于继续生产应税消费品,甲企业的有关会计分录如下:

借:委托加工物资	1 000 000
贷:原材料	1 000 000

借:委托加工物资	200 000
应交税费——应交消费税	80 000
贷:应付账款	280 000

借:原材料	1 200 000
贷:委托加工物资	1 200 000

(2) 如果甲企业收回的委托加工物资直接用于对外销售,甲企业的有关会计处理如下:

借:委托加工物资	1 000 000
贷:原材料	1 000 000

借:委托加工物资	280 000
贷:应付账款	280 000

借:原材料	1 280 000
贷:委托加工物资	1 280 000

(3) 乙企业对应收取的受托加工代收代交消费税的会计处理如下:

借：应收账款　　　　　　　　　　　　　　　　　　　80 000
　　贷：应交税费——应交消费税　　　　　　　　　　　　　80 000

4. 进口应税消费品

企业进口应税物资在进口环节应交的消费税，计入该项物资的成本，借记"材料采购"、"固定资产"等账户，贷记"银行存款"账户。

【例10-40】甲企业从国外进口一批需要交纳消费税的商品，商品价值2 000 000元，进口环节需要交纳的消费税为400 000元（不考虑增值税），采购的商品已经验收入库，货款尚未支付，税款已经用银行存款支付。甲企业的有关会计记录如下：

借：库存商品　　　　　　　　　　　　　　　　　　2 400 000
　　贷：应付账款　　　　　　　　　　　　　　　　　　2 000 000
　　　　银行存款　　　　　　　　　　　　　　　　　　　400 000

本例中，企业进口应税物资在进口环节应交的消费税400 000元，应计入该项物资的成本。

三、应交营业税

（一）营业税概述

营业税是对在我国境内提供应税劳务、转让无形资产或销售不动资产的单位和个人征收的流转税。其中，应税劳务是指属于劳动运输业、建筑业、金融保险业，邮电通信业、文化体育业、娱乐业、服务业税目征收范围的劳务，不包括加工、修理修配等劳务；转让无形资产是指转让无形资产的所有权或使用权的行为；销售不动产是指有偿转让不动产的所有权，转让不动产的有限产权或永久使用权，以及单位将不动产无偿赠与他人等视同销售不动产的行为。

营业税以营业额作为计税依据。营业额是指纳税人提供应税劳务、转让无形资产和销售不动产而向对方收取的全部价款和价外费用，税率从3%～20%不等。

（二）营业税的核算

企业应在"应交税费"账户下设置"应交营业税"明细账户，核算应交营业税的发生、交纳情况。该账户贷方登记应交纳的营业税，借方登记已交纳的营业税，期末贷方余额为尚未交纳的营业税。

企业按照营业额及其适用的税率,计算应交的营业税,借记"营业税金及附加"账户,贷记"应交税费——应交营业税"账户;企业出售不动产时,计算应交的营业税,借记"固定资产清理"等账户,贷记"应交税费——应交营业税"账户;实际交纳营业税时,借记"应交税费——应交营业税"账户,贷记"银行存款"账户。

【例 10-41】 某运输公司某月运营收入为 500 000 元,适用的营业税税率为 3%。该公司应交营业税的有关会计分录如下:

借:营业税金及附加　　　　　　　　　　　　　　　　　　15 000
　　贷:应交税费——应交营业税　　　　　　　　　　　　　　15 000

应交营业税＝500 000×3%＝15 000(元)

四、其他应交税费

其他应交税费是指除上述应交税费以外的应交税费,包括应交资源税、应交城市维护建设税、应交土地增值税、应交所得税、应交房产税、应交土地使用税、应交车船税、应交教育费附加、应交矿产资源补偿费、应交个人所得税等。企业应当在"应交税费"账户下设置相应的明细账户进行核算,贷方登记应交纳的有关税费,借方登记已交纳的有关税费,期末贷方余额表示尚未交纳的有关税费。

1. 应交资源税

资源税是对在我国境内开采矿产品或者生产盐的单位和个人征收的税。资源税按照应税产品的课税数量和规定的单位税额计算。开采或生产应税产品对外销售的,以销售数量为课税数量;开采或生产应税产品自用的,以自用数量为课税数量。

对外销售应税产品应交纳的资源税应记入"营业税金及附加"账户,借记"营业税金及附加"账户,贷记"应交税费——应交资源税"账户;自产自用应税产品应交纳的资源税应记入"生产成本"、"制造费用"等账户,借记"生产成本"、"制造费用"等账户,贷记"应交税费——应交资源税"账户。

【例 10-42】 某企业对外销售某种资源税应税矿产品 2 000 吨,每吨应交资源税 5 元。该企业的有关会计分录如下:

企业对外销售应税产品而应交纳的资源税＝2 000×5＝10 000(元)

借：营业税金及附加   10 000

  贷：应交税费——应交资源税   10 000

【例 10-43】　某企业将自产的资源税应税矿产品 500 吨用于企业的产品生产，每吨应交资源税 5 元。该企业的有关会计分录如下：

  企业自产自用应税矿产品而应交纳的资源税＝500×5＝2 500(元)

借：生产成本   2 500

  贷：应交税费——应交资源税   2 500

2. 应交城市维护建设税

城市维护建设税是以增值税、消费税、营业税为计税依据征收的一种税。其纳税人为交纳增值税、消费税、营业税的单位和个人，税率因纳税人所在地不同从 1%～7%不等。其计算公式为：

  应纳税额＝(应交增值税＋应交消费税＋应交营业税)×适用税率

企业应交的城市维护建设税，借记"营业税金及附加"等账户，贷记"应交税费——应交城市维护建设税"账户。

【例 10-44】　某企业本期实际应上交增值税 400 000 元，消费税 241 000 元，营业税 159 000 元。该企业适用的城市维护建设税税率为 7%。该企业的有关会计处理如下：

  应交的城市维护建设税＝(400 000＋241 000＋159 000)×7%＝56 000(元)

(1) 计算应交的城市维护建设税：

借：营业税金及附加   56 000

  贷：应交税费——应交城市维护建设税 56 000

(2) 用银行存款上交城市维护建设税时：

借：应交税费——应交城市维护建设税   56 000

  贷：银行存款   56 000

3. 应交教育费附加

教育费附加是为了发展教育事业而向企业征收的附加费用，企业按应交流转税的一定比例计算交纳。企业应交的教育费附加，借记"营业税金及附加"等账户，贷记"应交税费——应交教育费附加"账户。

【例 10-45】 某企业按税法规定计算,2011 年度第四季度应交纳教育费附加 300 000 元。款项已经用银行存款支付。该企业的有关会计处理如下:

借:营业税金及附加 300 000
　　贷:应交税费——应交教育费附加 300 000

借:应交税费——应交教育费附加 300 000
　　贷:银行存款 300 000

4. 应交土地增值税

土地增值税是指在我国境内有偿转让土地使用权及地上建筑物和其他附着物产权的单位和个人,就其土地增值额征收的一种税。土地增值额是指转让收入减去规定扣除项目金额后的余额。转让收入包括货币收入、实物收入和其他收入。扣除项目主要包括取得土地使用权所支付的金额、开发土地的费用、新建及配套设施的成本、旧房及建筑物的评估价格等。

企业应交的土地增值税视情况记入不同账户:企业转让的土地使用权连同地上建筑物及其附着物一并在"固定资产"等账户核算的,转让时应交的土地增值税,借记"固定资产清理"账户,贷记"应交税费——应交土地增值税"账户;土地使用权在"无形资产"账户核算的,按实际收到的金额,借记"银行存款"账户,按应交的土地增值税,贷记"应交税费——应交土地增值税"账户,同时冲销土地使用权的账面价值,贷记"无形资产"账户,按其差额,借记"营业外支出"账户或贷记"营业外收入"账户。

【例 10-46】 某企业对外转让一栋厂房,根据税法规定计算的应交土地增值税为 27 000 元。有关会计处理如下。

(1)计算应交纳的土地增值税:

借:固定资产清理 27 000
　　贷:应交税费——应交土地增值税 27 000

(2)企业用银行存款交纳应交土地增值税税款:

借:应交税费——应交土地增值税 27 000
　　贷:银行存款 27 000

5. 应交房产税、土地使用税、车船税和矿产资源补偿费

房产税是国家对在城市、县城、建制县和工矿区征收的由产权所有人交纳的一种税。房产税依照房产原值一次减除 10%～30% 后的余额计算交纳。没有房产原值作为依据的,由房产所在地税务机关参考同类房产核定;房产出租的,以房产租金收入为房产税的计税依据。

土地使用税是国家为了合理利用城镇土地,调节土地级差收入,提高土地使用效益,加强土地管理而开征的一种税,以纳税人实际占用的土地面积为计税依据,依照规定税额计算征收。

车船税是指对在中国境内车船管理部门登记的车船依法征收的一种税。由拥有或者管理车船的单位和个人交纳。车船税按照适用税额计算交纳。

矿产资源补偿费是对在我国领域和管辖海域开采矿产资源而征收的费用。矿产资源补偿费按照矿产品销售收入的一定比例计征,由采矿人交纳。

企业应交的房产税、土地使用税、车船税、矿产资源补偿费,记入"管理费用"账户,借记"管理费用"账户,贷记"应交税费——应交房产税(或应交土地使用税、应交车船税、应交矿产资源补偿费)"账户。

6. 应交个人所得税

企业按规定计算的代扣代交的职工个人所得税,借记"应付职工薪酬"账户,贷记"应交税费——应交个人所得税"账户;企业交纳个人所得税时,借记"应交税费——应交个人所得税"账户,贷记"银行存款"等账户。

【例 10-47】 某企业结算本月应付职工工资总额 200 000 元,代扣职工个人所得税共计 2 000 元,实发工资 198 000 元。该企业与应交个人所得税有关的会计分录如下:

借:应付职工薪酬——工资　　　　　　　　　　　　　　　2 000
　　贷:应交税费——应交个人所得税　　　　　　　　　　　2 000

第五节　其他流动负债

一、应付利息

应付利息核算企业按照合同约定应支付的利息,包括分期付息到期还

本的长期借款、企业债券等应支付的利息。企业应当设置"应付利息"账户，按照债权人设置明细账户进行明细核算。该账户期末贷方余额反映企业按照合同约定应支付但尚未支付的利息。

企业采用合同约定的名义利率计算确定利息费用时，应按合同约定的名义利率计算确定的应付利息的金额，记入"应付利息"账户；实际支付利息时，借记"应付利息"账户，贷记"银行存款"等账户。

【例 10-48】　企业借入 5 年期到期还本每年付息的长期借款 5 000 000 元，合同约定年利率为 3.5%。假定不符合资本化条件。该企业的有关会计处理如下。

（1）每年计算确定利息费用时：

企业每年应支付的利息＝5 000 000×3.5%＝175 000(元)

借：财务费用　　　　　　　　　　　　　　　　　175 000
　　贷：应付利息　　　　　　　　　　　　　　　　　175 000

（2）每年实际支付利息时：

借：应付利息　　　　　　　　　　　　　　　　　175 000
　　贷：银行存款　　　　　　　　　　　　　　　　　175 000

二、应付股利

股利是股东对企业净利润的分享。在我国，股利的支付通常有两种基本形式，即现金股利和股票股利。所谓现金股利，是指企业以现金形式向股东派发的股利；而股票股利则是企业用增发的股票向股东派发的股利。当作股利发放的股票，又称红股，俗称送股。当企业股东大会决议确定分配现金股利时，自宣告之日起，应付的股利就构成企业的一项流动负债；如果股东大会决议确定发放股票股利，则并不构成企业的负债，因为它只是从未分配利润转增股本，是企业权益内部的一种变化，不会引起任何含有经济利益的资源外流。因此，按会计制度规定，设置"应付股利"账户，核算内容为企业股东大会决议确定分配的现金股利，而企业分配的股票股利，在正式办理增资手续以前，只需在备查簿中作相应登记，不需要作正式的账务处理。

通常，企业派发现金股利需经历两个步骤或阶段：首先，是企业股东大会决议确定并宣告股利分配方案，这时，按应支付的现金股利，借记"利润分配——应付股利"账户,贷记"应付股利"账户;然后,企业如数拨出一笔现款存入受托的证券公司或银行,用于实际支付股东的现金股利,此时,借记"应付股利"账户,贷记"银行存款"等账户。

【例 10-49】 某股份有限公司 2011 年度实现净利润 8 000 000 元,经过股东会批准,决定 2011 年度分配股利 5 000 000 元。股利已经用银行存款支付。该股份有限公司的有关会计处理如下:

借:利润分配——应付现金股利或利润   5 000 000
  贷:应付股利   5 000 000

借:应付股利   5 000 000
  贷:银行存款   5 000 000

此外,需要说明的是,企业董事会或类似机构通过的利润分配方案中拟分配的现金股利或利润,不作账务处理,不作为应付股利核算,但应在附注中披露。企业分配的股票股利不通过"应付股利"账户核算。

三、其他应付款

其他应付款是指企业除应付票据、应付账款、预收账款、应付职工薪酬、应交税费、应付股利等经营活动以外的其他各项应付、暂收的款项,如应付租入包装物租金、存入保证金等。企业应通过"其他应付款"账户,核算其他应付款的增减变动及其结存情况,并按照其他应付款的项目和对方单位(或个人)设置明细账户进行明细核算。该账户贷方登记发生的各种应付、暂收款项,借方登记偿还或转销的各种应付、暂收款项。该账户期末贷方余额,反映企业应付未付的其他应付款项。

企业发生其他各种应付、暂收款项时,借记"管理费用"等账户,贷记"其他应付款"账户;支付或退回其他各种应付、暂收款项时,借记"其他应付款"账户,贷记"银行存款"等账户。

【例 10-50】 甲公司从 2012 年 1 月 1 日起,以经营租赁方式租入管理用办公设备一批,每月租金 5 000 元,按季支付。3 月 31 日,甲公司以银行存款支付应付租金。甲公司的有关会计处理如下。

(1) 1 月 31 日,计提应付经营租入固定资产租金:

借:管理费用   5 000
  贷:其他应付款   5 000

2 月底,计提应付经营租入固定资产租金的会计处理同上。

（2）3 月 31 日,支付租金:

借:其他应付款	10 000	
管理费用	5 000	
贷:银行存款		15 000

第十一章

非流动负债

第一节　长期借款

一、长期借款概述

长期借款是指企业向银行或其他金融机构借入的期限在1年以上(不含1年)的各种借款,一般用于固定资产的购建、改扩建工程、大修理工程、对外投资以及为了保持长期经营能力等方面。它是企业长期负债的重要组成部分,必须加强管理与核算。

由于长期借款的使用关系到企业的生产经营规模和效益,企业除了要遵守有关的贷款规定、编制借款计划并要有不同形式的担保外,还应监督借款的使用,按期支付长期借款的利息以及按规定的期限归还借款本金等。因此,长期借款会计处理的基本要求是反映和监督企业长期借款的借入、借款利息的结算和借款本息的归还情况,促使企业遵守信贷纪律、提高信用等级,同时也要确保长期借款发挥效益。

二、长期借款的核算

企业应通过"长期借款"账户,核算长期借款的借入、归还等情况。该账户可按照贷款单位和贷款种类设置明细账,分别"本金"、"利息调整"等进行明细核算。该账户的贷方登记长期借款本息的增加额,借方登记本息的减少额,贷方余额表示企业尚未偿还的长期借款。

1. 取得长期借款

企业借入长期借款,应按实际收到的金额,借记"银行存款"账户,贷记"长期借款——本金"账户;如存在差额,还应借记"长期借款——利息调整"账户。

【例 11-1】　A 企业于 2011 年 1 月 1 日从银行借入资金 4 000 000 元,借款期限为 3 年,借款利率按市场利率确定为 8.4%(到期一次还本付息,不计复利),所借款项已存入银行。A 企业用该借款于当日购买不需安装的设备 1 台,价款 3 000 000 元,另支付运杂费及保险等费用 100 000 元,设备已于当日投入使用。A 企业的有关会计处理如下。

（1）取得借款时:

借:银行存款　　　　　　　　　　　　　　　　　　　　　　　4 000 000

　　贷:长期借款——本金　　　　　　　　　　　　　　　　　　4 000 000

（2）支付设备款和运杂费、保险费时:

借:固定资产　　　　　　　　　　　　　　　　　　　　　　　3 100 000

　　应交税费——应交增值税(销项税额)　　　　　　　　　　　510 000

　　贷:银行存款　　　　　　　　　　　　　　　　　　　　　　3 610 000

2. 长期借款的利息

长期借款利息费用应当在资产负债表日按照实际利率法计算确定;实际利率与合同利率差异较小的,也可以采用合同利率计算确定利息费用。长期借款计算确定的利息费用,应当按以下原则计入有关成本、费用:属于筹建期间的,计入管理费用;属于生产经营期间的,计入财务费用。如果长期借款用于购建固定资产的,在固定资产尚未达到预定可使用状态前,所发生的应当资本化的利息支出数,计入在建工程成本;固定资产达到预定可使用状态后发生的利息支出,以及按规定不予资本化的利息支出,计入财务费用。

在资产负债表日,企业按长期借款的摊余成本和实际利率计算确定的长期借款利息费用,借记"在建工程"、"制造费用"、"财务费用"、"研发支出"等账户,按长期借款本金和合同利率计算确定的应付未付利息,贷记"应付利息"(分期付息到期一次还本的长期借款)或"长期借款——应计利息"(到期一次还本付息的长期借款)账户,按其差额,贷记"长期借款——利息调整"账户。

【例 11-2】　承[例 11-1],A 企业于 2011 年 1 月 31 日计提长期借款利息。A 企业的有关会计分录如下:

2011 年 1 月 31 日计提的长期借款利息=4 000 000×8.4%÷12=28 000(元)

借:财务费用　　　　　　　　　　　　　　　　　　　　　　　28 000

　　贷:长期借款——应计利息　　　　　　　　　　　　　　　　28 000

以后每月末预提利息分录同上。

3. 归还长期借款

企业归还长期借款的本金时,按归还的长期借款本金,借记"长期借款——本金"账户,按应归还的利息,借记"应付利息"或"长期借款——应计利息"账户,按转销的利息调整金额,贷记"长期借款——利息调整"账户,按实际归还的款项,贷记"银行存款"账户;按其差额,借记"在建工程"、"财务费用"等账户。

【例 11-3】 承[例 11-2],2013 年 1 月 1 日,A 企业偿还该笔银行借款本息。A 企业的有关会计分录如下:

```
借:财务费用                              28 000
   长期借款——本金                      4 000 000
          ——应计利息                    980 000
   贷:银行存款                                     5 008 000
```

第二节 应 付 债 券

一、一般公司债券

(一)一般公司债券概述

一般公司债券是指企业为筹集(长期)资金而发行的债券。债券是企业为筹集长期使用资金而发行的一种书面凭证。企业通过发行债券取得资金是以将来履行归还购买债券者的本金和利息的义务作为保证的。企业应当设置"企业债券备查簿",详细登记每一企业债券的票面金额、债券票面利率、还本付息期限与方式、发行总额、发行日期和编号、委托代售单位、转换股份等资料。企业债券到期结清时,应当在备查簿内逐笔注销。

企业债券发行价格的高低一般取决于债券票面金额、债券票面利率、发行当时的市场利率以及债券期限的长短等因素。债券发行有面值发行、溢价发行和折价发行三种情况。假设其他条件不变,债券的票面利率高于同期银行存款利率时,可按超过债券票面价值的价格发行,称为溢价发行。溢价是企业以后各期多付利息而事先得到的补偿;如果债券的票面利率低于同期银行存款利率时,可按低于债券票面价值的价格发行,称为折价发行。折价是企业以后各期少付利息而预先给投资者的补偿;如果债券的票面利率等于同期银行存款利率时,可按债券票面价格发行,称为面值发行。溢价或折价是发行债券企业在债券存续期内对利息费用的一种调整。

债券的发行价格＝本金的复利现值＋利息的年金现值＝本金×复利现值系数＋
每期应付利息×年金现值系数

每期利息费用＝每期应付利息－每期摊销的溢价(或＋每期摊销的折价)

企业发行债券时,如果发现费用大于发行期间冻结资金所产生的利息收入,按发行费用减去发行期间冻结资金所产生的利息收入后的差额,根据发行债券所筹集资金的用途,分别计入财务费用或相关资产成本;如果发现费用小于发行期间冻结资金所产生的利息收入,按发行费用减去发行期间冻结资金所产生的利息收入后的差额,视同发行债券的溢价收入,在债券存续期间于计提利息时摊销,分别计入财务费用或相关资产成本。

（二）一般公司债券的核算

企业应设置"应付债券"账户,并在该账户下设置"面值"、"利息调整"、"应计利息"等明细账户,核算应付债券发行、计提利息、还本付息等情况。该账户贷方登记应付债券的本金和利息,借方登记归还的债券本金和利息,期末贷方余额表示企业尚未偿还的长期债券。

1. 发行债券

无论是按面值发行,还是溢价发行或折价发行,均按债券面值记入"应付债券"账户的"面值"明细账户,实际收到的款项与面值的差额,记入"利息调整"明细账户。企业发行债券时,按实际收到的款项,借记"银行存款"、"库存现金"等账户,按债券票面价值,贷记"应付债券——面值"账户;按实际收到的款项与票面价值之间的差额,贷记或借记"应付债券——利息调整"账户。

【例 11-4】　B 企业于 2011 年 7 月 1 日发行 3 年期、到期时一次还本付息。年利率为 8%（不计复利）、发行面值总额为 40 000 000 元的债券。该债券按面值发行。B 企业的有关会计分录如下:

借：银行存款　　　　　　　　　　　　　　　　　　　40 000 000
　贷：应付债券——面值　　　　　　　　　　　　　　　　40 000 000

2. 债券的利息

发行长期债券的企业,应按期计提利息,并同时对利息调整的进项摊销。利息调整应在债券存续期间内采用实际利率法进行摊销。实际利率法是指按照应付债券的实际利率计算其摊余成本及各期利息费用的方法。实际利率是指将应付债券在债券存续期间的未来现金流量,折现为该债券当前账面价值所使用的利率。

企业发行的债券通常分为到期一次还本付息或一次还本、分期付息两种。资产负债表日,企业应按应付债券的摊余成本和实际利率计算确定的债券利息费用,借记"在建工程"、"制造费用"、"财务费用"等账户,按票面利率计算确定的应付未付利息,贷记"应付利息"或"应付债券——应计利息"账户,按其差额,借记或贷记"应付债券——利息调整"账户。对于分期付息、一次还本的债券,在每期支付利息时,借记"应付利息"账户,贷记"银行存款"账户。

【例 11-5】 承[例 11-4],B 企业发行债券所筹资金用于建造固定资产,至 2011 年 12 月 31 日时工程尚未完工,计提本年长期债券利息。企业按照《企业会计准则第 17 号——借款费用》的规定计算,该期债券产生的实际利息费用应全部资本化,作为在建工程成本。

分析:本例中,至 2011 年 12 月 31 日,企业债券发行在外的时间为 6 个月,该年应计的债券利息为 1 600 000 元(40 000 000×8%÷12×6)。由于该长期债券为到期时一次还本付息,因此利息 1 600 000 元应记入"应付债券——应计利息"账户。B 企业的有关会计分录如下:

借:在建工程　　　　　　　　　　　　　　　　　　　　1 600 000
　　贷:应付债券——应计利息　　　　　　　　　　　　　　　　1 600 000

3. 债券还本付息

长期债券到期,企业支付债券本息。采用一次还本、分期付息方式的,债券到期偿还本金并支付最后一期利息时,借记"应付债券——面值"、"在建工程"、"财务费用"等账户,贷记"银行存款"账户,按借贷双方之间的差额,借记或贷记"应付债券——利息调整"账户;采用一次还本付息方式的,企业应于债券到期支付债券本息时,借记"应付债券——面值、应计利息"账户,贷记"银行存款"账户。

【例 11-6】 承[例 11-4]和[例 11-5],2014 年 7 月 1 日,B 企业偿还债券本金和利息。本例中,2011 年 7 月 1 日至 2009 年 7 月 1 日,B 企业长期债券的应计利息为 9 600 000 元(40 000 000×8%×3)。B 企业的有关会计分录如下:

借：应付债券——面值 40 000 000

　　　　——应计利息 9 600 000

　贷：银行存款 49 600 000

【例 11-7】　2007 年 12 月 31 日,甲公司经批准发行 5 年期一次还本、分期付息的公司债券 10 000 000 元,债券利息在每年 12 月 31 日支付,票面利率为年利率 6%。假定债券发行时的市场利率为 5%。

甲公司该批债券实际发行价格为:

$$10\ 000\ 000 \times 0.783\ 5 + 10\ 000\ 000 \times 6\% \times 4.329\ 5 = 10\ 432\ 700(元)$$

甲公司根据上述资料,采用实际利率法和摊余成本计算确定的利息费用,如表 11-1 所示。

表 11-1

利息费用一览表

金额单位:元

付息日起	应付利息	利息费用	摊销的利息调整	应付债券摊余成本
2007 年 12 月 31 日				10 432 700.00
2008 年 12 月 31 日	600 000	521 635.00	78 365.00	10 354 335.00
2009 年 12 月 31 日	600 000	517 716.75	82 283.25	10 272 051.75
2010 年 12 月 31 日	600 000	513 602.59	86 397.41	10 185 654.34
2011 年 12 月 31 日	600 000	509 282.72	90 717.28	10 094 937.06
2012 年 12 月 31 日	600 000	505 062.94*	94 937.06	10 000 000.00

* 尾数调整。

根据表 11-1 的资料,甲公司的账务处理如下。

(1) 2007 年 12 月 31 日,发行债券时:

借：银行存款 10 432 700

　贷：应付债券——面值 10 000 000

　　　　　　——利息调整 432 700

(2) 2008 年 12 月 31 日,计算利息费用时:

借：财务费用等 521 635

　　应付债券——利息调整 78 365

　贷：应付利息 600 000

2009 年、2010 年、2011 年确认利息费用的会计处理同 2008 年。

（3）2012 年 12 月 31 日，归还债券本金及最后一期利息费用时：

借：财务费用 505 062.94

　　应付债券——面值 10 000 000.00

　　　　——利息调整 94 937.06

　　贷：银行存款 10 600 000.00

二、可转换公司债券

可转换债券是指债券持有人可以在一定期间之后按照规定的转换比率或者转换价格将所持债券转换为发行公司股票的债券。对于投资者而言，购买这种类型的债券既有机会享有固定的债券利息收入，又有机会分享股利及股票增值的收益，所以这种债券的利率通常低于不可转换的普通债券。对于发债公司而言，发行可转换债券筹资的成本较低，并且债券的可转换权较易吸引到投资者。

企业发行的可转换公司债券，应当在初始确认时将其包含的负债成分和权益成分进行分拆，将负债成分确认为应付债券，将权益成分确认为资本公积。在进行分拆时，应当先对负债成分的未来现金流量进行折现确定负债成分的初始确认金额，再按发行价格总额扣除负债成分初始确认金额后的金额确定权益成分的初始确认金额。发行可转换公司债券发生的交易费用，应当在负债成分和权益成分之间按照各自的相对公允价值进行分摊。

企业发行的可转换公司债券在"应付债券"账户下设置"可转换公司债券"明细账户核算。企业应按实际收到的款项，借记"银行存款"等账户，按可转换公司债券包含的负债成分面值，贷记"应付债券——可转换公司债券（面值）"账户，按权益成分的公允价值，贷记"资本公积——其他资本公积"账户，按借贷双方之间的差额，借记或贷记"应付债券——可转换公司债券（利息调整）"账户。

对于可转换公司债券的负债成分，在转换为股份前，其会计处理与一般公司债券相同，即按照实际利率和摊余成本确认利息费用，按照面值和票面利率确认应付债券，差额作为利息调整。可转换公司债券持有者在债券存续期间内行使转换权利，将可转换公司债券转换为股份时，对于债券面额不足转换 1 股股份的部分，企业应当以现金偿还。

可转换公司债券持有人行使转换权利,将其持有的债券转换为股票,按可转换公司债券的余额,借记"应付债券——可转换公司债券(面值、利息调整)"账户,按其权益成分的金额,借记"资本公积——其他资本公积"账户,按股票面值和转换的股数计算的股票面值总额,贷记"股本"账户,按其差额,贷记"资本公积——股本溢价"账户。如用现金支付不可转换股票的部分,还应贷记"库存现金"、"银行存款"等账户。

【例 11-8】 甲公司经批准于 2007 年 1 月 1 日发行面值 5 年期一次还本付息的可转换公司债券 2 000 000 份,款项已收存银行,债券票面年利率为 6%,利息按年支付。债券发行 1 年后可转换为普通股股票,转股时每份债券可转 10 股,股票面值为每股 1 元。假定 2008 年 1 月 1 日债券持有人将持有的可转换公司债券全部转换为普通股股票,甲公司发行可转换公司债券时二级市场上与之类似的没有附带转换权的债券市场利率为 9%。甲公司的账务处理如下。

(1) 2007 年 1 月 1 日,发行可转换公司债券时:

可转换公司债券负债成分的公允价值 $=200\,000\,000 \times 0.6499 + 200\,000\,000 \times$
$6\% \times 3.8897 = 176\,656\,400$(元)

可转换公司债券权益成分的公允价值 $= 200\,000\,000 - 176\,656\,400 =$
$23\,343\,600$(元)

借:银行存款　　　　　　　　　　　　　　　　　　　　200 000 000
　　应付债券——可转换公司债券(利息调整)　　　　　　23 343 600
　　贷:应付债券——可转换公司债券(面值)　　　　　　　　200 000 000
　　　　资本公积——其他资本公积——可转换债券　　　　　　23 343 600

(2) 2007 年 12 月 31 日,确认利息费用时:

财务费用 $= 176\,656\,400 \times 9\% \times 1 = 15\,899\,076$(元)

应计利息 $= 200\,000\,000 \times 6\% \times 1 = 12\,000\,000$(元)

利息调整 $= 15\,899\,076 - 12\,000\,000 = 3\,899\,076$(元)

借:财务费用　　　　　　　　　　　　　　　　　　　　15 899 076
　　贷:应付债券——可转换公司债券(应计利息)　　　　　12 000 000
　　　　　　　——可转换公司债券(利息调整)　　　　　　3 899 076

(3) 2008 年 1 月 1 日,债券持有人行使转换权时:

转换的股份数＝2 000 000×10＝20 000 000(股)

借：应付债券——可转换公司债券(面值)　　　　　　200 000 000

　　资本公积——其他资本公积——可转换债券　　　23 343 600

贷：股本　　　　　　　　　　　　　　　　　　　20 000 000

　　应付债券——可转换公司债券(利息调整)　　　　19 444 524

　　资本公积——股本溢价　　　　　　　　　　　183 899 076

企业发行附有赎回选择权的可转换公司债券,其在赎回日可能支付的利息补偿金。即：债券约定赎回期届满日应当支付的利息减去应付债券票面利息的差额,应当在债券发行日至债券约定赎回届满日期间计提应付利息,计提的应付利息,分别计入相关资产成本或财务费用。

第三节　长期应付款

长期应付款是指企业除长期借款和应付债券以外的其他各种长期应付款项,包括应付融资租入固定资产的租赁费、以分期付款方式购入固定资产发生的应付款项等。

一、应付融资租入固定资产的租赁费

企业采用融资租赁方式租入的固定资产,应在租赁期开始日,将租赁开始日租赁资产公允价值与最低租赁付款额现值两者中较低者,加上初始直接费用,作为租入资产的入账价值,借记"固定资产"等账户,按最低租赁付款额,贷记"长期应付款"账户,按发生的初始直接费用,贷记"银行存款"等账户,按其差额,借记"未确认融资费用"账户。

企业在计算最低租赁付款额的现值时,能够取得出租人租赁内含利率的,应当采用租赁内含利率作为折现率;否则,应当采用租赁合同规定的利率作为折现率。企业无法取得出租人的租赁内含利率且租赁合同没有规定利率的,应当采用同期银行贷款利率作为折现率。租赁内含利率是指在租赁开始日,使最低租赁收款额的现值与未担保余值的现值之和等于租赁资产公允价值与出租人的初始直接费用之和的折现率。

未确认融资费用应当在租赁期内各个期间进行分摊。企业应当采用实际利率法计算确认当期的融资费用。

二、具有融资性质的延期付款购买资产

企业购买资产有可能延期支付有关价款。如果延期支付的购买价款超过正常信用条件，实质上具有融资性质的，所购资产的成本应当以延期支付购买价款的现值为基础确定。实际支付的价款与购买价款的现值之间的差额，应当在信用期间内采用实际利率法进行摊销，计入相关资产成本或当期损益。具体来说，企业购入资产超过正常信用条件，使延期付款实质上具有融资性质时，应按购买价款的现值，借记"固定资产"、"在建工程"等账户，按应支付的价款总额，贷记"长期应付款"账户，按其差额，借记"未确认融资费用"账户。

上述两个问题的具体举例请参阅"融资租入固定资产核算"内容。

第四节　借　款　费　用

一、借款费用的概念

借款费用是企业因借入资金所付出的代价，它包括借款利息、折价或者溢价的摊销、辅助费用以及因外币借款而发生的汇兑差额等。

因借款而发生的利息，包括企业向银行或者其他金融机构等借入资金发生的利息、发行公司债券发生的利息，以及为购建或者生产符合资本化条件的资产而发生的带息债务所承担的利息等。

因借款而发生的折价或者溢价主要是指发行债券等所发生的折价或者溢价，发行债券中的折价或者溢价，其实质是对债券票面利息的调整（即将债券票面利率调整为实际利率），属于借款费用的范畴。

因外币借款而发生的汇兑差额是指出于汇率变动对外币借款本金及其利息的记账本位币金额所产生的影响金额。

因借款而发生的辅助费用是指企业在借款过程中发生的诸如手续费、佣金等费用。由于这些费用是因安排借款而发生的，也属于借入资金所付出的代价，是借款费用的构成部分。

二、借款费用的确认

根据借款费用准则的规定，借款费用确认的基本原则是：企业发生的借

款费用,可直接归属于符合资本化条件的资产的购建或者生产的,应当予以资本化,计入相关资产成本;其他借款费用,应当在发生时根据其发生额确认为费用,计入当期损益。

1. 符合借款费用资本化的借款范围

按照借款费用准则,借款包括专门借款和一般借款。专门借款是指为购建或者生产符合资本化条件的资产而专门借入的款项,通常应当有明确的用途。一般借款是指除专门借款之外的借款。相对于专门借款而言,一般借款在借入时,其用途通常没有特指用于符合资本化条件的资产的购建或者生产。

借款费用应予资本化的借款范围,既包括专门借款,也可包括一般借款。其中,对于一般借款,只有在购建或者生产某项符合资本化条件的资产占用了一般借款时,才应将与该部分一般借款相关的借款费用资本化,否则,所发生的借款费用应当计入当期损益。

2. 符合借款费用资本化的资产范围

符合资本化条件的资产是指需要经过相当长时间的购建或者生产活动才能达到预定使用或者销售状态的固定资产、投资性房地产和存货等资产。符合资本化条件的存货,主要包括房地产开发企业开发的用于对外出售的房地产开发产品、企业制造的用于对外出售的大型机器设备等。这类存货通常需要经过相当长时间的建造或者生产过程,才能达到预定可销售状态。其中,"相当长时间"应当是指为资产的购建或者生产所必需的时间,通常为1年以上(含1年)。

在实务中,如果由于人为或者故意等非正常因素导致的购建或者生产时间相当长的,该资产不属于符合资本化条件的资产。购入即可使用的资产,或者购入后需要安装但所需要安装时间较短的资产,或者需要建造生产但建造或生产时间较短的资产,均不属于符合资本化条件的资产。

3. 符合借款费用资本化的时间范围

企业只有对发生在资本化期间内的有关借款费用,才允许资本化。资本化期间的确定是借款费用确认和计量的重要前提。根据借款费用准则的规定,借款费用资本化期间是指从借款费用开始资本化时点到停止资本化时点的期间,但不包括借款费用暂停资本化的期间。

(1)借款费用开始资本化的时点。借款费用必须同时满足三个条件,才允许开始资本化,即资产支出已经发生、借款费用已经发生、为使资产达到预定可使用或者可销售状态所必要的购建或者生产活动已经开始。其中,资产支出只包括为购建或者生产符合资本化条件的资产而以支付现金、转移非现金资产或承担带息债务(如带息应付票据)发生的支出。

(2)借款费用暂停资本化的时间。符合资本化条件的资产在购建或者生产过程中发生非正常中断且中断时间连续超过3个月的,应当暂停借款费用的资本化。中断的原因必须是非正常中断;属于正常中断的,相关借款费用仍可资本化。非正常中断,通常是由于企业管理决策上的原因或者其他不可预见的原因等所导致的中断。正常中断,通常仅限于因购建或者生产符合资本化条件的资产达到预定可使用或者可销售状态所必需的程序,或者事先可预见的不可抗力因素导致的中断。

(3)借款费用停止资本化的时点。购建或者生产符合资本化条件的资产达到预定可使用或者可销售状态时,借款费用应当停止资本化。如果所购建或者生产的资产分别建造、分别完工的,企业应当区别情况界定借款费用停止资本化的时点。

三、借款费用的计量

1. 借款利息资本化金额的确定

(1)为购建或者生产符合资本化条件的资产而借入专门借款的,应当以专门借款当期实际发生的利息费用,减去将尚未动用的借款资金存入银行取得的利息收入或进行暂时性投资取得的投资收益后的金额确定。

(2)为购建或者生产符合资本化条件的资产而占用了一般借款的,企业应当根据累计资产支出超过专门借款部分的资产支出加权平均数乘以所占用一般借款的资本化率,计算确定一般借款应予资本化的利息金额。资本化率应当根据一般借款加权平均利率计算确定。

(3)每一会计期间的利息资本化金额,不应当超过当期相关借款实际发生的利息金额。企业在确定每期利息(包括折价或溢价的摊销)资本化金额时,应当首先判断符合资本化条件的资产在购建或者生产过程所占用的资金来源,如果所占用的资金是专门借款资金,则应当在资本化期间内,根据每期实际发生的专门借款利息费用,确定应予资本化的金额。在企业将闲置的专门借款资金存入银行取得利息收入或者进行暂时性投资获取投资收益的情况下,企业还应当将这些相关的利息收入或者投资收益从资本化金额中扣除，以如实反映符合资本化条件的资产的实际成本。

2. 借款辅助费用资本化金额的确定

辅助费用是企业为了安排借款而发生的必要费用，包括借款手续费（如发行债券手续费）、佣金等。

对于企业发生的专门借款辅助费用，在所购建或者生产的符合资本化条件的资产达到预定可使用或者可销售状态之前发生的，应当在发生时根据其发生额予以资本化；在所购建或者生产的符合资本化条件的资产达到预定可使用或者可销售状态之后所发生的，应当在发生时根据其发生额确认为费用，计入当期损益。

3. 外币专门借款汇兑差额资本化金额的确定

当企业为购建或者生产符合资本化条件的资产所借入的专门借款为外币借款时，由于企业取得外币借款日、使用外币借款日和会计结算日往往并不一致，而外汇汇率又在随时发生变化，因此，外币借款会产生汇兑差额。相应地，在借款费用资本化期间内，为购建固定资产而专门借入的外币借款所产生的汇兑差额，是购建固定资产的一项代价，应当予以资本化，计入固定资产成本。出于简化核算的考虑，借款费用准则规定，在资本化期间内，外币专门借款本金及其利息的汇兑差额，应当予以资本化，计入符合资本化条件的资产的成本。而除外币专门借款之外的其他外币借款本金及其利息所产生的汇兑差额，应当作为财务费用，计入当期损益。

【例 11-9】 ABC 公司于 2011 年 1 月 1 日正式动工兴建一幢厂房，工期预计为 1 年零 6 个月，工程采用出包方式，分别于 2011 年 1 月 1 日、2007 年 7 月 1 日和 2008 年 1 月 1 日交付工程进度款。

公司为建造厂房于 2011 年 1 月 1 日专门借款 2 000 万元，借款期限为 3 年，年利率为 6%。另外，在 2011 年 7 月 1 日，又专门借款 4 000 万元，借款期限为 5 年，年利率为 7%。借款利息按年支付。（如无特别说明，本章例题中名义利率与实际利率均相同）

闲置借款资金均用于固定收益债券短期投资，该短期投资月收益率为 0.5%。

厂房于 2012 年 6 月 30 日完工，达到预定可使用状态。

公司为建造该厂房的支出金额如表 11-2 所示。

表 11-2

建造该厂房的支出情况

金额单位：万元

日　　期	每期资产支出金额	累计资产支出金额	闲置借款资金用于短期投资金额
2011 年 1 月 1 日	1 500	1 500	500
2011 年 7 月 1 日	2 500	4 000	2 000
2012 年 1 月 1 日	1 500	5 500	500
总　　计	5 500		3 000

由于 ABC 公司使用了专门借款建造厂房，而且厂房建造支出没有超过专门借款金额，因此公司 2011 年、2012 年为建造厂房应予资本化的利息金额计算如下：

（1）确定借款费用资本化期间为 2011 年 1 月 1 日至 2012 年 6 月 30 日。

（2）计算在资本化期间内专门借款实际发生的利息金额：

2011 年专门借款发生的利息金额＝2 000×6％＋4 000×7％×6÷12＝260(万元)

2012 年 1 月 1 日至 6 月 30 日专门借款发生的利息金额＝2 000×6％×6÷12＋4 000×

7％×6÷12＝200(万元)

（3）计算在资本化期间内利用闲置的专门借款资金进行短期投资的收益：

2011 年短期投资收益＝500×0.5％×6＋2 000×0.5％×6＝75(万元)

2012 年 1 月 1 日至 6 月 30 日短期投资收益＝500×0.5％×6＝15(万元)

（4）由于在资本化期间内，专门借款利息费用的资本化金额应当以其实际发生的利息费用减去将闲置的借款资金进行短期投资取得的投资收益后的金额确定，因此：

公司 2011 年的利息资本化金额＝260－75＝185(万元)

公司 2012 年的利息资本化金额＝200－15＝185(万元)

有关账务处理如下。

2011 年 12 月 31 日：

借：在建工程   1 850 000

    应收利息（或银行存款）   750 000

  贷：应付利息   2 600 000

2012 年 6 月 30 日：

借：在建工程   1 850 000

    应收利息（或银行存款）   150 000

  贷：应付利息   2 000 000

第十二章

所有者权益

第一节 实 收 资 本

所有者权益是指企业资产扣除负债后由所有者享有的剩余权益。公司的所有者权益又称为股东权益。所有者权益的来源包括所有者投入的资产、直接计入所有者权益的利得和损失、留存收益等。所有者权益可分为实收资本(或股本)、资本公积、盈余公积和未分配利润等部分。其中,盈余公积和未分配利润统称为留存收益。本节先介绍实收资本的核算。

按照我国有关法律规定,投资者设立企业首先必须投入资本。实收资本是投资者投入资本形成法定资本的价值。所有者向企业投入的资本,在一般情况下无需偿还,可以长期周转使用。实收资本的构成比例,即投资者的出资比例或股东的股份比例,通常是确定所有者在企业所有者权益中所占的份额和参与企业财务经营决策的基础,也是企业进行利润分配或股利分配的依据,同时还是企业清算时确定所有者对净资产的要求权的依据。

为了反映和监督投资者投入资本的增减变动情况,企业必须按照国家统一的会计制度的规定进行实收资本的核算,真实地反映所有者投入企业资本的状况,维护所有者各方在企业的权益。除股份有限公司以外,其他各类企业应通过"实收资本"账户核算,股份有限公司应通过"股本"账户核算。企业收到所有者投入企业的资本后,应根据有关原始凭证(如投资清单、银行通知单等),分别不同的出资方式进行会计处理。

一、有限责任公司实收资本的核算

按照我国《公司法》的规定,有限责任公司的股东可以用货币出资,也可以用实物、知识产权、土地使用权等可以用货币估价并可以依法转让的非货币财产作价出资。对作为出资的非货币财产应当评估作价,核实财产,不得高估或者低估作价。但全体股东的货币出资金额不得低于有限责任公司注册资本的 30%。

（一）接受现金资产投资

【例 12-1】 甲、乙、丙共同出资设立有限责任公司 A,公司注册资本为 10 000 000 元,甲、乙、丙持股比例分别为 50%、30% 和 20%。2007 年 1 月 5 日,A 公司如期收到各投资者一次性交足的款项。

根据上述资料,A 公司应作如下账务处理:

```
借:银行存款                                        10 000 000
    贷:实收资本——甲                                5 000 000
                ——乙                                3 000 000
                ——丙                                2 000 000
```

有限责任公司初建时,各投资者按照合同、协议或公司章程投入企业的资本应全部记入"实收资本"账户,注册资本为在公司登记机关登记的全体股东认交的出资额。在企业增资时,如有新投资者介入,新介入的投资者交纳的出资额大于其按约定比例计算的其在注册资本中所占的份额部分,不记入"实收资本"账户,而作为资本公积,记入"资本公积"账户。具体详见本章第二节。

（二）接受非现金资产投资

企业接受非现金资产(如固定资产、原材料、无形资产)投资时,应按投资合同或协议约定价值确定非现金资产价值(但投资合同或协议约定价值不公允的除外)和在注册资本中应享有的份额。

【例 12-2】 甲有限责任公司于设立时收到乙公司作为资本投入的不需要安装的机器设备 1 台,合同约定该机器设备的价值为 2 000 000 元,增值税进项税额为 340 000 元。合同约定的固定资产价值与公允价值相符,不考虑其他因素。甲有限责任公司进行会计处理时,应编制会计分录如下:

```
借:固定资产                                          2 000 000
    应交税费——应交增值税(进项税额)                  340 000
    贷:实收资本——乙公司                              2 340 000
```

本例中,该项固定资产合同约定的价值与公允价值相符,且甲公司接受的固定资产投资产生的相关增值税进项税额允许抵扣,因此,固定资产应按合同约定价值 2 000 000 元入账。甲公司接受乙公司投入的固定资产按合同约定金额和增值税的进项税额作为实收资本,即可按 2 340 000 元的金额贷记"实收资本"账户。

【例 12-3】 乙有限责任公司于设立时收到 B 公司作为资本投入的原材料一批,该批原材料投资合同或协议约定价值(不含可抵扣的增值税进项税额部分)为 100 000 元,增值税进项税额为 17 000 元。B 公司已开具了增值税专用发票。假设合同约定的价值与公允价值相符,该进项税额允许抵扣,不考虑其他因素。会计分录为:

借:原材料 100 000
　　应交税费——应交增值税(进项税额) 17 000
　　贷:实收资本——B 公司 117 000

本例中,原材料的合同约定价值与公允价值相符,因此,可按照 100 000 元的金额借记"原材料"账户;同时,该进项税额允许抵扣,因此,增值税专用发票上注明的增值税额 17 000 元,应借记"应交税费——应交增值税(进项税额)"账户。乙公司接受的 B 公司投入的原材料按合同约定金额和增值税的进项税额之和作为实收资本,即可按 117 000 的金额贷记"实收资本"账户。

【例 12-4】 丙有限责任公司于设立时收到 A 公司作为资本投入的非专利技术一项。该非专利技术投资合同约定价值为 60 000 元,同时收到 B 公司作为资本投入的土地使用权一项,投资合同约定价值为 80 000 元。假设丙公司接受该非专利技术和土地使用权符合国家注册资本管理的有关规定,可按合同约定作实收资本入账。合同约定的价值与公允价值相符,不考虑其他因素。丙有限责任公司在进行会计处理时,应编制会计分录如下:

借:无形资产——非专利技术 60 000
　　　　　　——土地使用权 80 000
　　贷:实收资本——A 公司 60 000
　　　　　　　　——B 公司 80 000

本例中,非专利技术与土地使用权的合同约定价值与公允价值相符,因此,可分别按照 60 000 元和 80 000 元的金额借记"无形资产"账户。A、B 公司投入的非专利技术和土地使用权按合同约定金额作为实收资本,即可分别按 60 000 元和 80 000 元的金额贷记"实收资本"账户。

二、股份有限责任公司的实收资本的核算

股份有限公司是指全部资本由等额股份构成并通过发行股票筹集资本、股东以其认购的股份为限对公司承担责任、公司以其全部财产对公司债务承担责任的企业法人。股份有限公司与其他企业相比较,最显著的特点就是将企业的全部资本划分为等额股份,并通过发行股票的方式来筹集资本。股东以其所认购股份对公司承担有限责任。股份是很重要的指标。股票的面值与股份总数的乘积为股本,股本应等于企业的注册资本,所以,股本也是很重要的指标。为了直观地反映这一指标,在会计处理上,股份有限公司应设置"股本"账户。

"股本"账户核算股东投入股份有限公司的股本,企业应将核定的股本总额、股份总数、每股面值在股本账户中作备查记录。为提供企业股份的构成情况,企业可在"股本"账户下按股东单位或姓名设置明细账。企业的股本应在核定的股本总额范围内,发行股票取得。但值得注意的是,企业发行股票取得的收入与股本总额往往不一致,公司发行股票取得的收入大于股本总额的,称为溢价发行;小于股本总额的,称为折价发行;等于股本总额的,称为面值发行。我国不允许企业折价发行股票。在采用溢价发行股票的情况下,企业应将相当于股票面值的部分记入"股本"账户,其余部分在扣除发行手续费、佣金等发行费用后记入"资本公积——股本溢价"账户。

【例 12-5】 B 股份有限公司发行普通股 20 000 000 股,每股面值为 1 元,发行价格为 6 元。股款 120 000 000 元已经全部收到,发行过程中发生相关税费 60 000 元。根据上述资料,B 股份有限公司应作以下账务处理:

计入股本的金额＝20 000 000×1＝20 000 000(元)

计入资本公积的金额＝(6－1)×20 000 000－60 000＝99 940 000(元)

借:银行存款　　　　　　　　　　　　　　　　　11 994 000

　　贷:股本　　　　　　　　　　　　　　　　　　　20 000 000

　　　　资本公积——股本溢价　　　　　　　　　　　99 940 000

三、实收资本增减变动的会计处理

《中华人民共和国公司登记管理条例》规定,公司增加注册资本的,有限责任公司股东认交新增资本的出资和股份有限公司的股东认购新股,应当

分别依照《公司法》设立有限责任公司交纳出资和设立股份有限公司交纳股款的有关规定执行。公司法定公积金转增为注册资本的，验资证明应当载明留存的该项公积金不少于转增前公司注册资本的25％。公司减少注册资本的，应当自公告之日起45日后申请变更登记，并应当提交公司在报纸上登载公司减少注册资本公告的有关证明和公司债务清偿或者债务担保情况的说明。公司减资后的注册资本不得低于法定的最低限额。公司变更实收资本的，应当提交依法设立的验资机构出具的验资证明，并应当按照公司章程载明的出资时间、出资方式交纳出资。公司应当自足额交纳出资或者股款之日起30日内申请变更登记。

（一）实收资本增加的会计处理

（1）所有者（包括原企业所有者和新投资者）增加投资。企业接受投资者投入的资本，借记"银行存款"、"固定资产"、"无形资产"、"长期股权投资"等账户，贷记"实收资本"或"股本"等账户。

（2）将资本公积转为实收资本或者股本。会计上应借记"资本公积——资本溢价"或"资本公积——股本溢价"账户，贷记"实收资本"或"股本"账户。

（3）将盈余公积转为实收资本。会计上应借记"盈余公积"账户，贷记"实收资本"或"股本"账户。

这里要注意的是，资本公积和盈余公积均属所有者权益，转为实收资本或者股本的，企业如为独资企业的，核算比较简单，直接结转即可；如为股份有限公司或有限责任公司的，应按原投资者所持股份同比例增加各股东的股权。

（4）股份有限公司发放股票股利。股份有限公司采用发放股票股利实现增资的，在发放股票股利时，按照股东原来持有的股数分配。股东大会批准的利润分配方案中分配的股票股利，应在办理增资手续后，借记"利润分配"账户，贷记"股本"账户。

（5）可转换公司债券持有人行使转换权利。可转换公司债券持有人行使转换权利，将其持有的债券转换为股票，按可转换公司债券的余额，借记"应付债券——可转换公司债券（面值、利息调整）"账户，按其权益成分的金额，借记"资本公积——其他资本公积"账户，按股票面值和转换的股数计算的股票面值总额，贷记"股本"账户，按其差额，贷记"资本公积——股本溢价"账户。具体账务处理详见本教材第十一章"非流动负债"内容。

（6）企业将重组债务转为资本。企业将重组债务转为资本的，应按重组债务的账面余额,借记"应付账款"等账户,按债权人因放弃债权而享有本企业股份的面值总额,贷记"实收资本"或"股本"账户,按股份的公允价值总额与相应的实收资本或股本之间的差额,贷记或借记"资本公积——资本溢价"或"资本公积——股本溢价"账户,按其差额,贷记"营业外收入——债务重组利得"账户。具体账务处理详见本教材第十五章"债务重组"内容。

（二）实收资本减少的会计处理

企业实收资本减少的原因大体有两种:一是资本过剩;二是企业发生亏损而需要减少实收资本。企业因资本过剩而减资,一般要发还股款。有限责任公司和一般企业发还投资的会计处理比较简单,按法定程序报经批准减少注册资本的,借记"实收资本"账户,贷记"库存现金"、"银行存款"等账户。

股份有限公司由于采用的是发行股票的方式筹集股本,发还股款时,则要回购发行的股票,而发行股票的价格与股票面值可能不同,回购股票的价格也可能不同。由于发行价格不同,会计处理较为复杂。股份有限公司因减少注册资本而回购本公司股份的,应按实际支付的金额,借记"库存股"账户,贷记"银行存款"等账户。注销库存股时,应按股票面值和注销股数计算的股票面值总额,借记"股本"账户,按注销库存股的账面余额,贷记"库存股"账户,按其差额,冲减股票发行时原记入资本公积的溢价部分,借记"资本公积——股本溢价"账户,回购价格超过上述冲减"股本"及"资本公积——股本溢价"账户的部分,应依次借记"盈余公积"、"利润分配——未分配利润"等账户;若回购价格低于回购股份所对应的股本,所注销库存股的账面余额与所冲减股本的差额作为增加股本溢价处理,按回购股份所对应的股本面值,借记"股本"账户,按注销库存股的账面余额,贷记"库存股"账户,按其差额,贷记"资本公积——股本溢价"账户。

【例 12-6】 B 股份有限公司截至 2011 年 12 月 31 日共发行股票 30 000 000 股,股票面值为 1 元,资本公积(股本溢价)6 000 000 元,盈余公积 4 000 000 元。经股东大会批准,B 公司以现金回购本公司股票 3 000 000 股并注销。

（1）假定 B 公司按照每股 4 元回购股票,不考虑其他因素,B 公司的会计处理如下:

库存股的成本 $= 3\,000\,000 \times 4 = 12\,000\,000$（元）

借：库存股	12 000 000
贷：银行存款	12 000 000
借：股本	3 000 000
资本公积——股本溢价	6 000 000
盈余公积	3 000 000
贷：库存股	12 000 000

（2）假定 B 公司以每股 0.9 元回购股票，其他条件不变。B 公司的会计处理如下：

$$库存股的成本＝3\ 000\ 000×0.9＝2\ 700\ 000（元）$$

借：库存股	2 700 000
贷：银行存款	2 700 000
借：股本	3 000 000
贷：库存股	2 700 000
资本公积——股本溢价	300 000

由于 B 公司以低于面值的价格回购股票，股本与库存股成本的差额 300 000 元应作增加资本公积处理。

第二节　资　本　公　积

一、资本公积的含义

资本公积是企业收到投资者的超出其在企业注册资本（或股本）中所占份额的投资，以及直接计入所有者权益的利得和损失等。资本公积包括资本溢价（或股本溢价）和直接计入所有者权益的利得和损失等。

资本溢价（或股本溢价）是企业收到投资者的超出其在企业注册资本（或股本）中所占份额的投资。形成资本溢价（或股本溢价）的原因有溢价发行股票、投资者超额交入资本等。

直接计入所有者权益的利得和损失是指不应计入当期损益、会导致所有者权益发生增减变动的、与所有者投入资本或者向所有者分配利润无关的利得或者损失。

资本公积一般应当设置"资本（或股本）溢价"、"其他资本公积"明细账户核算。

二、资本公积的确认和计量

（一）资本溢价或股本溢价的会计处理

1. 资本溢价

投资者经营的企业(不含股份有限公司)，投资者依其出资份额对企业经营决策享有表决权，依其所认缴的出资额对企业承担有限责任。明确记录投资者认缴的出资额，真实地反映各投资者对企业享有的权利与承担的义务，是会计处理应注意的问题。为此，会计上应设置"实收资本"账户，核算企业投资者按照公司章程所规定的出资比例实际交付的出资额。在企业创立时，出资者认缴的出资额全部记入"实收资本"账户。

在企业重组并有新的投资者加入时，为了维护原有投资者的权益，新加入的投资者的出资额，并不一定全部作为实收资本处理。这是因为，在企业正常经营过程中投入的资金虽然与企业创立时投入的资金在数量上一致，但其获利能力却不一致。企业创立时，要经过筹建、试生产经营、为产品寻找市场、开辟市场等过程，从投入资金到取得投资回报，中间需要许多时间，并且这种投资具有风险性。在这个过程中，资本利润率很低。而企业进行正常生产经营后，在正常情况下，资本利润率要高于企业初创阶段。而这高于初创阶段的资本利润率是初创时必要的垫支资本带来的，企业创办者为此付出了代价。因此，相同数量的投资，由于出资时间不同，其对企业的影响程度不同，由此而带给投资者的权力也不同，往往早期出资带给投资者的权利要大于后期出资带给投资者的权利。所以，新加入的投资者要付出大于原有投资者的出资额，才能取得与投资者相同的投资比例。另外，不仅原投资者原有投资从质量上发生了变化，就是从数量上也可能发生变化，这是因为企业经营过程中实现利润的一部分留在企业，形成留存收益，而留存收益也属于投资者权益，但其未转入实收资本。新加入的投资者如与原投资者共享这部分留存收益，也要求其付出大于原有投资者的出资额，才能取得与原有投资者相同的投资比例。投资者投入的资本中按其投资比例计算的出资额部分，应记入"实收资本"账户，大于部分应记入"资本公积"账户。

【例 12-7】 某有限责任公司由甲、乙、丙三位股东各自出资 100 万元设立。设立时的实收资本为 300 万元。经过 3 年的经营，该企业留存收益为

150万元。这时又有了投资者有意加入该企业，并表示愿意出资180万元，而仅占该企业股份的25％。在会计处理时：

借：银行存款　　　　　　　　　　　　　　　　　　　1 800 000
　　贷：实收资本——丁　　　　　　　　　　　　　　　　1 000 000
　　　　资本公积——资本溢价　　　　　　　　　　　　　　800 000

2. 股本溢价

股份有限公司是以发行股票的方式筹集股本的，股票是企业签发的证明股东按其所持股份享有权利和承担义务的书面证明。由于股东按其所持企业股份享有权利和承担义务，为了反映和便于计算各股东所持股份占企业全部股本的比例，企业的股本总额应按股票的面值与股份总数的乘积计算。国家规定，实收股本总额应与注册资本相等。因此，为提供企业股本总额及其构成及注册资本等信息，在采用与股票面值相同的价格发行股票的情况下，企业发行股票取得的收入，应全部记入"股本"账户；在采用溢价发行股票的情况下，企业发行股票取得的收入，相当于股票面值的部分，记入"股本"账户，超出股票面值的溢价收入，记入"资本公积"账户。委托证券商代理发行股票而支付的手续费、佣金等，应从溢价发行收入中扣除，企业应按扣除手续费、佣金后的数额，记入"资本公积"账户。

【例12-8】　A公司委托B证券公司代理发行普通股2 000 000股，每股面值1元，按每股1.2元的价格发行。公司与受托单位约定，按发行收入的3％收取手续费，从发行收入中扣除。假如收到的股款已存入银行。A公司应作如下会计处理：

公司收到受托发行单位交来的现金＝2 000 000×1.2×(1－3％)＝2 328 000(元)

应记入"资本公积"账户的金额＝溢价收入－发行手续费＝2 000 000×(1.2－1)－
2 000 000×1.2×3％＝328 000(元)

借：银行存款　　　　　　　　　　　　　　　　　　　2 328 000
　　贷：股本　　　　　　　　　　　　　　　　　　　　2 000 000
　　　　资本公积——股本溢价　　　　　　　　　　　　　328 000

(二) 其他资本公积的会计处理

其他资本公积是指除资本溢价（或股本溢价）项目以外所形成的资本公积，其中主要包括直接计入所有者权益的利得和损失。

直接计入所有者权益的利得和损失主要由以下交易或事项引起。

1. 采用权益法核算的长期股权投资

长期股权投资采用权益法核算的,在持股比例不变的情况下,被投资单位除净损益以外所有者权益的其他变动,企业按持股比例计算应享有的份额,如果是利得,应当增加长期股权投资的账面价值,同时增加资本公积(其他资本公积);如果是损失,应当作相反的会计分录。当处置采用权益法核算的长期股权投资时,应当将原计入资本公积的相关金额转入投资收益。

2. 以权益结算的股份支付

以权益结算的股份支付换取职工或其他方提供服务的,应按照确定的金额,记入"管理费用"等账户,同时增加资本公积(其他资本公积)。在行权日,应按实际行权的权益工具数量计算确定的金额,借记"资本公积——其他资本公积"账户,按记入实收资本或股本的金额,贷记"实收资本"或"股本"账户,并将其差额记入"资本公积——资本溢价"或"资本公积——股本溢价"账户。

3. 存货或自用房地产转换为投资性房地产

企业将作为存货的房地产转换为采用公允价值模式计量的投资性房地产,应当按该项房地产在转换日的公允价值入账,借记"投资性房地产——成本"账户,原已计提跌价准备的,借记"存货跌价准备"账户,按其账面余额,贷记"开发产品"等账户。同时,转换日的公允价值小于账面价值的,按其差额,借记"公允价值变动损益"账户;转换日的公允价值大于账面价值的,按其差额,贷记"资本公积——其他资本公积"账户。

企业将自用房地产转换为采用公允价值模式计量的投资性房地产时,应当按该项土地使用权或建筑物在转换日的公允价值,借记"投资性房地产(成本)"账户;按已计提的累计摊销或累计折旧,借记"累计摊销"或"累计折旧"账户;原已计提减值准备的,借记"无形资产减值准备"、"固定资产减值准备"账户;按其账面余额,贷记"固定资产"或"无形资产"账户。同时,转换日的公允价值小于账面价值的,按其差额,借记"公允价值变动损益"账户;转换日的公允价值大于账面价值的,按其差额,贷记"资本公积——其他资本公积"账户。

待该项投资性房地产处置时,因转换计入资本公积的部分应转入当期的其他业务收入,借记"资本公积——其他资本公积"账户,贷记"其他业务收入"账户。具体举例详见本教材第八章"投资性房地产"内容。

4. 可供出售金融资产公允价值的变动

可供出售金融资产公允价值变动的利得,借记"公允价值变动损益"账户,贷记"资本公积——其他资本公积"账户,公允价值变动形成的损失,作相反的会计分录。具体举例详见本教材第三章"金融资产"内容。

（三）资本公积转增资本的会计处理

按照我国《公司法》的规定,法定公积金(资本公积和盈余公积)转为资本时,所留存的该项公积金不得少于转增前公司注册资本的25%。经股东大会或类似机构决议,用资本公积转增资本时,应冲减资本公积,同时按照转增前的实收资本(或股本)的结构或比例,将转增的金额记入"实收资本"(或"股本")账户下各所有者的明细分类账。

第三节　留　存　收　益

一、利润分配的有关规定

根据我国《公司法》等有关法规的规定,企业当年实现的净利润,一般应当按照如下顺序进行分配。

1. 提取法定公积金

公司制企业的法定公积金按照税后利润的10%的比例提取(非公司制企业也可按照超过10%的比例提取),在计算提取法定盈余公积的基数时,不应包括企业年初本分配利润。公司法定公积金累计额为公司注册资本的50%以上时,可以不再提取法定公积金。

公司的法定公积金不足以弥补以前年度亏损的,在提取法定公积金之前,应当先用当年利润弥补亏损。

2. 提取任意公积金

公司从税后利润中提取法定公积金后,经股东会或者股东大会决议,还可以从税后利润中提取任意公积金。非公司制企业经类似权力机构批准,也可提取任意盈余公积。

3. 向投资者分配利润或股利

公司弥补亏损和提取公积金后所余税后利润,一般来讲,有限责任公司股东按照实交的出资比例分取红利,股份有限公司按照股东持有的股份比例分配利润。若股东会、股东大会或者董事会违反规定,在公司弥补亏损和提取法定公积金之前向股东分配利润的,股东必须将违反规定分配的利润退还公司。公司持有的本公司股份不得分配利润。

二、盈余公积

(一)盈余公积的含义与用途

盈余公积是指企业按照规定从净利润中提取的各种积累资金。公司制企业的盈余公积分为法定盈余公积和任意盈余公积。两者的区别就在于其各自计提的依据不同。前者以国家的法律或行政规章为依据提取,后者则由企业自行决定提取。

企业提取盈余公积主要可以用于以下几个方面。

1. 弥补亏损

企业发生亏损时,应由企业自行弥补。弥补亏损的渠道主要有三条:一是用以后年度税前利润弥补。按照现行制度规定,企业发生亏损时,可以用以后5年内实现的税前利润弥补,即税前利润弥补亏损的期间为5年。二是用以后年度税后利润弥补。企业发生的亏损经过5年期间未弥补足额的,尚未弥补的亏损应用所得税后的利润弥补。三是以盈余公积弥补亏损。企业以提取的盈余公积弥补亏损时,应当由公司董事会提议,并经股东大会批准。

2. 转增资本

企业将盈余公积转增资本时,必须经股东大会决议批准。在实际将盈余公积转增资本时,要按股东原有持股比例结转。按照我国《公司法》的规定,法定公积金(资本公积和盈余公积)转为资本时,所留存的该项公积金不得少于转增前公司注册资本的25%。

企业提取的盈余公积,无论是用于弥补亏损,还是用于转增资本,只不过是在企业所有者权益内部作结构上的调整,并不引起企业所有者权益总额的变动。

3. 扩大企业生产经营

盈余公积的用途,并不是指其实际占用形态,提取盈余公积也并不是单独将这部分资金从企业资金周转过程中抽出。企业盈余公积的结存数,实际只表现为企业所有者权益的组成部分,表明企业生产经营资金的一个来源而已。其形成的资金可能表现为一定的货币资金,也可能表现为一定的实物资产,如存货和固定资产等,随同企业的其他来源所形成的资金进行循环周转,用于企业的生产经营。

（二）盈余公积的账务处理

为了反映盈余公积的形成及使用情况，企业应设置"盈余公积"账户。企业应当分别"法定盈余公积"、"任意盈余公积"进行明细核算。

企业提取盈余公积时，借记"利润分配——提取法定盈余公积"、"利润分配——提取任意盈余公积"账户，贷记"盈余公积——法定盈余公积"、"盈余公积——任意盈余公积"账户。

企业用盈余公积弥补亏损或转增资本时，借记"盈余公积"账户，贷记"利润分配——盈余公积补亏"、"实收资本"或"股本"账户。经股东大会决议，用盈余公积派送新股，按派送新股计算的金额，借记"盈余公积"账户，按股票面值和派送新股总数计算的股票面值总额，贷记"股本"账户。

三、未分配利润

"利润分配"账户所属的其他明细账户的余额，转入"未分配利润"明细账户。结转后，"未分配利润"明细账户的贷方余额，就是未分配利润的金额；如出现借方余额，则表示未弥补亏损的金额。"利润分配"账户所属的其他明细账户应无余额。

【例 12-9】　A 股份有限公司的股本为 100 000 000 元。每股面值 1 元。2007 年年初未分配利润为贷方 80 000 000 元，2007 年实现净利润 50 000 000 元。

假定公司经批准的 2011 年度利润分配方案为：按照 2011 年实现净利润的 10% 提取法定盈余公积，5% 提取任意盈余公积，同时向股东按每股 0.2 元派发现金股利，按每 10 股送 3 股的比例派发股票股利。2012 年 3 月 15 日，公司以银行存款支付了全部现金股利，新增股本也已经办理完股权登记和相关增资手续。A 公司的会计处理如下。

（1）2011 年度终了时，企业结转本年实现的净利润：

借：本年利润　　　　　　　　　　　　　　　　　50 000 000

　　贷：利润分配——本分配利润　　　　　　　　　　50 000 000

（2）提取法定盈余公积和任意盈余公积：

借：利润分配——提取法定盈余公积　　　　　　　　5 000 000

　　　　　　——提取任意盈余公积　　　　　　　　2 500 000

　　贷：盈余公积——法定盈余公积　　　　　　　　5 000 000

　　　　　　——任意盈余公积　　　　　　　　　　2 500 000

(3) 批准向股东分配并发放现金股利：

$$100\ 000\ 000 \times 0.2 = 20\ 000\ 000(元)$$

借：利润分配——应付现金股利　　　　　　　　　　　　20 000 000

　贷：应付股利　　　　　　　　　　　　　　　　　　　　20 000 000

发放股票股利不进行账务处理，只在财务报表附注中说明。

(4) 结转"利润分配"的明细账户：

借：利润分配——未分配利润　　　　　　　　　　　　　27 500 000

　贷：利润分配——提取法定盈余公积　　　　　　　　　　5 000 000

　　　　　　——提取任意盈余公积　　　　　　　　　　2 500 000

　　　　　　——应付现金股利　　　　　　　　　　　　20 000 000

A公司2011年年底"利润分配——未分配利润"账户的余额为：

$$80\ 000\ 000 + 50\ 000\ 000 - 27\ 500\ 000 = 102\ 500\ 000(元)$$

即贷方余额102 500 000元，反映企业的累计未分配利润为102 500 000元。

(5) 2012年3月15日，实际发放现金股利：

借：应付股利　　　　　　　　　　　　　　　　　　　　20 000 000

　贷：银行存款　　　　　　　　　　　　　　　　　　　　20 000 000

办完增资手续后：

借：利润分配——转作股本的股利　　　　　　　　　　　30 000 000

　贷：股本　　　　　　　　　　　　　　　　　　　　　　30 000 000

　　企业在生产经营过程中既有可能发生盈利，也有可能出现亏损。企业在当年发生亏损的情况下，与实现利润的情况相同，应当将本年发生的亏损自"本年利润"账户，转入"利润分配——未分配利润"账户，借记"利润分配——未分配利润"账户，贷记"本年利润"账户，结转后"利润分配"账户的借方余额，即为未弥补亏损的数额。然后通过"利润分配"账户核算有关亏损的弥补情况。

　　由于弥补亏损所形成的时间长短不同等原因，以前年度未弥补亏损有的可以以当年实现的税前利润弥补，有的则须用税后利润弥补。以当年实现的利润弥补以前年度结转的未弥补亏损，不需要进行专门的账务处理。企业应将当年实现的利润自"本年利润"账户转入"利润分配——未分配利润"账户的贷方,其贷方发生额与"利润分配——未分配利润"账户的借方余额自然抵补。无论是以税前利润还是以税后利润弥补亏损,其会计处理方法均相同。但是,两者在计算交纳所得税时的处理是不同的。在以税前利润弥补亏损的情况下,其弥补的数额可以抵减当期企业应纳税所得额,而以税后利润弥补的数额,则不能作为纳税所得扣除处理。

【例 12-10】 华丰公司 2007 年发生亏损 1 200 000 元。在年度终了时,企业应当结转本年发生的亏损,其会计分录为:

借:利润分配——未分配利润　　　　　　　　　　　　　　1 200 000
　　贷:本年利润　　　　　　　　　　　　　　　　　　　　　　1 200 000

假设 2008—2012 年,该企业每年均实现利润 200 000 元。按照现行制度规定,企业在发生亏损以后的 5 年内可以以税前利润弥补亏损。该企业在 2002—2006 年均可在税前弥补亏损。此时,该企业在 2002—2006 年年度终了时,其会计分录为:

借:本年利润　　　　　　　　　　　　　　　　　　　　　　200 000
　　贷:利润分配——未分配利润　　　　　　　　　　　　　　　200 000

2008—2012 年各年度终了,按照上述会计分录的结果,2012 年"利润分配——未分配利润"账户期末余额为借方余额 200 000 元,即 2013 年未弥补亏损 200 000 元。假设该企业 2007 年实现税前利润 400 000 元,按现行制度规定,该企业只能用税后利润弥补以前年度亏损。在 2013 年年度终了时,该企业首先应当按照当年实现的税前利润计算交纳当年应负担的所得税,然后再将当期扣除计算交纳的所得税后的净利润,转入"利润分配"账户。在本例中,假设该企业适用的所得税税率为 25%,该企业在 2007 年年度计算交纳所得税时,其纳税所得额为 400 000 元,当年应交纳的所得税 100 000 元(400 000×25%)。此时,该企业应编制如下会计分录。

(1) 计算交纳所得税:

借:所得税　　　　　　　　　　　　　　　　　　　　　　100 000
　　贷:应交税费——应交所得税　　　　　　　　　　　　　　　100 000

借:本年利润　　　　　　　　　　　　　　　　　　　　　　100 000
　　贷:所得税费用　　　　　　　　　　　　　　　　　　　　　100 000

(2) 结转本年利润,弥补以前年度未弥补亏损:

借：本年利润   300 000

 贷：利润分配——未分配利润   300 000

（3）上述核算的结果，该企业 2013 年"利润分配——未分配利润"账户的期末贷方余额为 100 000 元（300 000－200 000）。

第十三章

收入、费用和利润

第一节　收入的含义与分类

一、收入的含义

收入是指企业在日常活动中形成的、会导致所有者权益增加的、与所有者投入资本无关的经济利益的总流入。日常活动是指企业为完成其经营目标所从事的经常性活动以及与之相关的活动。工业企业销售产品、商业企业销售商品、咨询公司提供咨询服务、软件开发企业为客户开发软件、安装公司提供安装服务、商业银行对外贷款、租赁公司出租资产等活动，均属于企业为完成其经营目标所从事的经常性活动，由此形成的经济利益的总流入构成收入。工业企业对外出售不需用的原材料、对外转让无形资产使用权、对外进行权益性投资（取得现金股利）或债权性投资（取得利息）等活动，虽不属于企业的经常性活动，但属于企业为完成其经营目标所从事的与经常性活动相关的活动，由此形成的经济利益的总流入也构成收入（其他业务收入或投资收益）。

收入形成于企业日常活动的特征使其与产生于非日常活动的利得相区分。企业所从事或发生的某些活动也能为企业带来经济利益，但不属于企业为完成其经营目标所从事的经常性活动，也不属于与经常性活动相关的活动，例如工业企业处置固定资产、无形资产，因其他企业违约收取罚款等，这些活动形成的经济利益的总流入属于企业的利得而不是收入。利得通常不经过经营过程就能取得或属于企业不曾期望获得的收益。

二、收入的分类

（一）销售商品收入、提供劳务收入和让渡资产使用权收入

收入按企业从事日常活动的性质不同，分为销售商品收入、提供劳务收

入和让渡资产使用权收入。

（1）销售商品收入是指企业通过销售商品实现的收入。这里的商品包括企业为销售而生产的产品和为转售而购进的商品。企业销售的其他存货如原材料、包装物等也视同商品。

（2）提供劳务收入是指企业通过提供劳务实现的收入。比如，企业通过提供旅游、运输、咨询、代理、培训、产品安装等劳务所实现的收入。

（3）让渡资产使用权收入是指企业通过让渡资产使用权实现的收入。让渡资产使用权收入包括利息收入和使用费收入。利息收入主要是指金融企业对外贷款形成的利息收入，以及同业之间发生往来形成的利息收入等。使用费收入主要是指企业转让无形资产（如商标权、专利权、专营权、版权）等资产的使用权而形成的使用费收入。企业对外出租固定资产收取的租金、进行债权投资收取的利息、进行股权投资取得的现金股利等，也构成让渡资产使用权收入。

（二）主营业务收入和其他业务收入

收入按企业经营业务的主次不同，分为主营业务收入和其他业务收入。

（1）主营业务收入是指企业为完成其经营目标所从事的经常性活动实现的收入。主营业务收入一般占企业总收入的较大比重，对企业的经济效益产生较大影响。不同行业企业的主营业务收入所包括的内容不同，比如，工业企业的主营业务收入主要包括销售商品、自制半成品、代制品、代修品、提供工业性劳务等实现的收入，商业企业的主营业务收入主要包括销售商品实现的收入，咨询公司的主营业务收入主要包括提供咨询服务实现的收入，安装公司的主营业务收入主要包括提供安装服务实现的收入。

企业实现的主营业务收入通过"主营业务收入"账户核算，并通过"主营业务成本"账户核算为取得主营业务收入发生的相关成本。

（2）其他业务收入是指企业为完成其经营目标所从事的与经常性活动相关的活动实现的收入。其他业务收入属于企业日常活动中次要交易实现的收入，一般占企业总收入的比重较小。不同行业企业的其他业务收入所包括的内容不同，比如，工业企业的其他业务收入主要包括对外销售材料、对外出租包装物、商品或固定资产、对外转让无形资产使用权、对外进行权益性投资（取得现金股利）或债权性投资（取得利息）、提供非工业性劳务等实现的收入。

企业实现的原材料销售收入、包装物租金收入、固定资产租金收入、无形资产使用费收入等,通过"其他业务收入"账户核算,并通过"其他业务成本"账户核算为取得其他业务收入发生的相关成本。企业进行权益性投资或债权性投资取得的现金股利收入和利息收入,通过"投资收益"账户核算。

第二节　销售商品收入的确认与计量

一、销售商品收入的确认条件

销售商品收入同时满足下列条件的,才能予以确认。

1. 企业已将商品所有权上的主要风险和报酬转移给买方

风险主要指商品由于贬值、损坏、报废等造成的损失;报酬是指商品中包含的未来经济利益,包括商品因升值等给企业带来的经济利益。如果一项商品发生的任何损失均不需要本企业承担,带来的经济利益也不归本企业所有,则意味着该商品所有权上的风险和报酬已移出该企业。判断一项商品所有权上的主要风险和报酬是否已转移给买方,需要视不同情况而定:

第一,通常情况下,所有权上的风险和报酬的转移伴随着所有权凭证的转移或实物的交付而转移,例如大多数零售交易、预收款销售商品、订货销售商品等。

第二,某些情况下,企业已将所有权凭证或实物交付给买方,但商品所有权上的主要风险和报酬并未转移。企业可能在以下几种情况下保留商品所有权上的主要风险和报酬:

(1)企业销售的商品在质量、品种、规格等方面不符合合同规定的要求,又未根据正当的保证条款予以弥补,因而仍负有责任。例如,A 企业于 5 月 21 日销售一批商品,商品已经发出,买方已预付部分货款,余款由 A 企业开出一张商业承兑汇票,已随发票账单一并交付买方。买方当天收到商品后,发现商品质量没达到合同规定的要求,立即根据合同的有关条款与 A 企业交涉,要求 A 企业在价格上给予一定的减让,否则买方要求退货。双方没有达成一致意见,A 企业仍未采取任何弥补措施。此项销售表明,尽管商品已经发出,发票账单已交付买方,也已收到部分货款,但由于双方在商品质量的弥补方面未达成一致意见,买方尚未正式接受商品,商品可能被退回。因此,商品所有权上的主要风险和报酬仍留在 A 企业,A 企业此时不能确认收入,收入应递延到已满足买方要求并买方承诺付款时予以确认。

（2）企业销售商品的收入是否能够取得取决于买方（代销方或受托方）销售其商品的收入是否能够取得。如上述 A 企业采用代销商品方式销售，代销的特点是受托方只是一个代理商，委托方将商品发出后，所有权并未转移给受托方，所有权上的风险和报酬仍在委托方，与受托方无关。只有当受托方将商品售出后，商品所有权上的风险和报酬才移出委托方。因此，在代销情况下，委托方应在受托方售出商品，并取得受托方提供的代销清单时确认收入。

（3）企业尚未完成售出商品的安装或检验工作，且此项安装或检验任务是销售合同的重要组成部分。例如，某电梯生产企业销售电梯，电梯已发出，发票账单已交付买方，买方已预付部分货款，但根据合同规定，卖方负责安装，卖方在安装并经检验合格后，买方立即支付余款。在这种情况下，电梯发出并不表示商品所有权上的主要风险和报酬已转移给买方，企业在电梯安装过程中可能会发生一些不确定因素，阻碍该项销售的实现。因此，只有在安装完毕并检验合格后才能确认收入。

（4）销售合同中规定了由于特定原因买方有权退货的条款，而企业又不能确定退货的可能性。例如，某企业为推销一项新产品，规定凡购买该产品者均有 1 个月的试用期，不满意的，1 个月内予以退货。在这种情况下，该企业尽管已将商品售出，也已收到价款，但由于是新产品，无法估计退货的可能性，商品所有权上的风险和报酬实质上并未转移给买方，该企业在售出商品时不能确认收入。只有当买主正式接受商品时或退货期满时确认收入。

如果企业只保留所有权上的次要风险，则销售成立，相应的收入应予以确认。例如，卖方仅仅为了到期收回货款而保留商品的法定产权。这表明，销售中其他重大不确定因素已不存在，货款的收回也由于保留了商品的法定产权而得到了相当的保障，买方为了取得法定产权，一般会支付货款。因此，可以认为所有权上的主要风险和报酬已经转移，卖方可以确认收入。再如，在零售交易中，零售企业一般会承诺，顾客对购买的商品不满意可以退货。但零售企业一般能根据过去的经验及其相关因素，合理估计未来的退货量，不会存在重大的不确定因素，此时可以认为企业已转移了所有权上的主要风险和报酬，相关的销售收入应予以确认。

第三，有些情况下，企业已将商品所有权上的主要风险和报酬转移给买方，但实物尚未交付。这时应在所有权上的主要风险和报酬转移时确认收入，而不管实物是否交付，如交款提货就属于此类例子。

2. 企业既没有保留通常与所有权相联系的继续管理权,也没有对已售出的商品实施控制

企业将商品所有权上的主要风险和报酬转移给买方后,如仍然保留通常与所有权相联系的继续管理权,或仍然对售出的商品实施控制,则此项销售不能成立,不能确认相应的销售收入。如企业对售出的商品保留了与所有权无关的管理权,则不受本条件的限制。例如,房地产企业将开发的房地产售出后,保留了对该房地产的物业管理权,由于此项管理权与房地产所有权无关,房地产销售成立。企业提供的物业管理应视为一个单独的劳务合同,有关收入确认为劳务收入。

3. 与交易相关的经济利益能够流入企业

经济利益是指直接或间接流入企业的现金或现金等价物。在销售商品的交易中,与交易相关的经济利益即为销售商品的价款。销售商品的价款能否有把握收回,是收入确认的一个重要条件。企业在销售商品时,如估计价款收回的可能性不大,即使收入确认的其他条件均已满足,也不应当确认收入。

企业在判断价款收回的可能性时,应进行定性分析,当确定价款收回的可能性大于不能收回的可能性时,即认为价款能够收回。一般情况下,企业售出的商品符合合同或协议规定的要求,并已将发票账单交付买方,买方也承诺付款,即表明销售商品的价款能够收回。如企业判断价款不能收回,应提供可靠的证据。

4. 收入的金额能够可靠地计量

收入的金额能够可靠地计量是指收入的金额能够合理地估计。收入金额能否合理地估计是确认收入的基本前提,如果收入的金额不能够合理估计就无法确认收入。企业在销售商品时,商品销售价格通常已经确定。但是,由于销售商品过程中某些不确定因素的影响,也有可能存在商品销售价格发生变动的情况,如附有销售退回条件的商品销售。如果企业不能合理估计退货的可能性,就不能够合理地估计收入的金额,不应在发出商品时确认收入,而应当在售出商品退货期满销售商品收入金额能够可靠计量时确认收入。

5. 相关的已发生或将发生的成本能够可靠地计量

根据收入和费用配比原则,与同一项销售有关的收入和费用应在同一会计期间予以确认,即企业应在确认收入的同时或同一会计期间结转相关的成本。因此,如果成本不能可靠计量,相关的收入就不能确认。

相关的已发生或将发生的成本能够可靠地计量是指与销售商品有关的已发生或将发生的成本能够合理地估计。通常情况下,销售商品相关的已发生或将发生的成本能够合理地估计,如库存商品的成本、商品运输费用等。如果库存商品是本企业生产的,其生产成本能够可靠计量;如果是外购的,购买成本能够可靠计量。有时,销售商品相关的已发生或将发生的成本不能够合理地估计,此时企业不应确认收入,若已收到价款,应将已收到的价款确认为负债。

二、销售商品收入的计量

(一) 通常情况(即托收承付方式)下销售商品收入的处理

托收承付是指企业根据合同发货后,委托银行向异地付款单位收取款项,由购货方向银行承诺付款的销售方式。企业通常都采用该方式销售商品。在这种销售方式下,企业应按已收或应收的合同或协议价款,加上应收取的增值税额,借记"银行存款"、"应收账款"、"应收票据"等账户,按确定的收入金额,贷记"主营业务收入"、"其他业务收入"等账户,按应收取的增值税额,贷记"应交税费——应交增值税(销项税额)"账户;同时或在资产负债表日,按应交纳的消费税、资源税、城市维护建设税、教育费附加等税费金额,借记"营业税金及附加"账户,贷记"应交税费——应交消费税(应交资源税、应交城市维护建设税等)"账户。

【例 13-1】 甲公司 2012 年 3 月份销售一批产品给 B 企业,按照合同约定,产品的销售价格为 400 000 元,增值税税率为 17%,产品品种和质量按照合同约定的标准提供,产品已经发出,并收到了 B 企业开出、承兑 3 个月到期的商业承兑汇票。该批产品的实际成本为 220 000 元。

分析:在这项交易中,华丰公司按照合同约定的产品品种和质量发出产品,B 企业已将购入的商品验收入库,并开出、承兑商业汇票,承诺在 3 个月后付款。甲公司已将售出产品上的所有风险和报酬转移给 B 企业,并不再对该批产品实施管理权和控制权。营业收入是可以计量的,即按照合同约定的销售价格确定,同时,该批产品的实际成本已经确定。满足这些条件后,应确认营业收入的实现。甲公司应作如下会计处理:

借:应收票据 468 000
   贷:主营业务收入 400 000
     应交税费——应交增值税(销项税额) 68 000

借：主营业务成本　　　　　　　　　　　　　　　　　　220 000

　　贷：库存商品　　　　　　　　　　　　　　　　　　　220 000

如果售出商品不符合收入确认条件,则不应确认收入,已经发出的商品,应当通过"发出商品"账户进行核算。

【例 13-2】 甲公司于 2012 年 2 月 2 日以托收承付方式向 B 企业销售一批商品。增值税专用发票上注明：售价 60 000 元,增值税 10 200 元,款项尚未收到；该批商品成本为 40 000 元。甲公司在销售时已知 B 企业资金周转发生暂时困难,但为了减少存货积压,同时也为了维护与 B 企业的商业合作关系,甲公司仍将商品销售给了 B 企业且办妥托收手续。假设华丰公司就销售该批商品的纳税义务已经发生。

分析：本例中,由于此项收入目前收回的可能性不大,甲公司在销售该商品时不能确认收入,已发出商品成本应通过"发出商品"账户反映。甲公司的会计处理如下。

(1) 2012 年 2 月 2 日,甲公司发出商品时：

借：发出商品　　　　　　　　　　　　　　　　　　　　40 000

　　贷：库存商品　　　　　　　　　　　　　　　　　　　40 000

同时,将增值税专用发票上注明的增值税额转入应收账款：

借：应收账款——B 企业(应收销项税额)　　　　　　　10 200

　　贷：应交税费——应交增值税(销项税额)　　　　　　10 200(注)

注：假设销售该商品的纳税义务尚未发生,则不作该笔分录,待纳税义务发生时再作应交增值税的分录。

(2) 假如 3 月 4 日甲公司得知 B 企业经营情况逐渐好转,B 企业承诺近期付款,甲公司可以确认收入：

借：应收账款——B 企业　　　　　　　　　　　　　　60 000

　　贷：主营业务收入　　　　　　　　　　　　　　　　60 000

同时,结转成本：

借：主营业务成本　　　　　　　　　　　　　　　　　　40 000

　　贷：发出商品　　　　　　　　　　　　　　　　　　　40 000

(3) 3 月 28 日,甲公司收到款项时：

借：银行存款 70 200
 贷：应收账款——B企业 60 000
   ——B企业（应收销项税额） 10 200

（二）销售商品涉及商业折扣、现金折扣、销售折让的处理

在对销售商品收入进行计量时，应注意区别商业折扣、现金折扣和销售折让三个概念。

1. 商业折扣

商业折扣不影响销售商品收入的计量，因为商业折扣是销货方给购货方提供的一种优惠，不构成最终成交价格的一部分。比如，按企业制定的销售政策，凡购买A产品1 000件的客户便可以享受10％的价格优惠（正常价格为每件100元），就是商品折扣。假定确有一位客户购买了A产品1 000件，那么他只需要支付正常价格的90％，即90 000元，就可获得该批A产品。对于销售A产品的企业而言，如果该销售符合收入确认条件，那么其只能确认90 000元的销售商品收入。

2. 现金折扣

现金折扣是指债权人为鼓励债务人在规定的期限内付款，而向债务人提供的债务扣除。现金折扣是否影响销售商品收入的计量，取决于所采用的会计处理方法是总额法还是净额法。在采用总额法的情况下，企业在确定销售商品收入金额时，不考虑各种预计可能发生的现金折扣，现金折扣在实际发生时计入当期财务费用。在采用净额法的情况下，企业在确定销售商品收入金额时，应将现金折扣予以扣除，净额部分确认为销售商品收入。企业会计准则要求企业采用总额法对现金折扣进行会计处理。

【例13-3】 大华公司在2011年5月1日销售H企业一批商品200件，增值税专用发票上注明的售价20 000元，增值税额3 400元。企业为了及早收回货款，而在合同中规定符合现金折扣的条件为："2/10、1/20、n/30"。假定计算现金折扣的总价款时不考虑增值税。

（1）5月1日销售实现时，应按总售价确认收入：

借：应收账款——H企业 23 400
 贷：主营业务收入 20 000
  应交税费——应交增值税（销项税额） 3 400

（2）如5月9日买方付清货款，则按售价20 000元的2％享受400元（20 000×

2%)的现金折扣,实际付款 23 000 元(23 400−400),则作会计分录:

借:银行存款　　　　　　　　　　　　　　　　　　　　23 000
　　财务费用　　　　　　　　　　　　　　　　　　　　　　400
　　贷:应收账款——H 企业　　　　　　　　　　　　　　　　　　23 400

(3) 如 5 月 15 日买方付清货款,则应享受的现金折扣为 200 元(20 000×1%),实际付款 23 200 元(23 400−200),则作会计分录:

借:银行存款　　　　　　　　　　　　　　　　　　　　23 200
　　财务费用　　　　　　　　　　　　　　　　　　　　　　200
　　贷:应收账款——H 企业　　　　　　　　　　　　　　　　　　23 400

(4) 如买方在 5 月底才付款,应按全额付款,则作会计分录:

借:银行存款　　　　　　　　　　　　　　　　　　　　23 400
　　贷:应收账款——H 企业　　　　　　　　　　　　　　　　　　23 400

3. 销售折让

销售折让是指企业因售出商品的质量不合格等原因而在售价上给予的减让。销售折让在实际发生时冲减当期销售收入。

【例 13-4】 甲企业 2011 年 6 月 1 销售一批商品给乙企业,增值税专用发票上的售价 80 000 元,增值税额 13 600 元,款项尚未收到;该批商品成本为 64 000 元。6 月 19 日,乙企业提货后在验收过程中发现商品质量存在瑕疵,但基本上不影响使用,要求甲企业在价格上给予 5% 的折让。经查明,乙企业提出的销售折让要求符合原合同的约定,甲企业同意并办妥了有关手续。假定此前甲企业已确认该批商品的销售收入。

如果发生销售折让时,卖方尚未确认销售商品收入,则应直接按扣除折让后的金额确认销售商品收入。

(1) 销售实现时,相关会计分录如下:

借:应收账款——乙企业　　　　　　　　　　　　　　　93 600
　　贷:主营业务收入　　　　　　　　　　　　　　　　　　　　80 000
　　　　应交税费——应交增值税(销项税额)　　　　　　　　　13 600

借:主营业务成本　　　　　　　　　　　　　　　　　　64 000
　　贷:库存商品　　　　　　　　　　　　　　　　　　　　　　64 000

(2) 发生销售折让时,相关会计分录如下:

借：主营业务收入		4 000
应交税费——应交增值税（销项税额）		680
贷：应收账款——乙企业		4 680

（3）实际收到款项时：

借：银行存款	88 920
贷：应收账款——乙企业	88 920

（三）销售退回及附有销售退回条件的商品销售

1. 销售退回

销售退回是指企业售出的商品，由于质量、品种不符合要求等原因而发生的退货。销售退回应分别不同情况进行处理：

（1）未确认收入的已发出商品的退回。此种销售退回的会计处理比较简单，只需将已记入"发出商品"账户的商品成本转回"库存商品"账户。

（2）已确认收入的销售退回，一般均应冲减退回当月的销售收入，同时冲减退回当月的销售成本；如该项销售已经发生现金折扣，应在退回当月一并调整；企业发生销售退回时，如按规定允许扣减当期销项税的，应同时用红字冲减"应交税费——应交增值税"账户的"销项税额"专栏。

【例 13-5】 大华公司 2009 年 5 月 18 日销售一批商品，售价 50 000 元，增值税额 8 500 元，成本 26 000 元。合同规定的现金折扣条件为：2/10、1/20、n/30。买方于 5 月 27 日付款，享受现金折扣 1 000 元。2009 年 8 月 20 日，该批产品因质量严重不合格被退回。该企业应作如下会计分录。

（1）销售商品时：

借：应收账款	58 500
贷：主营业务收入	50 000
应交税费——应交增值税（销项税额）	8 500

借：主营业务成本	26 000
贷：库存商品	26 000

（2）收回货款时：

借：银行存款	57 500
财务费用	1 000
贷：应收账款	58 500

（3）销售退回时：

借：主营业务收入 50 000

  应交税费——应交增值税（销项税额） 8 500

 贷：银行存款 57 500

  财务费用 1 000

借：库存商品 26 000

 贷：主营业务成本 26 000

（4）已确认收入的售出商品发生的销售退回属于资产负债表日后事项的，应当按照有关资产负债表日后事项的调整事项的相关规定进行会计处理。

2. 附有销售退回条件的商品销售

附有销售退回条件的商品销售是指购买方依照有关协议有权退货的销售方式。在这种销售方式下，企业根据以往经验能够合理估计退货可能性且确认与退货相关负债的，通常应在发出商品时确认收入；企业不能合理估计退货可能性的，通常应在售出商品退货期满时确认收入。

【例13-6】 甲公司是一家健身器材销售公司，2011年1月1日，甲公司向乙公司销售5 000件健身器材，单位销售价格为500元，单位成本为400元，开出的增值税专用发票上注明的销售价格为2 500 000元，增值税额为425 000元。协议约定，乙公司应于2月1日之前支付货款，在6月30日之前有权退还健身器材。健身器材已经发出，款项尚未收到。假定甲公司根据过去的经验，估计该批健身器材退货率约为20%，健身器材发出时纳税义务已经发生，实际发生销售退回时有关的增值税额允许冲减。甲公司的账务处理如下。

（1）1月1日发出健身器材时：

借：应收账款 2 925 000

 贷：主营业务收入 2 500 000

  应交税费——应交增值税（销项税额） 425 000

借：主营业务成本 2 000 000

 贷：库存商品 2 000 000

（2）1月31日确认估计的销售退回时：

借：主营业务收入   500 000

 贷：主营业务成本   400 000

  预计负债——预计退货   100 000

（3）2月1日前收到货款时：

借：银行存款   2 925 000

 贷：应收账款   2 925 000

（4）6月30日发生销售退回，取得红字增值税专用发票，实际退货量为
1 000件，款项已经支付时：

借：库存商品   400 000

 应交税费——应交增值税（销项税额）   85 000

 预计负债——预计退货   100 000

 贷：银行存款   . 585 000

如果实际退货量为800件时：

借：库存商品   320 000

 应交税费——应交增值税（销项税额）   68 000

 主营业务成本   80 000

 预计负债——预计退货   100 000

 贷：银行存款   468 000

  主营业务收入   100 000

如果实际退货量为1 200件时：

借：库存商品   480 000

 应交税费——应交增值税（销项税额）   102 000

 主营业务收入   100 000

 预计负债——预计退货   100 000

 贷：主营业务成本   80 000

  银行存款   702 000

【例13-7】 承[例13-6]，假定甲公司无法根据过去的经验，估计该批健身
器材的退货率，健身器材发出时纳税义务已经发生。甲公司的账务处理如下。

（1）1月1日发出健身器材时：

借：应收账款   425 000

 贷：应交税费——应交增值税（销项税额） 425 000

借：发出商品 2 000 000

　　贷：库存商品 2 000 000

（2）2月1日前收到货款时：

借：银行存款 2 925 000

　　贷：预收账款 2 500 000

　　　应收账款 425 000

（3）6月30日退货期满没有发生退货时：

借：预收账款 2 500 000

　　贷：主营业务收入 2 500 000

借：主营业务成本 2 000 000

　　贷：发出商品 2 000 000

（4）6月30日退货期满，发生2 000件退货时：

借：预收账款 2 500 000

　　应交税费——应交增值税（销项税额） 170 000

　　贷：主营业务收入 1 500 000

　　　银行存款 1 170 000

借：主营业务成本 1 200 000

　　库存商品 800 000

　　贷：发出商品 2 000 000

（四）委托代销商品业务的处理

委托代销商品业务分为视同买断方式委托代销商品和支付手续费方式委托代销商品。

1. 视同买断方式委托代销商品

这是指由委托方和受托方签订协议，委托方按协议价收取所代销的货款，实际售价可由受托方自定，实际售价与协议价之间的差额归受托方所有的销售方式。若委托方和受托方之间的协议明确标明，受托方在取得代销商品后，无论是否能够售出、是否获利，均与委托方无关，那么委托方和受托方之间的代销商品交易，与委托方直接销售商品给受托方没有实质区别。在符合销售商品收入确认条件时，委托方应确认相关的销售商品收入。若委托方和受托方之间的协议明确标明，将来受托方未售出的商品可以退回给委托方,即委托方将商品交付给受托方时,商品所有权上的风险和报酬并未转移给受托方。因此,委托方在交付商品时不确认收入,受托方也不作为购进商品处理。受托方将商品销售后,应按实际售价确认为销售收入,并向委托方开具代销清单。委托方收到代销清单时,再确认收入。

【例 13-8】 华丰公司委托 B 企业销售甲商品 100 件,协议价为 200 元/件。该商品成本 120 元/件,增值税税率为 17%。假定商品已经发出,根据代销协议,B 企业不能将没有代销出去的商品退回华丰公司。华丰公司将该批商品交付 B 企业时发生增值税纳税义务,金额为 3 400 元。B 企业对外销售该批商品的售价为 240 元,实际销售时开具的增值税专用发票上注明售价 24 000 元,增值税为 4 080 元。

(1) 华丰公司的会计分录。

华丰公司将甲商品交付 B 企业:

借:应收账款——B 企业	23 400
贷:主营业务收入	20 000
应交税费——应交增值税(销项税额)	3 400
借:主营业务成本	12 000
贷:库存商品	12 000

收到 B 企业汇来的货款 23 400 元。

借:银行存款	23 400
贷:应收账款——B 企业	23 400

(2) B 企业的会计分录。

收到甲商品时:

借:库存商品	20 000
应交税费——应交增值税(销项税额)	3 400
贷:应付账款	23 400

实际销售商品时:

借:银行存款	28 080
贷:主营业务收入	24 000
应交税费——应交所得税(销项税额)	4 080

借：主营业务成本 20 000

　　贷：库存商品 20 000

按合同协议价将款项付给华丰公司时：

借：应付账款 23 400

　　贷：银行存款 23 400

2. 收取手续费

这是指受托方根据所代销的商品数量向委托方收取手续费，这对受托方来说实际上是一种劳务收入。这种代销方式与视同买断方式相比，主要特点是，受托方通常应按照委托方规定的价格销售，不得自行改变售价。在这种代销方式下，委托方应在受托方将商品销售后，并向委托方开具代销清单时，确认收入；受托方在商品销售后，按合同或协议约定的方法计算应收取的手续费确认收入。

【例 13-9】 承[例 13-8]，B 企业按每件 200 元的价格出售给顾客，华丰公司按售价的 10％支付 B 企业手续费。B 企业实际销售时，即向买方开出一张增值税专用发票，发票上注明甲商品售价 20 000 元，增值税额 3 400 元。华丰公司在收到 B 企业交来的代销清单时，向 B 企业开具一张相同金额的增值税专用发票。假定华丰公司发出商品时纳税义务尚未发生，不考虑其他因素。

根据上述资料，华丰公司的会计分录如下。

（1）将商品交付 B 企业时：

借：委托代销商品 12 000

　　贷：库存商品 12 000

（2）收到代销清单时：

借：应收账款——B 企业 23 400

　　贷：主营业务收入 20 000

　　　　应交税费——应交增值税（销项税额） 3 400

借：主营业务成本 12 000

　　贷：委托代销商品 12 000

借：销售费用 2 000

　　贷：应收账款——B 企业 2 000

(3) 收到 B 企业汇来的货款净额 21 400 元(23 400−2 000):

借:银行存款   21 400

 贷:应收账款——B 企业   21 400

B 企业的账务处理如下。

(1) 收到代销商品时:

借:受托代销商品   20 000

 贷:代销商品款   20 000

(2) 实际销售商品时:

借:银行存款   23 400

 贷:应付账款——华丰公司   20 000

  应交税费——应交增值税(销项税额)   3 400

借:应交税费——应交增值税(进项税额)   3 400

 贷:应付账款——华丰公司   3 400

借:代销商品款   20 000

 贷:受托代销商品   20 000

(3) 归还华丰公司货款并计算代销手续费时:

借:应付账款——华丰公司   23 400

 贷:银行存款   21 400

  主营业务收入(或其他业务收入)   2 000

(五)预收款销售商品的处理

  预收款销售商品是指购买方在商品尚未收到前按合同约定分期付款,销售方在收到最后一次付款时才交货的销售方式。分期预收款销售的主要特点在于可以确保货款的及时收取。在这种销售方式下,销售方直到收取最后一次付款时才将商品交付,表明商品所有权上的主要风险和报酬只有在收到最后一次付款时才转移给购买方。因此,在商品交付前预收的货款应作为销售方的一项负债处理,待货物实际交付后确认销售收入。

  【例 13-10】 2011 年 5 月 3 日,甲公司与乙公司签订协议,采用分期预收款销售方式销售一批商品给乙企业,该批商品的销售价格为 1 000 000 元(不含增值税额)。协议规定,乙企业应于协议签订之日预付 60% 的货款(按销售价格计算),剩下的部分于 7 月 31 日付清。

假定:(1)5 月 3 日,甲公司已收到乙公司预付的款项。

(2)7 月 31 日,甲公司收到乙公司支付的剩余货款及增值税额,并将该批商品交付给了乙公司。

(3)该批产品的实际成本为 700 000 元。

甲公司应作的会计分录如下。

(1)5 月 3 日,收到乙公司的预付款:

借:银行存款	600 000	
贷:预收账款		600 000

(2)7 月 31 日,收到剩余的货款及增值税额:

借:预收账款	600 000	
银行存款	570 000	
贷:主营业务收入		1 000 000
应交税费——应交增值税(销项税额)		170 000
借:主营业务成本	700 000	
贷:库存商品		700 000

(六)售后回购的处理

售后回购是指销售商品的同时,销售方同意日后重新买回所售商品。在售后回购交易中,通常情况下,所售商品所有权上的主要风险和报酬没有从销售方转移到购货方,因而不能确认相关的销售商品收入,受到的款项应确认为负债;回购价格大于原售价的差额,企业应在回购期间按期计提利息,计入财务费用。有确凿证据表明售后回购交易满足销售商品收入确认的条件,销售的商品按售价确认收入,回购的商品作为购进商品处理。

【例 13-11】 甲公司于 2011 年 5 月 1 日与乙公司签订一项销售合同,根据合同向乙公司销售一批商品,增值税专用发票上注明销售价格为 1 000 000 元,增值税额 170 000 元。协议规定,甲公司应在 9 月 30 日将所售商品购回,回购价为 1 100 000 元(不含增值税额)。商品并未发出,货款已收到。该批商品的实际成本为 800 000 元;除增值税外不考虑其他相关税费。甲公司的会计分录如下。

(1)签订销售合同,发生增值税纳税义务时:

借：银行存款	1 170 000
贷：应交税费——应交增值税（销项税额）	170 000
其他应付款——乙公司	1 000 000

（2）由于回购价大于原售价，因而应在销售与回购期间内按期计提利息费用，计提的利息费用直接计入当期财务费用。这样做的理由在于，此种售后回购本质上属于一种融资交易，回购价大于原价的差额相当于融资费用，因而应在计提时直接计入当期财务费用。

5～8月，每月应计提的利息费用为 20 000 元（100 000÷5），会计分录如下：

借：财务费用	20 000
贷：其他应付款——乙公司	20 000

（3）9月30日，甲公司购回5月1日销售的商品，增值税专用发票上注明的商品价款 1 100 000 元，增值税额 187 000 元。

借：应交税费——应交增值税（进项税额）	187 000
其他应付款——乙公司	1 080 000
财务费用	20 000
贷：银行存款	1 287 000

（七）具有融资性质的分期收款销售商品的处理

企业销售商品，有时会采取分期收款的方式，如分期收款发出商品，即商品已经交付，货款分期收回（通常为超过3年）。在这种销售方式下，企业将商品交付购货方，通常表明与商品所有权有关的风险和报酬已经转移至购货方，在满足收入确认的其他条件时，应当根据应收款项的公允价值（或现行售价）确认收入。按照合同约定的收款日期分期收回货款，强调的只是一个结算时点，与风险和报酬的转移没有关系，因此，企业不应当按照合同约定的收款日期确认收入。

如果远期收取的货款具有融资性质，其实质是企业向购货方提供信贷时，企业应当按照应收的合同或协议价款的公允价值确定收入金额。应收的合同或协议价款的公允价值，通常应当按照其未来现金流量现值或商品现销价格计算确定。应收的合同或协议价款与其公允价值之间的差额，应当在合同或协议期间内，按照应收款项的摊余成本和实际利率计算确定的金额进行摊销，作为财务费用的抵减处理。其中，实际利率是指具有类似信用等级的企业发行类似工具的现时利率,或者将应收的合同或协议价款折现为商品现销价格时的折现率等。在实务中,基于重要性原则的要求,应收的合同或协议价款与其公允价值之间的差额,按照实际利率法摊销与直线法摊销结果相差不大的,也可以采用直线法进行摊销。

对于采用递延方式分期收款、具有融资性质的销售商品满足收入确认条件的,企业应按应收合同或协议价款,借记"长期应收款"账户,按应收合同协议价款的公允价值(折现值),贷记"主营业务收入"账户,按其差额,贷记"未实现融资收益"账户。

【例 13-12】 20×1 年 1 月 1 日,甲公司采用分期收款方式向乙公司销售一套大型设备,合同约定的销售价格为 2 000 万元,分 5 次于每年 12 月 31 日等额收取。该大型设备成本为 1 560 万元。在现销方式下,该大型设备的销售价格为 1 600 万元。假定甲公司发出商品时开出增值税专用发票,注明的增值税额为 340 万元,并于每年收款当天收到增值税额 68 万元。

根据本例的资料,甲公司应当确认的销售商品收入金额为 1 600 万元。

根据下列公式:

$$未来 5 年收款额的现值=现销方式下应收款项金额$$

可以得出:

$$400\times(P/A,r,5)=1\,600$$

在多次测试的基础上,用插值法计算折现率。

$$r=7\%时,400\times4.100\,2=1\,640.08>1\,600$$

$$r=8\%时,400\times3.992\,7=1\,597.08<1\,600$$

因此,$7\%<r<8\%$。用插值法计算如下:

现值	利率
1 640.08	7%
1 600	r
1 597.08	8%

$$(1\,640.08-1\,600)\div(1\,640.08-1\,597.08)=(7\%-r)\div(7\%-8\%)$$

$$r=7.93\%$$

每期计入财务费用的金额如表 13-1 所示。

表 13-1

财务费用和已收本金计算表

金额单位：万元

日 期	收现总额 (1)	财务费用 (2)＝期初×7.93%	已收本金 (3)＝(1)－(2)	未收本金 (4)＝期初(4)－(3)
20×1年1月1日				1 600
20×1年12月31日	400	126.880	273.120	1 326.880
20×2年12月31日	400	105.221 584	294.778 416	1 032.101 584
20×3年12月31日	400	81.845 656	318.154 344	713.947 240
20×4年12月31日	400	56.616 016	343.383 984	370.563 256
20×5年12月31日	400	29.436 744*	370.563 256	0
合 计	2 000	400	1 600	—

*尾数调整：400－370.563 256＝29.436 744。

根据表 13-1 的计算结果,甲公司各期的账务处理如下。

(1) 20×1 年 1 月 1 日,销售实现：

借：长期应收款	20 000 000
贷：主营业务收入	16 000 000
未实现融资收益	4 000 000
借：主营业务成本	15 600 000
贷：库存商品	15 600 000

(2) 20×1 年 12 月 31 日,收取货款：

借：银行存款	4 680 000
贷：长期应收款	4 000 000
应交税费——应交增值税(销项税额)	680 000
借：未实现融资收益	1 268 800
贷：财务费用	1 268 800

(3) 20×2 年 12 月 31 日,收取货款：

借：银行存款	4 680 000
贷：长期应收款	4 000 000
应交税费——应交增值税(销项税额)	680 000

借：未实现融资收益　　　　　　　　　　　　　　　1 052 215.84
　　贷：财务费用　　　　　　　　　　　　　　　　　　1 052 215.84

（4）20×3 年 12 月 31 日，收取货款：

借：银行存款　　　　　　　　　　　　　　　　　　4 000 000
　　贷：长期应收款　　　　　　　　　　　　　　　　　4 000 000
　　　　应交税费——应交增值税（销项税额）　　　　　　680 000

借：未实现融资收益　　　　　　　　　　　　　　　　818 456.56
　　贷：财务费用　　　　　　　　　　　　　　　　　　　818 456.56

（5）20×4 年 12 月 31 日，收取货款：

借：银行存款　　　　　　　　　　　　　　　　　　4 680 000
　　贷：长期应收款　　　　　　　　　　　　　　　　　4 000 000
　　　　应交税费——应交增值税（销项税额）　　　　　　680 000

借：未实现融资收益　　　　　　　　　　　　　　　　566 160.16
　　贷：财务费用　　　　　　　　　　　　　　　　　　　566 160.16

（6）20×5 年 12 月 31 日，收取货款和增值税额：

借：银行存款　　　　　　　　　　　　　　　　　　4 680 000
　　贷：长期应收款　　　　　　　　　　　　　　　　　4 000 000
　　　　应交税费——应交增值税（销项税额）　　　　　　680 000

借：未实现融资收益　　　　　　　　　　　　　　　　294 367.44
　　贷：财务费用　　　　　　　　　　　　　　　　　　　294 367.44

（八）销售材料等存货的处理

企业在日常活动中还可能发生对外销售不需用的原材料，随同商品对外销售单独计价的包装物等业务。企业销售原材料、包装物等存货也视同商品销售，其收入确认和计量原则比照商品销售。企业销售原材料、包装物等存货实现的收入作为其他业务收入处理，结转的相关成本作为其他业务成本处理。

企业销售原材料、包装物等存货实现的收入以及结转的相关成本，通过"其他业务收入"、"其他业务成本"账户核算。

"其他业务收入"账户核算企业除主营业务活动以外的其他经营活动实现的收入，包括销售材料、出租包装物和商品、出租固定资产、出租无形资产等实现的收入。该账户贷方登记企业实现的各项其他业务收入,借方登记期末结转入"本年利润"账户的其他业务收入。结转后该账户应无余额。

"其他业务成本"账户核算企业除主营业务活动以外的其他经营活动所发生的成本,包括销售材料的成本、出租固定资产的折旧额、出租无形资产的摊销额、出租包装物的成本或摊销额。该账户借方登记企业结转或发生的其他业务成本,贷方登记期末结转入"本年利润"账户的其他业务成本,结转后该账户应无余额。

【例 13-13】 甲公司销售一批原材料,开出的增值税专用发票上注明的售价为 10 000 元,增值税额为 1 700 元,款项已由银行收妥。该批原材料的实际成本为 9 000 元。甲公司会计处理如下。

(1)取得原材料销售收入:

借:银行存款	11 700
贷:其他业务收入	10 000
应交税费——应交增值税(销项税额)	1 700

(2)结转已销原材料的实际成本:

借:其他业务成本	9 000
贷:原材料	9 000

第三节　提供劳务收入的确认与计量

企业提供劳务的种类很多,如旅游、运输、饮食、广告、咨询、代理、培训、产品安装等。有的劳务一次就能完成,且一般为现金交易,如饮食、理发、照相等;有的劳务需要花费较长时间才能完成,如安装、旅游、培训、远洋运输等。

企业提供劳务收入的确认原则因劳务完成时间的不同而不同。

一、在同一会计期间内开始并完成的劳务

对于一次就能完成的劳务,或在同一会计期间内开始并完成的劳务,应在提供劳务交易完成时确认收入。确认的金额通常为从接受劳务方已收或应收的合同或协议价款,确认原则可参照销售商品收入的确认原则。

企业对外提供劳务,如属于企业的主营业务,所实现的收入应作为主营

业务收入处理,结转的相关成本应作为主营业务成本处理;如属于主营业务以外的其他经营活动,所实现的收入应作为其他业务收入处理,结转的相关成本应作为其他业务成本处理。企业对外提供劳务发生的支出一般先通过"劳务成本"账户予以归集,待确认为费用时,再由"劳务成本"账户转入"主营业务成本"或"其他业务成本"账户。

对于一次就能完成的劳务,企业应在提供劳务完成时确认收入及相关成本。对于持续一段时间但在同一会计期间内开始并完成的劳务,企业应在为提供劳务发生相关支出时确认劳务成本,劳务完成时再确认劳务收入,并结转相关劳务成本。

【例 13-14】 甲公司于 2012 年 3 月 10 日接受一项设备安装任务,该安装任务可一次完成,合同总价款为 9 000 元,实际发生安装成本 5 000 元。假定安装业务属于甲公司的主营业务。甲公司应在安装完成时作如下会计分录:

借:应收账款(或银行存款)	9 000
贷:主营业务收入	90 000
借:主营业务成本	50 000
贷:银行存款等	50 000

若上述安装任务需花费一段时间(不超过本会计期间)才能完成,则应在为提供劳务发生有关支出时,借记"劳务成本"账户,贷记"银行存款"等账户。待安装完成确认所提供劳务的收入并结转该项劳务总成本时,借记"主营业务成本"账户,贷记"劳务成本"账户。

二、劳务的开始和完成分属不同的会计期间

(一)提供劳务交易结果能够可靠估计的处理

如劳务的开始和完成分属不同的会计期间,且企业在资产负债表日提供劳务交易的结果能够可靠估计的,应采用完工百分比法确认提供劳务收入。提供劳务交易的结果能够可靠估计,是指同时满足下列条件:

(1)收入的金额能够可靠地计量是指提供劳务收入的总额能够合理地估计。通常情况下,企业应当按照从接受劳务方已收或应收的合同或协议价款确定提供劳务收入总额。随着劳务的不断提供,可能会根据实际情况增加或减少已收或应收的合同或协议价款,此时,企业应及时调整提供劳务

收入总额。

（2）相关的经济利益很可能流入企业是指提供劳务收入总额收回的可能性大于不能收回的可能性。企业在确定提供劳务收入总额能否收回时，应当结合接受劳务方的信誉、以前的经验以及双方就结算方式和期限达成的合同或协议条款等因素，进行综合判断。通常情况下，企业提供的劳务符合合同或协议要求，接受劳务方承诺付款，就表明提供劳务收入总额收回的可能性大于不能收回的可能性。

（3）交易的完工进度能够可靠地确定是指交易的完工进度能够合理地估计。企业可以根据提供劳务的特点，选用下列方法确定提供劳务交易的完工进度：

其一，已完工作的测量，这是一种比较专业的测量方法，由专业测量师对已经提供的劳务进行测量，并按一定方法计算确定提供劳务交易的完工程度。

其二，已经提供的劳务占应提供劳务总量的比例，这种方法主要以劳务量为标准确定提供劳务交易的完工程度。

其三，已经发生的成本占估计总成本的比例，这种方法主要以成本为标准确定提供劳务交易的完工程度。只有反映已提供劳务的成本才能包括在已经发生的成本中，只有反映已提供或将提供劳务的成本才能包括在估计总成本中。

（4）交易中已发生和将发生的成本能够可靠地计量是指交易中已经发生和将要发生的成本能够合理地估计。企业应当建立完善的内部成本核算制度和有效的内部财务预算及报告制度，准确地提供每期发生的成本，并对完成剩余劳务将要发生的成本作出科学、合理的估计。同时应随着劳务的不断提供或外部情况的不断变化，随时对将要发生的成本进行修订。

下面具体介绍采用完工百分比法确认提供劳务收入的会计处理。

完工百分比法是指按照提供劳务交易的完工进度确认收入与发的费用办法。在完工百分比法下，本期应确认的劳务收入及费用的计算公式如下：

本期确认的收入＝劳务总收入×本期末止劳务的完工进度－以前期间已确认的收入

本期确认的费用＝劳务总成本×本期末止劳务的完工进度－以前期间已确认的费用

上述公式中的劳务总收入通常按照从接受劳务方已收或应收的合同或协议价款确定。在劳务总收入和总成本能够可靠计量的情况下，关键是确定劳务的完工进度。企业应根据所提供劳务的特点,选择确定劳务完工进度的办法。

【例 13-15】 甲公司于 2011 年 12 月 1 日接受一项设备安装任务,安装期为 3 个月,合同总收入 300 000 元,至年底已预收安装费 220 000 元,实际发生安装费用 140 000 元(假定均为安装人员薪酬),估计完成安装任务还需要发生安装费用 60 000 元。假定甲公司按实际发生的成本占估计总成本的比例确定劳务的完工进度。甲公司的会计处理如下:

实际发生的成本占估计总成本的比例＝140 000÷(140 000＋60 000)×100％＝70％

2011 年 12 月 31 日确认的劳务收入＝300 000×70％－0＝210 000(元)

2011 年 12 月 31 日确认的费用＝(140 000＋60 000)×70％－0＝140 000(元)

(1) 实际发生劳务成本 140 000 元:

借:劳务成本 140 000
　　贷:应付职工薪酬 140 000

(2) 预收劳务款:

借:银行存款 220 000
　　贷:预收账款 220 000

(3) 2011 年 12 月 31 日,确认提供劳务收入并结转劳务成本:

借:预收账款 210 000
　　贷:主营业务收入 210 000

借:主营业务成本 140 000
　　贷:劳务成本 140 000

【例 13-16】 甲公司于 2011 年 10 月 1 日为客户研制一项软件,合同规定的研制开发期为 5 个月,合同总收入为 400 000 元,至 2011 年 12 月 31 日已发生成本 180 000 元,预收账款 250 000 元。预计开发完成该项软件的总成本为 250 000 元。2011 年 12 月 31 日,经专业测量师测量,软件的完工进度为 70％。假定合同总收入很可能收回,研制开发软件属于甲公司的主营业务。甲公司应作如下会计处理。

(1) 发生成本时:

借:劳务成本 180 000
　　贷:银行存款(应付职工薪酬等) 180 000

（2）预收款项时：

借：银行存款　　　　　　　　　　　　　　　　　　250 000

　　贷：预收账款　　　　　　　　　　　　　　　　　　250 000

（3）2011 年 12 月 31 日,确认该项劳务的本期收入和费用：

2011 年应确认的收入＝400 000×70％－0＝280 000(元)

2011 年应确认的费用＝250 000×70％－0＝175 000(元)

借：预收账款　　　　　　　　　　　　　　　　　　280 000

　　贷：主营业务收入　　　　　　　　　　　　　　　　280 000

借：主营业务成本　　　　　　　　　　　　　　　　175 000

　　贷：劳务成本　　　　　　　　　　　　　　　　　　175 000

若按已提供的劳务占应提供劳务总量的比例确定该劳务的完工进度（假定研制开发期内劳务量均衡发生),则至 2011 年 12 月 31 日,该劳务的完工进度为 60％(该项软件研制开发已完成的工作时间为 3 个月,占完成此项劳务所需总工作时间 5 个月的 60％)。据此：

2011 年应确认的收入＝400 000×60％－0＝240 000(元)

2011 年应确认的费用＝250 000×60％－0＝150 000(元)

若按已发生成本占估计总成本的比例确定该劳务的完工进度,则至 2011 年 12 月 31 日,该劳务的完工进度为 72％(180 000÷250 000×100％)。据此：

2011 年应确认的收入＝400 000×72％－0＝288 000(元)

2011 年应确认的费用＝250 000×72％－0＝180 000(元)

【例 13-17】 某咨询公司于 2011 年 7 月 1 日与客户签订一项咨询合同。合同规定,咨询期为 2 年,咨询费为 240 000 元,客户分三次等额支付,第一次在项目开始时支付,第二次在项目中期支付,第三次在项目结束时支付。估计总成本为 160 000 元(假定均为咨询人员薪酬),其中,2011 年发生成本 38 000 元,2012 年发生成本 80 000 元,2013 年发生成本 42 000 元。假定成本估计十分准确,咨询费也很可能收回,该公司按照已提供的劳务占应提供劳务总量的比例(按时间比例)确定该项劳务的完工程度,该公司按年度编制财务报表。该公司应作如下会计处理。

（1）2011 年。

实际发生成本时：

借：劳务成本　　　　　　　　　　　　　　　　　　　　38 000

　　贷：应付职工薪酬　　　　　　　　　　　　　　　　　　38 000

预收账款时：

借：银行存款　　　　　　　　　　　　　　　　　　　　80 000

　　贷：预收账款　　　　　　　　　　　　　　　　　　　　80 000

2011 年 12 月 31 日，按完工百分比法确认收入和费用：

$$劳务的完工进度＝6÷24×100\%＝25\%$$
$$应确认的收入＝240\,000×25\%－0＝60\,000（元）$$
$$应确认的费用＝160\,000×25\%－0＝40\,000（元）$$

借：预收账款　　　　　　　　　　　　　　　　　　　　60 000

　　贷：主营业务收入　　　　　　　　　　　　　　　　　　60 000

借：主营业务成本　　　　　　　　　　　　　　　　　　40 000

　　贷：劳务成本　　　　　　　　　　　　　　　　　　　　40 000

（2）2012 年。

实际发生成本时：

借：劳务成本　　　　　　　　　　　　　　　　　　　　80 000

　　贷：应付职工薪酬　　　　　　　　　　　　　　　　　　80 000

预收账款时：

借：银行存款　　　　　　　　　　　　　　　　　　　　80 000

　　贷：预收账款　　　　　　　　　　　　　　　　　　　　80 000

2012 年 12 月 31 日，按完工百分比法确认收入和费用：

$$劳务的完工进度＝18÷24×100\%＝75\%$$
$$应确认的收入＝240\,000×75\%－60\,000＝120\,000（元）$$
$$应确认的费用＝160\,000×75\%－40\,000＝80\,000（元）$$

借：预收账款　　　　　　　　　　　　　　　　　　　　120 000

　　贷：主营业务收入　　　　　　　　　　　　　　　　　　120 000

借：主营业务成本　　　　　　　　　　　　　　　　　　80 000

　　贷：劳务成本　　　　　　　　　　　　　　　　　　　　80 000

（3）2012 年 6 月 30 日。

实际发生成本时：

借：劳务成本 42 000

　　贷：应付职工薪酬 42 000

预收账款时：

借：银行存款 80 000

　　贷：预收账款 80 000

2013 年 7 月 1 日,完工时确认剩余收入和费用：

应确认的收入＝240 000－60 000－120 000＝60 000(元)

应确认的费用＝160 000－80 000－40 000＝40 000(元)

借：预收账款 60 000

　　贷：主营业务收入 60 000

借：主营业务成本 40 000

　　贷：劳务成本 40 000

（二）提供劳务交易结果不能可靠估计

如劳务的开始和完成分属不同的会计期间,且企业在资产负债表日提供劳务交易结果不能可靠估计的,即不能同时满足上述四个条件的,不能采用完工百分比法确认提供劳务收入。此时,企业应当正确预计已经发生的劳务成本能否得到补偿,分别下列情况处理：

（1）已经发生的劳务成本预计能够得到补偿的,应按已经发生的能够得到补偿的劳务成本金额确认提供劳务收入,并结转已经发生的劳务成本。在这种情况下,企业应按已经发生的能够得到补偿的劳务成本金额,借记"应收账款"、"预收账款"等账户,贷记"主营业务收入"账户;按已经发生的劳务成本金额,借记"主营业务成本"账户,贷记"劳务成本"账户。

（2）已经发生的劳务成本预计全部不能得到补偿的,应将已经发生的劳务成本计入当期损益(主营业务成本或其他业务成本),不确认提供劳务收入。在这种情况下,企业应按已经发生的劳务成本金额,借记"主营业务成本"账户,贷记"劳务成本"账户。

【例 13-18】 甲公司于 2011 年 12 月 25 日接受乙公司委托,为其培训一批学员,培训期为 6 个月,2006 年 1 月 1 日开学。协议约定,乙公司应向甲公司支付的培训费总额为 60 000 元,分三次等额支付,第一次在开学时预付,第二次在 2012 年 3 月 1 日交付,第三次在培训结束时支付。

2012 年 1 月 1 日,乙公司预付第一次培训费。至 2012 年 2 月 29 日,甲公司发生培训成本 30 000 元(假定均为培训人员薪酬)。2012 年 3 月 1 日,甲公司得知乙公司经营发生困难,后两次培训费能否收回难以确定。甲公司的会计处理如下。

(1) 2012 年 1 月 1 日,收到乙公司预付的培训费:

借:银行存款   20 000
　贷:预收账款   20 000

(2) 实际发生培训支出:

借:劳务成本   30 000
　贷:应付职工薪酬   30 000

(3) 2012 年 2 月 29 日,确认提供劳务收入并结转劳务成本:

借:预收账款   20 000
　贷:主营业务收入   20 000

借:主营业务成本   30 000
　贷:劳务成本   30 000

(三)同时销售商品和提供劳务交易的处理

企业与其他企业签订的合同或协议,有时既包括销售商品又包括提供劳务,例如销售电梯的同时负责安装工作、销售软件后继续提供技术支持、设计产品同时负责生产等。此时,如果销售商品部分和提供劳务部分能够区分且能够单独计量的,企业应当分别核算销售商品部分和提供劳务部分,将销售商品的部分作为销售商品处理,将提供劳务的部分作为提供劳务处理;如果销售商品部分和提供劳务部分不能够区分,或虽能区分但不能够单独计量的,企业应当将销售商品部分和提供劳务部分全部作为销售商品部分进行会计处理。

【例 13-19】 甲公司与乙公司签订合同,向乙公司销售一部电梯并负责安装。甲公司开出的增值税专用发票上注明的价款合计为 1 000 000 元,其中电梯销售价格为 980 000 元,安装费为 20 000 元,增值税额为 166 600 元。电梯的成本为 560 000 元。电梯安装过程中发生安装费 12 000 元,均为安装人员薪酬。假定电梯已经安装完成并经验收合格,款项尚未收到。安装工作是销售合同的重要组成部分。甲公司的账务处理如下。

（1）电梯发出，结转成本：

借：发出商品   560 000

  贷：库存商品   560 000

（2）实际发生安装费用：

借：劳务成本   12 000

  贷：应付职工薪酬   12 000

（3）电梯销售实现，确认收入并结转成本：

借：应收账款   1 146 600

  贷：主营业务收入   980 000

   应交税费——应交增值税（销项税额） 166 600

借：主营业务成本   560 000

  贷：发出商品   560 000

（4）确认安装费收入并结转安装成本：

借：应收账款   20 000

  贷：主营业务收入   20 000

借：主营业务成本   12 000

  贷：劳务成本   12 000

第四节　让渡资产使用权收入的确认与计量

让渡资产使用权收入主要包括利息收入和使用费收入。企业对外出租资产收取的租金、进行债权投资收取的利息、进行股权投资取得的现金股利，也构成让渡资产使用权收入。有关的会计处理请参照有关会计准则的具体规定。

让渡资产使用权收入同时满足下列条件的，才能予以确认：①相关的经济利益很可能流入企业。②收入的金额能够可靠地计量。

一、利息收入的处理

利息收入主要是指金融企业对外贷款形成的利息收入，以及同业之间发生业务往来形成的利息收入等。

企业应在资产负债表日,按照他人使用本企业货币资金的时间和实际利率计算确定利息收入金额。按计算确定的利息收入金额,借记"应收利息"、"银行存款"等账户,贷记"利息收入"、"其他业务收入"等账户。

【例 13-20】 甲商业银行于 2011 年 10 月 1 日向乙公司发放一笔贷款 100 万元,期限为 1 年,年利率为 5%。甲银行发放贷款时没有发生交易费用,该贷款合同利率与其实际利率相同。假定甲商业银行按季度编制财务报表,不考虑其他因素。甲商业银行的账务处理如下。

(1) 2011 年 10 月 1 日,对外贷款时:

借:贷款   1 000 000
  贷:吸收存款   1 000 000

(2) 2011 年 12 月 31 日,确认利息收入时:

$$利息收入金额 = 100 \times 5\% \div 4 = 1.25(万元)$$

借:应收利息   12 500
  贷:利息收入   12 500

二、使用费收入的处理

使用费收入主要是指企业转让无形资产(如商标权、专利权、专营权、软件、版权)等资产的使用权形成的使用费收入。

使用费收入应当按照有关合同或协议约定的收费时间和方法计算确定。不同的使用费收入,收费时间和方法各不相同。有一次性收取一笔固定金额的,如一次收取 10 年的场地使用费;有在合同或协议规定的有效期内分期等额收取的,如合同或协议规定在使用期内每期收取一笔固定的金额;也有分期不等额收取的,如合同或协议规定按资产使用方每期销售额的百分比收取使用费等。

如果合同或协议规定一次性收取使用费,且不提供后续服务的,应当视同销售该项资产一次性确认收入;提供后续服务的,应在合同或协议规定的有效期内分期确认收入。如果合同或协议规定分期收取使用费的,应按合同或协议规定的收款时间和金额,或规定的收费方法计算确定的金额分期确认收入。

【例 13-21】 甲公司向丁公司转让其商品的商标使用权,约定丁公司每年年末按年销售收入的 10% 支付使用费,使用期 10 年。第一年,丁公司实现销售收入 1 000 000 元;第二年,丁公司实现销售收入 1 500 000 元。假定甲公司均于每年年末收到使用费,不考虑其他因素。甲公司的账务处理如下。

(1) 第一年年末确认使用费收入时:

$$使用费收入金额 = 1\ 000\ 000 \times 10\% = 100\ 000(元)$$

借:银行存款   100 000
　　贷:其他业务收入   100 000

(2) 第二年年末确认使用费收入时:

$$使用费收入金额 = 1\ 500\ 000 \times 10\% = 150\ 000(元)$$

借:银行存款   150 000
　　贷:其他业务收入   150 000

第五节　费　　用

费用是指企业在日常活动中发生的、会导致所有者权益减少的、与向所有者分配利润无关的经济利益的总流出。

费用包括企业日常活动所产生的经济利益的总流出,主要指企业为取得营业收入进行产品销售等营业活动所发生的企业货币资金的流出,具体包括成本费用和期间费用。

一、成本费用

企业为生产产品、提供劳务等发生的可归属于产品成本、劳务成本的费用,应当在确认销售商品收入、提供劳务收入等时,将已销售商品、已提供劳务的成本等计入当期损益。成本费用包括营业成本(主营业务成本、其他业务成本)、营业税金及附加等。

(一) 主营业务成本

主营业务成本是指企业销售商品、提供劳务等经常性活动所发生的成本。企业一般在确认销售商品、提供劳务等主营业务收入时,或在月末,将已销售商品、已提供劳务的成本结转入主营业务成本。主营业务成本按主营业务的种类进行明细核算,期末,将主营业务成本的余额转入"本年利润"账户,结转后本账户无余额。有关主营业务成本的核算举例参见本章第一节。

(二) 其他业务成本

其他业务成本是指企业除主营业务活动以外的其他经营活动所发生的

支出。其他业务成本包括销售材料的成本、出租固定资产的折旧额、出租无形资产的摊销额、出租包装物的成本或摊销额等。期末,将其他业务成本的余额转入"本年利润"账户,结转后本账户无余额。本账户按其他业务成本的种类进行明细核算。有关其他业务成本的核算举例参见本章第一节。

（三）营业税金及附加

营业税金及附加是指企业经营活动应负担的相关税费,包括营业税、消费税、城市维护建设税、教育费附加和资源税等。期末,将营业税金及附加的余额转入"本年利润"账户。结转后本账户无余额。本账户按不同税种的种类进行明细核算。有关营业税金及附加的核算举例参见第十一章"流动负债"内容。

二、期间费用

期间费用是指企业日常活动发生的不能计入特定核算对象的成本,而应计入发生当期损益的费用。期间费用之所以不计入一定的成本核算对象,主要是因为期间费用是为组织和管理企业整个经营活动所发生的费用,与可以确定一定成本核算对象的材料采购、产成品生产等支出没有直接关系,因而期间费用不计入有关核算对象的成本,而是直接计入当期损益。期间费用包括销售费用、管理费用和财务费用等。

（一）销售费用

销售费用是指企业在销售商品和材料、提供劳务过程中发生的各项费用,包括企业在销售商品过程中发生的包装费、保险费、展览费和广告费、商品维修费、预计产品质量保证损失、运输费、装卸费等费用,以及企业发生的为销售本企业商品而专设的销售机构的职工薪酬、业务费、折旧费、固定资产修理费等费用。

企业应通过"销售费用"账户,核算销售费用的发生和结转情况。该账户借方登记企业所发生的各项销售费用,贷方登记期末结转入"本年利润"账户的销售费用。结转后该账户应无余额。该账户应按销售费用的费用项目进行明细核算。

【例13-22】 某公司2007年10月发生如下业务。

（1）为宣传新产品发生广告费80 000元,均用银行存款支付。会计分录为:

借:销售费用　　　　　　　　　　　　　　　　　　　80 000
　　贷:银行存款　　　　　　　　　　　　　　　　　　　80 000

（2）销售部 10 月份共发生费用 220 000 元，其中，销售人员薪酬 100 000 元，销售部专用办公设备折旧费 50 000 元，业务费 70 000 元（均用银行存款支付）。会计分录为：

借：销售费用　　　　　　　　　　　　　　　　　　　　　　220 000

　　贷：应付职工薪酬　　　　　　　　　　　　　　　　　　100 000

　　　　累计折旧　　　　　　　　　　　　　　　　　　　　50 000

　　　　银行存款　　　　　　　　　　　　　　　　　　　　70 000

（3）销售过程中发生运输费 5 000 元，装卸费 2 000 元，均用银行存款支付。会计分录为：

借：销售费用　　　　　　　　　　　　　　　　　　　　　　7 000

　　贷：银行存款　　　　　　　　　　　　　　　　　　　　7 000

（二）管理费用

管理费用是指企业为组织和管理生产经营活动而发生的各种管理费用，包括企业在筹建期间发生的开办费、董事会和行政管理部门在企业的经营管理中发生的或者应由企业统一负担的公司经费（包括行政管理部门职工薪酬、物料消耗、低值易耗品摊销、办公费和差旅费等）、工会经费、董事会费（包括董事会成员津贴、会议费和差旅费等）、聘请中介机构费、咨询费（含顾问费）、诉讼费、业务招待费、房产税、车船税、土地使用税、印花税、技术转让费、矿产资源补偿费、研究费用、排污费以及企业生产车间（部门）和行政管理部门发生的固定资产修理费等。

企业应通过"管理费用"账户，核算管理费用的发生和结转情况。该账户借方登记企业发生的各项管理费用，贷方登记期末转入"本年利润"账户的管理费用。结转后该账户应无余额。该账户应按管理费用的费用项目进行明细核算。

【例 13-23】　某企业某期发生如下业务。

（1）筹建期间发生办公费、差旅费等开办费 25 000 元，均用银行存款支付。会计分录为：

借：管理费用　　　　　　　　　　　　　　　　　　　　　　25 000

　　贷：银行存款　　　　　　　　　　　　　　　　　　　　25 000

（2）为拓展产品销售市场发生业务招待费 50 000 元，均用银行存款支付。会计分录为：

借：管理费用　　　　　　　　　　　　　　　　　　50 000
　　贷：银行存款　　　　　　　　　　　　　　　　　　　50 000

（3）就一项产品的设计方案向有关专家进行咨询，以现金支付咨询费30 000 元。会计分录为：

借：管理费用　　　　　　　　　　　　　　　　　　30 000
　　贷：库存现金　　　　　　　　　　　　　　　　　　　30 000

（4）行政部本月共发生费用 224 000 元，其中，行政人员薪酬 150 000元，行政部专用办公设备折旧费 45 000 元，报销行政人员差旅费 21 000 元（假定报销人均未预借差旅费），其他办公费、水电费 8 000 元（均用银行存款支付）。会计分录为：

借：管理费用　　　　　　　　　　　　　　　　　　224 000
　　贷：应付职工薪酬　　　　　　　　　　　　　　　　150 000
　　　　累计折旧　　　　　　　　　　　　　　　　　　45 000
　　　　库存现金　　　　　　　　　　　　　　　　　　21 000
　　　　银行存款　　　　　　　　　　　　　　　　　　8 000

（5）当月按规定计算确定的应交房产税为 3 000 元、应交车船税为 2 600元、应交土地使用税为 4 300 元。会计分录为：

借：管理费用　　　　　　　　　　　　　　　　　　9 900
　　贷：应交税费——应交房产税　　　　　　　　　　　3 000
　　　　　　　——应交车船税　　　　　　　　　　　2 600
　　　　　　　——应交土地使用税　　　　　　　　　4 300

（6）当月生产车间发生设备大修理费用 45 000 元（以银行存款支付），行政管理部门发生设备日常修理费用 1 000 元（以现金支付），均不满足固定资产确认条件。会计分录为：

借：管理费用　　　　　　　　　　　　　　　　　　46 000
　　贷：银行存款　　　　　　　　　　　　　　　　　　45 000
　　　　库存现金　　　　　　　　　　　　　　　　　　1 000

（三）财务费用

财务费用是指企业为筹集生产经营所需资金等而发生的筹资费用，包括利息支出（减利息收入）、汇兑损益以及相关的手续费、企业发生的现金折扣或收到的现金折扣等。

企业应通过"财务费用"账户。核算财务费用的发生和结转情况。该账户借方登记企业发生的各项财务费用,贷方登记期末结转入"本年利润"账户的财务费用。结转后该账户应无余额。该账户应按财务费用的费用项目进行明细核算。

【例13-24】 某企业于2012年1月1日向银行借入生产经营用短期借款360 000元,期限6个月,年利率5%,该借款本金到期后一次归还,利息分月预提,按季支付。假定1月份共有120 000元暂时作为闲置资金存入银行,并获得利息收入400元。假定所有利息均不符合利息资本化条件。1月份相关利息的会计处理如下。

1月末,预提当月份应计利息:

$$360\,000 \times 5\% \div 12 = 1\,500(元)$$

借:财务费用   1 500

    贷:应付利息   1 500

同时,当月取得的利息收入400元应作为冲减财务费用处理。

借:银行存款   400

    贷:财务费用   400

【例13-25】 某企业于2012年1月1日平价发行公司债券,面值500 000 000元,期限2年,年利率6%,到期后本息一次归还。债券发行过程中,发生手续费2 500 000元。有关手续费的会计分录为:

借:财务费用   2 500 000

    贷:银行存款   2 500 000

第六节　本　年　利　润

一、利润的构成

企业作为独立的经济实体,应当以自己的经营收入抵补其成本费用,并且实现盈利。企业盈利的大小在很大程度上反映企业生产经营的经济效益,表明企业在每一会计期间的最终经营成果。

利润是指企业在一定会计期间的经营成果。利润包括收入减去费用后的净额、直接计入当期利润的利得和损失等。

直接计入当期的利得和损失是指应当计入当期损益、会导致所有者权益发生增减变动的、与所有者投入资本或者向所有者分配利润无关的利得或者损失。利得是指由企业非日常活动所形成的、会导致所有者权益增加的、与所有者投入资本无关的经济利益的流入。损失是指由企业非日常活动所发生的、会导致所有者权益减少的、与所有者分配利润无关的经济利益的流出。

利润相关计算公式如下。

1. 营业利润

营业利润的计算公式如下：

营业利润＝营业收入－营业成本－营业税金及附加－销售费用－管理费用－
　　　　财务费用－资产减值损失＋公允价值变动收益（－公允价值变动损失）＋
　　　　投资收益（－投资损失）

其中，营业收入是指企业经营业务所确定的收入总额，包括主营业务收入和其他业务收入。

营业成本是指企业经营业务所发生的实际成本总额，包括主营业务成本和其他业务成本。

资产减值损失是指企业计提各项资产减值准备所形成的损失。

公允价值变动收益（或损失）是指企业交易性金融资产等公允价值变动形成的应计入当期损益的利得（或损失）。

投资收益（或损失）是指企业以各种方式对外投资所取得的收益（或发生的损失）。

2. 利润总额

利润总额的计算公式如下：

利润总额＝营业利润＋营业外收入－营业外支出

其中，营业外收入（或支出）是指企业发生的与日常活动无直接关系的各项利得（或损失）。

3. 净利润

净利润的计算公式如下：

净利润＝利润总额－所得税费用

其中,所得税费用是指企业确认的应从当期利润总额中扣除的所得税费用。

二、营业外收入和营业外支出的核算

（一）营业外收入

1. 营业外收入核算的内容

营业外收入是指企业发生的、与其日常活动无直接关系的各项利得。营业外收入并不是企业经营资金耗费所产生的,不需要企业付出代价,实际上是经济利益的净流入,不可能也不需要与有关的费用进行配比。营业外收入主要包括非流动资产处置利得、盘盈利得、罚没利得、捐赠利得、确实无法支付而按规定程序经批准后转作营业外收入的应付款项等。

其中,非流动资产处置利得包括固定资产处置利得和无形资产出售利得。固定资产处置利得,指企业出售固定资产所取得价款或报废固定资产的材料价值和变价收入等,扣除处置固定资产的账面价值、清理费用、处置相关税费后的净收益;无形资产出售利得,指企业出售无形资产所取得的价款,扣除出售无形资产的账面价值、出售相关税费后的净收益。盘盈利得是指对于现金等清查盘点中盘盈的现金等,报经批准后计入营业外收入的金额。罚没利得是指企业取得的各项罚款,在弥补由于对违反合同或协议而造成的经济损失后的罚款净收益。捐赠利得是指企业接受捐赠而产生的利得。

2. 营业外收入的会计处理

企业应通过"营业外收入"账户,核算营业外收入的取得及结转情况。该账户贷方登记企业确认的各项营业外收入,借方登记期末结转入本年利润的营业外收入。结转后该账户应无余额。该账户应按照营业外收入的项目进行明细核算。

企业确认营业外收入,借记"固定资产清理"、"银行存款"、"库存现金"、"应付账款"等账户,贷记"营业外收入"账户。期末,应将"营业外收入"账户余额转入"本年利润"账户,借记"营业外收入"账户,贷记"本年利润"账户。

【例 13-26】 某企业将固定资产报废清理的净收益 8 000 元转作营业外收入。会计分录为:

借:固定资产清理   8 000
 贷:营业外收入   8 000

【**例 13-27**】 某企业本期营业外收入总额为 180 000 元,期末结转本年利润。会计分录为:

借:营业外收入 180 000
　贷:本年利润 180 000

（二）营业外支出

1. 营业外支出核算的内容

营业外支出是指企业发生的与其日常活动无直接关系的各项损失,主要包括非流动资产处置损失、盘亏损失、罚款支出、公益性捐赠支出、非常损失等。其中:

非流动资产处置损失包括固定资产处置损失和无形资产出售损失。固定资产处置损失是指企业出售固定资产所取得价款或报废固定资产的材料价值和变价收入等,不足以抵补处置固定资产的账面价值、清理费用、处置相关税费所发生的净损失。无形资产出售损失是指企业出售无形资产所取得价款,不足以抵补出售无形资产的账面价值、出售相关税费后所发生的净损失。盘亏损失是指对于固定资产清查盘点中盘亏的固定资产,在查明原因处理时按确定的损失计入营业外支出的金额。罚款支出是指企业由于违反税收法规、经济合同等而支付的各种滞纳金和罚款。公益性捐赠支出是指企业对外进行公益性捐赠发生的支出。非常损失是指企业对于因客观因素(如自然灾害等)造成的损失,在扣除保险公司赔偿后应计入营业外支出的净损失。

2. 营业外支出的会计处理

企业应通过"营业外支出"账户,核算营业外支出的发生及结转情况。该账户借方登记企业发生的各项营业外支出,贷方登记期末结转入本年利润的营业外支出。结转后该账户应无余额。该账户应按照营业外支出的项目进行明细核算。

企业发生营业外支出时,借记"营业外支出"账户,贷记"固定资产清理"、"待处理财产损溢"、"库存现金"、"银行存款"等账户。期末,应将"营业外支出"账户余额转入"本年利润"账户,借记"本年利润"账户,贷记"营业外支出"账户。

【**例 13-28**】 某企业发生如下业务。

（1）将已经发生的原材料意外灾害损失 270 000 元转作营业外支出。

会计分录为：

借：营业外支出——非常损失 270 000
　　贷：待处理财产损溢——待处理流动资产损溢 270 000

（2）用银行存款支付税款滞纳金 30 000 元。会计分录为：

借：营业外交出 30 000
　　贷：银行存款 30 000

（3）将拥有的一项非专利技术出售，取得价款 900 000 元，应交的营业税为 45 000 元。该非专利技术的账面余额为 1 000 000 元，累计摊销额为 100 000 元，未计提减值准备。会计分录为：

借：银行存款 900 000
　　累计摊销 100 000
　　营业外支出 45 000
　　贷：无形资产 1 000 000
　　　　应交税费——应交营业税 45 000

（4）本期营业外支出总额为 840 000 元，期末结转本年利润。会计分录为：

借：本年利润 840 000
　　贷：营业外支出 840 000

三、所得税费用

所得税是根据企业应纳税所得额的一定比例上缴的一种税。企业在计算确定的当期所得税以及递延所得税费用的基础上，应将两者之和确认为利润表中的所得税费用。计算公式如下：

所得税费用＝当期所得税＋递延所得税费用
递延所得税费用＝递延所得税负债增加额＋递延所得税资产减少额＝
　　　　（递延所得税负债期末余额－递延所得税负债期初余额）＋
　　　　（递延所得税资产期初余额－递延所得税资产期末余额）

（一）当期所得税的计算

应纳税所得额是在企业税前会计利润（即利润总额）的基础上调整确定的。计算公式如下：

$$应纳税所得额＝税前会计利润＋纳税调整增加额－纳税调整减少额$$

纳税调整增加额主要包括税法规定允许扣除项目中,企业已计入当期费用但超过税法规定扣除标准的金额(如超过税法规定标准的业务招待费支出),以及企业已计入当期损失但税法规定不允许扣除项目的金额(如税收滞纳金、罚款、罚金)。

纳税调整减少额主要包括按税法规定允许弥补的亏损和准予免税的项目,如前 5 年内的未弥补的亏损和国债利息收入等。

企业当期所得税的计算公式如下:

$$应交所得税＝应纳税所得额×所得税税率$$

【例 13-29】 甲公司 2011 年度按企业会计准则计算的税前会计利润为 19 700 000 元,所得税税率为 25％。甲公司全年实发工资为 2 200 000 元,职工福利费 328 000 元,工会经费 60 000 元,职工教育经费 100 000 元。经查,甲公司当年营业外支出中有 100 000 元为税款滞纳罚金。假定甲公司全年无其他纳税调整因素。

税法规定,企业发生的合理的工资、薪酬支出准予据实扣除;企业发生的职工福利费支出,不超过工资、薪酬总额的 14％的部分准予扣除;企业拨交的工会经费,不超过工资、薪酬总额的 2％的部分准予扣除;企业发生的职工教育经费支出,不超过工资、薪酬总额的 2.5％的部分准予扣除,超过部分准予结转以后纳税年度扣除。

本例中,按税法规定,企业在计算当期应纳税所得额时,可以扣除工资、薪酬支出 2 200 000 元,扣除职工福利费支出 308 000 元(2 200 000×14％),职工教育经费支出 50 000 元(2 200 000×2％),工会经费支出 55 000 元(2 200 000×2.5％)。

甲公司有两项纳税调整因素,一是已计入当期费用但超过税法规定标准的工资支出,二是已计入当期营业外支出但按税法规定不允许扣除的税款滞纳金,这两个因素均应调整增加应纳税所得额。甲公司当期所得税的计算如下:

$$纳税调整数＝(328\,000－308\,000)＋(60\,000－50\,000)＋$$
$$(60\,000－55\,000)＝35\,000(元)$$
$$应纳税所得额＝19\,700\,000＋35\,000＝19\,735\,000(元)$$
$$当期应交所得税额＝19\,735\,000×25％＝4\,933\,750(元)$$

【例 13-30】 甲公司 2007 年全年利润总额(即税前会计利润)为 10 200 000 元,其中包括本年收到的国库券利息收入 200 000 元,所得税税率为 25%。假定甲公司本年无其他纳税调整因素。

按照税法的有关规定,企业购买国库券的利息收入免交所得税,即在计算纳税所得时可将其扣除。甲公司当期所得税的计算如下:

$$应纳税所得额 = 10\ 200\ 000 - 200\ 000 = 10\ 000\ 000(元)$$
$$当期应交所得税额 = 10\ 000\ 000 \times 25\% = 2\ 500\ 000(元)$$

（二）所得税费用的会计处理

企业应根据会计准则的规定,对当期所得税加以调整计算后,据以确认应从当期利润总额中扣除的所得税费用。

【例 13-31】 假如甲公司当期应交所得税为 2 500 000 元,递延所得税负债年初数为 400 000 元、年末数为 500 000 元,递延所得税资产年初数为 250 000 元、年末数为 200 000 元。甲公司的会计处理如下。

甲公司所得税费用的计算如下:

递延所得税费用 = (500 000 - 400 000) + (250 000 - 200 000) = 150 000(元)

所得税费用 = 当期所得税 + 递延所得税费用 = 2 500 000 + 150 000 = 3 450 000(元)

甲公司会计分录如下:

借:所得税费用		2 650 000
贷:应交税费——应交所得税		2 500 000
递延所得税负债		100 000
递延所得税资产		50 000

四、本年利润的会计处理

企业应设置"本年利润"账户,核算企业本年度实现的净利润(或发生的净亏损)。会计期末,企业应将各项收入账户的余额分别转入"本年利润"账户的贷方,将各项成本、费用、损失等账户的余额分别转入"本年利润"账户的借方。结转后"本年利润"账户如为贷方余额,表示当年实现的净利润;如为借方余额,表示当年发生的净亏损。

年度终了,应将本年收入和支出相抵后结出的本年实现的净利润(或净亏损),由"本年利润"账户转入"利润分配——未分配利润"账户。如"本年利润"为贷方余额,借记"本年利润"账户,贷记"利润分配——未分配利润"账户;如为借方余额,作相反的会计分录。结转后"本年利润"账户应无余额。

【例 13-32】　乙公司 2007 年有关损益类账户的年末余额如下(该企业采用表结法年末一次结转损益类账户,所得税税率为 25%):

账 户 名 称	结 账 前 金 额		
主营业务收入	600 000	(元)	(贷)
其他业务收入	700 000	(元)	(贷)
公允价值变动损益	150 000	(元)	(贷)
投资收益	600 000	(元)	(贷)
营业外收入	50 000	(元)	(贷)
主营业务成本	4 000 000	元	(借)
其他业务成本	400 000	元	(借)
营业税金及附加	80 000	元	(借)
销售费用	500 000	元	(借)
管理费用	770 000	元	(借)
财务费用	200 000	元	(借)
资产减值损失	100 000	元	(借)
营业外支出	250 000	元	(借)

乙公司 2007 年年末结转本年利润的会计分录如下。

(1) 将各损益类账户年末余额结转入"本年利润"账户:

结转各项收入、利得类账户:

借:主营业务收入	6 000 000
其他业务收入	700 000
公允价值变动损益	150 000
投资收益	600 000
营业外收入	50 000
贷:本年利润	7 500 000

结转各项费用、损失类账户:

借:本年利润	6 300 000
贷:主营业务成本	4 000 000
其他业务成本	400 000
营业税金及附加	80 000
销售费用	500 000

管理费用	770 000
财务费用	200 000
资产减值损失	100 000
营业外支出	250 000

（2）经过上述结转后，"本年利润"账户的贷方发生额合计 7 500 000 元减去借方发生额合计 6 300 000 元即为税前会计利润 1 200 000 元。假设将该税前会计利润进行纳税调整后，应纳税所得额为 1 000 000 元，则应交所得税额为 250 000 元（1 000 000×25%）。假定将该应交所得税按照会计准则进行调整后，计算确认的所得税费用为 280 000 元。

确认所得税费用，会计分录为：

借：所得税费用	280 000
贷：递延所得税负债	30 000
应交税费——应交所得税	250 000

将所得税费用结转入"本年利润"账户：

借：本年利润	280 000
贷：所得税费用	280 000

（3）将"本年利润"账户年末金额 820 000 元（7 500 000－6 300 000－280 000）转入"利润分配——未分配利润"账户：

借：本年利润	920 000
贷：利润分配——未分配利润	920 000

第十四章

或 有 事 项

第一节 或有事项概述

一、或有事项的含义与特征

或有事项是指过去的交易或者事项形成的,其结果须由某些未来事项的发生或不发生才能决定的不确定事项。常见的或有事项主要有未决诉讼和未决仲裁、产品质量保证、商业票据贴现、为其他单位提供的债务担保、亏损合同和重组义务、承诺、环境污染整治等。

或有事项具有以下四个特征:

(1)或有事项是由过去的交易或者事项形成的。或有事项作为一种不确定事项,是由企业过去的交易或者事项形成的。由企业过去的交易或者事项形成的,是指或有事项的现存状况是过去交易或者事项引起的客观存在。例如,未决诉讼是企业因过去的经济行为导致起诉其他单位或被其他单位起诉,这是现存的一种状况,而不是未来将要发生的事项。

(2)或有事项的结果具有不确定性。或有事项具有不确定性,是指或有事项的结果是否发生具有不确定性,或者或有事项的结果预计将会发生,但发生的具体时间或金额具有不确定性。首先,或有事项的结果是否发生具有不确定性。例如,债务担保的担保方在债务到期时是否一定承担和履行连带责任,需要根据被担保方能否按时还款决定,其结果在担保协议达成时具有不确定性。其次,或有事项的结果预计将会发生,但发生的具体时间或金额具有不确定性。例如,某企业因生产过程中排污治理不力并对周围环境造成污染而被起诉,如无特殊情况,该企业很可能败诉。但是,在诉讼成立时,该企业因败诉将支出多少金额,或者何时将发生这些支出,可能是难以确定的。

（3）或有事项的结果由未来发生的事项决定。这主要是指或有事项的结果只能由未来不确定事项的发生或不发生才能决定。例如，未决诉讼只能等到法院判决才能决定其结果。又如，企业为其他单位提供债务担保的，只有在被担保方到期无力还款时，企业（担保方）才承担偿还债务的连带责任。而该担保事项最终是否会要求企业履行偿还债务的连带责任，一般只能看被担保方的未来经营情况和偿债能力。如果被担保方经营情况和财务状况良好具有较好的信用，那么企业将不需要履行该连带责任。

（4）影响或有事项的结果的不确定性因素不能由企业控制。因为企业能够控制的事项，对于企业来说就是确定性事项了，不具有不确定性。

二、或有负债和或有资产

（一）或有负债

或有负债是指过去的交易或事项形成的潜在义务，其存在须通过未来不确定事项的发生或不发生予以证实；或过去的交易或事项形成的现时义务，履行该义务不是很可能导致经济利益流出企业或该义务的金额不能可靠计量。

因此，或有负债具有两个特征：一是或有负债是由过去的交易或事项形成的；二是或有负债的结果具有不确定性。或有负债涉及两类义务：一类是潜在义务；另一类是现时义务。

1. 潜在义务

潜在义务是指结果取决于不确定未来事项的可能义务。也就是说，潜在义务最终是否转变为现时义务，由未来不确定事项的发生或不发生才能决定。或有负债作为一项潜在义务，其结果如何只能由未来不确定事项的发生或不发生来证实。

2. 现时义务

现时义务是指企业在现行条件下已承担的义务。或有负债作为现时义务，其特征在于：该现时义务的履行不是很可能导致经济利益流出企业，或者这现时义务的金额不能可靠地计量。其中，"不是很可能导致经济利益流出企业"是指该现时义务导致经济利益流出企业的可能性不超过50%（含50%）。"金额不能可靠地计量"是指该现时义务导致经济利益流出企业的"金额"难以合理预计，现时义务履行的结果具有较大的不确定性。

或有负债无论是潜在义务还是现时义务均不符合负债的确认条件，因而不能在会计报表内予以确认,但应按相关规定在附注中披露。

（二）或有资产

或有事项,既可能形成或有负债,也可能产生或有资产。或有资产是指过去的交易或者事项所形成的潜在资产,其存在须通过未来不确定事项的发生或不发生予以证实。

或有资产作为一种潜在资产,其结果具有较大的不确定性,只有随着经济情况的变化,通过某些未来不确定事项的发生或不发生才能证实其是否会形成企业真正的资产。

正如或有负债不符合负债确认条件一样,或有资产也不符合资产确认条件,因而也不能在会计报表内确认。

第二节　或有事项的确认与计量

一、或有事项的确认

或有事项的确认指与或有事项相关义务的确认。根据企业会计准则的规定,与或有事项相关的义务同时满足下列三个条件的,应当确认为预计负债。

1. 该义务是企业承担的现时义务

这是指与或有事项相关的义务是在企业当前条件下已承担的义务,企业没有其他现实的选择,只能履行该现时义务。这里所指的现时义务包括法定义务和推定义务。其中,法定义务是指因合同、法规或其他司法解释等产生的义务,通常是企业在经济管理和经济协调中,依照经济法律、法规的规定必须履行的责任。例如,企业与另外的企业签订购货合同产生的义务,就属于法定义务。推定义务是指因企业的特定行为而产生的义务。企业的"特定行为",泛指企业以往的习惯做法、已公开的承诺或已公开宣布的经营政策。并且,由于以往的习惯做法,或通过这些承诺或公开的声明,企业向外界表明了它将承担特定的责任,从而使受影响的各方形成了其将履行这些责任的合理预期。

2. 履行该义务很可能导致经济利益流出企业

这是指履行与或有事项相关的现时义务时,导致经济利益流出企业的可能性超过50%,但尚未达到基本确定的程度。企业通常可以结合下列情况判断经济利益流出的可能性,如表 14-1 所示。

表 14-1

经济利益流出的可能性判断

结果的可能性	对应的概率区间
基本确定	大于 95%但小于 100%
很可能	大于 50%但小于或等于 95%
可能	大于 5%但小于或等于 50%
极小可能	大于 0%但小于或等于 5%

企业因或有事项承担了现时义务,并不说明该现时义务很可能导致经济利益流出企业。例如,2011 年 5 月 1 日,甲企业与乙企业签订协议,承诺为乙企业的 2 年期银行借款提供全额担保。对于甲企业而言,由于担保事项而承担了一项现时义务,但这项义务的履行是否很可能导致经济利益流出企业,需依据乙企业的经营情况和财务状况等因素加以确定。假定 2011 年年末,乙企业的财务状况恶化,且没有迹象表明可能发生好转。此种情况出现,表明乙企业很可能违约,从而甲企业履行承担的现时义务将很可能导致经济利益流出企业。反之,如果乙企业财务状况良好,一般可以认定乙企业不会违约,从而甲企业履行承担的现时义务不是很可能导致经济利益流出。

3. 该义务的金额能够可靠地计量

该义务的金额能够可靠地计量,是指与或有事项相关的现时义务的金额能够合理地估计。例如,甲企业(被告)涉及一起诉讼案。根据以往的审判案例推断,甲企业很可能败诉,相关的赔偿金额也可以估算出一个范围。在这种情况下,可以认为甲企业因未决诉讼承担的现时义务的金额能够可靠地估计,从而应对未决诉讼确认一项预计负债。

二、或有事项的计量

与或有事项相关义务形成的预计负债的计量,主要涉及两个方面:一是最佳估计数的确定;二是预期可获得补偿的处理。

(一)最佳估计数的确定

预计负债应当按照履行相关现时义务所需支出的最佳估计数进行初始计量。最佳估计数的确定应当分别以下两种情况处理:

（1）所需支出存在一个连续范围，且该范围内各种结果发生的可能性相同，则最佳估计数应当按照该范围内的中间值，即上、下限金额的平均数确定。

【例 14-1】 2011 年 12 月 2 日，甲企业因合同违约而被乙公司起诉。2011 年 12 月 31 日，甲企业尚未接到法院的判决。根据企业的法律顾问判断，最终的判决很可能对甲企业不利。因诉讼须承担的赔偿金额也无法准确地确定。不过，据专业人士估计，赔偿金额可能是 800 000～1 000 000 元之间的某一金额，而且这个区间内每项金额发生的可能性都大致相同。

分析：根据企业会计准则的规定，甲企业应在 2011 年 12 月 31 日的资产负债表中确认一项预计负债，金额为 900 000 元[（800 000＋1 000 000）÷2]。会计分录为：

　　借：营业外支出——赔偿支出——乙公司　　　　　　　　900 000
　　　贷：预计负债——未决诉讼——乙公司　　　　　　　　　　900 000

（2）所需支出不存在一个连续范围，或者虽然存在一个连续范围但该范围内各种结果发生的可能性不相同。在这种情况下，最佳估计数按照如下方法确定：

第一，或有事项涉及单个项目的，按照最可能发生金额确定。"涉及单个项目"指或有事项涉及的项目只有一个，如一项未决诉讼、一项未决仲裁或一项债务担保等。

【例 14-2】 2011 年 10 月 1 日，甲公司涉及一起诉讼。2011 年 12 月 31 日，甲公司尚未接到法院的判决。根据类似案件的经验以及公司所聘律师的意见判断，甲公司认为胜诉的可能性有 40％，败诉的可能性有 60％。如果败诉，将要赔偿 1 000 000 元。

分析：在上述情况下，甲公司在 2011 年 12 月 31 日资产负债表中应确认的预计负债金额（最佳估计数）应为最可能发生金额，即 1 000 000 元。会计分录为：

　　借：营业外支出——赔偿支出　　　　　　　　　　　　1 000 000
　　　贷：预计负债——未决诉讼　　　　　　　　　　　　　　1 000 000

第二，或有事项涉及多个项目，最佳估计数按照各种可能结果及相关几率计算确定。"涉及多个项目"指或有事项涉及的项目不止一个，如产品质量保证。在产品质量保证中，提出产品保修要求的可能有许多客户。相应地,企业对这些客户负有保修义务,应根据发生质量问题的概率及相关的保修费用计算确认应予确认的负债金额。

【例 14-3】 甲股份有限公司是生产并销售 A 产品的企业,2007 年度第一季度,共销售 A 产品 60 000 件,销售收入为 360 000 000 元。根据公司的产品质量保证条款,该产品售出后 1 年内,如发生正常质量问题,公司将负责免费维修。根据以前年度的维修记录,如果发生较小的质量问题,发生的维修费用为销售收入的 1％；如果发生较大的质量问题,发生的维修费用为销售收入的 2％。根据公司技术部门的预测,本季度销售的产品中,80％不会发生质量问题,15％可能发生较小质量问题,5％可能发生较大质量问题。

分析:根据上述资料,2007 年第一季度末,甲股份有限公司应在资产负债表中确认的预计负债金额为 900 000 元[360 000 000×(0×80％＋1％×15％＋2％×5％)]。会计分录为:

借:销售费用——产品质量保证——A 产品　　　　　　　　　　900 000
　　贷:预计负债——产品质量保证——A 产品　　　　　　　　　　900 000

(二) 预计可获得补偿的处理

如果企业清偿因或有事项而确认的负债所需支出全部或部分预期由第三方或其他方补偿,则此补偿金额只有在基本确定能收到时,才能作为资产单独确认;确认的补偿金额不能超过所确认负债的账面价值。

企业预期从第三方获得的补偿,是一种潜在资产,其最终是否会转化为企业真正的资产(即企业是否能够收到这项补偿)具有较大的不确定性。企业只有在基本确定能够收到补偿时才能对其进行确认。根据资产和负债不能随意抵消的原则,预期可获得的补偿在基本确定能够收到时应当确认为一项资产,而不能作为预计负债金额的扣减。

补偿金额的确认涉及两个方面问题:一是确认时间,补偿只有在"基本确定"能够收到时才予以确认;二是确认金额,确认的金额是基本确定能够收到的金额,而且不能超过相关预计负债的金额。

【例 14-4】 2007 年 12 月 31 日,乙股份有限公司因或有事项而确认了一笔金额为 1 000 000 元的负债。同时,公司因该或有事项,基本确定可从甲股份有限公司获得 400 000 元的赔偿。

分析:本例中,乙股份有限公司应分别确认一项金额为 1 000 000 元的负债和一项金额为 400 000 元的资产,而不能只确认一项金额为 600 000 元

（1 000 000－400 000）的负债。同时,公司所确认的补偿金额 400 000 元不能超过所确认的负债的账面价值 1 000 000 元。

（三）对预计负债账面价值的复核

企业应当在资产负债表日对预计负债的账面价值进行复核。有确凿证据表明该账面价值不能真实反映当前最佳估计数的,应当按照当前最佳估计数对该账面价值进行调整。

第三节　或有事项会计处理原则的具体应用

一、未决诉讼或未决仲裁

诉讼是指当事人不能通过协商解决争议,因而在人民法院起诉、应诉,请求人民法院通过审判程序解决纠纷的活动。诉讼尚未裁决之前,对于被告来说,可能形成一项或有负债或者预计负债;对于原告来说,则可能形成一项或有资产。

仲裁是指经济法的各方当事人依照事先约定或事后达成的书面仲裁协议,共同选定仲裁机构并由其对争议依法作出具有约束力裁决的一种活动。作为当事人一方,仲裁的结果在仲裁决定公布以前是不确定的,会构成一项潜在义务或现时义务,或者潜在资产。

【例 14-5】 A 公司 2009 年 10 月 1 日有一笔已到期的银行贷款本金 10 000 000 元,利息 1 500 000 元,A 公司具有还款能力,但因与 B 银行存在其他经济纠纷,而未按时归还 B 银行的贷款。2009 年 12 月 1 日,B 银行向人民法院提起诉讼。截至 2009 年 12 月 31 日,人民法院尚未对案件进行审理。A 公司法律顾问认为败诉的可能性 60%,预计将要支付的罚息、诉讼费用在 1 000 000～1 200 000 元之间,另有诉讼费 50 000 元。

分析:在本例中,A 公司败诉的可能性 60%,即很可能败诉,则 A 公司应在 2009 年 12 月 31 日确认一项预计负债,即 1 100 000 元[（1 000 000＋1 200 000）÷2]。有关账务处理如下:

借:管理费用——诉讼费　　　　　　　　　　　　　　　　50 000
　　营业外支出——罚息支出（1 100 000－50 000）　　　 1 050 000
　　贷:预计负债——未决诉讼——B 银行　　　　　　　　　 1 100 000

A 公司应在 2009 年 12 月 31 日的财务报表附注中作如下披露：

本公司欠 B 银行贷款于 2009 年 10 月 1 日到期，到期本金和利息合计 11 500 000 元，由于与 B 银行存在其他经济纠纷，故本公司尚未偿还上述借款本金和利息。为此，B 银行起诉本公司，除要求本公司偿还本金和利息外，还要求支付罚息等费用。由于以上情况，本公司在 2009 年 12 月 31 日确认了一项预计负债 1 100 000 元。目前，此案正在审理中。

二、债务担保

债务担保在企业中是较为普遍的现象。作为提供担保的一方，在被担保方无法履行合同的情况下，常常承担连带责任。从保护投资者、债权人的利益出发，客观、充分地反映企业因担保义务而承担的潜在风险是十分必要的。

【例 14-6】 2010 年 10 月，B 公司从银行贷款人民币 20 000 000 元，期限 2 年，由 A 公司全额担保。2011 年 4 月，C 公司从银行贷款美元 1 000 000 元，期限 1 年，由 A 公司担保 50%。

截至 2011 年 12 月 31 日，各贷款单位的情况如下：B 公司贷款逾期未还，银行已起诉 B 公司和 A 公司，A 公司因连带责任需赔偿多少金额尚无法确定；C 公司由于受政策影响和内部管理不善等原因，经营效益不如以往，可能不能偿还到期美元债务。

分析：本例中，对 B 公司而言，A 公司很可能需履行连带责任，但损失金额是多少，目前还难以预计；就 C 公司而言，A 公司可能需履行连带责任。这两项债务担保形成 A 公司的或有负债，不符合预计负债的确认条件，A 公司在 2011 年 12 月 31 日编制财务报表时，应当在附注中作相应披露。

三、产品质量保证

产品质量保证，通常指销售商或制造商在销售产品或提供劳务后，对客户提供服务的一种承诺。在约定期内（或终身保修），若产品或劳务在正常使用过程中出现质量或与之相关的其他属于正常范围的问题，企业负有更换产品、免费或只收成本价进行修理等责任。为此，企业应当在符合确认条件的情况下，于销售成立时确认预计负债。

【例 14-7】 承[例 14-3]，甲公司 2007 年度第一季度实际发生的维修费为 850 000 元，"预计负债——产品质量保证"账户 2006 年年末余额为 30 000 元。

2007 年度第一季度,甲公司的账务处理如下:

借:预计负债——产品质量保证 850 000

贷:银行存款或原材料等 850 000

"预计负债——产品质量保证"账户 2007 年第一季度末的余额为 80 000 元(900 000－850 000＋30 000)。

四、亏损合同

我国《企业会计准则第 13 号——或有事项》,将亏损合同纳入了或有事项的范围。亏损合同是指履行待执行合同的相关义务不可避免发生的成本超过预期经济利益从而使企业承担损失的合同。所谓"待执行合同",是指合同各方尚未履行任何合同义务,或部分地履行了同等义务的合同,如企业与其他企业签订的尚未履行任何合同义务或部分地履行了同等义务的商品买卖合同、劳务合同、租赁合同等。所谓"不可避免发生的成本",反映了履行该合同的最低净成本,即履行该合同的成本与未能履行该合同而发生的补偿或处罚两者之中的较低者。

当待执行合同变为亏损合同,同时该亏损合同产生的义务满足预计负债的确认条件,应当确认为预计负债。具体来讲,企业对亏损合同进行处理,需要遵循以下两点原则:

(1) 如果与亏损合同相关的义务不需支付任何补偿即可撤销,企业通常就不存在现时义务,不应确认预计负债;如果与亏损合同相关的义务不可撤销,企业就存在现时义务,同时满足该义务很可能导致经济利益流出企业和金额能够可靠地计量的,通常应当确认预计负债。

(2) 待执行合同变为亏损合同时,合同存在标的资产的,应当对标的资产进行减值测试并按规定确认减值损失,此时,企业通常不需要确认预计负债;合同不存在标的资产的,亏损合同相关义务满足规定条件时,应当确认预计负债。

【例 14-8】 甲公司 2008 年 12 月 10 日与丙公司签订不可撤销合同,约定在 2009 年 3 月 1 日以每件 200 元的价格向丙公司提供 A 产品 1 000 件,若不能按期交货,将对甲公司处以总价款 20%的违约金。签订合同时 A 产品尚未开始生产,甲公司准备生产 A 产品时,原材料价格突然上涨,预计生产 A 产品的单位成本将超过合同单价。不考虑相关税费。

(1) 若生产 A 产品的单位成本为 210 元：

$$履行合同发生的损失 = 1\,000 \times (210 - 200) = 10\,000（元）$$
$$不履行合同支付的违约金 = 1\,000 \times 200 \times 20\% = 40\,000（元）$$

本例中，甲公司与丙公司签订了不可撤销合同，但是执行合同不可避免发生的费用超过了预期获得的经济利益，属于亏损合同。由于该合同变为亏损合同时不存在标的资产，甲公司应当按照履行合同造成的损失与违约金两者中的较低者确认一项预计负债，即应确认预计负债 10 000 元。

借：营业外支出——亏损合同损失——A 产品　　　　　　　　　　　10 000
　　贷：预计负债——亏损合同损失——A 产品　　　　　　　　　　　　10 000

待产品完工后，将已确认的预计负债冲减产品成本。

借：预计负债——亏损合同损失——A 产品　　　　　　　　　　　10 000
　　贷：库存商品——A 产品　　　　　　　　　　　　　　　　　　　10 000

(2) 若生产 A 产品的单位成本为 270 元：

$$履行合同发生的损失 = 1\,000 \times (270 - 200) = 70\,000（元）$$
$$不履行合同支付的违约金 = 1\,000 \times 200 \times 20\% = 40\,000（元）$$

应确认预计负债 40 000 元：

借：营业外支出——亏损合同损失——A 产品　　　　　　　　　　　40 000
　　贷：预计负债——亏损合同损失——A 产品　　　　　　　　　　　　40 000

支付违约金时：

借：预计负债——亏损合同损失——A 产品　　　　　　　　　　　40 000
　　贷：银行存款　　　　　　　　　　　　　　　　　　　　　　　　40 000

【例 14-9】　甲公司与乙公司于 2008 年 11 月签订不可撤销合同，甲公司向乙公司销售 A 设备 50 台，合同价格每台 1 000 000 元（不含税）。该批设备在 2009 年 1 月 25 日交货。至 2008 年年末，甲公司已生产 40 台 A 设备。由于原材料价格上涨，单位成本达到 1 020 000 万元，每销售一台 A 设备，亏损 20 000 元，因此这项合同已成为亏损合同。预计其余未生产的 10 台 A 设备的单位成本与已生产的 A 设备的单位成本相同，则甲公司应对有标的的 40 台 A 设备计提存货跌价准备，对没有标的的 10 台 A 设备确认预计负债。不考虑相关税费。

有关账务处理如下。

(1) 有标的部分,合同为亏损合同,确认减值损失:

借:资产减值损失——存货跌价损失——A 设备   800 000

   贷:存货跌价准备——A 设备($40×20\ 000$)   800 000

(2) 无标的部分,合同为亏损合同,确认预计负债:

借:营业外支出——亏损合同损失——A 设备   200 000

   贷:预计负债——亏损合同损失——A 设备($10×20\ 000$)   200 000

在产品生产出来后,将预计负债冲减成本:

借:预计负债——亏损合同损失——A 设备   200 000

   贷:库存商品——A 设备   200 000

五、重组业务

我国《企业会计准则第 13 号——或有事项》也将重组纳入了或有事项的范围。重组是指企业制定和控制的,将显著改变企业组织形式、经营范围或经营方式的计划实施行为。重组的事项主要包括:①出售或终止企业的部分经营业务。②对企业的组织结构进行较大调整。③关闭企业的部分营业场所,或将营业活动由一个国家或地区迁移到其他国家或地区。

企业应当将重组与企业合并、债务重组区别开。重组通常是企业内部资源的调整和组合,谋求现有资产效能的最大化;企业合并是在不同企业之间的资本重组和规模扩张;而债务重组是债权人对债务人作出让步,债务人减轻债务负担,债权人尽可能减少损失。

1. 重组义务的确认

企业因重组而承担了重组义务,并且同时满足或有事项的三项确认条件时,应当确认预计负债。

首先,同时存在下列情况的,表明企业承担了重组义务:一是有详细、正式的重组计划,包括重组涉及的业务、主要地点、需要补偿的职工人数及其岗位性质、预计重组支出、计划实施时间等;二是该重组计划已对外公告。

其次,需要判断重组义务是否同时满足预计负债的三个确认条件,即:判断其承担的重组义务是否是现时义务、履行重组义务是否很可能导致经济利益流出企业、重组义务的金额是否能够可靠计量。只有同时满足这三个确认条件,才能将重组义务确认为预计负债。

【例 14-10】 2011 年 12 月 16 日,乙上市公司董事会决定关闭 A 产品事业部,有关计划已获批准。至 2011 年 12 月 31 日,关闭该事业部的决定已经向社会公告,受影响的公司职工、客户及供应商均收到了通知。如果该义务很可能导致经济利益流出乙上市公司,且金额能够可靠计量。在 2011 年 12 月 31 日,乙上市公司应对此项决定确认预计负债。

2. 重组义务的计量

企业应当按照与重组有关的直接支出确定预计负债余额。其中,直接支出是企业重组必须承担的直接支出,如重组过程中关闭营业场所发生的费用、企业对离退职工的遣散费等,但不包括留用职工岗前培训、市场推广、新系统和营销网络投入等支出。这些支出是重组之后为了新的生产运营而发生的成本,应该计入重组之后的成本费用。

第十五章

债 务 重 组

第一节　债务重组的含义与方式

一、债务重组的含义

债务重组是指在债务人发生财务困难的情况下,债权人按照其与债务人达成的协议或法院的裁决作出让步的事项。

债务人发生财务困难、债权人作出让步是债务重组事项的特征。其中,债权人发生财务困难是指因债务人出现资金周转困难、经营陷入困境或者其他方面的原因,导致其无法或者没有能力按原定条件偿还债务。债权人作出让步是指债权人同意发生财务困难的债务人现在或者将来以低于重组债务账面价值的金额或者价值偿还债务。"债权人作出让步"的情形主要包括债权人减免债务人部分债务本金或者利息、降低债务人应付债务的利率等。

二、债务重组的方式

债务重组主要有以下几种方式:

(1) 以资产清偿债务是指债务人转让其资产给债权人以清偿债务的债务重组方式。债务人通常用于偿债的资产主要有现金、债券投资、股权投资、存货、固定资产、无形资产等。在债务重组的情况下,以现金清偿债务是指以低于债务的账面价值的现金清偿债务。如果以等量的现金偿还所欠债务,则不属于本章所指的债务重组。

(2) 将债务转为资本是指债务人将债务转为资本,同时债权人将债权转为股权的债务重组方式。但债务人根据转换协议,将应付可转换公司债务转为资本的,则属于正常情况下的债务转为资本,不能作为本章所指债务重组。

（3）修改其他债务条件是指修改不包括上述两种情形在内的债务条件进行债务重组的方式,如减少债务本金、降低利率、免去应付未付的利息、延长偿还期限等。

（4）以上三种方式的组合是指采用以上三种方式共同清偿债务的债务重组形式。例如,以转让资产清偿某项债务的一部分,另一部分债务通过修改其他债务条件进行债务重组。

第二节　债务重组的会计处理

一、以资产清偿债务

（一）以现金清偿债务

以现金清偿债务的,债务人应当在满足金融负债终止确认条件时,终止确认重组债务,并将重组债务的账面价值与实际支付的现金之间的差额,确认为债务重组收益,计入当期损益。

债权人应当将重组债权的账面余额与收到的现金之间的差额,确认为债务重组损失,计入当期损益（营业外支出）。债权人已对债权计提减值准备的,应当先将该差额冲减减值准备,冲减后尚有余额的,确认为债务重组损失,计入当期损益（营业外支出）,冲减后减值准备仍有余额的,应予转回并递减当期资产减值损失。

【例15-1】 2011年2月10日,甲公司销售一批材料给乙公司,不含税价格为100 000元,增值税税率为17%。按合同规定,乙公司应于2011年5月10日前偿付货款。由于4月20日,乙公司财务发生困难,无法按合同规定偿还债务,经双方协商于7月1日进行债务重组。债务重组协议规定,甲公司同意减免乙公司20 000元债务,余额用现金立即偿清。甲公司已于7月3日收到乙公司通过转账偿还的剩余款项。甲公司已对该项债权计提了6 000元坏账准备。

（1）乙公司（债务人）：

债务重组收益＝应付账款的账面余额－支付的现金＝117 000－97 000＝20 000（元）

借：应付账款	117 000
贷：银行存款	97 000
营业外收入——债务重组收益	20 000

（2）甲公司（债权人）：

债务重组损失＝应收账款的账面余额－收的现金－已计提坏账准备＝

117 000－97 000－6 000＝14 000（元）

借：银行存款　　　　　　　　　　　　　　　　　97 000

　　坏账准备　　　　　　　　　　　　　　　　　　6 000

　　营业外支出——债务重组损失　　　　　　　　14 000

　　　贷：应收账款　　　　　　　　　　　　　　　　　117 000

（二）以非现金资产清偿债务

1. 债务人的会计处理

以非现金资产清偿债务的，在债务重组日，债务人应当分清债务重组收益与资产转让损益的界限：将重组债务的账面价值与转让的非现金资产的公允价值之间的差额，确认为债务重组收益，计入当期损益（营业外收入）；将转让的非现金资产的公允价值与其账面价值之间的差额，确认为转让资产损益，计入当期损益。

债务人在转让非现金资产过程中发生的一些税费，如资产评估费、运杂费等，直接计入转让损益。

2. 债权人的会计处理

债权人收到非现金资产时，应按受让的非现金资产的公允价值计量。重组债权的账面余额与受让的非现金资产的公允价值之间的差额，确认为债务重组损失，计入当期损益（营业外支出）。债权人已对债权计提减值准备的，应当先将该差额冲减减值准备，冲减后尚有余额的，计入营业外支出，冲减后减值准备仍有余额的，应于转回并抵减当期资产减值损失。

3. 以非现金资产清偿债务的具体会计处理

（1）以库存材料、商品产品抵偿债务。这种情况应视同销售进行会计处理。企业可将该项业务视为两部分：一是将库存材料、商品产品出售给债权人，取得货款；二是以取得的货币清偿债务。但在这项业务中并没有实际的货币流入与流出。

【例 15-2】　2011 年 1 月 1 日，甲公司销售一批材料给乙公司，含税价为 117 000 元。2011 年 7 月 1 日，乙公司发生财务困难，无法按合同规定偿还债务。经双方协议，甲公司同意乙公司用产品抵偿该应收账款。该产品公允价值为 80 000 元，增值税税率为 17％，产品成本为 70 000 元。甲公司于

2011年8月10日收到乙公司抵债的产品,并作为产成品入库。甲公司为债权计提了坏账准备500元。假定不考虑其他税费。

乙公司(债务人)的账务处理:

债务重组收益＝应付账款的账面余额－所转让产品的公允价值－增值税销项税额＝
117 000－80 000－(80 000×17％)＝23 400(元)

借:应付账款 117 000
 贷:主营业务收入 80 000
  应交税费——应交增值税(销项税额) 13 600
  营业外收入——债务重组收益 23 400

借:主营业务成本 70 000
 贷:库存商品 70 000

如果债务人以库存材料清偿债务,则视同销售材料,取得的收入作其他业务收入,发出材料的成本作其他业务成本处理。

甲公司(债权人)的账务处理:

债务重组损失＝应收账款的账面余额－受让资产的公允价值－已计提坏账准备＝
117 000－(80 000＋80 000×17％)－500＝22 900(元)

借:存货(原材料) 80 000
 应交税费——应交增值税(进项税额) 13 600
 坏账准备 500
 营业外支出——债务重组损失 22 900
 贷:应收账款 117 000

受让的存货是否发生减值,在重组日不涉及,待期末与其他资产一并考虑减值问题。

(2)以固定资产抵偿债务。债务人以固定资产抵偿债务,应将固定资产的公允价值与该项固定资产账面价值和清理费用的差额作为转让固定资产的损益处理。将固定资产的公允价值与重组债务的账面价值的差额,作为债务重组收益。债权人收到的固定资产按公允价值计量。

【例15-3】 2011年2月10日,甲公司销售一批材料给乙公司,价款117 000元(包括应收取的增值税额)。按购销合同约定,乙公司应于2011年5月10日前支付价款,但至2011年8月10日尚未支付。由于乙公司发生财务困难,短期内无法偿还债务。经双方协议,甲公司同意乙公司用1台设备抵偿该债务。这台设备的账面原价为 120 000 元,累计折旧为 30 000 元,公允价值为 95 000 元。乙公司发生清理费用 1 000 元,用库存现金支付。抵债设备已于 2011 年 10 月 1 日运抵甲公司,甲公司将其用于本企业产品的生产。甲公司未对债权计提坏账准备。假定不考虑其他相关税费。

乙公司的账务处理如下:

$$处置净收益＝固定资产公允价值－固定资产净值－清理费用＝$$
$$95 000－90 000－1 000＝4 000(元)$$

$$债务重组收益＝应付账款的账面余额－固定资产公允价值＝$$
$$117 000－95 000＝22 000(元)$$

将固定资产净值转入固定资产清理:

借:固定资产清理	90 000
累计折旧	30 000
贷:固定资产	120 000

借:固定资产清理	1 000
贷:库存现金	1 000

结转债务重组收益:

借:应付账款	117 000
贷:固定资产清理	95 000
应交税费——应交增值税(销项税额)	16 150
营业外收入——债务重组收益	5 850

结转转让固定资产的收益:

借:固定资产清理	4 000
贷:营业外收入——处置固定资产收益	4 000

甲公司(债权人)的账务处理:

$$债务重组损失＝应收账款账面余额－受让资产的公允价值－受让资产得进项税额＝$$
$$117 000－(95 000＋95 000×17\%)＝5 850(元)$$

借:固定资产	95 000
应交税费——应交增值税(进项税额)	16 150
营业外支出——债务重组损失	5 850
贷:应收账款	117 000

（3）以股票、债券等金融资产抵偿债务。债务人以股票、债券等金融资产抵偿债务，应按相关金融资产的公允价值与其账面价值的差额，作为转让金融资产的收益或损失处理；相关金融资产的公允价值与重组债务的账面价值的差额，作为债务重组收益。债权人收到的相关金融资产按公允价值计量。

【例 15-4】 甲公司于 2011 年 7 月 1 日销售给乙公司一批产品，价值 45 000 元（包括应收取的增值税额）。按购销合同约定，乙公司应与 2011 年 9 月 3 日前支付价款。乙公司于 2011 年 10 月 31 日尚未交付货款。由于乙公司发生财务困难，短期内不能交付货款。经与甲公司协商，甲公司同意乙公司以其所拥有并作为可供出售的金融资产的某公司股票抵偿债务。该股票的账面价值 400 000 元（为取得时的成本），公允价值 380 000 元，乙公司将该股票作为可供出售的金融资产。假定甲公司为该项应收账款提取了坏账准备 40 000 元。用于抵债的股票已于 2011 年 11 月 10 日办理了相关转让手续；甲公司将取得的某公司股票作为可供出售的金融资产。甲公司已将该项应收票据转入应收账款；乙公司已将应付票据转入应付账款。

乙公司的账务处理：

$$债务重组收益 = 应付账款的账面余额 - 股票的公允价值 =$$
$$450\ 000 - 380\ 000 = 70\ 000（元）$$
$$转让股票损益 = 股票的公允价值 - 股票的账面价值 =$$
$$380\ 000 - 400\ 000 = -20\ 000（元）$$

借：应付账款	450 000
投资收益	20 000
贷：可供出售金融资产	400 000
营业外收入——债务重组收益	70 000

甲公司的账务处理：

$$债务重组损失 = 应收账款账面余额 - 受让资产的公允价值 - 坏账准备 =$$
$$450\ 000 - 380\ 000 - 40\ 000 = 30\ 000（元）$$

借：可供出售金融资产	380 000
营业外支出——债务重组损失	30 000
坏账准备	40 000
贷：应收账款	450 000

二、将债务转为资本

将债务转为资本,应分别以下情况处理:

(1) 债务人为股份有限公司时,债务人应当对满足金融负债终止确认条件时,终止确认重组债务,并将债权人因放弃债权而享有股份的面值总额确认为股本;股份的公允价值总额与股本之间的差额作为资本公积。重组债务的账面价值与股份的公允价值总额之间的差额作为债务重组收益,计入当期损益(营业外收入)。

(2) 债务人为其他企业时,债务人应当在满足金融负债终止确认条件时,终止确认重组债务,并将债权人因放弃债权而享有的股权份额确认为实收资本,股权的公允价值与实收资本之间的差额确认为资本公积。重组债务的账面价值与股权的公允价值之间的差额作为债务重组收益,计入当期损益(营业外收入)。

(3) 债权人在债务重组日,应当将享有股权的公允价值确认为对债务人的投资,重组债权的账面余额与因放弃债权而享有的股权的公允价值之间的差额,先冲减已提取的减值准备,减值准备不足冲减的部分,或未提取损失准备的,将该差额确认为债务重组损失。以债务转为资本的债权人应将因放弃债权而享有的股权按公允价值计量。

【**例 15-5**】 2011 年 4 月 10 日,甲公司销售一批材料给乙公司(股份有限公司),货款 200 000 元(包括应收取的增值税额)。按购销合同约定,乙公司应于 2011 年 7 月 10 日支付货款,但至 2011 年 7 月 31 日尚未支付货款。由于乙公司发生财务困难,短期内不能支付货款。2011 年 8 月 10 日,乙公司与甲公司协商,以其普通股抵偿该货款。转股后乙公司的注册资本为 5 000 000 元,抵债股权占乙公司注册资本的 2%。债务重组日,抵债股权的公允价值为 150 000 元。甲公司对该项应收账款计提了坏账准备 10 000 元。股票登记手续已于 2011 年 9 月 10 日办理完毕,甲公司将其作为长期股权投资核算。不考虑其他税费。

乙公司的账务处理:

应计入资本公积的金额=股票的公允价值-在注册资本中享有的份额=

$$150\ 000-5\ 000\ 000\times2\%=50\ 000(元)$$

债务重组收益=债务账面价值-股票的公允价值=200 000-150 000=50 000(元)

借：应付账款	2 000 00
贷：股本	100 000
资本公积——股本溢价	50 000
营业外收入——债务重组收益	50 000

甲公司的账务处理：

债务重组损失＝应收账款账面余额－所持股权的公允价值－已计提坏账准备＝
200 000－150 000－10 000＝40 000（元）

借：长期股权投资	150 000
营业外支出——债务重组损失	40 000
坏账准备	10 000
贷：应收账款	200 000

三、修改其他债务条件

企业采用修改其他债务条件进行债务重组的,应当区分是否涉及或有应付(或应收)金额进行会计处理。或有应付(或应收)金额是指需要根据未来某种事项出现而发生的应付(或应收)金额,而且该未来事项的出现具有不确定性。

(一) 不涉及或有应付(或应收)金额的债务重组

1. 债务人的处理

以修改其他债务条件进行债务重组,如修改后的债务条款中不涉及或有应付金额,则债务人应将重组债务的账面余额减记至将来应付金额,减记的金额作为债务重组收益,于当期确认计入营业外收入。重组后债务的账面余额为将来应付金额。

2. 债权人的处理

以修改其他债务条件进行债务重组,如修改后的债务条款不涉及或有应收金额,则债权人在重组日,应当将修改其他债务条件后的债权的公允价值作为重组后债权的账面价值,重组债权的账面余额与重组后债权账面价值之间的差额确认为债务重组损失,计入当期营业外支出。如果债权人已对该项债权计提了坏账准备,应当首先冲减已计提的坏账准备,坏账准备不足以冲减的部分作为债务重组损失计入营业外支出。

【例 15-6】 甲公司 20×6 年 12 月 31 日,应收乙公司票据的账面余额为

612 000元,其中,12 000元为累计应收的利息,票面年利率4%。由于乙公司连年亏损,资金周转困难,不能偿付应于20×6年12月31日前支付的应付票据。经双方协商,于20×7年1月5日进行债务重组。甲公司同意将债务本金减至500 000元,免去债务人所欠的全部利息,将利率从4%降低到2%(等于实际利率),并将债务到期日延至20×8年12月31日,利息按年支付。该项债务重组协议从协议签订日起开始实施。甲、乙公司已将应收、应付票据转入应收、应付账款。甲公司乙为该项应收款项计提了50 000元坏账准备。

乙公司的账务处理:

债务重组收益=应付账款的账面余额-重组后债务公允价值=
612 000-500 000=112 000(元)

20×7年1月5日,债务重组时:

借:应付账款	612 000
贷:应付账款——债务重组	500 000
营业外收入——债务重组收益	112 000

20×7年12月31日,支付利息:

借:财务费用(500 000×2%)	10 000
贷:银行存款	10 000

20×8年12月31日偿还本金和最后一年利息:

借:财务费用	10 000
应付账款——债务重组	500 000
贷:银行存款	510 000

甲公司的账务处理:

债务重组损失=应收账款账面余额-重组后债权公允价值-已计提坏账准备=
612 000-500 000-50 000=62 000(元)

20×7年1月5日,债务重组时:

借:应收账款——债务重组	500 000
营业外支出——债务重组损失	62 000
坏账准备	50 000
贷:应收账款	612 000

20×7 年 12 月 31 日,收到利息:

借:银行存款	10 000	
贷:财务费用(500 000×2%)		10 000

20×8 年 12 月 31 日,收到本金和最后一年利息:

借:银行存款	510 000	
贷:财务费用		10 000
应收账款——债务重组		500 000

(二)涉及或有应付(或应收)金额的债务重组

1. 债务人的处理

以修改其他债务条件进行债务重组,对于债务人而言,修改后的债务条款涉及或有应付金额,且该或有应付金额符合或有事项中有关预计负债确认条件的,债务人应当将该或有应付金额确认为预计负债。重组债务的账面价值与重组后债务的入账价值和预计负债金额之和的差额,作为债务重组收益,计入营业外收入。

2. 债权人的处理

以修改其他债务条件进行债务重组,对债权人而言,修改后的债务条款中涉及或有应收金额的,不应当确认或有应收金额,不得将其计入重组后债权的账面价值。根据谨慎性原则,或有应收金额属于或有资产,或有资产不予确认。只有在或有应收金额实际发生时,才计入当期损益。

【例 15-7】 20×3 年 6 月 30 日,红星公司从某银行取得年利率 10%、3 年期的贷款 1 000 000 元。现因红星公司发生财务困难,各年贷款利息均未偿还,遂于 20×5 年 12 月 31 日进行债务重组,银行同意延长到期日至 20×9 年 12 月 31 日,利率降至 7%,免除积欠利息 250 000 元,本金减至 800 000 元,利息按年支付,但附有一条件:债务重组后,如红星公司自第二年起有盈利,则利率回复至 10%,若无盈利,利率仍维持 7%。债务重组协议于 20×5 年 12 月 31 日签订。贷款银行已对该项贷款计提了 30 000 元的贷款损失准备。假定实际利率等于名义利率。

红星公司的账务处理:

债务重组收益＝长期借款的账面余额－重组贷款的公允价值－或有应付金额＝
1 250 000－800 000－800 000×(10%－7%)×3＝378 000(元)

20×5 年 12 月 31 日,债务重组时:

借：长期借款	1 250 000
贷：长期借款——债务重组	800 000
预计负债	72 000
营业外收入——债务重组收益	378 000

20×6 年 12 月 31 日,支付利息时:

| 借：财务费用 | 56 000 |
| 贷：银行存款(800 000×7％) | 56 000 |

假设红星公司自债务重组后的第二年起盈利,20×7 年 12 月 31 日和 20×8 年 12 月 31 日支付利息时,红星公司应按 10％的利率支付利息,则每年需支付利息 80 000 元(800 000×10％),其中含或有应付金额 24 000 元。

借：财务费用	56 000
预计负债	24 000
贷：银行存款	80 000

20×9 年 12 月 31 日,支付最后一次利息 80 000 元和本金 800 000 元时:

借：长期借款——债务重组	800 000
财务费用	56 000
预计负债	24 000
贷：银行存款	880 000

假设红星公司自债务重组后的第二年起仍没有盈利,20×7 年 12 月 31 日和 20×8 年 12 月 31 日,支付利息时:

| 借：财务费用 | 56 000 |
| 贷：银行存款 | 56 000 |

假设红星公司自债务重组后的第二年起仍没有盈利,假设或有应付金额待债务结清时一并结转。

20×9 年 12 月 31 日:

借：长期借款——债务重组	800 000
财务费用	56 000
贷：银行存款	856 000

| 借：预计负债 | 72 000 |
| 贷：营业外收入 | 72 000 |

四、以上三种方式的组合方式

1. 债务人的会计处理

债务重组以现金清偿债务、非现金资产清偿债务、债务转为资本、修改其他债务条件等方式组合进行的,债务人应当依次以支付的现金、转让的非现金资产公允价值、债权人享有股份的公允价值冲减重组债务的账面价值,再按照债务人修改其他债务条件的规定进行会计处理。

2. 债权人的会计处理

债务重组以现金清偿债务、非现金资产清偿债务、债务转为资本、修改其他债务条件等方式组合进行的,债权人应当依次以收到的现金、接受的非现金资产公允价值、债权人享有股份的公允价值冲减重组债权的账面余额,再按债权人修改其他债务条件的规定进行会计处理。

【例 15-8】 A 企业于 20×8 年 6 月 30 日向 B 企业出售产品一批,产品销售价款 1 000 000 元,应收增值税额 170 000 元;B 企业于同年 6 月 30 日开出期限为 6 个月、票面年利率为 4% 的商业承兑汇票,抵充购买该产品价款。在该票据到期日,B 企业未按期兑付,A 企业将该应收票据按其到期价值转入应收账款,不再计算利息。至 20×9 年 12 月 31 日,A 企业对该应收账款提取的坏账准备为 5 000 元。B 企业由于发生财务困难,短期内资金紧张,于 20×9 年 12 月 31 日经与 A 企业协商,达成债务重组协议如下:

(1) B 企业以产品一批偿还部分债务。该批产品的账面价值为 20 000 元,公允价值为 30 000 元,应交增值税额为 5 100 元。B 企业开出增值税专用发票。A 企业将该产品作为商品验收入库。

(2) A 企业同意减免 B 企业所负全部债务扣除实物抵债后剩余债务的 40%,其余债务的偿还期延至 2012 年 12 月 31 日。

B 企业的账务处理:

债务重组时应付账款的账面余额 = (1 000 000 + 170 000) × (1 + 4% ÷ 2) =

$$1\ 193\ 400(元)$$

债务重组后债务的公允价值 = [1 193 400 - 30 000 × (1 + 17%)] × 60% =

$$(1\ 193\ 400 - 35\ 100) × 60% =$$

$$694\ 980(元)$$

债务重组收益 = 应付账款账面余额 - 所转让资产的公允价值 - 重组后债务公允价值 =

$$1\ 193\ 400 - 35\ 100 - 694\ 980 = 463\ 320(元)$$

借：应付账款 1 193 400
　　贷：主营业务收入 30 000
　　　　应交税费——应交增值税（销项税额） 5 100
　　　　应付账款——债务重组 694 980
　　　　营业外收入——债务重组收益 463 320

借：主营业务成本 20 000
　　贷：库存商品 20 000

A 企业的账务处理：

计算债务重组损失＝应收账款账面余额－受让资产的公允价值－重组后债权公允价值－坏账准备＝1 193 400－30 000×（1＋17％）－（1 193 400－35 100）×60％－5 000＝458 320（元）

借：库存商品 30 000
　　应收账款——债务重组 694 980
　　应交税费——应交增值税（进项税额） 5 100
　　坏账准备 5 000
　　营业外支出——债务重组损失 458 320
　　贷：应收账款 1 193 400

第十六章

财 务 报 告

第一节　财务报告概述

一、财务报告的概念

　　财务报告是指企业对外提供的反映企业某一特定日期的财务状况和某一会计期间的经营成果、现金流量等会计信息的文件。财务报告包括财务报表和其他应当在财务报告中披露的相关信息和资料。《企业会计准则第30号——财务报表列报》规范了财务报表的列报,以保证同一企业不同期间和同一期间不同企业的财务报表之间相互可比。列报是指交易和事项在报表中的列示和在附注中的披露。在财务报表的列报中,"列示"通常反映报表中的信息,"披露"通常反映附注中的信息。

　　为了达到财务报表有关决策有用和评价企业管理层受托责任的目标,一套完整的财务报表至少应当包括"四表一注",即资产负债表、利润表、现金流量表、所有者权益(或股东权益,下同)变动表以及附注。

　　企业编制财务报表的目标,是向财务报表使用者提供与企业财务状况、经营成果和现金流量等有关的会计信息,反映企业管理层受托责任的履行情况,有助于财务报表使用者作出经济决策。财务报表使用者通常包括投资者、债权人、政府及其有关部门和社会公众等。

二、财务报表的分类

　　财务报表可以按照不同的标准进行分类。

　　(一)中期财务报表和年度财务报表

　　按编报期间的不同,财务报表可以分为中期财务报表和年度财务报表。中期财务报表是以短于一个完整会计年度的报告期间为基础编制的财务报表,包括月报、季报和半年报等。中期财务报表至少应当包括资产负债表、利润表、现金流量表和附注,其中,中期资产负债表、利润表和现金流量表应当是完整报表,其格式和内容应当与年度财务报表相一致。与年度财务报表相比,中期财务报表中的附注披露可适当简略。

（二）个别财务报表和合并财务报表

按编报主体的不同,财务报表可以分为个别财务报表和合并财务报表。个别财务报表是由企业在自身会计核算基础上对账簿记录进行加工而编制的财务报表。它主要用以反映企业自身的财务状况、经营成果和现金流量情况。合并财务报表是以母公司和子公司组成的企业集团为会计主体,根据母公司和所属公司的财务报表,由母公司编制的综合反映企业集团财务状况、经营成果及现金流量的财务报表。

三、财务报表列报的基本要求

（1）遵循各项会计准则进行确认和计量。企业应当根据实际发生的交易和事项,遵循各项具体会计准则的规定进行确认和计量,并在此基础上编制财务报表。

（2）列报基础。持续经营是会计的基本前提,是会计确认、计量及编制财务报表的基础。企业会计准则规范的是持续经营条件下企业对所发生交易和事项确认、计量及报表列报;相反,如果企业经营出现了非持续经营,致使以持续经营为基础编制财务报表不再合理的,企业应当采用其他基础编制财务报表。

（3）重要性和项目列报。财务报表是通过对大量的交易或其他事项进行处理而生成的。这些交易或其他事项按其性质或功能汇总归类而形成财务报表中的项目。关于项目在财务报表中是单独列报还是合并列报,应当依据重要性原则来判断。总的原则是,如果某项目单个看不具有重要性,则可将其与其他项目合并列报;如果具有重要性,则应当单独列报。

（4）列报的一致性。可比性是会计信息质量的一项重要质量要求,目的是使同一企业不同期间和同一期间不同企业的财务报表相互可比。为此,财务报表项目的列报应当在各个会计期间保持一致,不得随意变更。

（5）财务报表项目金额间的相互抵销。财务报表项目应当以总额列报,资产和负债、收入和费用不能相互抵销,即不得以净额列报,但企业会计准则另有规定的除外。这是因为,如果相互抵销,所提供的信息就不完整,信息的可比性大为降低,难以在同一企业不同期间以及同一期间不同企业的财务报表之间实现相互可比,报表使用者难以据此作出判断。

(6)比较信息的列报。企业在列报当期财务报表时,至少应当提供所有列报项目上一可比会计期间的比较数据,以及与理解当期财务报表相关的说明,目的是向报表使用者提供对比数据,提高信息在会计期间的可比性,以反映企业财务状况、经营成果和现金流量的发展趋势,提高报表使用者的判断能力与决策能力。

(7)财务报表表首的列报要求。财务报表一般分为表首、正表两部分,其中,在表首部分企业应当概括地说明下列基本信息:编报企业的名称;对资产负债表而言,须披露资产负债表日;而对利润表、现金流量表、所有者权益变动表而言,须披露报表涵盖的会计期间;货币名称和单位,按照我国企业会计准则的规定,企业应当以人民币作为记账本位币列报,并标明金额单位,如人民币元、人民币万元等;财务报表是合并财务报表的,应当予以标明。

(8)报告期间。企业至少应当编制年度财务报表。会计年度自公历1月1日起至12月31日止,因此,在编制年度财务报表时,可能存在年度财务报表涵盖的期间短于1年的情况。比如,企业在年度中间(如3月1日)开始设立等,在这种情况下,企业应当披露年度财务报表的实际涵盖期间及其短于1年的原因,并应当说明由此引起财务报表项目与比较数据不具可比性这一事实。

第二节　资产负债表

一、资产负债表概述

(一)资产负债表的定义和作用

资产负债表是反映企业在某一特定日期的财务状况的会计报表。其作用主要包括以下几个方面:一是可以提供某一日期资产的总额及其结构,表明企业拥有或控制的资源及其分布情况,使用者可以一目了然地从资产负债表上了解企业在某一特定日期所拥有的资产总量及其结构;二是可以提供某一日期的负债总额及其结构,表明企业未来需要用多少资产或劳务清偿债务以及清偿时间;三是可以反映所有者所拥有的权益,据以判断资本保值、增值的情况以及对负债的保障程度。

此外,资产负债表还可以提供进行财务分析的基本资料,比如,将流动资产与流动负债进行比较,计算出流动比率;将速动资产与流动负债进行比较,计算出速动比率等,可以表明企业的变现能力、偿债能力和资金周转能力,从而有助于报表使用者作出经济决策。

(二)资产负债表的列报内容

资产负债表主要反映资产、负债和所有者权益三方面的内容,并满足"资产=负债+所有者权益"平衡式。

(1)资产应当按照流动资产和非流动资产两大类别在资产负债表中列示,在流动资产和非流动资产类别下进一步按性质分项列示。

资产负债表中列示的流动资产项目通常包括货币资金、交易性金融资产、应收票据、应收账款、预付款项、应收利息、应收股利、其他应收款、存货和1年内到期的非流动资产等。

非流动资产是指流动资产以外的资产。资产负债表中列示的非流动资产项目通常包括长期股权投资、固定资产、在建工程、工程物资、固定资产清理、无形资产、开发支出、长期待摊费用、递延所得税资产以及其他非流动资产等。

(2)负债应当按照流动负债和非流动负债在资产负债表中进行列示,在流动负债和非流动负债类别下再进一步按性质分项列示。

资产负债表中列示的流动负债项目通常包括短期借款、应付票据、应付账款、预收款项、应付职工薪酬、应交税费、应付利息、应付股利、其他应付款、1年内到期的非流动负债等。

非流动负债项目通常包括长期借款、应付债券和其他非流动负债等。

(3)所有者权益一般按照实收资本、资本公积、盈余公积和未分配利润分项列示。

(三)企业资产负债表的列报格式

资产负债表正表的列报格式一般有两种:报告式资产负债表和账户式资产负债表。

报告式资产负债表是上下结构,上半部列示资产,下半部列示负债和所有者权益。具体排列形式又有两种:一是按"资产=负债+所有者权益"的原理排列;二是按"资产-负债=所有者权益"的原理排列。账户式资产负债表是左右结构,左边列示资产,右边列示负债和所有者权益。根据财务报表列报准则的规定,资产负债表采用账户式的格式,即左侧列报资产方,一般按资产的流动性大小排列;右侧列报负债方和所有者权益方,一般按要求清偿时间的先后顺序排列。账户式资产负债表中的资产各项目的合计等于负债和所有者权益各项目的合计,即资产负债表左方和右方平衡。因此,通过账户式资产负债表,可以反映资产、负债、所有者权益之间的内在关系,即"资产=负债+所有者权益"。

根据财务报表列报准则的规定,企业需要提供比较资产负债表,以便报表使用者通过比较不同时点资产负债表的数据,掌握企业财务状况的变动情况及发展趋势。所以,资产负债表还就各项目再分为"年初余额"和"期末余额"两栏分别填列。

资产负债表的具体格式如表 16-2 所示(见第 350 页)。

二、资产负债表的编制方法

(一)资产负债表各项目的列报说明

1. 资产项目的列报说明

"货币资金"项目,反映企业库存现金、银行结算存款、外埠存款、银行汇票存款、银行本票存款、信用卡存款、信用证保证金存款等的合计数。本项目应根据"库存现金"、"银行存款"、"其他货币资金"账户期末余额的合计数填列。

"交易性金融资产"项目,反映企业持有的以公允价值计量且其变动计入当期损益的为交易目的所持有的债券投资、股票投资、基金投资、权证投资等金融资产。本项目应根据"交易性金融资产"账户的期末余额填列。

"应收票据"项由,反映企业因销售商品、提供劳务等而收到的商业汇票,包括银行承兑汇票和商业承兑汇票。本项目应根据"应收票据"账户的期末余额,减去"坏账准备"账户中有关应收票据计提的坏账准备期末余额后的金额填列。

"应收账款"项目,反映企业因销售商品、提供劳务等经营活动应收取的款项。本项目应根据"应收账款"和"预收账款"账户所属各明细账户的期末借方余额合计数,减去"坏账准备"账户中有关应收账款计提的坏账准备期末余额后的金额填列。如"应收账款"账户所属明细账户或期末贷方余额的,应在资产负债表"预收账款"项目内填列。

"预付款项"项目,反映企业按照购货合同规定预付给供应单位的款项等。本项目应根据"预付账款"和"应付账款"账户所属各明细账户的期末借方金额合计数,减去"坏账准备"账户中有关预付款项计提的坏账准备期末余额后的金额填列。如"预付账款"账户所属各明细账户期末有贷方余额的,应在资产负债表"应付账款"项目内填列。

"应收利息"项目,反映企业应收取的债券投资等的利息。本项目应根据"应收利息"账户的期末余额,减去"坏账准备"账户中有关应收利息计提的坏账准备期末余额后的金额填列。

"应收股利"项目,反映企业应收取的现金股利和应收取其他单位分配的利润。本项目应根据"应收股利"账户的期末余额,减去"坏账准备"账户中有关应收股利计提的坏账准备期末余额后的金额填列。

"其他应收款"项目,反映企业除应收票据、应收账款、预付账款、应收股利、应收利息等经营活动以外的其他各种应收、暂付的款项。本项目应根据"其他应收款"账户的期末余额,减去"坏账准备"账户中有关其他应收款计提的坏账准备期末余额后的金额填列。

"存货"项目,反映企业期末在库、在途和在加工中的各种存货的可变现净值。本项目应根据"材料采购"、"原材料"、"低值易耗品"、"库存商品"、"周转材料"、"委托加工物资"、"委托代销商品"、"生产成本"等账户的期末余额合计,减去"受托代销商品款"、"存货跌价准备"账户期末余额后的金额填列。材料采用计划成本核算,以及库存商品采用计划成本核算或售价核算的企业,还应按加或减材料成本差异、商品进销差价后的金额填列。

"一年内到期的非流动资产"项目,反映企业将于1年内到期的非流动资产项目金额。本项目应根据有关账户的期末余额填列。

"其他流动资产"项目,反映企业除货币资金、交易性金融资产、应收票据、应收账款、存货等流动资产以外的其他流动资产。本项目应根据有关账户的期末余额填列。

"可供出售金融资产"项目,反映企业持有的以公允价值计量的可供出售的股票投资、债券投资等金融资产。本项目应根据"可供出售金融资产"账户的期末余额,减去"可供出售金融资产减值准备"账户期末余额后的金额填列。

"持有至到期投资"项目,反映企业持有的以摊余成本计量的持有至到期投资。本项目应根据"持有至到期投资"账户的期末余额,减去"持有至到期投资减值准备"账户期末余额后的金额填列。

"长期应收款"项目,反映企业融资租赁产生的应收款项,采用递延方式具有融资性质的销售商品和提供劳务等产生的长期应收款项等。本项目应根据"长期应收款"账户的期末余额,减去相应的"未实现融资收益"账户和"坏账准备"账户所属相关明细账户期末余额后的金额填列。

"长期股权投资"项目,反映企业持有的对于公司、联营企业和合营企业的长期股权投资。本项目应根据"长期股权投资"账户的期末余额,减去"长期股权投资减值准备"账户期末余额后的金额填列。

"投资性房地产"项目,反映企业持有的投资性房地产。企业采用成本模式计量投资性房地产的,本项目应根据"投资性房地产"账户的期末余额,减去"投资性房地产累计折旧(摊销)"和"投资性房地产减值准备"账户期末余额后的金额旗列;企业采用公允价值模式计量投资性房地产的,本项目应根据"投资性房地产"账户的期末余额填列。

"固定资产"项目,反映企业各种固定资产原价减去累计折旧和累计减值准备后的净额。本项目应根据"固定资产"账户的期末余额,减去"累计折旧"和"固定资产减值准备"账户期末余额后的金额填列。

"在建工程"项目,反映企业期末各项未完工程的实际支出,包括交付安装的设备价值、未完建筑安装工程已经耗用的材料、工资和费用支出、预付出包工程的价款等的可收回金额。本项目应根据"在建工程"账户的期末余额,减去"在建工程减值准备"账户期末余额后的金额填列。

"工程物资"项目,反映企业尚未使用的各项工程物资的实际成本。本项目应根据"工程物资"账户的期末余额填列。

"固定资产清理"项目,反映企业因出售、毁损、报废等原因转入清理但尚未清理完毕的固定资产的净值,以及固定资产清理过程中所发生的清理费用和变价收入等各项金额的差额。本项目应根据"固定资产清理"账户的期末借方余额填列,如"固定资产清理"账户期末为贷方余额,以"一"号填列。

"生产性生物资产"项目,反映企业持有的生产性生物资产。本项目应根据"生产性生物资产"账户的期末余额,减去"生产性生物资产累计折旧"和"生产性生物资产减值准备"账户期末余额后的金额填列。

"油气资产"项目,反映企业持有的矿区权益和油气井及相关设施的原价减去累计折耗和累计减值准备后的净额。本项目应根据"油气资产"账户的期末余额,减去"累计折耗"账户期末余额和相应减值准备后的金额填列。

"无形资产"项目,反映企业持有的无形资产,包括专利权、非专利技术、商标权、著作权、土地使用权等。本项目应根据"无形资产"账户的期末余额,减去"累计摊销"和"无形资产减值准备"账户期末余额后的金额填列。

"开发支出"项目,反映企业开发无形资产过程中能够资本化形成无形资产成本的支出部分。本项目应根据"研发支出"账户中所属的"资本化支出"明细账户期末余额填列。

"商誉"项目,反映企业合共中形成的商誉的价值。本项目应根据"商誉"账户的期末余额,减去相应减值准备后的金额填列。

"长期待摊费用"项目,反映企业已经发生但应由本期和以后备期负担的分摊期限在 1 年以上的各项费用。长期待摊费用中在 1 年内(含 1 年)摊销的部分,在资产负债表"一年内到期的非流动资产"项目填列。本项目应根据"长期待摊费用"账户的期末余额减去将于 1 年内(含 1 年)摊销的数额后的金额填列。

"递延所得税资产"项目,反映企业确认的可抵扣暂时性差异产生的递延所得税资产。本项目应根据"递延所得税资产"账户的期末余额填列。

"其他非流动资产"项目,反映企业除长期股权投资、固定资产、在建工程、工程物资、无形资产等资产以外的其他非流动资产。本项目应根据有关科目的期末余额填列。

2. 负债项目的列报说明

"短期借款"项目,反映企业向银行或其他金融机构等借入的期限在 1 年以下(含 1 年)的各种借款。本项目应根据"短期借款"账户的期末余额填列。

"交易性金融负债"项目,反映企业承担的以公允价值计量且其变动计入当期损益的为交易目的所持有的金融负债。本项目应根据"交易性金融负债"账户的期末余额填列。

"应付票据"项目,反映企业购买材料、商品和接受劳务供应等而开出、承兑的商业汇票,包括银行承兑汇票和商业承兑汇票。本项目应根据"应付票据"账户的期末余额填列。

"应付账款"项目,反映企业因购买材料、商品和接受劳务供应等经营活动应支付的款项。本项目应根据"应付账款"和"预付账款"账户所属各明细账户的期末贷方余额合计数填列。如"应付账款"账户所属明细账户期末有借方余额的,应在资产负债表"预付款项"项目内填列。

"预收款项"项目,反映企业按照购货合同规定预付给供应单位的款项。

本项目应根据"预收账款"和"应收账款"账户所属各明细账户的期末贷方余额合计数填列。如"预收账款"账户所属各明细账户期末有借方余额,应在资产负债表"应收账款"项目内填列。

"应付职工薪酬"项目,反映企业根据有关规定应付给职工的工资、职工格利、社会保险费、住房公积金、工会经费、职工教育经费、非货币性福利、辞退福利等各种薪酬。外商投资企业按规定从净利润中提取的职工奖励及福利基金,也在本项目列示。

"应交税费"项目,反映企业按照税法规定计算应交纳的各种税费,包括增值税、消费税、营业税、所得税、资源税、土地增值税、城市维护建设税、房产税、土地使用税、车船税、教育费附加、矿产资源补偿费等。企业代扣代交的个人所得税,也通过本项目列示。企业所交纳的税金不需要预计应交数的,如印花税、耕地占用税等,不在本项目列示。本项目应根据"应交税费"账户的期末贷方余额填列。如"应交税费"账户期末为借方余额,应以"一"号填列。

"应付利息"项目,反映企业按照规定应当支付的利息,包括分期付息到期还本的长期借款应支付的利息、企业发行的企业债券应支付的利息等。本项目应当根据"应付利息"账户的期末余额填列。

"应付股利"项目,反映企业分配的现金股利或利润。企业分配的股票股利,不通过本项目列示。本项目应根据"应付股利"账户的期末余额填列。

"其他应付款"项目,反映企业除应付票据、应付账款、预收款项、应付职工薪酬、应付股利、应付利息、应交税费等经营活动以外的其他各项应付、暂收的款项。本项目应根据"其他应付款"账户的期末余额填列。

"一年内到期的非流动负债"项目,反映企业非流动负债中将于资产负债表日后1年内到期部分的金额,如将于1年内偿还的长期借款。本项目应根据有关账户的期末余额填列。

"其他流动负债"项目,反映企业除短期借款、交易性金融负债、应付票据、应付账款、应付职工薪酬、应交税费等流动负债以外的其他流动负债。本项目应根据有关账户的期末余额填列。

"长期借款"项目,反映企业向银行或其他金融机构借入的期限在1年以上(不含1年)的各项借款。本项目应根据"长期借款"账户的期末余额填列。

"应付债券"项目,反映企业为筹集长期资金而发行的债券本金和利息。本项目应根据"应付债券"账户的期末余额填列。

"长期应付款"项目,反映企业除长期借款和应付债券以外的其他各种长期应付款项。本项目应根据"长期应付款"账户的期末余额,减去相应的"未确认融资费用"账户期末余额后的金额填列。

"专项应付款"项目,反映企业取得政府作为企业所有者投入的具有专项或特定用途的款项。本项目应根据"专项应付款"账户的期末余额填列。

"预计负债"项目,反映企业确认的对外提供担保、未决诉讼、产品质量保证、重组义务、亏损性合同等预计负债。本项目应根据"预计负债"账户的期末余额填列。

"递延所得税负债"项目,反映企业确认的应纳税暂时性差异产生的所得税负债。本项目应根据"递延所得税负债"账户的期末余额填列。

"其他非流动负债"项目,反映企业除长期借款、应付债券等负债以外的其他非流动负债。本项目应根据有关账户的期末余额减去将于1年内(含1年)到期偿还数后的余额填列。非流动负债各项目中将于1年内(含1年)到期的非流动负债,应在"一年内到期的非流动负债"项目内单独反映。

3. 所有者权益项目的列报说明

"实收资本(或股本)"项目,反映企业各投资者实际投入的资本(或股本)总额。本项目应根据"实收资本"(或"股本")账户的期末余额填列。

"资本公积"项目,反映企业资本公积的期末余额。本项目应根据"资本公积"账户的期末余额填列。

"库存股"项目,反映企业持有尚未转让或注销的本公司股份金额。本项目应根据"库存股"账户的期末余额填列。

"盈余公积"项目,反映企业盈余公积的期末余额。本项目应根据"盈余公积"账户的期末余额填列。

"未分配利润"项目,反映企业尚未分配的利润。本项目应根据"本年利润"账户和"利润分配"账户的余额计算填列。未弥补的亏损在本项目内以"一"号填列。

(二)年初余额栏的列报方法

资产负债表"年初余额"栏内各项数字,应根据上年未资产负债表"期末余额"栏内所列数字填列。如果上年度资产负债表规定的各个项目的名称和内容同本年度不相一致,应对上年年末资产负债表各项目的名称和数字按照本年度的规定进行调整,填入表中"年初余额"栏内。

（三）期末余额栏的列报方法

资产负债表"期末余额"栏内各项数字，一般应根据资产、负债和所有者权益类账户的期末余额填列。主要包括以下方式：

（1）根据总账账户的余额填列。资产负债表中的有些项目，可直接根据有关总账账户的余额填列，如"交易性金融资产"、"短期借款"、"应付票据"、"应付职工薪酬"等项目；有些项目则需根据几个总账账户的余额计算填列，如"货币资金"项目，需根据"库存现金"、"银行存款"、"其他货币资金"三个总账账户余额的合计数填列。

（2）根据有关明细账账户的余额计算填列。如："应付账款"项目，需要根据"应付账款"和"预付账款"两个账户所属的相关明细账户的期末贷方余额计算填列；"应收账款"项目，需要根据"应收账款"和"预收账款"两个账户所属的相关明细账户的期末借方余额计算填列。

（3）根据总账账户和明细账账户的余额分析计算填列。如："长期借款"项目，需根据"长期借款"总账账户余额扣除"长期借款"账户所属的明细账户中将在资产负债表日起1年内到期，且企业不能自主地将清偿义务展期的长期借款后的金额计算填列。

（4）根据有关账户余额减去其备抵账户余额后的净额填列。如：资产负债表中的"应收账款"、"长期股权投资"等项目，应根据"应收账款"、"长期股权投资"等账户的期末余额减去"坏账准备"、"长期股权投资减值准备"等账户余额后的净额填列；"固定资产"项目，应根据"固定资产"账户的期末余额减去"累计折旧"、"固定资产减值准备"账户余额后的净额填列；"无形资产"项目，应根据"无形资产"账户的期末余额，减去"累计摊销"、"无形资产减值准备"账户余额后的净额填列。

（5）综合运用上述填列方法分析填列。如：资产负债表中的"存货"项目，需根据"原材料"、"库存商品"、"委托加工物资"、"周转材料"、"材料采购"、"在途物资"、"发出商品"、"材料成本差异"等总账账户期末余额的分析汇总数，再减去"存货跌价准备"账户余额后的金额填列。

三、资产负债表编制实例

【例 16-1】 甲股份有限公司为一般纳税人，适用的增值税税率为 17%，所得税税率为 25%，原材料采用计划成本进行核算。该公司 2011 年 12 月 31 日的资产负债表如表 16-1 所示。

表 16-1

资 产 负 债 表

编制单位：甲股份有限公司　　　　2011 年 12 月 31 日

资　产	金　额	负债和所有者权益 （或股东权益）	金　额
流动资产：		流动负债：	
货币资金	14 063 000	短期借款	3 000 000
交易性金融资产	150 000	交易行金融负债	0
应收票据	2 460 000	应付票据	2 000 000
应收账款	3 991 000	应付账款	9 548 000
预付款项	1 000 000	预收款项	0
应收利息	0	应付职工薪酬	1 100 000
应收股利	0	应交税费	366 000
其他应收款	3 050 000	应付利息	0
存货	25 800 000	应付股利	0
一年内到期的非流动资产	0	其他应付款	500 000
其他流动资产	0	一年内到期的非流动负债	10 000 000
流动资产合计	50 514 000	其他流动负债	0
非流动资产：		流动负债合计	26 514 000
可供出售金融资产	0	非流动负债：	
持有至到期投资	0	长期借款	6 000 000
长期应收款	0	应付债券	0
长期股权投资	2 500 000	长期应付款	0
投资性房地产	0	专项应付款	0
固定资产	8 000 000	预计负债	0
在建工程	15 000 000	递延所得税负债	0
工程物资	0	其他非流动负债合计	0
固定资产清理	0	非流动负债合计	6 000 000
生产性生物资产	0	负债合计	32 514 000
油气资产	0	所有者权益(或股东权益)：	
无形资产	6 000 000	实收资本(或股本)	50 000 000

（续表）

资　产	金　额	负债和所有者权益 （或股东权益）	金　额
开发支出	0	资本公积	0
商誉	0	减：库存积	0
长期待摊费用	0	盈余公积	1 000 000
递延所得税资产	0	未分配利润	500 000
其他非流动资产	2 000 000	所有者权益（或股东权益）合计	51 500 000
非流动资产合计	33 500 000		
资产总计	84 014 000	负债和所有者权益（或股东权益）总计	84 014 000

其中，"应收账款"账户的期末余额为 4 000 000 元，"坏账准备"账户的期末余额为 9 000 元。"固定资产"账户的期末余额为 15 000 000 元，"累计折旧"账户的期末余额为 4 000 000 元；其他诸如存货、长期股权投资、固定资产、无形资产等资产都没有计提资产减值准备。

2012 年，甲股份有限公司共发生如下经济业务：

（1）收到银行通知，用银行存款支付到期的商业承兑汇票 1 000 000 元。

（2）购入原材料一批，收到的增值税专用发票上注明的原材料价款为 1 500 000 元，增值税进项税额为 255 000 元，款项已通过银行转账支付，材料尚未验收入库。

（3）收到原材料一批，实际成本 1 000 000 元，计划成本 950 000 元，材料已验收入库，货款已于上月支付。

（4）用银行汇票支付采购材料价款，公司收到开户银行转来银行汇票多余款收账通知，通知上填写的多余款为 2 340 元，购入材料及运费 998 000 元，支付的增值税进项税额 169 660 元，原材料已验收入库，该批原材料计划价格 1 000 000 元。

（5）销售产品一批，开出的增值税专用发票上注明的销售价款为 3 000 000 元，增值税销项税额为 510 000 元，货款尚未收到。该批产品实际成本 1 800 000 元，产品已发出。

（6）公司将交易性金融资产（股票投资）兑现 165 000 元，该投资的成本为 130 000 元，公允价值变动为增值 20 000 元，投资收益为 15 000 元，均存入银行。

（7）购入不需安装的设备 1 台，收到的增值税专用发票上注明的设备价款为 854 700 元，增值税进项税额为 145 300 元，支付包装费、运费 10 000元。价款及包装费、运费均以银行存款支付。设备已交付使用。

（8）购入工程物资一批，收到的增值税专用发票上注明的物资价款和增值税进项税额合计为 1 500 000 元，款项已通过银行转账支付。

（9）工程应付薪酬 2 280 000 元。

（10）一项工程完工，交付生产使用，已办理竣工手续，固定资产价值 14 000 000元。

（11）基本生产车间 1 台机床报废，原价 2 000 000 元，已提折旧 1 800 000元，清理费用 5 000 元，残值收入 8 000 元，均通过银行存款收支。该项固定资产已清理完毕。

（12）从银行借入 3 年期借款 10 000 000 元，借款已存入银行账户。

（13）销售产品一批，开出的增值税专用发票上注明的销售价款为 7 000 000元，增值税销项税额为 1 190 000 元，款项已存入银行。销售产品的实际成本为 4 200 000元。

（14）公司将要到期的一张面值为 2 000 000 元的无息银行承兑汇票（不含增值税），连同解讫通知和进账单交银行办理转账。收到银行盖章退回的进账单一联。款项银行已收妥。

（15）公司出售 1 台不需用设备，收到价款 3 000 000 元，该设备原价 4 000 000元，已提折旧 1 500 000 元。该项设备已由购入单位运走。

（16）取得交易性金融资产（股票投资），价款 1 030 000 元，交易费用 20 000元，已用银行存款支付。

（17）支付工资 5 000 000 元，其中包括支付在建工程人员的工资 2 000 000元。

（18）分配应支付的职工工资 3 000 000 元（不包括在建工程应负担的工资），其中生产人员薪酬 2 750 000 元，车间管理人员薪酬 100 000 元，行政管理部门人员薪酬 150 000 元。

（19）提取职工福利费 420 000 元（不包括在建工程应负担的福利费 280 000元），其中生产工人福利费 385 000 元，车间管理人员福利费 14 000 元，行政管理部门福利费 21 000 元。

（20）基本生产领用原材料，计划成本为 7 000 000 元，领用低值易耗品，计划成本 500 000 元,采用一次摊销法摊销。

(21) 结转领用原材料应分摊的材料成本差异。材料成本差异率为 5%。

(22) 计提无形资产摊销 600 000 元,以银行存款支付基本生产车间固定资产修理费 900 000 元。

(23) 计提固定资产折旧 1 000 000 元,其中计入制造费用 800 000 元、管理费用 200 000 元。计提固定资产减值准备 300 000 元。

(24) 收到应收账款 510 000 元,存入银行。计提应收账款坏账准备 9 000元。

(25) 用银行存款支付产品展览费 100 000 元。

(26) 计算并结转本期完工产品成本 12 824 000 元。没有期初在产品,本期生产的产品全部完工入库。

(27) 广告费 100 000 元,已用银行存款支付。

(28) 公司采用商业承兑汇票结算方式销售产品一批,开出的增值税专用发票上注明的销售价款为 2 500 000 元,增值税销项税额为 425 000 元,收到 2 925 000 元的商业承兑汇票一张,产品实际成本为 1 500 000 元。

(29) 公司将上述承兑汇票到银行办理贴现,贴现息为 200 000 元。

(30) 公司本期产品销售应交纳的教育费附加为 20 000 元。

(31) 用银行存款交纳增值税 1 000 000 元,教育费附加 20 000 元。

(32) 本期在建工程应负担的长期借款利息费用 2 000 000 元,长期借款为分期付息。

(33) 提取应计入本期损益的长期借款利息费用 100 000 元,长期借款为分期付息。

(34) 归还短期借款本金 2 500 000 元。

(35) 支付长期借款利息 2 100 000 元。

(36) 偿还长期借款 10 000 000 元。

(37) 上年度销售产品一批,开出的增值税专用发票上注明的销售价款为 100 000 元,增值税销项税额为 17 000 元,购货方开出商业承兑汇票。本期由于购货方发生财务困难,无法按合同规定偿还债务。经双方协议,甲股份公司同意购货方用产品抵偿该应收票据,用于抵债的产品市价为 80 000 元,增值税税率为 17%。

(38) 持有的交易性金融资产的公允价值为 1 050 000 元。

（39）结转本期产品销售成本 7 500 000 元。

（40）假设本例中，除计提固定资产减值准备 300 000 元造成固定资产账面价值与其计税基础存在差异外，不考虑其他项目的所得税费用影响。企业按照税法规定计算确定的应交所得税为 1 252 218 元，递延所得税资产为 99 000 元。

（41）将各收支账户结转本年净利润。

（42）按照净利润的 10% 提取法定盈余公积金。

（43）将利润分配各明细账户的余额转入"未分配利润"明细账户，结转本年利润。

（44）用银行存款交纳当年应交所得税。

要求：编制甲股份有限公司 2008 年度经济业务的会计分录，并在此基础上编制资产负债表、利润表和现金流量表。

（一）根据上述资料编制会计分录

（1）借：应付票据　　　　　　　　　　　　　　　　1 000 000

　　　　贷：银行存款　　　　　　　　　　　　　　　　1 000 000

（2）借：材料采购　　　　　　　　　　　　　　　　1 500 000

　　　　应交税费——应交增值税（进项税额）　　　255 000

　　　　贷：银行存款　　　　　　　　　　　　　　　　1 755 000

（3）借：原材料　　　　　　　　　　　　　　　　　　950 000

　　　　材料成本差异　　　　　　　　　　　　　　　　50 000

　　　　贷：材料采购　　　　　　　　　　　　　　　　1 000 000

（4）借：材料采购　　　　　　　　　　　　　　　　998 000

　　　　银行存款　　　　　　　　　　　　　　　　　　2 340

　　　　应交税费——应交增值税（进项税额）　　　169 660

　　　　贷：其他货币资金　　　　　　　　　　　　　　1 170 000

　　　借：原材料　　　　　　　　　　　　　　　　1 000 000

　　　　贷：材料采购　　　　　　　　　　　　　　　　998 000

　　　　　　材料成本差异　　　　　　　　　　　　　　2 000

（5）借：应收账款　　　　　　　　　　　　　　　　3 510 000

　　　　贷：主营业务收入　　　　　　　　　　　　　　3 000 000

　　　　　　应交税费——应交增值税（销项税额）　　510 000

（6）借：银行存款 165 000

　　　贷：交易性金融资产——成本 130 000

　　　　　　　　　　　　——公允价值变动 20 000

　　　　　投资收益 15 000

　　借：公允价值变动损益 20 000

　　　贷：投资收益 20 000

（7）借：固定资产 1 010 000

　　　贷：银行存款 1 010 000

（8）借：工程物资 1 500 000

　　　贷：银行存款 1 500 000

（9）借：在建工程 2 280 000

　　　贷：应付职工薪酬 2 280 000

（10）借：固定资产 14 000 000

　　　贷：在建工程 14 000 000

（11）借：固定资产清理 200 000

　　　累计折旧 1 800 000

　　　贷：固定资产 2 000 000

　　借：固定资产清理 5 000

　　　贷：银行存款 5 000

　　借：银行存款 8 000

　　　贷：固定资产清理 8 000

　　借：营业外支出——处置固定资产净损失 197 000

　　　贷：固定资产清理 197 000

（12）借：银行存款 10 000 000

　　　贷：长期借款 10 000 000

（13）借：银行存款 8 190 000

　　　贷：主营业务收入 7 000 000

　　　　　应交税费——应交增值税（销项税额） 1 190 000

（14）借：银行存款 2 000 000

　　　贷：应收票据 2 000 000

（15）借：固定资产清理 2 500 000

　　　累计折旧 1 500 000

　　　贷：固定资产 4 000 000

　　借：银行存款 3 000 000

　　　贷：固定资产清理 3 000 000

　　借：固定资产清理 500 000

　　　贷：营业外收入——处置固定资产净收益 500 000

（16）借：交易性金融资产 1 030 000

　　　投资收益 20 000

　　　贷：银行存款 1 050 000

（17）借：应付职工薪酬 5 000 000

　　　贷：银行存款 5 000 000

（18）借：生产成本 2 750 000

　　　制造费用 100 000

　　　管理费用 150 000

　　　贷：应付职工薪酬 3 000 000

（19）借：生产成本 385 000

　　　制造费用 14 000

　　　管理费用 21 000

　　　贷：应付职工薪酬 420 000

（20）借：生产成本 7 000 000

　　　贷：原材料 7 000 000

　　借：制造费用 500 000

　　　贷：周转材料 500 000

（21）借：生产成本 350 000

　　　制造费用 25 000

　　　贷：材料成本差异 375 000

（22）借：管理费用——无形资产摊销 600 000

　　　贷：累计摊销 600 000

　　借：制造费用——固定资产修理费 900 000

　　　贷：银行存款 900 000

（23）借：制造费用——折旧费　　　　　　　　　　　　800 000

　　　　管理费用——折旧费　　　　　　　　　　　　200 000

　　　　贷：累计折旧　　　　　　　　　　　　　　　　　　　　1 000 000

　　　借：资产减值损失——固定资产减值　　　　　　300 000

　　　　贷：固定资产减值准备　　　　　　　　　　　　　　　　300 000

（24）借：银行存款　　　　　　　　　　　　　　　　510 000

　　　　贷：应收账款　　　　　　　　　　　　　　　　　　　　510 000

　　　借：资产减值损失——坏账准备　　　　　　　　9 000

　　　　贷：坏账准备　　　　　　　　　　　　　　　　　　　　9 000

（25）借：销售费用——展览费　　　　　　　　　　　100 000

　　　　贷：银行存款　　　　　　　　　　　　　　　　　　　　100 000

（26）借：生产成本　　　　　　　　　　　　　　　　2 339 000

　　　　贷：制造费用　　　　　　　　　　　　　　　　　　　　2 339 000

　　　借：库存商品　　　　　　　　　　　　　　　　12 824 000

　　　　贷：生产成本　　　　　　　　　　　　　　　　　　　　12 824 000

（27）借：销售费用——广告费　　　　　　　　　　　100 000

　　　　贷：银行存款　　　　　　　　　　　　　　　　　　　　100 000

（28）借：应收票据　　　　　　　　　　　　　　　　2 925 000

　　　　贷：主营业务收入　　　　　　　　　　　　　　　　　　2 500 000

　　　　　　应交税费——应交增值税（销项税额）　　　　　　425 000

（29）借：财务费用　　　　　　　　　　　　　　　　200 000

　　　　银行存款　　　　　　　　　　　　　　　　　2 725 000

　　　　贷：应收票据　　　　　　　　　　　　　　　　　　　　2 925 000

（30）借：营业税金及附加　　　　　　　　　　　　　20 000

　　　　贷：应交税费——应交教育费附加　　　　　　　　　　20 000

（31）借：应交税费——应交增值税（已交税金）　　1 000 000

　　　　　　　　　　——应交教育费附加　　　　　　20 000

　　　　贷：银行存款　　　　　　　　　　　　　　　　　　　　1 020 000

（32）借：在建工程　　　　　　　　　　　　　　　　2 000 000

　　　　贷：应付利息　　　　　　　　　　　　　　　　　　　　2 000 000

（33）借：财务费用   100 000

      贷：应付利息   100 000

（34）借：短期借款   2 500 000

      贷：银行存款   2 500 000

（35）借：应付利息   2 100 000

      贷：银行存款   2 100 000

（36）借：长期借款   10 000 000

      贷：银行存款   10 000 000

（37）借：库存商品   80 000

         应交税费——应交增值税(进项税额)   13 600

         营业外支出——债务重组损失   23 400

      贷：应收票据   117 000

（38）借：交易性金融资产——公允价值变动   20 000

      贷：公允价值变动损益   20 000

（39）借：主营业务成本   7 500 000

      贷：库存商品   7 500 000

（40）借：所得税费用——当期所得税费用   1 252 218

      贷：应交税费——应交所得税   1 252 218

      借：递延所得税资产   99 000

      贷：所得税费用——递延所得税费用   99 000

（41）借：主营业务收入   12 500 000

         营业外收入   500 000

         投资收益   15 000

      贷：本年利润   13 015 000

      借：本年利润   9 520 400

        贷：主营业务成本   7 500 000

          营业税金及附加   20 000

         销售费用   200 000

         管理费用   971 000

         财务费用   300 000

         资产减值损失   309 000

         营业外支出   220 400

借：本年利润　　　　　　　　　　　　　　1 153 218

　　贷：所得税费用　　　　　　　　　　　　　　1 153 218

（42）借：利润分配——提取法定盈余公积　　　　234 138.2

　　　贷：盈余公积——法定盈余公积　　　　　　　234 138.2

提取法定盈余公积数额为 234 138.2 元[（13 015 000－9 520 400－1 153 218）×10%]。

（43）借：利润分配——未分配利润　　　　　　　2 341 382

　　　贷：利润分配——提取法定盈余公积　　　　　2 341 382

　　　借：本年利润　　　　　　　　　　　　　　2 341 382

　　　贷：利润分配——未分配利润　　　　　　　　2 341 382

（44）借：应交税费——应交所得税　　　　　　　1 252 218

　　　贷：银行存款　　　　　　　　　　　　　　1 252 218

（二）根据年初资产负债表和上述会计分录编制年末资产负债表如表 16-2 所示。

表 16-2

资 产 负 债 表

会企 01 表

编制单位：甲股份有限公司　　　　2012 年 12 月 31 日　　　　单位：元

资　　产	年末余额	年初余额	负债和所有者权益（或股东权益）	年末余额	年初余额
流动资产：			流动负债：		
货币资金	10 201 122	14 063 000	短期借款	500 000	3 000 000
交易性金融资产	1 050 000	150 000	交易性金融负债	0	0
应收票据	343 000	2 460 000	应付票据	1 000 000	2 000 000
应收账款	5 982 000	2 991 000	应付账款	9 538 000	9 538 000
预付款项	1 000 000	1 000 000	预收款项	0	0
应收利息	0	0	应付职工薪酬	1 800 000	1 100 000
应收股利	0	0	应交税费	1 052 740	366 000
其他应收款	1 050 000	1 050 000	应付利息	100 000	0
存货	25 827 000	25 800 000	应付股利	0	0

资　产	年末余额	年初余额	负债和所有者权益（或股东权益）	年末余额	年初余额
一年内到期的非流动资产	0	0	其他应付款	510 000	510 000
其他流动资产	0	0	一年内到期的非流动负债	0	10 000 000
流动资产合计	45 453 122	47 514 000	其他流动负债		
非流动资产：			流动负债合计	14 400 740	24 467 740
可供出售金融资产	0	0	非流动负债：		
持有至到期投资	0	0	长期借款	16 000 000	6 000 000
长期应收款	0	0	应付债券	0	0
长期股权投资	2 500 000	2 500 000			
投资性房地产	0	0	长期应付款	0	0
固定资产	22 010 000	11 000 000	专项应付款	0	0
在建工程	5 280 000	15 000 000	预计负债		
工程物资	1 500 000	0	递延所得税负债	0	0
固定资产清理	0	0	其他非流动负债		
生产性生物资产	0	0	非流动负债合计	16 000 000	6 000 000
油气资产	0	0	负债合计	30 400 740	32 514 000
无形资产	5 400 000	6 000 000	所有者权益（或股东权益）：		
开发支出	0	0	实收资本（或股本）	50 000 000	50 000 000
商誉	0	0	资本公积	0	0
长期待摊费用	0	0	减：库存股	0	0
递延所得税资产	99 000	0	盈余公积	1 234 138.20	1 000 000
其他非流动资产	2 000 000	2 000 000	未分配利润	2 607 243.80	500 000
非流动资产合计	38 789 000	36 500 000	所有者权益（或股东权益）合计	53 841 382	51 500 000
资产总计	84 242 122	84 014 000	负债和所有者权益（或股东权益）总计	84 242 122	84 014 000

第三节 利 润 表

一、利润表的作用

利润表是反映企业在一定会计期间的经营成果的报表。通过提供利润表,可以反映企业在一定会计期间收入、费用、利润(或亏损)的数额、构成情况,帮助财务报表使用者全面了解企业的经营成果,分析企业的获利能力及盈利增长趋势,从而为其作出经济决策提供依据。

二、利润表的结构

常见的利润表结构主要有单步式和多步式。在我国,企业的利润表采用多步式格式,如表16-4所示。

我国企业利润表的主要编制步骤和内容如下:

第一步,以营业收入为基础,减去营业成本、营业税金及附加、销售费用、管理费用、财务费用、资产减值损失,加上公允价值变动收益(减去公允价值变动损失)和投资收益(减去投资损失),计算出营业利润。

第二步,以营业利润为基础,加上营业外收入,减去营业外支出,计算出利润总额。

第三步,以利润总额为基础,减去所得税费用,计算出净利润(或亏损)。

普通股或潜在普通股已公开交易的企业,以及正处于公开发行普通股或潜在普通股过程中的企业,还应当在利润表中列示每股收益信息。

三、利润表的填列方法

利润表各项目均需填列"本期金额"和"上期金额"两栏。其中"上期金额"栏内各项数字,应根据上年该期利润表的"本期金额"栏内所列数字填列。"本期金额"栏内各期数字,除"基本每股收益"和"稀释每股收益"项目外,应当按照相关科目的发生额分析填列。如:"营业收入"项目,根据"主营业务收入"、"其他业务收入"账户的发生额分析计算填列;"营业成本"项目,根据"主营业务成本"、"其他业务成本"账户的发生额分析计算填列。其他项目均按照各该账户的发生额分析填列。

四、利润表编制实例

【例 16-2】 根据对前述业务的上述会计处理,甲股份有限公司 2008 年度利润表账户本年累计发生额,如表 16-3 所示。

表 16-3

甲股份有限公司 2008 年度利润表本年累计发生额

金额单位:元

账户名称	借方发生额	贷方发生额
营业收入		12 500 000
营业成本	7 500 000	
营业税金及附加	20 000	
销售费用	200 000	
管理费用	971 000	
财务费用	300 000	
资产减值损失	309 000	
投资收益		15 000
营业外收入		500 000
营业外支出	220 400	
所得税费用	1 153 218	

根据本年相关账户发生额编制利润表如表 16-4 所示。

表 16-4

利 润 表

编制单位:甲股份有限公司 　　　　2008 年度 　　　　金额单位:元

项　目	本期金额
一、营业收入	12 500 000
减:营业成本	7 500 000
营业税金及附加	20 000

（续表）

项　　目	本期金额
销售费用	200 000
管理费用	971 000
财务费用	300 000
资产减值损失	309 000
加：公允价值变动收益(损失以"－"号填列)	
投资收益(损失以"－"号填列)	15 000
其中：对联营企业和合营企业的投资收益	
二、营业利润(亏损以"－"号填列)	3 215 000
加：营业外收入	500 000
减：营业外支出	220 400
其中：非流动资产处置损失	
三、利润总额(亏损总额以"－"号填列)	3 494 600
减：所得税费用	1 153 218
四、净利润(净亏损以"－"号填列)	2 341 382
五、每股收益	
(一)基本每股收益	
(二)稀释每股收益	

第四节　现金流量表

一、现金流量表的内容及结构

（一）现金流量表的概念及结构

现金流量表是指反映企业在一定会计期间现金和现金等价物流入和流出的报表。其中,现金是指企业库存现金以及可以随时用于支付的存款。不能随时用于支付的存款不属于现金。现金等价物是指企业持有的期限短、流动性强、易于转换为已知金额现金,价值变动风险很小的投资。期限短,一般是指从购买日起3个月内到期。现金等价物通常包括3个月内到期的债券投资等。权益性投资变现的金额通常不确定,因而不属于现金等价物。企业应当根据具体情况,确定现金等价物的范围,一经确定不得随意变更。

现金流量表的基本格式见表 16-5 和表 16-6。

(二)现金流量的分类

现金流量是指现金和现金等价物的流入和流出,可分为三大类,即:经营活动产生的现金流量、投资活动产生的现金流量和筹资活动产生的现金流量。

1. 经营活动产生的现金流量

经营活动是指企业投资活动和筹资活动以外的所有交易和事项,包括销售商品或提供劳务、购买商品或接受劳务、收到的税费返还、支付职工薪酬、支付各项税费、支付广告费用等。通过经营活动产生的现金流量,可以说明企业的经营活动对现金流入和流出的影响程度,判断企业在不动用对外筹得资金的情况下,是否足以维持生产经营、偿还债务、支付股利、对外投资等。

与一般企业相比,金融企业的经营活动性质不同,对经营活动产生的现金流量项目认定存在一定差异。在编制现金流量表时,应当根据本企业的实际情况,对经营活动产生的现金流量项目进行合理归类。

2. 投资活动产生的现金流量

投资活动是指企业长期资产的购建和不包括在现金等价物范围内的投资及其处置活动。编制现金流量表所指的“投资”,既包括对外投资又包括长期资产的购建与处置。投资活动包括取得和收回投资、购建和处置固定资产、购买和处置无形资产等。通过投资活动产生的现金流量,可以判断投资活动对企业现金流量净额的影响程度。

3. 筹资活动产生的现金流量

筹资活动是指导致企业资本及债务规模和构成发生变化的活动。筹资活动包括发行股票或接受投入资本、分派现金股利、取得和偿还银行借款、发行和偿还公司债券等。通过筹资活动产生的现金流量,可以分析企业通过筹资活动获取现金的能力,判断筹资活动对企业现金流量净额的影响程度。

企业编制现金流量表进行现金流量分类时,对于未特别指明的现金流量,应当按照现金流量的分类方法和重要性原则,判断某项交易或事项所产生的现金流量应当归属的类别或项目。对于重要的现金流入或流出项目应当单独反映。对于自然灾害损失、保险索赔等特殊项目,应当根据其性质,分别归并到经营活动、投资活动和筹资活动现金流量类别中单独列报。

二、现金流量表的填列方法

(一)经营活动产生的现金流量

在我国,企业经营活动产生的现金流量应当采用直接法填列。直接法是指通过现金收入和现金支出的主要类别列示经营活动的现金流量。现金流量一般应按现金流入和流出总额列报,但代客户收取或支付的现金,以及周转快、金额大、期限短项目的现金流入和现金流出,可以按照净额列报。

有关经营活动现金流量的信息,可以通过企业的会计记录取得,也可以通过对利润表中的营业收入、营业成本以及其他项目进行调整后取得,如:当期存货及经营性应收和应付项目的变动,固定资产折旧、无形资产摊销、计提资产减值准备等其他非现金项目,属于投资活动或筹资活动现金流量的其他非现金项目。

1. "销售商品、提供劳务收到的现金"项目

该项目反映企业销售商品、提供劳务实际收到的现金(包括应向购买者收取的增值税销项税额),包括本期销售商品、提供劳务收到的现金,以及前期销售商品、提供劳务本期收到的现金和本期预收的款项,减去本期退回本期销售的商品和前期销售本期退回的商品支付的现金。企业销售材料和代购代销业务收到的现金,也在本项目反映。本项目可以根据"库存现金"、"银行存款"、"应收账款"、"应收票据"、"预收账款"、"主营业务收入"、"其他业务收入"等账户的记录分析填列。根据账户记录分析计算该项目的金额,通常可以采用以下计算公式:

$$
\begin{aligned}
\text{销售商品、提供} \\ \text{劳务收到的现金}
\end{aligned}
=
\begin{aligned}
\text{当期销售商品、提供} \\ \text{劳务收到的现金}
\end{aligned}
+
\begin{aligned}
\text{当期收回前期的应} \\ \text{收账款和应收票据}
\end{aligned}
+
\begin{aligned}
\text{当期预收} \\ \text{的款项}
\end{aligned}
-
\begin{aligned}
\text{当期销售退回} \\ \text{支付的现金}
\end{aligned}
+
\begin{aligned}
\text{当期收回前期} \\ \text{核销的坏账损失}
\end{aligned}
$$

2. "收到的税费返还"项目

该项目反映企业收到返还的各种税费,包括收到返还的增值税、消费税、营业税、关税、所得税、教育费附加等。本项目可以根据"库存现金"、"银行存款"、"营业外收入"、"其他应收款"等账户的记录分析填列。

3. "收到的其他与经营活动有关的现金"项目

该项目反映企业除了上述各项目以外所收到的其他与经营活动有关的现金,如罚款、流动资产损失中由个人赔偿的现金、经营租赁租金等。若某项其他与经营活动有关的现金流入金额较大,应单列项目反映。本项目可以根据"库存现金"、"银行存款"、"营业外收入"等账户的记录分析填列。

4. "购买商品、接受劳务支付的现金"项目

该项目反映企业购买商品。接受劳务实际支付的现金(包括增值税进项税额),包括本期购买材料。商品、接受劳务支付的现金,以及本期支付前期购买商品、接受劳务的未付款项以及本期预付款项,减去本期发生的购货退回收到的现金。企业代购代销业务支付的现金,也在本项目反映。本项目可以根据"库存现金"、"银行存款"、"应付账款"、"应付票据"、"预付账款"、"主营业务成本"、"其他业务成本"等账户的记录分析填列。根据账户记录分析计算该项目的金额,通常可以采用以下计算公式:

$$\begin{array}{l}\text{购买商品、接受} \\ \text{劳务支付的现金}\end{array} = \begin{array}{l}\text{当期购买商品、接} \\ \text{受劳务支付的现金}\end{array} + \begin{array}{l}\text{当期支付前期的应} \\ \text{付账款和应付票据}\end{array} +$$

$$\begin{array}{l}\text{当期预付} \\ \text{的 账 款}\end{array} - \begin{array}{l}\text{当期因购货退} \\ \text{回收到的现金}\end{array}$$

5. "支付给职工以及为职工支付的现金"项目

该项目反映企业实际支付给职工,以及为职工支付的现金,包括本期实际支付给职工的工资、奖金、各种津贴和补贴等,以及为职工支付的其他费用。企业代扣代交的职工个人所得税,也在本项目反映。本项目不包括支付给离退休人员的各项费用及支付给在建工程人员的工资及其他费用。企业支付给离退休人员的各项费用(包括支付的统筹退休金以及未参加统筹的退休人员的费用),在"支付其他与经营活动有关的现金"项目反映;支付给在建工程人员的工资及其他费用,在"购建固定资产、无形资产和其他长期资产支付的现金"项目反映。本项目可以根据"应付职工薪酬"、"库存现金"、"银行存款"等账户的记录分析填列。

企业为职工支付的养老、失业等社会保险基金、补充养老保险、住房公积金、支付给职工的住房困难补助,以及企业支付给职工或为职工支付的其他福利费用等,应按职工的工作性质和服务对象,分别在本项目和"购建固定资产、无形资产和其他长期资产支付的现金"项目反映。

6. "支付的各项税费"项目

该项目反映企业按规定支付的各种税费,包括企业本期发生并支付的税费,以及本期支付以前各期发生的税费和本期预交的税费,包括所得税、增值税、营业税、消费税、印花税、房产税、土地增值税、车船税、教育费附加、矿产资源补偿费等,但不包括计入固定资产价值、实际支付的耕地占用税,也不包括本期退回的增值税、所得税。本期退回的增值税、所得税在"收到的税费返还"项目反映。本项目可以根据"应交税费"、"库存现金"、"银行存款"等账户的记录分析填列。

7. "支付的其他与经营活动有关的现金"项目

本项目反映企业除上述各项目外,支付的其他与经营活动有关的现金,如罚款支出、支付的差旅费、业务招待费、保险费、经营租赁支付的现金等。其他与经营活动有关的现金,如果金额较大的,应单列项目反映。本项目可以根据"库存现金"、"银行存款"、"管理费用"、"营业外支出"等有关账户的记录分析填列。

(二)投资活动产生的现金流量有关项目的编制

1. "收回投资所收到的现金"项目

本项目反映企业出售、转让或到期收回除现金等价物以外的交易性金融资产、持有至到期投资、可供出售金融资产、长期股权投资、投资性房地产而收到的现金。不包括债权性投资收回的利息、收回的非现金资产,以及处置于公司及其他营业单位收到的现金净额。债权性投资收回的本金,在本项目反映,债权性投资收回的利息,不在本项目中反映,而在"取得投资收益所收到的现金"项目中反映。"处置子公司及其他营业单位收到的现金净额"单设项目反映。本项目可以根据"交易性金融资产"、"持有至到期投资"、"可供出售金融资产"、"长期股权投资"、"投资性房地产"、"库存现金"、"银行存款"等账户的记录分析填列。

2. "取得投资收益所收到的现金"项目

本项目反映企业因股权性投资而分得的现金股利,从子公司、联营企业或合营企业分回利润而收到的现金,因债权性投资而取得的现金利息收入。股票胜利不在本项目中反映;包括在现金等价物范围内的债券性投资,其利息收入在本项目中反映。本项目可以根据"应收股利"、"应收利息"、"投资收益"、"库存现金"、"银行存款"等账户的记录分析填列。

3. "处置固定资产、无形资产和其他长期资产收回的现金净额"

本项目反映企业出售固定资产、无形资产和其他长期资产所取得的现金,减去为处置这些资产而支付的有关费用后的净额。处置固定资产、无形资产和其他长期资产所收到的现金,与处置活动支付的现金,两者在时间上比较接近,以净额反映更能准确反映处置活动对现金流量的影响。由于自然灾害等原因所造成的固定资产等长期资产报废、毁损而收到的保险赔偿收入,在本项目中反映。如处置固定资产、无形资产和其他长期资产所收回的现金净额为负数,则应作为投资活动产生的现金流量,在"支付的其他与投资活动有关的现金"项目中反映。本项目可以根据"固定资产清理"、"库存现金"、"银行存款"等账户的记录分析填列。

4. "处置子公司及其他营业单位收到的现金净额"项目

该项目反映企业处置于公司及其他营业单位所取得的现金,减去相关处置费用以及子公司及其他营业单位持有的现金和现金等价物后的净额。本项目可以根据"长期股权投资"、"银行存款"、"库存现金"等账户的记录分析填列。

5. "收到的其他与投资活动有关的现金"项目

该项目反映企业除了上述各项目以外,所收到的其他与投资活动有关的现金流入。比如,企业收回购买股票和债券时支付的已宣告但尚未领取的现金股利或已到付息期但尚未领取的债券利息。若其他与投资活动有关的现金流入金额较大,应单列项目反映。本项目可以根据"应收股利"、"应收利息"、"银行存款"、"库存现金"等账户的记录分析填列。

6. "购建固定资产、无形资产和其他长期资产支付的现金"项目

该项目反映企业本期购买、建造固定资产、取得无形资产和其他长期资产实际支付的现金,以及用现金支付的应由在建工程和无形资产负担的职工薪酬,不包括为购建固定资产而发生的借款利息资本化部分,以及融资租入固定资产支付的租赁费。企业支付的借款利息和融资租入固定资产支付的租赁费,在筹资活动产生的现金流量中反映。本项目可以根据"固定资产"、"在建工程"、"无形资产"、"库存现金"。"银行存款"等账户的记录分析填列。

7. "投资支付的现金"项目

该项目反映企业取得除现金等价物以外的对其他企业的权益工具、债务工具和合营中的权益投资所支付的现金,以及支付的佣金、手续费等交易费用,但"取得子公司及其他营业单位支付的现金净额"除外。本项目可以

根据"可供出售金融资产"、"持有至到期投资"、"长期股权投资"、"库存现金"、"银行存款"等账户的记录分析填列。

8. "取得子公司及其他营业单位支付的现金净额"项目

该项目反映企业购买子公司及其他营业单位购买出价中以现金支付的部分,减去子公司及其他营业单位持有的现金和现金等价物后的净额。本项目可以根据"长期股权投资"。"库存现金"、"银行存款"等账户的记录分析填列。

9. "支付的其他与投资活动有关的现金"项目

该项目反映企业除上述各项以外所支付的其他与投资活动有关的现金流出,如:企业购买股票时实际支付的价款中包含的已宣告而尚未领取的现金股利,购买债券时支付的价款中包含的已到期尚未领取的债券利息等。若某项其他与投资活动有关的现金流出金额较大,应单列项目反映。本项目可以根据"应收股利"、"应收利息"、"银行存款"、"库存现金"等账户的记录分析填列。

(三)筹资活动产生的现金流量

1. "吸收投资收到的现金"项目

该项目反映企业以发行股票、债券等方式筹集资金实际收到的款项,减去直接支付的佣金、手续费、宣传费、咨询费、印刷费等发行费用后的净额。本项目可以根据"实收资本(或股本)"、"库存现金"、"银行存款"等账户的记录分析填列。

2. "取得借款收到的现金"项目

该项目反映企业举借各种短期、长期借款实际收到的现金。本项目可以根据"短期借款"、"长期借款"、"库存现金"、"银行存款"等账户的记录分析填列。

3. "收到其他与筹资活动有关的现金"项目

该项目反映企业除上述各项目外所收到的其他与筹资活动有关的现金流入,如接受现金捐赠等。若某项其他与筹资活动有关的现金流入金额较大,应单列项目反映。本项目可以根据"银行存款"、"库存现金"、"营业外收入"等账户的记录分析填列。

4. "偿还债务支付的现金"项目

该项目反映企业偿还债务本金所支付的现金,包括偿还金融企业的借款本金、偿还债券本金等。企业支付的借款利息和债券利息在"分配股利、利润或偿付利息支付的现金"项目反映,不包括在本项目内。本项目可以根据"短期借款"、"长期借款"、"应付债券"、"库存现金"、"银行存款"等账户的记录分析填列。

5. "分配股利、利润或偿付利息支付的现金"项目

该项目反映企业实际支付的现金股利、支付给其他投资单位的利润或用现金支付的借款利息、债券利息等。本项目可以根据"应付股利"、"应付利息"、"财务费用"、"库存现金"、"银行存款"等账户的记录分析填列。

6. "支付其他与筹资活动有关的现金"项目

该项目反映企业除上述各项目外所支付的其他与筹资活动有关的现金流出,如捐赠现金支出。融资租入固定资产支付的租赁费等。若某项其他与筹资活动有关的现金流出金额较大,应单列项目反映。本项目可以根据"营业外支出"、"长期应付款"、"银行存款"、"库存现金"等账户的记录分析填列。

（四）汇率变动对现金及现金等价物的影响

该项目反映企业外币现金流量以及境外子公司的现金流量折算为人民币时所采用的现金流量发生日的即期汇率或按照系统合理的方法确定的、与现金流量发生日即期汇率近似汇率折算的人民币金额与"现金及现金等价物净增加额"中的外币现金净增加额按期末汇率折算的人民币金额之间的差额。

在编制现金流量表时,可逐笔计算外币业务发生的汇率变动对现金的影响,也可不必逐笔计算而采用简化的计算方法,即通过现金流量表补充资料中"现金及现金等价物净增加额"数额与现金流量表中"经营活动产生的现金流量净额"、"投资活动产生的现金流量净额"、"筹资活动产生的现金流量净额"三项之和比较,其差额即为"汇率变动对现金及现金等价物的影响"项目的金额。

（五）现金流量表补充资料

除现金流量表反映的信息外,企业还应在附注中披露将净利润调节为经营活动现金流量、不涉及现金收支的重大投资和筹资活动、现金及现金等价物净变动情况等信息。

1. 将净利润调节为经营活动现金流量

现金流量表采用直接法反映经营活动产生的现金流量。同时,企业还应采用间接法反映经营活动产生的现金流量。间接法是指以本期净利润为

起点,通过调整不涉及现金的收入、费用、营业外收支以及经营性应收应付等项目的增减变动,调整不属于经营活动的现金收支项目,据此计算并列报经营活动产生的现金流量的方法。在我国,现金流量表补充资料应采用间接法反映经营活动产生的现金流量情况,以对现金流量表中采用直接法反映的经营活动现金流量进行核对和补充说明。

采用间接法列报经营活动产生的现金流量时,需要对四大类项目进行调整:①实际没有支付现金的费用。②实际没有收到现金的收益。③不属于经营活动的损益。④经营性应收应付项目的增减变动。

(1) 资产减值准备。该项目反映企业本期实际计提的各项资产减值准备,包括坏账准备、存货跌价准备、长期股权投资减值准备、持有至到期投资减值准备、投资性房地产减值准备、固定资产减值准备、在建工程减值准备、无形资产减值准备、商誉减值准备、生产性生物资产减值准备、油气资产减值准备等。本项目可以根据"资产减值损失"账户的记录分析填列。

(2) 固定资产折旧、油气资产折耗、生产性生物资产折旧。该项目反映企业本期累计计提的固定资产折旧、油气资产折耗、生产性生物资产折旧。本项目可根据"累计折旧"、"累计折耗"等账户的贷方发生额分析填列。

(3) 无形资产摊销。该项目反映企业本期累计摊入成本费用的无形资产价值。本项目可以根据"累计摊销"账户的贷方发生额分析填列。

(4) 长期待摊费用摊销。该项目反映企业本期累计摊入成本费用的长期待摊费用。本项目可以根据"长期待摊费用"账户的贷方发生额分析填列。

(5) 处置固定资产。无形资产和其他长期资产的损失。该项目反映企业本期处置固定资产、无形资产和其他长期资产发生的净损失(或净收益)。如为净收益,以"一"号填列。本项目可以根据"营业外支出"、"营业外收入"等账户所属有关明细账户的记录分析填列。

(6) 固定资产报废损失。该项目反映企业本期发生的固定资产盘亏净损失。该项目可以根据"营业外支出"和"营业外收入"账户所属有关明细账户的记录分析旗列。

(7) 公允价值变动损失。该项目反映企业持有的交易性金融资产、交易性金融负债、采用公允价值模式计量的投资性房地产等公允价值变动形成的净损失。如为净收益,以"一"号填列。本项目可以根据"公允价值变动损益"账户所属有关明细账户的记录分析填列。

(8) 财务费用。该项目反映企业本期实际发生的属于投资活动或筹资活动的财务费用。属于投资活动、筹资活动的部分,在计算净利润时已扣除,但这部分发生的现金流出不属于经营活动现金流量的范畴,所以,在将净利润调节为经营活动现金流量时,需要予以加回。本项目可以根据"财务费用"账户的本期借方发生额分析填列。如为收益,以"一"号填列。

(9) 投资损失。该项目反映企业对外投资实际发生的投资损失减去收益后的净损失。本项目可以根据利润表"投资收益"项目的数字填列。如为投资收益,以"一"号填列。

(10) 递延所得税资产减少。该项目反映企业资产负债表"递延所得税资产"项目的期初余额与期末余额的差额。本项目可以根据"递延所得税资产"账户发生额分析填列。

(11) 递延所得税负债增加。该项目反映企业资产负债表"递延所得税负债"项目的期初余额与期末余额的差额。本项目可以根据"递延所得税负债"账户发生额分析填列。

(12) 存货的减少。该项目反映企业资产负债表"存货"项目的期初与期末余额的差额。期末数大于期初数的差额,以"一"号填列。

(13) 经营性应收项目的减少。该项目反映企业本期经营性应收项目(包括应收票据、应收账款、预付账款、长期应收款和其他应收款等经营性应收项目中与经营活动有关的部分及应收的增值税销项税额等)的期初与期末余额的差额。期末数大于期初数的差额,以"一"号填列。

(14) 经营性应付项目的增加。该项目反映企业本期经营性应付项目(包括应付票据、应付账款、预收账款、应付职工薪酬、应交税费和其他应付款等经营性应付项目中与经营活动有关的部分及应付的增值税进项税额等)的期初余额与期末余额的差额。期末数小于期初数的差额,以"一"号填列。

2. 不涉及现金收支的重大投资和筹资活动

该项目反映企业一定会计期间内影响资产和负债但不形成该期现金收支的所有重大投资和筹资活动的信息。这些投资和筹资活动是企业的重大理财活动,对以后各期的现金流量会产生重大影响,因此,应单列项目在补充资料中反映。目前,我国企业现金流量表补充资料中列示的不涉及现金收支的重大投资和筹资活动项目主要有以下几项:

（1）"债务转为资本"项目，反映企业本期转为资本的债务金额。

（2）"一年内到期的可转换公司债券"项目，反映企业1年内到期的可转换公司债券的本息。

（3）"融资租入固定资产"项目，反映企业本期融资租入固定资产的最低租赁付款额扣除应分期计入利息费用的未确认融资费用后的净额。

3. 现金及现金等价物净变动情况

该项目反映企业一定会计期间现金及现金等价物的期末余额减去期初余额后的净增加额（或净减少额），是对现金流量表中"现金及现金等价物净增加额"项目的补充说明。该项目的金额应与现金流量表"现金及现金等价物净增加额"项目的金额核对相符。

三、现金流量表的编制方法

在具体编制现金流量表时，企业可根据业务量的大小及复杂程度，采用工作底稿法、T形账户法，或直接根据有关账户的记录分析填列。下面主要介绍分析填列法和工作底稿法。

（一）分析填列法

根据以上资料，采用分析填列的方法，编制天华股份有限公司2012年度的现金流量表。

第一，天华股份有限公司2012年度现金流量表各项目金额，分析确定如下：

（1）销售商品、提供劳务收到的现金＝主营业务收入＋应交税费（应交增值税——销项税额）＋（应收账款年初余额－应收账款期末余额）＋（应收票据年初余额－应收票据期末余额）－当期计提的坏账准备－票据贴现的利息－当期债务重组减少的应收款项＝12 500 000＋2 125 000＋（2 991 000－5 982 000）＋（246 000－343 000）－9 000－200 000－117 000＝1 342 500（元）

（2）购买商品、接受劳务支付的现金＝主营业务成本＋应交税费（应交增值税——进项税额）－（存货年初余额－存货期末余额）＋（应付账款年初余额－应付账款期末余额）＋（应付票据年初余额－应付票据期末余额）＋（预付账款期末余额－预付账款年初余额）－当期列入生产成本、制造费用的职工薪酬－当期列入生产成本、制造费用的折旧费和固定资产修理费－当期债务重组增加的存货和增值税进项税额＝7 500 000＋438 260－（25 800 000－25 827 000）＋（9 538 000－9 538 000）＋（2 000 000－1 000 000）＋（1 000 000－1 000 000）－3 249 000－

800 000－(80 000＋13 600)＝48 222 660(元)

（3）支付给职工以及为职工支付的现金＝生产成本、制造费用、管理费用中职工薪酬＋(应付职工薪酬年初余额－应付职工薪酬期末余额)－[应付职工薪酬(在建工程)年初余额－应付职工薪酬(在建工程)期末余额]＝3 249 000＋171 000＋(1 100 000－180 0 000)－(－280 000)＝300 000(元)

（4）支付的各项税费＝当期所得税费用＋营业税金及附加＋应交税费(应交增值税——已交税金)－(应交所得税期末余额－应交所得税期初余额)－(递延所得税资产期初余额－递延所得税资产期末余额)＝1 153 218＋20 000＋1 000 000－(366 000－366 000)－(0－99 000)＝2 272 218(元)

（5）支付其他与经营活动有关的现金＝其他管理费用付现＋销售费用付现＝(971 000－171 000－600 000－200 000)＋200 000＝200 000(元)

（6）收回投资收到的现金＝交易性金融资产贷方发生额＋与交易性金融资产一起收回的投资收益＝150 000＋15 000＝16 500(元)

（7）处置固定资产收回的现金净额＝3 000 000＋(8 000－5 000)＝3 003 000(元)

（8）购建固定资产支付的现金＝用现金购买的固定资产、工程物资＋支付给在建工程人员的薪酬＝1 010 000＋1 500 000＋2 000 000＝4510 000(元)

（9）取得借款所收到的现金＝10 000 000(元)

（10）偿还债务支付的现金＝2 500 000＋10 000 000＝12 500 000(元)

（11）偿还利息支付的现金＝2 100 000(元)

第二,将净利润调节为经营活动现金流量各项目计算分析如下：

（1）资产减值准备＝9 000＋300 000＝309 000(元)

（2）固定资产折旧＝200 000＋800 000＝1 000 000(元)

（3）无形资产摊销＝600 000(元)

（4）处置固定资产、无形资产和其他长期资产的损失(减：收益)＝－500 000(元)

（5）固定资产报废损失＝197 000(元)

（6）财务费用＝300 000(元)

（7）投资损失(减：收益)＝－15 000(元)

（8）递延所得税资产减少＝0－99 000＝－99 000(元)

（9）存货的减少＝25 800 000－(25 827 000－80 000*)＝53 000(元)(＊系债务重组所得的存货)

（10）经营性应收项目的减少＝(2 460 000－343 000)＋[(2 991 000＋9 000)－(5 982 000＋1 800)]－200 000*－117 000**＝1 200 000(元)(＊、＊＊分别

系票据贴现支付利息和债务重组减少的应收票据)

(11) 经营性应付项目的增加＝(1 000 000－2 000 000)＋(9 538 000－9 538 000)＋[(1 800 000－280 000)－1 100 000]＋[(1 052 740＋13 600 ＊)－36 600](＊ 系债务重组中发生的增值税进项税额)＝120 340(元)

第三,根据上述数据,编制现金流量表及其补充资料,如表 16-5 和表 16-6 所示。

表 16-5

现 金 流 量 表

会企 03 表

编制单位：甲股份有限公司 　　　　　 2012 年度 　　　　　 金额单位：元

项　　目	本期金额
一、经营活动产生的现金流量	
销售商品、提供劳务收到的现金	13 425 000
收到的税费返还	0
收到的其他与经营活动有关的现金	0
经营活动现金流入小计	13 425 000
购买商品、接受劳务支付的现金	4 822 660
支付给职工以及为职工支付的现金	3 000 000
支付的各项税费	2 272 218
支付的其他与经营活动有关的现金	200 000
经营活动现金流出小计	10 294 878
经营活动产生的现金流量净额	3 130 122
二、投资活动产生的现金流量	
收回投资所收到的现金	165 000
取得投资收益所收到的现金	0
处置固定资产、无形资产和其他长期投资收回的现金净额	3 003 000
处置子公司及其他营业单位收到的现金净额	
收到的其他与投资活动有关的现金	0
投资活动现金流入小计	3 168 000
购建固定资产、无形资产和其他长期投资支付的现金	4 510 000
投资所支付的现金	1 050 000

（续表）

项　目	本期金额
取得子公司及其他营业单位支付的现金净额	
支付的其他与投资活动有关的现金	0
投资活动现金流出小计	5 560 000
投资活动产生的小计流量净额	−2 392 000
三、筹资活动产生的现金流量	
吸收投资收到的现金	0
取得借款收到的现金	10 000 000
收到的其他与筹资活动有关的现金	0
筹资活动现金流入小计	10 000 000
偿还债务所支付的现金	12 500 000
分配股利、利润或偿付利息支付的现金	2 100 000
支付的其他与筹资活动有关的现金	0
筹资活动流出小计	14 600 000
筹资活动产生的小计流量净额	−4 600 000
四、汇率变动对现金及现金等价物的影响	0
五、现金及现金等价物净增加额	−3 851 878
加：期初现金及现金等价物余额	14 063 000
六、期末现金及现金等价物余额	10 201 122

表 16-6

现金流量表补充资料

金额单位：元

补 充 资 料	
1. 将净利润调节为经营活动现金流量：	
净利润	2 341 382
加：资产减值准备	309 000
固定资产折旧	1 000 000
无形资产摊销	600 000
长期待摊费用摊销	

（续表）

补 充 资 料	
处置固定资产、无形资产和其他长期资产的损失(收益以"一"号填列)	−500 000
固定资产报废损失	197 000
公允价值变动损失(收益以"一"号填列)	
财务费用(收益以"一"号填列)	300 000
投资损失(收益以"一"号填列)	−15 000
递延所得税资产减少(增加以"一"号填列)	−99 000
递延所得税负债增加(减少以"一"号填列)	
存货的减少(增加以"一"号填列)	53 000
经营性应收项目的减少(增加以"一"号填列)	−1 200 000
经营性应付项目的增加(减少以"一"号填列)	120 340
其他	23 400
经营活动产生的现金流量净值	3 130 122
2. 不涉及现金收支的重大投资和筹资活动:	
债务转为资本	
一年内到期的可转换公司债	
融资租入固定资产	
3. 现金及现金等价物净变动情况:	
现金的期末余额	10 201 122
减:现金的期初余额	14 063 000
加:现金等价物的期末余额	0
减:现金等价物的起初余额	0
现金及现金等价物净增加额	−3 851 878

（二）工作底稿法

工作底稿法是以工作底稿为手段,以利润表和资产负债表数据为基础,结合有关账户的记录,对现金流量表的每一项目进行分析并编制调整分录,从而编制出现金流量表的一种方法。沿用本例资料以及编制的资产负债表和利润表,采用工作底稿法编制现金流量表(见表16-7)的具体步骤如下:

第一,将资产负债表的年初余额和期末余额过入工作底稿的年初余额栏和期末余额栏。

第二，对当期业务进行分析并编制调整分录。调整分录大体有这样几类：第一类涉及利润表中的收入、成本和费用项目以及资产负债表中的资产、负债及所有者权益项目，通过调整，将权责发生制下的收入、费用转换为现金基础。第二类是涉及资产负债表和现金流量表中的投资、筹资项目，反映投资和筹资活动的现金流量。第三类是涉及利润表和现金流量表中的投资和筹资项目，目的是将利润表中有关投资和筹资方面的收入和费用列入现金流量表投资、筹资现金流量中去。此外，还有一些调整分录并不涉及现金收支，只是为了核对资产负债表项目的期末年初变动。

在调整分录中，有关现金和现金等价物的事项，并不直接借记或贷记现金，而是分别记入"经营活动产生的现金流量"、"投资活动产生的现金流量"、"筹资活动产生的现金流量"有关项目，借记表明现金流入，贷记表明现金流出。

编制调整分录时，要以利润表项目为基础，从"营业收入"开始，结合资产负债表项目逐一进行分析。本例调整分录如下。

（1）分析调整营业收入：

借：经营活动现金流量——销售商品收到的现金	13 742 000
应收账款	3 000 000
贷：营业收入	12 500 000
应收票据	2 117 000
应交税费	2 125 000

利润表中的营业收入是按权责发生制反映的，应转换为现金制。为此，应调整应收账款和应收票据的增减变动。本例应收账款增加 3 000 000 元，增值税销项税额 2 125 000 元，应减少经营活动产生的现金流量，而应收票据减少 2 117 000 元均系货款，应增加经营活动产生的现金流量。

（2）分析调整营业成本：

借：营业成本	7 500 000
应付票据	1 000 000
应交税费	438 260
存货	27 000
贷：经营活动现金流量——购买商品支付的现金	8 965 260

应付票据减少 1 000 000 元,表明本期用于购买存货的现金支出增加 10 000 00元,增值税进项税额 438 260 元;存货增加 27 000 元,表明本期用于购买商品的现金增加 270 000 元。

（3）调整本年营业税金及附加：

借：营业税金及附加   20 000

    贷：应交税费   20 000

本年支付的主营业务税金及附加。

（4）计算销售费用付现：

借：销售费用   200 000

    贷：经营活动现金流量——支付的其他与经营活动有关的现金   200 000

本例中利润表中所列销售费用与按现金制确认数相同。

（5）分析调整管理费用：

借：管理费用   971 000

    贷：经营活动现金流量——支付的其他与经营活动有关的现金   971 000

管理费用中包含着不涉及现金支出的项目,此笔分录先将管理费用全额转入“经营活动现金流量——支付的其他与经营活动有关的现金”项目中,至于不涉及现金支出的项目,再分别进行调整。

（6）分析调整财务费用：

借：财务费用   300 000

    贷：经营活动现金流量——销售商品收到的现金   200 000

        筹资活动现金流量——偿付利息所支付的现金   100 000

本期增加的财务费用中,有 200 000 元是票据贴现利息,由于在调整应收票据时已全额计入经营活动现金流量——销售商品收到的现金,所以要从“经营活动现金流量——销售商品收到的现金”项目内冲回,不能作为现金流出;长期借款利息 100 000 元,作为偿付利息所支付的现金。

（7）分析调整资产减值损失：

借：资产减值损失   309 000

    贷：坏账准备   9 000

        固定资产减值准备   300 000

本期计提的坏账准备和固定资产减值准备影响净利润,但不影响现金流量。

（8）分析调整公允价值变动收益：

借：交易性金融资产——公允价值变动   20 000

 贷：公允价值变动损益   20 000

借：公允价值变动损益   20 000

 贷：投资收益   20 000

本期发生的公允价值变动收益影响净利润，但不影响现金流量。资产负债表日，交易性金融资产公允价值增加 20 000 元，公允价值变动损益增加 20 000 元。本期处置交易型金融资产时，调整公允价值变动损益 20 000 元，转入投资收益。

（9）分析调整投资收益：

借：投资活动现金流量——收回投资所收到的现金   165 000

 交易性金融资产   1 030 000

 投资收益   5 000

 贷：交易性金融资产   150 000

  投资活动现金流量——投资所支付的现金   1 050 000

投资收益应从利润表项目中调整出来，列入投资活动现金流量中。本例投资收益包括两个部分：一是购买交易性金融资产发生了 20 000 元的交易费用；二是出售交易性金融资产获利 15 000 元。

（10）分析调整营业外收入：

借：投资活动现金流量——处置固定资产收到的现金 3 000 000

 累计折旧   1 500 000

 贷：营业外收入   500 000

  固定资产   4 000 000

编制现金流量表时，需对营业外收入和支出进行分析，以列入现金流量表的不同部分。本例中营业外收入 500 000 元是处置固定资产的利得，处置过程中收到的现金应列入投资活动现金流量中。

（11）分析调整营业外支出：

借：营业外支出   197 000

 投资活动现金流量——处置固定资产收到的现金 3 000

 累计折旧   1 800 000

 贷：固定资产   2 000 000

借：营业外支出　　　　　　　　　　　　　　　　　　　23 400

　　经营活动现金流量——购买商品支付的现金　　　　　93 600

　　贷：经营活动现金流量——销售商品收到的现金　　　　　117 000

本例中营业外支出 220 400 元是由两个部分组成：

一部分营业外支出 197 000 元是处置固定资产的损失，处置过程中收到的现金应列入投资活动现金流量中；另一部分营业外支出是债务重组损失，债务重组中增加存货和增值税进项税额 93 600 元，已经计入了经营活动现金流量——购买商品支付的现金，债务重组中减少的应收票据 117 000 元，也已经计入了"经营活动现金流量——销售商品收到的现金"，应作补充调整。

（12）分析调整所得税费用：

借：所得税费用　　　　　　　　　　　　　　　　　　1 153 218

　　递延所得税资产　　　　　　　　　　　　　　　　　　99 000

　　贷：应交税费　　　　　　　　　　　　　　　　　　　1 252 218

将利润表中的所得税费用调入应交税费。

（13）分析调整固定资产：

借：固定资产　　　　　　　　　　　　　　　　　　15 010 000

　　贷：投资活动现金流量——购建固定资产支付的现金　　1 010 000

　　　　在建工程　　　　　　　　　　　　　　　　　　14 000 000

本期固定资产的增加包括两个部分：一是购入设备 1 010 000 元；二是在建工程完工转入 14 000 000 元。本期处置固定资产已在分录（11）中调整。

（14）分析调整累计折旧：

借：经营活动现金流量——支付的其他与经营活动有关的现金　200 000

　　　　　　　　　　——购买商品支付的现金　　　　　　800 000

　　贷：累计折旧　　　　　　　　　　　　　　　　　　1 000 000

本期计提的折旧 1 000 000 元中，计入管理费用的 200 000 元，计入制造费用的 800 000 元，基于和第（13）笔分录同样的理由，应作补充调整。

（15）分析调整在建工程：

借：在建工程　　　　　　　　　　　　　　　　　4 280 000
　　工程物资　　　　　　　　　　　　　　　　　1 500 000
　贷：投资活动现金流量——购建固定资产支付的现金　　3 500 000
　　　筹资活动现金流量——偿付利息支付的现金　　　　2 000 000
　　　应付职工薪酬　　　　　　　　　　　　　　　　　280 000

本期在建工程增加的原因，包括以下几个方面：一是以现金购买工程物资1 500 000元及支付工资2 000 000元；二是支付的长期借款利息2 000 000元，资本化到在建工程成本中；三是为建造工人计提的福利费280 000元，资本化到在建工程成本中。

（16）分析调整累计摊销：

借：经营活动现金流量——支付的其他与经营活动有关的现金　600 000
　贷：累计摊销　　　　　　　　　　　　　　　　　　　　600 000

无形资产摊销时已计入管理费用，所以应作补充调整。理由同第（13）笔分录。

（17）分析调整短期借款：

借：短期借款　　　　　　　　　　　　　　　　　　2 500 000
　贷：筹资活动现金流量——偿还债务所支付的现金　　　2 500 000

偿还短期借款应列入筹资活动的现金流量。

（18）分析调整应付职工薪酬：

借：经营活动现金流量——购买商品支付的现金　　　　3 249 000
　　　　　　　　　　——支付的其他与经营活动有关的现金　171 000
　贷：经营活动现金流量——支付给职工以及为职工支付的现金　3 000 000
　　　应付职工薪酬　　　　　　　　　　　　　　　　　420 000

本期应付职工薪酬的期末期初差额为700 000元，由计提的职工福利费构成，包括在建工程应负担的职工福利费280 000元，已在分录（11）中调整，以及为生产人员和管理人员计提的福利费420 000元。本例中并没有出现使用应付福利费的情况。若本期使用了应付福利费，则应将这部分金额列入"经营活动现金流量——支付给职工以及为职工支付的现金"项目中。上述分录中，由于工资费用分配时已分别计入制造费用和管理费用，所以要补充调整。

（19）分析调整应交税费：

借：应交税费　　　　　　　　　　　　　　　　　　2 272 218

　　贷：经营活动现金流量——支付的各项税费　　　　　　2 272 218

本期支付的各项税费包括营业税金及附加 20 000 元、已交增值税 1 000 000 元，以及已交所得税 1 252 218 元。为便于分析，企业在日常核算中，应按应交税费的税种分设明细账，以便取得分析所需的数据。

（20）分析调整长期借款。

以现金偿还长期借款：

借：长期借款　　　　　　　　　　　　　　　　　　10 000 000

　　贷：筹资活动现金流量——偿还债务所支付的现金　　10 000 000

举借长期借款：

借：筹资活动现金流量——借款所收到的现金　　　　10 000 000

　　贷：长期借款　　　　　　　　　　　　　　　　　　10 000 000

（21）结转净利润：

借：净利润　　　　　　　　　　　　　　　　　　　2 341 382

　　贷：未分配利润　　　　　　　　　　　　　　　　　2 341 382

（22）提取盈余公积：

借：未分配利润　　　　　　　　　　　　　　　　　234 138.2

　　贷：盈余公积　　　　　　　　　　　　　　　　　　234 138.2

（23）最后调整现金净变化额：

借：现金净减少额　　　　　　　　　　　　　　　　3 861 878

　　贷：库存现金　　　　　　　　　　　　　　　　　　3 861 878

表 16-7

编制现金流量表的工作底稿

项　　　目	期初数	调整分录		期末数
		借方	贷方	
一、资产负债表项目 借方项目：				
货币资金	14 063 000		（23）3 861 878	10 201 122
交易性金融资产	150 000	（8）1 030 000 （9）20 000	（9）150 000	1 050 000

（续表）

项　　目	期初数	调整分录		期末数
		借方	贷方	
应收票据	2 460 000		(1) 2 117 000	343 000
应收账款	3 000 000	(1) 3 000 000		6 000 000
预付款项	1 000 000			1 000 000
应收股利				
应收利息				
其他应收款	1 050 000			1 050 000
存货	25 800 000	(2) 27 000		25 827 000
一年内到期的非流动性资产				
其他流动资产				
可供出售金融资产				
持有至到期投资				
投资性房地产				
长期股权投资	2 500 000			2 500 000
长期应收款				
固定资产	15 000 000	(13) 15 010 000	(10) 4 000 000 (11) 2 000 000	24 010 000
在建工程	15 000 000	(15) 4 280 000	(13) 14 000 000	5 280 000
工程物资		(15) 1 500 000		1 500 000
固定资产清理				
无形资产	6 000 000			6 000 000
开发支出				
商誉				
长期待摊费用				
递延所得税资产		(12) 99 000		99 000
其他非流动资产	2 000 000			2 000 000
借方项目合计				85 860 122
贷放项目：				
坏账准备	9 000		(7) 9 000	18 000
累计折旧	4 000 000	(10) 1 500 000 (11) 1 800 000	(14) 1 000 000	1 700 000

（续表）

项　　目	期初数	调整分录 借方	调整分录 贷方	期末数
累计摊销			(16) 600 000	600 000
固定资产减值准备			(7) 300 000	300 000
短期借款	3 000 000	(17) 2 500 000		500 000
应付票据	2 000 000	(2) 1 000 000		1 000 000
应付账款	9 538 000			9 538 000
预收款项				
应付职工薪酬	1 100 000		(15) 280 000 (18) 420 000	1 800 000
应交税费	366 000	(2) 438 260 (19) 2 272 218	(1) 2 125 000 (3) 20 000 (12) 1 252 218	1 052 740
应付利息				
应付股利				
其他应付款	510 000			510 000
一年内到期的非流动负债	10 000 000	(20) 10 000 000		
长期借款	6 000 000		(20) 10 000 000	16 000 000
应付债券				
长期应付款				
专项应付款				
递延所得税负债				
其他非流动负债				
实收资本(或股本)	50 000 000			50 000 000
资本公积				
盈余公积	1 000 000		(22) 234 138.2	1 234 138.2
未分配利润	500 000	(22) 234 138.2	(21) 2 341 382	2 607 243.8
减：库存股				
贷放项目合计				85 860 122
二、利润表项目				
营业收入			(1) 12 500 000	12 500 000
营业成本		(2) 7 500 000		7 500 000

（续表）

项 目	期初数	调整分录		期末数
		借方	贷方	
营业税金及附加		（3）20 000		20 000
销售费用		（4）200 000		200 000
管理费用		（5）971 000		971 000
财务费用		（6）300 000		300 000
资产减值损失		（7）309 000		309 000
公允价值变动收益（净损失以"－"号填列）		（8）20 000	（8）20 000	
投资收益（净损失以"－"号填列）		（9）5 000	（8）20 000	15 000
营业外收入			（10）500 000	500 000
营业外支出		（11）220 400		220 400
所得税费用		（12）1 153 218		1 153 218
净利润（净亏损以"－"号填列）		（21）2 341 382		2 341 382
三、现金流量表项目				
（一）经营活动产生的现金流量				
销售商品、提供劳务收到的现金		（1）13 742 000	（6）200 000 （11）117 000	13 425 000
收到的税费返还				
收到其他与经营活动有关的现金				
现金流入小计				13 425 000
购买商品、接受劳务支付的现金		（11）93 600 （14）800 000 （18）3 249 000	（2）8 965 260	4 822 660
支付给职工以及为职工支付现金			（18）3 000 000	3 000 000
支付各项税费			（19）2 272 218	2 272 218
支付的其他与经营活动有关现金		（14）200 000	（4）200 000	200 000

（续表）

项　　目	期初数	调整分录		期末数
		借方	贷方	
		(16) 600 000	(5) 971 000	
		(18) 171 000		
现金流出小计				10 294 878
经营活动产生的现金流量净额				31 330 122
（二）投资活动产生的现金流量				
收回投资收到的现金		(9) 165 000		
取得投资收益收到的现金				165 000
处置固定资产、无形资产和其他资产收回的现金净额		(10) 3 000 000 (11) 3 000		30 030 00
处置子公司及其他营业单位收到的现金净额				
收到其他与投资活动有关的现金				
现金流入小计				3 168 000
购建固定资产、无形资产和其他资产支付的现金			(13) 1 010 000 (15) 3 500 000	4 510 000
投资支付的现金			(9) 1 050 000	1 050 000
取得子公司及其他营业单位支付的现金净额				
支付其他与投资活动有关的现金				
现金流出小计				5 560 000
投资活动产生的小计流量净额				－2 392 000
（三）筹资活动产生的小计流量				
吸收投资收到的现金				
取得借款收到的现金		(20) 10 000 000		10 000 000

（续表）

项　　目	期初数	调整分录		期末数
		借方	贷方	
收到其他与筹资活动有关的现金				
现金流入小计				10 000 000
偿还债务支付的现金			(17) 2 500 000 (20) 10 000 000	12 500 000
分配股利、利润或偿付利息支付的现金			(6) 100 000 (15) 2 000 000	2 100 000
支付其他与筹资活动有关的现金				
现金流出小计				14 600 000
筹资活动产生的现金流量净额				−4 600 000
四、汇率变动对现金的影响				
五、现金及现金等价物净减少额	(23) 3 861 878			3 861 878
调整分录借贷合计		93 636 094.2	93 636 094.2	

第三，调整分录过入工作底稿中的相应部分。

第四，核对调整分录、借方、贷方合计数均已经相等，资产负债表项目年初余额加减调整分录中的借贷金额以后，也已等于期末数。

第五，根据工作底稿中的现金流量表项目部分编制正式的现金流量表。

第五节　所有者权益变动表

一、所有者权益变动表概述

所有者权益变动表是反映构成所有者权益的各组成部分当期的增减变动情况的报表。所有者权益变动表应当全面反映一定时期所有者权益变动的情况,不仅包括所有者权益总额的增减变动,还包括所有者权益增减变动的重要结构性信息,特别是要反映直接计入所有者权益的利得和损失,让报表使用者准确理解所有者权益增减变动的根源。

所有者权益变动表在一定程度上体现了企业综合收益。综合收益是指企业在某一期间与所有者之外的其他方面进行交易或发生其他事项所引起的净资产变动。综合收益的构成包括两部分:净利润和直接计入所有者权益的利得和损失。其中,前者是企业已实现并已确认的收益,后者是企业未实现但根据会计准则的规定已确认的收益。用公式表示如下:

$$综合收益=净利润+直接计入所有者权益的利得和损失$$

其中　　　　$$净利润=收入-费用+直接计入当期损益的利得和损失$$

在所有者权益变动表中,净利润和直接计入所有者权益的利得和损失均单列项目反映,体现了企业综合收益的构成。

二、所有者权益变动表的列报格式

为了清楚地表明构成所有者权益的各组成部分当期的增减变动情况,所有者权益变动表应当以矩阵的形式列示。一方面,列示导致所有者权益变动的交易或事项,改变了以往仅仅按照所有者权益的各组成部分反映所有者权益变动情况,是按所有者权益变动的来源对一定时期所有者权益变动情况进行全面反映;另一方面,按照所有者权益各组成部分(包括实收资本、资本公积、盈余公积、未分配利润和库存股)及其总额列示交易或事项对所有者权益的影响。

根据财务报表列报准则的规定,企业需要提供比较所有者权益变动表,因此,所有者权益变动表还将各项目再分为"本年金额"和"上年金额"两栏分别填列。所有者权益变动表的具体格式参见表16-8。

三、企业所有者权益变动表的列报方法

(一)所有者权益变动表各项目的列报说明

第一,"上年年末余额"项目,反映企业上年资产负债表中实收资本(或

股本)、资本公积、盈余公积、未分配利润的年末余额。

第二,"会计政策变更"和"前期差错更正"项目,分别反映企业采用追溯调整法处理的会计政策变更的累积影响金额和采用追溯重述法处理的会计差错更正的累积影响金额。

为了体现会计政策变更和前期差错更正的影响,企业应当在上期期末所有者权益余额的基础上进行调整得出本期期初所有者权益,根据"盈余公积"、"利润分配"、"以前年度损益调整"等账户的发生额分析填列。

第三,"本年增减变动额"项目分别反映如下内容:

(1)"净利润"项目,反映企业当年实现的净利润(或净亏损)金额,并对应列在"未分配利润"栏。

(2)"直接计入所有者权益的利得和损失"项目,反映企业当年直接计入所有者权益的利得和损失金额。其中:

"可供出售金融资产公允价值变动净额"项目,反映企业持有的可供出售金融资产当年公允价值变动的金额,并对应列在"资本公积"栏。

"权益法下被投资单位其他所有者权益变动的影响"项目,反映企业对按照权益法核算的长期股权投资,在被投资单位除当年实现的净损益以外其他所有者权益当年变动中应享有的份额,并对应列在"资本公积"栏。

"与计入所有者权益项目相关的所得税影响"项目,反映企业根据《企业会计准则第18号——所得税》规定应计入所有者权益项目的当年所得税影响金额,并对应列在"资本公积"栏。

(3)"净利润"和"直接计入所有者权益的利得和损失"小计项目,反映企业当年实现的净利润(或净亏损)金额和当年直接计入所有者权益的利得和损失金额的合计额。

(4)"所有者投入和减少资本"项目,反映企业当年所有者投入的资本和减少的资本。其中:

"所有者投入资本"项目,反映企业接受投资者投入形成的实收资本(或股本)和资本溢价或股本溢价,并对应列在"实收资本"和"资本公积"栏。

"股份支付计入所有者权益的金额"项目,反映企业处于等待期中的权益结算的股份支付当年计入资本公积的金额,并对应列在"资本公积"栏。

(5)"利润分配"项目,反映当年对所有者(或股东)分配的利润(或股利)金额和按照规定提取的盈余公积金额,并对应列在"未分配利润"和"盈余公积"栏。其中:

"提取盈余公积"项目,反映企业按照规定提取的盈余公积。

"对所有者(或股东)的分配"项目,反映对所有者(或股东)分配的利润(或股利)金额。

(6)"所有者权益内部结转"下各项目,反映不影响当年所有者权益总额的所有者权益各组成部分之间当年的增减变动,包括资本公积转增资本(或股本)、盈余公积转增资本(或股本)、盈余公积弥补亏损等项金额。为了全面反映所有者权益各组成部分的增减变动情况,所有者权益内部结转也是所有者权益变动表的重要组成部分,主要指不影响所有者权益总额、所有者权益的各组成部分当期的增减变动。其中:

"资本公积转增资本(或股本)"项目,反映企业以资本公积转增资本或股本的金额。

"盈余公积转增资本(或股本)"项目,反映企业以盈余公积转增资本或股本的金额。

"盈余公积弥补亏损"项目,反映企业以盈余公积弥补亏损的金额。

(二)上年金额栏的列报方法

所有者权益变动表"上年金额"栏内各项数字,应根据上年度所有者权益变动表"本年金额"栏内所列数字填列。如果上年度所有者权益变动表规定的各个项目的名称和内容同本年度不相一致,应对上年度所有者权益变动表各项目的名称和数字按本年度的规定进行调整,填入所有者权益变动表"上年金额"栏内。

(三)本年金额栏的列报方法

所有者权益变动表"本年金额"栏内各项数字一般应根据"实收资本(或股本)"、"资本公积"、"盈余公积"、"利润分配"、"库存股"、"以前年度损益调整"等账户的发生额分析填列。

企业的净利润及其分配的情况作为所有者权益变动的组成部分,不需要单独设置利润分配表列示。

表 16-8

所有者权益变动表

编制单位：天华股份有限公司　　　　20×7 年度

会企 04 表
余额单位：元

项　　目	本年金额						上年金额					
	实收资本（或股本）	资本公积	减：库存股	盈余公积	未分配利润	所有者权益合计	实收资本（或股本）	资本公积	减：库存股	盈余公积	未分配利润	所有者权益合计
一、上年年末余额	50 000 000	0	0	1 000 000	500 000	51 500 000						
加：会计政策变更												
前期差错更正												
二、本年年初余额	50 000 000	0	0	1 000 000	500 000	51 500 000						
三、本年增减变动金额（减少以"－"号填列）												
（一）净利润					2 341 382	2 341 382						
（二）直接计入所有者权益的利得和损失												
1. 可供出售金融资产公允价值变动净额												
2. 权益法下被投资单位其他所有者权益变动的影响												
3. 与计入所有者权益项目相关的所得税影响												

（续表）

项目	本年金额						上年金额					
	实收资本（或股本）	资本公积	减:库存股	盈余公积	未分配利润	所有者权益合计	实收资本（或股本）	资本公积	减:库存股	盈余公积	未分配利润	所有者权益合计
4. 其他												
上述（一）和（二）小计												
（三）所有者投入和减少资本												
1. 所有者投入资本												
2. 股份支付计入所有者权益的金额												
3. 其他						0						
（四）利润分配												
1. 提取盈余公积				234 138.2	−234 138.2							
2. 对所有者（或股东）的分配												
3. 其他												
（五）所有者权益内部结转												
1. 资本公积转增资本（或股本）												
2. 盈余公积转增资本（或股本）												
3. 盈余公积弥补亏损												
4. 其他												
四、本年末余额	50 000 000	0	0	1 234 138.2	2 607 243.80	53 841 382						

第六节　附　　注

一、附注概述

（一）附注的概念

附注是财务报表不可或缺的组成部分，是对在资产负债表、利润表、现金流量表和所有者权益变动表等报表中列示项目的文字描述或明细资料，以及对未能在这些报表中列示项目的说明等。

财务报表中的数字是经过分类与汇总后的结果，是对企业发生的经济业务的高度简化和浓缩的数字，如果没有形成这些数字所使用的会计政策、理解这些数字所必需的披露，财务报表就不可能充分发挥效用。因此，附注与资产负债表、利润表、现金流量表、所有者权益变动表等报表具有同等的重要性，是财务报表的重要组成部分。报表使用者要了解企业的财务状况、经营成果和现金流量，应当全面阅读附注。

（二）附注披露的基本要求

（1）附注披露的信息应是定量、定性信息的结合，从而能从量和质两个角度对企业经济事项完整地进行反映，才能满足信息使用者的决策需求。

（2）附注应当按照一定的结构进行系统合理的排列和分类，有顺序地披露信息。由于附注的内容繁多，因此更应按逻辑顺序排列，分类披露，条理清晰，具有一定的组织结构，以便于使用者理解和掌握，也可以更好地实现财务报表的可比性。

（3）附注相关信息应当与资产负债表、利润表、现金流量表和所有者权益变动表等报表中列示的项目相互参照，有助于使用者联系相关联的信息，并由此从整体上更好地理解财务报表。

二、附注披露的内容

附注应当按照如下顺序披露有关内容。

（一）企业的基本情况

（1）企业注册地、组织形式和总部地址。

（2）企业的业务性质和主要经营活动，如企业所处的行业、所提供的主要产品或服务、客户的性质、销售策略、监管环境的性质等。

（3）母公司以及集团最终母公司的名称。

（4）财务报告的批准报出者和财务报告批准报出日。

（二）财务报表的编制基础

财务报表的编制基础是指财务报表是在持续经营基础上还是非持续经营基础上编制的,企业一般是在持续经营基础上编制财务报表,清算、破产属于非持续经营基础。

（三）遵循企业会计准则的声明

企业应当声明编制的财务报表符合企业会计准则的要求,真实、完整地反映了企业的财务状况、经营成果和现金流量等有关信息。以此明确企业编制财务报表所依据的制度基础。

如果企业编制的财务报表只是部分地遵循了企业会计准则,附注中不得作出这种表述。

（四）重要会计政策和会计估计

根据财务报表列报准则的规定,企业应当披露采用的重要会计政策和会计估计,不重要的会计政策和会计估计可以不披露。

1. 重要会计政策的说明

由于企业经济业务的复杂性和多样化,某些经济业务可以有多种会计处理方法,亦即存在不止一种可供选择的会计政策。例如,存货的计价可以有先进先出法、加权平均法、个别计价法等,固定资产的折旧可以有平均年限法、工作量法、双倍余额递减法、年数总额法等。企业在发生某项经济业务时,必须从允许的会计处理方法中选择适合本企业特点的会计政策,企业选择不同的会计处理方法,可能极大地影响企业的财务状况和经营成果,进而编制出不同的财务报表。为了有助于报表使用者理解,有必要对这些会计政策加以披露。

需要特别指出的是,说明会计政策时还需要披露下列两项内容:

（1）财务报表项目的计量基础。会计计量属性包括历史成本、重置成本、可变现净值、现值和公允价值,这直接显著影响报表使用者的分析,这项披露要求便于使用者了解企业财务报表中的项目是按何种计量基础予以计量的,如存货是按成本还是按可变现净值计量等。

（2）会计政策的确定依据。它主要是指企业在运用会计政策过程中所作的对报表中确认的项目金额最具影响的判断。例如,企业如何判断持有的金融资产是持有至到期的投资而不是交易性投资。又如,对于拥有持股不足50％的关联企业,为何判断企业拥有控制权因此将其纳入合并范围。再如,企业如何判断与租赁资产相关的所有风险和报酬已转移给企业,从而符合融资租赁的标准,以及投资性房地产的判断标准是什么等。这些判断对在报表中确认的项目金额具有重要影响。因此,这项披露要求有助于使用者理解企业选择和运用会计政策的背景,增强财务报表的可理解性。

2. 重要会计估计的说明

财务报表列报准则强调了对会计估计不确定因素的披露要求,企业应当披露会计估计信息。如所采用的关键假设和不确定因素的确定依据,这些关键假设和不确定因素在下一会计期间内很可能导致对资产、负债账面价值进行重大调整。

在确定报表中确认的资产和负债的账面金额过程中,企业有时需要对不确定的未来事项在资产负债表日对这些资产和负债的影响加以估计。例如,固定资产可收回金额的计算需要根据其公允价值减去处置费用后的净额与预计未来现金流量的现值两者之间的较高者确定,在计算资产预计未来现金流量的现值时需要对本来现金流量进行预测,并选择适当的折现率,应当在附注中披露未来现金流量预测所采用的假设及其依据、所选择的折现率为什么是合理的等。又如,为正在进行中的诉讼提取准备时最佳估计数的确定依据等。这些假设的变动对这些资产和负债项目金额的确定影响很大,有可能会在下一个会计年度内作出重大调整。因此,强调这一披露要求,有助于提高财务报表的可理解性。

（五）会计政策和会计估计变更以及差错更正的说明

企业应当按照《企业会计准则第28号——会计政策、会计估计变更和差错更正》及其应用指南的规定,披露会计政策和会计估计变更以及差错更正的有关情况。

（六）报表重要项目的说明

企业应当以文字和数字描述相结合,尽可能以列表形式披露报表重要项目的构成或当期增减变动情况,并且报表重要项目的明细金额合计应当与报表项目金额相衔接。在披露顺序上,一般应当按照资产负债表、利润表、现金流量表、所有者权益变动表的顺序及其项目列示的顺序。

（七）其他需要说明的重要事项

这主要包括或有和承诺事项、资产负债表日后非调整事项、关联方关系及其交易等,具体的披露要求须遵循相关准则的规定,分别参见相关章节的内容。

章后练习题

第二章　货币资金与应收项目

1. 大华公司 2012 年 5 月发生如下经济业务：

(1) 1 日,开出现金支票 1 张,向银行提取现金 1 600 元。

(2) 2 日,职工张明出差,借支差旅费 2 000 元,以现金支票支付。

(3) 3 日,收到客户 A 公司交来的转账支票 1 张,金额 20 000 元,用以归还上月所欠货款,支票已送交银行。

(4) 5 日,向供应商 B 公司采购甲材料,收到的增值税专用发票上列明价款 200 000 元,增值税 34 000 元,企业采用汇兑结算方式将款项 234 000 元付给 B 公司,甲材料已验收入库(原材料计价采用实际成本法)。

(5) 8 日,职工张明出差回来报销差旅费,原借支 2 000 元,实际报销 2 200 元,差额 200 元用现金补付。

(6) 12 日,公司向银行申请开出银行汇票 48 000 元,有关手续已办妥,采购员刘强持汇票到外地某市采购材料。

(7) 15 日,刘强在某市采购结束,增值税专用发票上列明的材料价款为 40 000 元,增值税 6 800 元,货款共 46 800 元。公司已用银行汇票支付 48 000 元,多出差额 1 200 元立即采用汇兑结算方式汇回,材料已验收入库。

(8) 20 日,公司委托银行开出银行本票 40 000 元,有关手续已办妥。

(9) 24 日,公司购买办公用品 6 000 元,用信用卡付款。收到银行转来的信用卡存款的付款凭证及所附账单,经审核无误。

(10) 30 日,企业在现金清查中发现现金短缺 50 元,原因待查。

(11) 31 日,上述短款原因已查明,是出纳员刘兰工作失职造成,决定从刘兰的工资中扣款 50 元以作赔偿。

要求：根据以上经济业务编制会计分录。

2. 宏大公司 2010 年、2011 年有关应收账款的交易或事项如下：

(1) 2010 年 12 月 31 日计提坏账准备前,宏大公司"坏账准备"账户的贷方余额 140 万元。

(2) 2010 年 12 月 31 日,宏大公司对 B 公司的应收账款 240 万元,对 C 公司的应收账款 200 万元,对 D 公司应收账款 300 万元,对其他各公司的应收账款合计 260 万元。宏大公司对 B、C、D 公司的应收账款金额比较重大,分别进行减值测试,其他各公司的应收账款合并为一组进行减值测试。根据测试结果,宏大公司对 B、C、D 公司的应收账款应分别按 5%、10% 和 20% 的比例计提坏账准备。对其他各公司的应收账款按 6% 的比例计提坏账准备。

(3) 2011 年 4 月 10 日,B 公司因发生重大火灾,B 公司无法继续经营被迫宣告破产。宏大公司除通过银行向 B 公司收回 60 万元外,其余应收账款经批准作为坏账予以转销。

(4) 2011 年 8 月 21 日,2006 年已经转销的对 F 公司的应收账款 30 万元因 F 公司生产经营状况好转又通过银行收回。

(5) 2011 年 12 月 31 日,宏大公司对 C 公司的应收账款 160 万元,对 D 公司应收账款 22 万元,对其他各公司的应收账款合计 200 万元。宏大公司对 C、D 公司的应收账款金额比较重大,分别进行减值测试,其他各公司的应收账款合并为一组进行减值测试。根据测试结果,宏大公司对 B、C、D 公司的应收账款应分别按 5%、10% 的比例计提坏账准备。对其他各公司的应收账款按 8% 的比例计提坏账准备。

要求:

(1) 计算 2010 年年末宏大公司当期应计提的坏账准备,并编制计提或冲回坏账准备的会计分录。

(2) 编制 2011 年 4 月 10 日收回应收账款和确认坏账损失的会计分录。

(3) 编制 2011 年 8 月 21 日收回已作为坏账转销的应收账款的会计分录。

(4) 计算 2011 年年末计提坏账准备前"坏账准备"账户的余额以及当期应计提的坏账准备,并编制计提或冲回坏账准备的会计分录。

第三章　金融资产

1. 甲企业于 2007 年 1 月 1 日购入 200 万股面值 1 元股票,甲企业将其划分为交易性金融资产。取得时实际支付价款 210 万元(含已宣告发放的股息 10 万元),另外支付交易费用 2 万元。2007 年 1 月 6 日,收到最初支付价款中所含股息 10 万元。2007 年 12 月 31 日,股票公允价值为 224 万元。2008 年 1 月 6 日,收到 2007 年股息 6 万元。2008 年 6 月 6 日,将该股票处置,售价 240 万元,不考虑相关税费。

要求:根据上述资料,作出交易性金融资产的相关会计处理(金额单位:万元)。

2. 2006 年 1 月 2 日,科达公司购入鸿飞公司于 1 月 1 日发行的公司债券,该债券的面值为 1 000 万元,票面利率为 10%,期限为 5 年,每年年末付息,到期还本。该债券投资被科达公司界定为持有至到期投资。科达公司支付了买价 1 100 万元,另支付经纪人佣金 10 万元,印花税 2 000 元。经计算,该投资的内含报酬率为 7.29%。

要求:根据上述资料,完成科达公司以下业务的会计处理。

(1) 2006 年年初购买该债券,年末计提利息收益,年末因鸿飞公司债务状况恶化,经测算科达公司所持债券的可收回价值为 1 010 万元。

(2) 2007 年年末计提利息收益。

(3) 2008 年年初将该项持有至到期投资重分类为可供出售金融资产,重分类当日,其公允价值为 900 万元,年末计提利息收益,年末该债券的公允价值为 700 万元。

(4) 2009 年年末计提利息收益,年末鸿飞公司的财务状况进一步恶化,已达到事实贬值,经认定此时的可收回价值为 500 万元。

(5) 2010 年年初科达公司将此债券出售,售价为 470 万元,假定无相关税费。

第四章　存　　货

1. A 工业企业 2012 年 3 月份 X 材料期初结存 300 千克,单位成本 195 元/千克。当月发生下列与 X 材料相关的购入和领用业务:

(1) 5 日,购入 X 材料 505 千克,增值税专用发票上注明的买价 101 000 元,增值税 17 170 元,发生的运输费 2 000 元,保险费 800 元,可直接归属于该批材料的包装费 200 元。验收时发现该批材料短缺 5 千克,属运输途中的合理损耗。材料已验收入库,发票等结算凭证已到,货款尚未支付。

（2）7 日，根据合同开出转账支票 10 万元预付向 B 企业采购 X 材料的购货款。

（3）12 日，购入 X 材料 600 千克，增值税专用发票上注明的买价 123 000 元，增值税 20 910 元，发票等结算凭证已到，供货方代垫的运输费 1 900 元，保险费 900 元。上述款项已通过银行转账支付。商品尚未运抵企业。

（4）18 日，购入 X 材料 800 千克，增值税专用发票上注明的买价 164 000 元，增值税 27 880 元，发票等结算凭证已到，供货方代垫的运输费 2 300 元，保险费 1 200元。材料运抵后发生的入库前挑选整理费 200 元。当日 A 企业开出面值 190 000 元的商业承兑汇票 1 张，其余款项均已通过银行转账支付。该批材料已验收入库。

（5）20 日，12 日购入 X 材料 600 千克已运抵企业，可直接归属于该批材料的入库前挑选整理费 100 元，其款项已于当天用现金支付。

（6）24 日，开出转账支票支付 5 日购入的 X 材料的全部款项 121 170 元。

（7）28 日，收到 B 企业发运的 X 材料 600 千克，材料已验收入库。同时收到该批材料的发票等结算凭证，其中，增值税专用发票上注明的买价 120 000 元，增值税 20 400 元，B 企业代垫的运输费 1 500 元，保险费 800 元，包装费 1 200 元。该批材料属于 7 日预付货款所购的材料。余款已于当日通过银行转账支付。

（8）31 日，购入 X 材料 400 千克，该批材料已运抵企业并已验收入库，但发票等结算凭证尚未收到。该批材料的暂估价值 84 000 元。

（9）31 日，发料凭证汇总表记录如下：车间生产产品领用 X 材料 2 300 千克，车间一般耗用 X 材料 200 千克，行政管理部门领用 X 材料 100 千克。

要求：

（1）计算各批购入 X 材料的实际成本。

（2）计算加权平均单位成本。

（3）计算车间生产产品领用、车间一般耗用和行政管理部门领用 X 材料的实际成本。

（4）编制上述经济业务的会计分录（"应交税费"账户需写出明细账户和专栏）。

（5）编制 4 月初冲回原材料暂估价值的会计分录。

2. 某企业的 Y 材料期初计划成本 250 000 元，材料成本差异为超支 10 000 元。该材料上期已计提存货跌价准备 80 000 元，当期生产领用 Y 材料，其计划成本 100 000 元,本期的材料成本差异率为 4%。当期期末该批材料加工成的产成品估计售价 280 000 元,估计的加工成本 140 000 元,估计的销售费用 13 000 元,估计的相关税费 7 000 元。

要求:

(1) 计算生产领用原材料应负担的材料成本差异。

(2) 编制生产领用 Y 材料的会计分录。

(3) 计算生产领用 Y 材料应结转的存货跌价准备。

(4) 编制结转存货跌价准备的会计分录。

(5) 计算期末结存 Y 材料的成本、可变现净值和应计提的存货跌价准备。

(6) 计算应冲销或补提的存货跌价准备。

(7) 编制计提存货跌价准备的会计分录。

(8) 若期末结存的原材料的可变现净值为 95 000 元,试计算应计提的存货跌价准备、应补提或冲销的存货跌价准备并编制会计分录。

第五章 长期股权投资

1. 华丰公司对科达公司投资业务的有关资料如下:

(1) 2010 年 3 月 1 日,华丰公司以银行存款 400 万元购入科达公司 20% 的股份,另支付相关税费 2 万元。华丰公司对科达公司的财务和经营决策具有重大影响,并准备长期持有该股份。2010 年 3 月 1 日,科达公司的可辨认净资产的公允价值为 1 830 万元。

(2) 2010 年 5 月 1 日,科达公司宣告分派 2005 年度利润 20 万元。

(3) 2010 年 6 月 10 日,华丰公司收到科达公司分派的现金股利。

(4) 2010 年度,科达公司实现净利润 80 万元,2010 年年初,科达公司 1 台营销部门用的设备公允价值为 160 万元,账面价值为 120 万元,截至 2010 年年初,固定资产的预计使用年限为 10 年,净残值为零,按照直线法计提折旧。

(5) 2011 年 5 月 2 日,科达公司召开股东大会,审议董事会于 2011 年 4 月 1 日提出的 2010 年度利润分配方案。审议通过的利润分配方案为:按净利润的 10% 提取法定盈余公积,按净利润的 5% 提取法定公益金,不分配现金股利。该利润分配方案于当日对外公布。科达公司董事会原提交股东大会审议的利润分配方案为:按净利润的 10% 提取法定盈余公积,按净利润的 5％提取法定公益金,分配现金股利 20 万元。

(6) 2011 年,科达公司发生净亏损 100 万元。

(7) 2011 年 12 月 31 日,由于科达公司当年发生亏损,华丰公司对科达公司投资的预计可收回金额降至 358.2 万元。

要求:编制华丰公司对科达公司长期股权投资的会计分录。

2. 华丰公司 2005—2008 年投资业务的有关资料如下:

(1) 2005 年 11 月 1 日,甲公司与乙股份有限公司(以下简称乙公司)签订股权转让协议。该股权转让协议规定,甲公司收购乙公司股份总额的 30％,且能对乙公司实施重大影响,收购价格为 81 万元,收购价款于协议生效后以银行存款支付。该股权协议生效日为 2005 年 12 月 31 日。该股权转让协议于 2005 年 12 月 25 日分别经甲公司和乙公司临时股东大会审议通过,并依法报经有关部门批准。

(2) 2006 年 1 月 1 日,乙公司股东权益总额公允价值为 240 万元,其中股本为 120 万元,资本公积为 30 万元,未分配利润为 90 万元(均为 2005 年度实现的净利润)。

(3) 2006 年 1 月 1 日,乙公司董事会提出 2005 年利润分配方案。该方案为:按实现净利润的 10％提取法定盈余公积,不分配现金股利。

(4) 2006 年 1 月 1 日,甲公司以银行存款支付收购股权价款 81 万元,并办理了相关的股权划转手续。

(5) 2006 年 5 月 1 日,乙公司股东大会通过 2005 年度利润分配方案。该分配方案为:按实现净利润的 10％提取法定盈余公积,分配现金股利 60 万元。

(6) 2006 年 6 月 5 日,甲公司收到乙公司分派的现金股利。

(7) 2006 年 6 月 12 日,乙公司因结转专项应付款,乙公司由此确认的资本公积为 24 万元,并进行了相应的会计处理。

(8) 2006 年度,乙公司实现净利润 120 万元。

(9) 2007 年 5 月 4 日,乙公司股东大会通过 2006 年度利润分配方案。该方案为:按实现净利润的 10％提取法定盈余公积,不分配现金股利。

(10) 2007 年度,乙公司发生净亏损 60 万元。

(11) 2007 年 12 月 31 日,甲公司对乙公司投资的预计可收回金额为 76.2 万元。

(12) 2008 年 1 月 5 日,甲公司将其持有的乙公司股份全部对外转让,转让价款 75 万元,相关的股权划转手续已办妥,转让价款已存入银行,假定甲公司在转让股份过程中没有发生相关税费。

为简化核算,企业持有的对联营企业的投资,应享有被投资单位净利润的份额即投资收益,按照被投资单位的账面净利润(净亏损)与持股比例计算的结果简单确定。

要求:

(1) 确定甲公司收购乙公司股权交易中的股权转让日。

(2) 编制甲公司上述经济业务有关的会计分录("长期股权投资"账户要求写出明细账户)。

第六章　固　定　资　产

1. 万达公司 2006—2010 年与固定资产有关的业务资料如下:

(1) 2006 年 12 月 12 日,万达公司购进 1 台不需要安装的设备,取得的增值税专用发票上注明的设备价款为 700 万元,增值税为 119 万元,另发生运输费 3 万元,款项以银行存款支付;没有发生其他相关税费。该设备于当日投入使用,预计使用年限为 10 年,预计净残值为 30 万元,采用直线法计提折旧。

(2) 2007 年 12 月 31 日,万达公司在对该设备进行检查时发现其已经发生减值,预计可收回金额为 642 万元;计提减值准备后,该设备原预计使用年限、预计净残值、折旧方法保持不变。

(3) 2008 年 12 月 31 日,万达公司因生产经营方向调整,决定采用出包方式对该设备进行改良;改良工程验收合格后支付工程价款。该设备于当日停止使用,开始进行改良。

(4) 2009 年 3 月 12 日,改良工程完工并验收合格,万达公司以银行存款支付工程总价款 50 万元。当日,改良后的设备投入使用,预计尚可使用年限为 8 年,采用直线法计提折旧,预计净残值为 32 万元。2009 年 12 月 31 日,该设备未发生减值。

(5) 2010 年 12 月 31 日,该设备因遭受自然灾害发生严重毁损,万达公司决定进行处置,取得残料变价收入 20 万元,保险公司赔偿款 60 万元,发生清理费用 6 万元;款项均以银行存款收付,不考虑其他相关税费。

要求:

(1) 编制 2006 年 12 月 12 日取得该设备的会计分录。

（2）计算 2007 年度该设备计提的折旧额。

（3）计算 2007 年 12 月 31 日该设备计提的固定资产减值准备，并编制相应的会计分录。

（4）计算 2008 年度该设备计提的折旧额。

（5）编制 2008 年 12 月 31 日该设备转入改良时的会计分录。

（6）编制 2009 年 3 月 12 日支付该设备改良价款、结转改良后设备成本的会计分录。

（7）计算 2010 年度该设备计提的折旧额。

（8）计算 2010 年 12 月 31 日处置该设备实现的净损益。

（9）编制 2010 年 12 月 31 日处置该设备的会计分录。

2. 华丰公司与乙公司签订了设备租赁协议，双方约定，自 2006 年 12 月 31 日华丰公司租赁该设备 4 年，每年年末支付租金 30 万元，该设备出租时的公允价值和账面价值均为 100 万元。预计租期届满时资产余值为 20 万元，由华丰公司的母公司担保 6 万元，由担保公司担保 10 万元，华丰公司在租期届满时将返还该设备，设备用于生产部门。假定没有初始直接费用。合同约定的年利率为 10%；华丰公司采用实际利率法分摊租金费用。采用直线法计提折旧。

要求：根据上述资料，作出华丰公司有关租赁的会计处理。

3. 红星企业 2007 年 1 月，发生下列与固定资产有关的交易或事项：

（1）根据"固定资产折旧计算表"，确定车间使用的机器设备计提折旧 53 万元（不包括当月报废的 1 台机器），行政管理部门办公设备计提折旧 17.4 万元，专设的销售机构设备计提的折旧 11.2 万元；厂房计提的折旧 30.4 万元，办公用房计提的折旧 12.6 万元，销售门店计提的折旧 7 万元；管理部门用车辆计提的折旧 2.4 万元，专设的销售机构用运输工具计提的折旧 5.6 万元；当月报废机器 1 台，按平均年限法计提折旧，月计提的折旧额 0.4 万元；当月购进 1 台不需安装的机器 1 台，价值 40 万元，预计使用寿命 10 年，预计净残值 1 万元，按平均年限法计提折旧。

（2）当月车间机器设备维修使用原材料 0.2 万元，修理工人因修理而发生的薪酬 0.1 万元。当月请外单位专业维修队维修厂房发生修理费 0.6 万元，增值税专用发票上注明的增值税 0.102 万元；维修行政管理部门办公用房发生修理费 0.4 万元，增值税专用发票上注明的增值税 0.068 万元。专设的销售机构使用的运输车辆发生的小修理费用 0.2 万元，增值税专用发票上注明的增值税 0.034 万元。所有外修的费用均通过银行支付。

(3) 在财产清查过程中,盘盈数字机床 1 台,市场上全新的数字机床的价格 50 万元,该盘盈的数字机床的估计成新率 80%(假定与其计税基础不存在差异),按规定该盘盈的机床按前期差错处理。假定红星企业适用的所得税税率为 25%,按净利润的 10% 提取法定盈余公积。同时盘亏冷暖设备 1 台,原价 30 万元,已提折旧 13 万元。该台盘亏的冷暖设备在报经批准后作为红星企业损失处理。

要求:编制红星企业计提固定资产折旧、发生固定资产修理费用、固定资产盘盈盘亏的会计分录。

第七章　无　形　资　产

1. 宏大企业于 2006 年 1 月 1 日外购非生产用 HR 无形资产,实际支付的价款为 50 万元。宏大企业估计 HR 无形资产尚可使用年限为 5 年。2007 年 12 月 31 日,由于与 HR 无形资产相关的经济因素发生不利变化,致使 HR 无形资产发生价值减值。宏大企业估计其可收回金额 9 万元。2009 年 1 月 1 日,将该无形资产对外出售;取得价款 25 万元并收存银行,营业税税率为 5%。假定不考虑其他相关税费的影响。

要求:编制宏大企业从无形资产购入到无形资产出售相关业务的会计分录。

2. 宏大公司 2004—2009 年无形资产业务有关的资料如下:

(1) 2004 年 11 月 1 日,以银行存款 90 万元购入一项无形资产,其中相关税费 6 万元。该无形资产的预计使用年限为 10 年。

(2) 2007 年 12 月 31 日,预计该无形资产的可收回金额为 41 万元。该无形资产发生减值后,原预计使用年限不变。

(3) 2007 年 12 月 31 日,预计该无形资产的可收回金额为 14 万元,调整该无形资产减值准备后,原预计使用年限不变。

(4) 2009 年 6 月 16 日,将该无形资产对外出售,取得价款 30 万元并收存银行,营业税税率为 5%。

要求:根据上面的业务,写出无形资产减值准备计算过程,并作出相关会计处理。

3. 红星企业内部开展一项研究开发项目,预计该研究开发项目会形成无形资产。该研究开发项目在研究阶段发生研究设备的折旧费 60 万元,研究人员各项职工薪酬 150 万元,耗用材料 30 万元,该批材料购入时发生的增值税进项税额 5.1 万元,以银行存款支付购入相关技术费用 60 万元。研究阶段于 2007 年 12 月结束,自 2008 年 1 月开始进入开发阶段。该研究开发项目开发阶段使用设备的折旧费 90 万元,以银行存款产品设计费用 75 万元,开发人员的职工薪酬 180 万元,耗用材料 60 万元。该批材料购入时发生的增值税进项税额 10.2 万元,申请专利时以银行存款支付注册费 15 万元,支付聘请律师费用 19.8 万元。2006 年 7 月 18 日,该研究开发项目达到预定用途形成一项专利权。该专利权用于产品生产,预计使用寿命 5 年,预计残值视为零,采用直线法进行摊销。2008 年 11 月 10 日,企业将该项专利权出租给另一企业使用,每月的租金 18 万元,于每月的最后一天通过银行转账支付,两月的租金都已收妥。

要求:

(1) 编制各项研发支出发生时的会计分录。

(2) 编制期末结转费用化的研发支出的会计分录。

(3) 编制形成无形资产时结转资本化的研发支出的会计分录。

(4) 编制 2006 年各月该项专利权摊销的会计分录和确认专利权租金收入的会计分录。

第八章　投资性房地产

1. 黄河上市公司 2007 年 10 月 1 日建成 1 幢楼房,建造成本 3 000 万元,当日与两公司签订了租赁协议,租期为 10 年,年租金为 120 万元,租金于每年年末结清。按照当地的房地产交易市场的价格体系,该房产 2007 年年末的公允价值为 3 200 万元,2007 年年末的公允价值为 3 120 万元。2008 年 1 月 1 日,以 3 000 万元的价格对外转让该房产,营业税税率为 5%,假设不考虑其他相关税费。

要求:对该投资性房地产的取得及处置进行账务处理。

2. 红星公司于 1996 年 12 月 31 日购置并投入使用的 1 栋办公楼,建筑面积 1 000 平方米,价格 1 000 万元,折旧年限 50 年,到 2006 年 12 月 31 日,已累计折旧 200 万元。红星公司于 2007 年 1 月 1 日将该办公楼对外出租,同地段的房地产在房地产交易所的交易价格为每平方米 40 000 元。2007 年 12 月 31 日,同地段的房地产在房地产交易所的交易价格为每平方米 82 000

元。2008年4月1日,红星公司将该办公楼在房地产交易所出售,成交价每平方米 80 000 元,营业税按 5% 计算,并且已由房地产交易所代扣,实际收到金额 7600 万元。为举例简便,假设不考虑其他相关税费。

要求:对该办公楼转换为投资性房地产以及处置投资性房地产的账务进行处理。

3. 黄河公司将其一栋写字楼租赁给乙公司使用,并一直采用成本模式进行后续计量。2008年1月1日,黄河公司认为,出租给乙公司使用的写字楼,其所在地的房地产交易市场比较成熟,具备了采用公允价值模式计量的条件,决定对该项投资性房地产从成本模式转换为公元价值模式计量。该写字楼的原造价为 9 000 万元,已计提折旧 200 万元,账面价值为 8 800 万元。2008年1月1日,该写字楼的公允价值为 9 500 万元。假设黄河公司按净利润的 10% 计提盈余公积。

要求:对黄河公司的账务进行处理。

第九章　非货币性资产交换

1. 2011年5月1日,甲公司以2009年购入的生产经营用设备交换乙公司生产的一批钢材。甲公司换入的钢材作为原材料用于生产,乙公司换入的设备继续用于生产钢材。甲公司设备的账面原价为 1 500 000 元,在交换日的累计折旧为 525 000 元,公允价值为 1 404 000 元,甲公司此前没有为该设备计提资产减值准备。此外,甲公司以银行存款支付清理费 1 500 元。乙公司钢材的账面价值为 1 200 000 元,在交换日的市场价格为 1 404 000 元,计税价格等于市场价格,乙公司此前也没有为该批钢材计提存货跌价准备。

甲公司、乙公司均为增值税一般纳税人,适用的增值税税率为 17%。假设甲公司和乙公司在整个交易过程中没有发生除增值税以外的其他税费,甲公司和乙公司均开具了增值税专用发票。

要求:根据上述资料作出甲、乙公司的账务处理。

2. 甲公司拥有一个离生产基地较远的仓库,该仓库账面原价 3 500 000 元,已计提折旧 2 350 000 元;乙公司拥有一项长期股权投资,账面价值 1 050 000 元,两项资产均未计提减值准备。由于仓库离市区较远,公允价值不能可靠计量。乙公司拥有的长期股权投资在活跃市场中没有报价,其公允价值也不能可靠计量。双方商定,乙公司以两项资产账面价值的差额为基础,支付甲公司 100 000 元补价,以换取甲公司拥有的仓库。税务机关核定甲公司需要为交换仓库支付营业税 57 500 元,尚未支付。假定除营业税外,交易中没有涉及其他相关税费。

要求:根据上述资料作出甲、乙公司的账务处理。

第十章 流 动 负 债

1. 某工业企业为增值税一般纳税人,适用的增值税税率为 17%,存货按实际成本核算。2007 年 12 月发生下列与职工薪酬相关的交易或事项:

(1) 根据职工的技术等级、职称、出勤记录、岗位分布等资料计算出应支付给各职工的工资数额编制工资费用分配表。该表显示当月全体职工的工资总额为 180 万元,其中产品生产工人工资为 120 万元,车间管理人员工资为 10 万元,行政管理人员工资为 30 万元,专设的销售机构人员工资为 20 万元。企业会计人员根据工资费用分配表分配工资费用,确认应付职工薪酬。

(2) 企业根据经验和历史数据,计算当月应补贴职工食堂的职工福利费为每人 120 元,各岗位职工人数分布情况如下:产品生产工人 300 人,车间管理人员 12 人,行政管理人员 25 人,专设的销售机构人员 23 人。企业会计人员根据补贴标准计算分配职工福利费并确认应付职工薪酬。

(3) 企业根据国家规定基准和比例计算确定职工基本养老保险、医疗保险、失业保险等社会保险费 18 万元,其中产品生产工人社会保险费 12 万元,车间管理人员社会保险费 1 万元,行政管理人员社会保险费 3 万元,专设的销售机构人员社会保险费 2 万元。企业会计人员根据规定的基准和比例计算分配职工福利费并确认应付职工薪酬。

(4) 企业根据国家规定基准和比例计算确定职工住房公积金 14.4 万元,其中产品生产工人住房公积金 9.6 万元,车间管理人员住房公积金 0.8 万元,行政管理人员住房公积金 2.4 万元,专设的销售机构人员住房公积金 1.6 万元。企业会计人员根据规定的基准和比例计算分配职工住房公积金并确认应付职工薪酬。

(5) 根据企业经理会的决定,将企业生产的白酒作为职工福利发放给职工,每位职工发放 2 瓶。该种白酒的实际生产成本 40 元/瓶,公允价值 60 元/瓶。根据税法的规定计算出该种白酒在公允价值为 60 元/瓶时应交纳的消费税为 15.5 元/瓶。企业会计人员根据经理会的决定,计算分配职工福利费并确认应付职工薪酬。

(6) 企业将生产的黄酒用于企业下设的职工食堂,作为企业按规定拨付给职工食堂的补贴。该批黄酒的生产成本 1 200 元,市场价格 1 800 元,根据税费规定计算的应交纳的消费税 240 元。企业会计人员按职工人数分配职工福利并确认应付职工薪酬。

(7) 企业将上月购置的 2 辆轿车无偿提供给 2 名副经理使用,2 辆轿车的原价 94 万元。该种轿车的预计使用寿命 5 年,预计净残值 4 万元,按平均年限法计提折旧。企业会计人员确认应付职工薪酬。

(8) 按规定的基准和比例计算应提取的工会经费 2.7 万元,其中产品生产工人提取的工会经费 1.8 万元,车间管理人员提取的工会经费 0.15 万元,行政管理人员提取的工会经费 0.45 万元,专设的销售机构人员提取的工会经费 0.3 万元。企业会计人员根据规定的基准和比例计算分配提取的工会经费并确认应付职工薪酬。

(9) 企业提取现金 170 万元并将其发放给职工,同时代扣职工房租 1.2 万元,收回代垫的职工家属医药费 0.6 万元,计算应代扣代交的个人所得税 8.2 万元。

(10) 月初提取现金 18 万元,并支付给职工食堂。

(11) 月末汇总出实际补贴食堂的职工福利费发生金额为 110 元/人,预计金额超过实际发生金额的部分予以冲回。

(12) 通过银行向社会保险机构支付已确认的各项社会保险费。

(13) 通过银行向住房公积金管理中心支付已确认的住房公积金。

(14) 通过银行向工会部门支付提取的工会经费。

(15) 向职工实际发放企业生产的黄酒,并按规定计算相关税费,确认收入,结转成本。

(16) 计提 2 名副经理无偿使用轿车的折旧额。

(17) 向职工食堂交付生产的黄酒,并结转成本,计算相关税费。

要求:编制上述交易或事项的会计分录。

2. 红星企业适用的增值税税率为 17%,其生产的产品同时需要交纳消费税,适用的消费税税率为 10%。2008 年 4 月份发生以下经济业务:

(1) 根据合同委托甲公司加工物资一批。1 日,发出加工材料一批,实际成本 50 万元,以银行存款支付运杂费 0.5 万元。

(2) 10 日,销售商品一批,增值税专用发票上注明的价款 150 万元,增值税 25.5 万元,款项已收存银行。该批商品的实际成本 100 万元。

(3) 12 日,企业将生产的应税消费品用于在建工程。该批产品实际成本 32 万元,公允价值(计税价格)35 万元。

(4) 19 日,企业领用自产的应税消费品一批发放给职工作为福利。该批产品的实际成本 15 万元,公允价值(计税价格)22.5 万元。

(5) 26 日,收回委托甲公司加工的物资,以银行存款支付加工费 4 万元,运杂费 0.6 万元,甲公司按规定的税率代扣代交增值税和消费税。委托加工物资已于当天验收入库,红星企业决定其中的一半用于进行加工应税消费品,另一半直接用于对外销售。

要求:编制上述经济业务的会计分录并作相关的计算。

第 十 一 章   非 流 动 负 债

1. 2005 年 1 月 1 日,甲公司发行面值 8 000 000 元、票面利率为 6%、期限为 5 年的债券,发行价格为 8 400 000 元,每年 12 月 31 日计算并支付利息一次,到期还本并支付最后一期利息。甲股份有限公司采用实际利率法摊销债券溢价,实际利率为 4.85%。假设整个过程没有发生相关税费,甲股份有限公司筹集的该项资金没有用于购建或者生产符合资本化条件的资产。

要求:作出甲股份有限公司的账务处理。

2. 2007 年 1 月 1 日,大华公司动工兴建一办公楼,工程采用出包方式,每半年支付一次工程进度款。公司为建造办公楼于 2007 年 1 月 1 日专户借款 1 000 万元,借款期限为 3 年,年利率为 8%。除此之外,无其他专门借款。办公楼的建造还占用两笔一般借款:银行长期贷款 1 000 万元,期限为 2006 年 12 月 1 日至 2009 年 12 月 1 日,年利率为 6%,按年支付利息。按面值发行公司债券 5 000 万元,发行日为 2006 年 1 月 1 日,期限为 5 年,年利率为 8%,按年支付利息。工程于 2008 年 6 月 30 日完工,达到预定可使用状态。

建造工程资产支出如下:

2007 年 1 月 1 日,支出 750 万元。

2007 年 7 月 1 日,支出 1 250 万元,累计支出 2 000 万元。

2008 年 1 月 4 日,支出 750 万元,累计支出 2 250 万元。

闲置专门借款资金用于固定收益债券短期投资,假定短期投资月收益率为 0.5%;假定全年按 360 天计。

要求：根据上述资料作出大华公司借款费用资本化的相关会计处理。

3. 胜利企业发生以下与长期借款相关的经济业务：

（1）2007年12月31日从交通银行借入资金1 500万元，借款期限2年，合同利率6%，所借款项已存入银行，所借款项用于建造厂房，长期借款利息于每年的7月1日和1月1日支付。

（2）2008年1月3日购入工程物资一批，价款850万元，增值税144.5万元，支付其他相关费用75万元。

（3）2008年1月5日，领用工程物资1 069.5万元，用于建造厂房。

（4）2008年1～6月每月应计工程人员工资30万元，每月以银行存款支付其他工程费用20万元。

（5）2008年6月30日，按合同利率计算确定1～6月长期借款利息费用和应付未付利息均为45万元，其中按规定应予资本化的利息支出37.5万元。并于7月1日通过银行支付1～6月长期借款利息。

（6）2008年6月30日，厂房工程完工，已达到预定可使用状态，结转厂房工程成本。

（7）2008年12月31日、2009年6月30日，分别按合同利率计算确定长期借款利息费用和应付未付利息均为45万元。2009年1月1日和7月1日支付利息。

（8）2009年12月31日，归还长期借款的本金和支付最后一期利息。

要求：编制上述经济业务的会计分录并进行相关的计算。

第十二章　所有者权益

大华股份有限公司2007—2012年发生下列与所有者权益相关的交易或事项：

（1）2007年1月1日，大华股份有限公司经批准发行股票15 000万股，每股面值1元，发行价2元/股，因发行股票而发生的手续费、佣金等相关的交易费用3 500万元。发行获得成功，款项已经收存银行。不考虑其他因素。假定发行股票前，大华公司"资本公积"和"盈余公积"账户的余额均为零。

（2）2007年大华公司实现净利润5 000万元，年初未分配利润1 000万元，公司董事会决定按净利润（减去未弥补亏损）的10%提取法定盈余公积，按净利润（减去未弥补亏损）的5%提取任意盈余公积，向股东分配现金股利

3 000 万元。

（3）2008 年，大华公司实现净利润 2 000 万元，公司董事会决定按净利润（减去未弥补亏损）的 10％提取法定盈余公积，按净利润（减去未弥补亏损）5％提取任意盈余公积，向股东分配现金股利 4 500 万元。

（4）大华公司对红星公司的长期股权投资采用权益法核算。2008 年度，红星公司除净损益以外的所有者权益其他部分增加，红星公司各股东的持股比例不变，大华公司按持股比例应享有 4 500 万元。

（5）2009 年，大华公司发生净亏损 9 000 万元。大华公司董事会决定用全部任意盈余公积弥补亏损。

（6）2010 年 2 月，因经营环境发生不利变化，公司决定削减业务，并采用收购本公司股票的方式减资。在按法律程序报经批准后，公司以 4.5 元/股的价格购入 3 500 万股并注销。

（7）2010 年，大华公司发生净亏损 3 900 万元。

（8）2011 年，大华公司的经营环境显著好转，当年实现净利润 11 000 万元，公司董事会决定按净利润（减去未弥补亏损）的 10％提取法定盈余公积，按净利润（减去未弥补亏损）的 20％提取任意盈余公积，不向股东分配利润。

（9）2012 年 3 月，大华公司董事会决定将全部任意盈余公积用于转增资本。

为了方便起见，我们假定这些未来的时间点都已经成为过去，相关的交易或事项都为过去已经发生的交易或事项。

要求：

（1）计算确定 2007 年 12 月 31 日应提取的法定盈余公积和任意盈余公积数额以及年末未分配利润数额。

（2）计算确定 2008 年 12 月 31 日应提取的法定盈余公积和任意盈余公积数额以及年末未分配利润数额。

（3）计算确定 2009 年 12 月 31 日用任意盈余公积弥补亏损的数额。

（4）计算确定 2010 年注销库存股前，"资本公积——股本溢价"、"资本公积——其他资本公积"、"盈余公积——法定盈余公积"、"盈余公积——任意盈余公积"和"利润分配——未分配利润"账户的余额。

（5）计算确定注销库存股时应冲减的股本、资本公积（股本溢价）和盈余公积数额。

（6）计算 2012 年 3 月用于转增资本的任意盈余公积数额。

(7) 编制上述交易或事项的会计分录(写出相关明细账户,金额单位可用万元表示)。

第十三章　收入、费用和利润

1. A 企业 2008 年 6 月发生下列部分经济业务:

(1) 2 日,依合同将 XY 商品发运给 B 企业,商品价款 20 万元,实际成本 14 万元,一银行存款代购货方垫付的运杂费 6 000 元,并于当天办妥托收手续。B 企业已于 10 日即收到商品的当天开出 1 张期限为 6 个月、票面价值 24 万元的商业汇票。

(2) 3 日,依合同销售给 C 企业 XY 商品一批。价目表上该商品的价款 40 万元,实际成本 28 万元。为扩大销售,给予 C 企业 5% 的商业折扣。合同规定的现金折扣条件为(2/10,1/20,n/30),现金折扣率按不含税的设备价款计算,C 企业于 12 日以银行存款支付货款,并享受现金折扣。

(3) 4 日,根据委托代销协议,将 C 商品 400 件交付给 E 企业代销。该批商品的协议价 600 元/件,实际成本 400 元/件,受托方 E 企业按协议价的 10% 收取手续费。

(4) 2008 年 1 月 10 日,A 企业与 D 企业签订了以预收款方式销售 MN 商品的合同。合同规定,自合同签订日起 A 企业分 4 次每隔 2 个月收取价款,第一、第二、第三次每次收取 25% 的价款。A 企业在第四次收取最后 25% 的价款和全部增值税销项税额时发出商品,合同价款 80 万元。6 月 10 日,根据上述合同,A 企业通过银行收到了最后 25% 的价款和全部增值税销项税额。收款后 A 企业于当天发出 MN 商品给 D 企业,该批商品的实际成本 64 万元。

(5) 上月销售给 B 企业的 MN 商品经检验存在一定的质量问题。15 日,经过协商,A 企业同意给予 10% 的销售折让。该批商品原售价 30 万元,实际成本 22 万元,收入已确认,货款尚未收到。A 企业已于 15 日向 B 企业开具红字增值税专用发票,余款已于当日收存银行。

(6) 2 月份销售给 C 企业的 XY 商品使用后发现存在严重的质量问题,A 企业于 20 日同意予以退回并向 C 企业开具红字增值税专用发票。该批商品的售价 24 万元,实际成本 17 万元,C 企业支付货款时已按售价的 2% 享受现金折扣,被退回的商品已入库,退货款已通过银行付讫。

(7) 28 日,收到 E 企业交付的代销清单,代销清单上注明销售 C 商品

200件,A企业于当天向E企业开具增值税专用发票。

(8)30日,收到E企业汇来的代销商品款,手续费已扣除。

(9)30日,根据合同将MN商品发运给D企业,该批商品价款36万元,实际成本26万元,发运商品的当天尚未办理托收手续。

要求:编制A企业2008年6月份上述经济业务的会计分录。

2.大华企业2008年度结转前损益类账户的余额如习题表1所示。

习题表1

大华企业2008年度结转前损益类账户的余额

金额单位:万元

会计账户	借方余额	贷方余额
主营业务收入		6 000
其他业务收入		600
投资收益		450
营业外收入		330
公允价值变动损益		114
主营业务成本	4 200	
营业税金及附加	150	
其他业务成本	360	
销售费用	210	
管理费用	486	
财务费用	60	
资产减值损失	78	
营业外支出	150	

(1)习题表1中除"所得税费用"账户外不存在其他未列损益类账户。

(2)无纳税调整事项。

(3)该企业适用的所得税税率为25%。

(4)年初未弥补的亏损150万元(该亏损发生于2002年,已超过税前弥补的期限)。该企业权力机构决定分别按净利润的10%提取法定盈余公积,向投资者分配利润600万元。

要求:

(1)计算营业利润、利润总额、应纳税所得额、应交所得税、所得税费用、净利润和期末未分配利润。

（2）编制相关的会计分录。

3. 宏达公司 2008 年全年利润总额 3 600 万元，适用的所得税税率为 20％，经纳税调整后计算的全年应纳税所得额为 3 000 万元，全年引起递延所得税资产增加的金额为 45 万元，引起递延所得税资产减少的金额为 66 万元，引起递延所得税负债增加的金额为 54 万元，引起递延所得税负债减少的金额为 90 万元。

要求：

（1）计算宏达公司 2008 年应交所得税。

（2）计算宏达公司 2008 年递延所得税资产增加（或减少）金额。

（3）计算宏达公司 2008 年递延所得税负债增加（或减少）金额。

（4）计算宏达公司 2008 年递延所得税收益（和费用）和应确认的所得税费用。

（5）编制确认所得税费用的会计分录。

第十四章　或　有　事　项

1. 假定胜利企业从 2006 年起生产和销售甲、乙两种产品，并建立为售出产品提供售后免费维修的服务体系。

（1）企业为甲产品的质量保证所确认的预计负债在 2007 年年初账面余额为 90 万元，甲产品的质量保证期限为 3 年。该企业对售出的甲产品可能发生的维修费用按照甲产品销售收入的 1.5％～2.5％预计。2007 年胜利企业甲产品的销售收入及发生的维修费用资料如习题表 2 所示（金额单位：万元）。

习题表 2

2007 年胜利企业甲产品的销售收入及发生的维修费用情况

项　　目	第一季度	第二季度	第三季度	第四季度
甲产品销售收入	3 000	2 400	3 600	1 800
发生的维修费用	45	30	90	60
其中： 原材料成本 人工成本 用银行存款支付的其他支出	30 15	24 6	30 15 45	45 15

（2）胜利企业为乙产品质量保证所确认的预计负债在 2007 年年初账面余额为 24 万元,乙产品已于 2007 年 3 月 31 日停止生产,乙产品的售后质量保证截止日期为 2007 年 12 月 31 日。胜利企业库存的乙产品已全部售出。2007 年第四季度发生的乙产品维修费用为 15 万元(均为人工成本),其他各季度均未发生费用。

要求:

（1）计算对甲产品 2007 年年末应确认的预计负债。

（2）编制对甲产品 2007 年年末确认预计负债相关的会计分录(假定按年编制会计分录)。

（3）编制甲产品 2007 年发生的售出产品维修费用相关的会计分录(假定按年编制会计分录)。

（4）编制乙产品 2007 年与预计负债相关的会计分录(假定按年编制会计分录)。

（5）计算胜利企业 2007 年 12 月 31 日预计负债的账面余额(注明借方或贷方)。

第十五章 债 务 重 组

1. 2007 年 3 月 6 日,红星企业因购买商品而欠光明企业购货款及税款合计 468 万元。由于红星企业财务发生困难,不能按照合同规定支付货款。于 2008 年 3 月 5 日,双方经协商,红星企业以其生产的产品偿还债务,该产品的销售价格 440 万元,实际成本 393.20 万元,已计提存货跌价准备 2 万元,红星企业收到补价 66.80 万元。光明企业接受红星企业以产品偿还债务时,将该产品作为库存商品入库;光明企业对该项应收账款计提了 8 万元的坏账准备。

要求:

根据上述资料,编制红星企业、光明企业的会计分录。

2. 2008 年 4 月 3 日,光明企业因购买材料而欠东方企业购货款及税款合计为 100 万元,由于光明企业无法偿付应付账款,2008 年 7 月 2 日,经双方协商同意,光明企业以普通股偿还债务,普通股面值为 1 元,市价为 2.5 元,光明企业以 24 万股偿还该项债务,假定无相关税费。2008 年 12 月 31 日,办理完毕增资手续,东方企业对应收账款提取坏账准备 2 万元。假定东方企业将债权转为股权后,长期股权投资按照成本法核算。

要求:根据上述资料编制光明企业、东方企业会计分录。

3. 2007 年 10 月 15 日,甲公司赊销商品给乙公司,价税合计 400 万元,乙公司因资金困难无法偿付,于 2008 年 4 月 1 日,双方约定执行如下债务重组条款:

(1) 首先豁免 60 万元的债务。

(2) 由乙公司以一批原材料抵债,该原材料账面成本 192 万元,公允计税价 200 万元,增值税税率为 17%,该物资于 2008 年 4 月 12 日运抵甲公司。

(3) 其余款项延期 3 个月后偿付,如果在第三个月盈余达到 200 万元,则追加偿付 40 万元。

(4) 双方债务解除手续于 2008 年 5 月 1 日办妥。

(5) 甲公司对该应收账款已经提取了 72 万元的坏账准备。

(6) 2008 年 7 月,乙公司实现了盈余 220 万元。

(7) 双方于 2008 年 8 月 1 日交割尾款。

要求:

(1) 作出乙公司的会计处理。

(2) 作出甲公司的会计处理。

第十六章　财　务　报　告

1. 甲企业为增值税一般纳税企业。该企业 2011 年资产负债表年初数如习题表 3 所示。

习题表 3

资 产 负 债 表

2011 年 12 月 31 日　　　　　　　　　　金额单位:万元

资　　产	金　　额	负债和所有者权益	金　　额
流动资产:		流动负债:	
货币资金	560	短期借款	400
交易性金融资产	920	应付账款	1 220
应收账款	1 140	预收账款	140
预付账款	80	应付职工薪酬	760

（续表）

资　产	金　额	负债和所有者权益	金　额
其他应收款	152	应交税费	76
存货	3 000	流动负债合计	2 596
流动资产合计	5 852	非流动负债：	
非流动资产：		长期借款	2 000
长期股权投资	1 720	应付债券	1 458
固定资产	11 950	递延所得税负债	142
在减工程	1 040	非流动负债合计	3 600
无形资产	460	负债合计	6 196
开发支出	78	所有者权益	
递延所得税资产	172	实收资本（或股本）	10 000
非流动资产合计	15 420	资本公积	2 560
		盈余公积	1 720
		未分配利润	796
		所有者权益合计	15 076
资产总计	21 272	负债和所有者权益总计	21 272

注：

① 应收账款余额1 200万元，计提坏账准备60万元，其他应收款余额160万元，计提坏账准备8万元。

② 未计提存货跌价准备。

③ "固定资产"账户余额15 836万元，计提的累计折旧3 350万元，累计计提的固定资产减值准备536万元。

④ "无形资产"账户余额756万元，无形资产的累计摊销164万元，累计计提的无形资产减值准备52万元。

③ 应付职工薪酬和应交税费的余额均与在建工程无关。

⑤ "应交税费——应交增值税"和"应交税费——未交增值税"明细账户均无期初余额。

⑥ 在建工程为一厂房工程，在2008年继续建造，2008年没有新的工程上马。

⑦ 长期股权投资未计提减值准备。

该企业2011年发生的经济业务如下：

（1）购入原材料若干批，价款10 000万元，增值税1 700万元，已通过银行支付10 540万元，其余款项暂时未付，材料均已验收入库。上期应付账款1 220万元已于本期通过银行全部支付。

（2）采用预付款方式购入材料一批，价款2 000万元，增值税340万元，该批材料已于 2007 年预付了 80 万元,本期通过银行补付 2 260 万元,材料均已验收入库。本期又通过银行预付货款 250 万元。

(3) 生产领用材料 12 400 万元,分配生产工人薪酬 4 560 万元,分配车间管理人员薪酬 114 万元,计提机器设备及厂房折旧费 900 万元,以银行存款支付其他制造费用 426 万元。

(4) 产品全部完工并验收入库。

(5) 销售产品若干批,价款 20 000 万元,增值税 3 400 万元,已通过银行收取 20 400 万元,其余款项暂欠,已销商品的实际成本 13 600 万元。本期通过银行收取前期应收账款 1 200 万元。

(6) 采取预收款方式销售商品 6 400 万元,增值税 1 088 万元,本期通过银行收取购货方补付的货款 7 348 万元,该批已销商品的实际成本 4 800 万元。本期又通过银行预收货款 694 万元。

(7) 分配行政管理人员薪酬 228 万元,计提管理用固定资产折旧费 120 万元,摊销无形资产 160 万元,以银行存款支付其他管理费用 1 600 万元。

(8) 偿还短期借款 300 万元,借入短期借款 200 万元,借入长期借款 600 万元。

(9) 从二级市场购入 A 公司股票 200 万股作为长期投资,A 公司股票市价 4 元/股,购买时含 0.2 元/股已宣告发放但尚未支付的现金股利,另支付其他相关税费 20 万元。已宣告发放但尚未支付的现金股利已于当年收存银行。该项投资对被投资单位有重大影响。

(10) 预提并支付短期借款利息 12 万元,按合同利率计提长期借款利息 120 万元,其中按规定应予资本化的利息 100 万元。

(11) 分配在建工程人员薪酬 912 万元,以银行存款支付其他工程支出 468.8 万元。

(12) 出售交易性金融资产取得的收入净额 600 万元,其成本 540 万元,款项已收存银行。此项交易性金融资产为公司债券投资。出售时未发生公允价值变动损益。

(13) 在建的厂房工程达到预定可使用状态,计算在建工程的实际成本将其转入"固定资产"账户。

(14) 甲企业拥有 A 公司有表决权资本的 40%,A 公司 2008 年度实现净利润 1 600 万元,A 公司所得税税率为 25%,A 公司宣告发放 800 万元现金股利,已宣告分配的现金股利当年尚未发放。

（15）以银行存款支付各项销售费用 1 118 万元。

（16）以银行存款支付结算手续费等应计入财务费用的各项手续费 4 万元。

（17）计算主营业务应交的城建税 170 万元，教育费附加 72 万元。

（18）以银行存款交纳增值税 2 428 万元，城市维护建设税 160 万元，教育费附加 64 万元，并将应交未交增值税转入"应交税费——未交增值税"明细账户。

（19）以银行存款支付职工工资 5 181.2 万元。

（20）根据应收账款期末余额和规定的比例及坏账准备期初余额计算应补提坏账准备 20 万元。

（21）当期获得现金捐赠 64 万元，款项已存入银行。当期发生罚款支出 40 万元，款项已通过银行支付。

（22）假设本例中应交所得税 1 702 万元，递延所得税资产年末数 64 万元；递延所得税负债年末数 218 万元。

（23）除上述业务以外，不存在其他纳税调整事项，计算应交所得税，以银行存款交纳所得税 1 500 万元。

（24）结转各损益类账户余额。

（25）结转本年利润账户余额。

（26）不分配利润，假定不存在其他经济业务事项，无一年内到期的长期借款和应付债券。

要求：

(1)编制上述经济业务的会计分录。

(2) 填列 2011 年资产负债表的年末余额。

2. 某企业 2011 年除"所得税费用"账户外的其他损益类账户在结转至"本年利润"账户前的全年发生额如习题表 4 所示。

习题表 4

某企业损益类账户的全年发生额

金额单位：万元

会计账户	借方发生额	贷方发生额	备　注
主营业务收入	76	5 672	借方发生额中 60 万元为销售退回的数额，其余为销售折让的数额

（续表）

会计账户	借方 发生额	贷方 发生额	备　注
主营业务成本	3960	40	贷方发生额中的 40 万元为销售退回冲减的数额
营业税金及附加	366		
其他业务收入		152	
其他业务成本	102		
销售费用	304		
管理费用	338		
财务费用	32		
投资收益	124	436	贷方发生额中有 240 万为长期股权投资在权益法夏期末对被投资单位当年实现的净利润按投资比例计算的应享有的数额,投资与被投资单位的税率为 25%
资产减值损失	128	34	
公允价值变动损益	90	46	
营业外收入		100	
营业外支出	180		其中 60 万元为罚款支出,其余为非流动资产处置损失

注: 假设本例中应交所得税 240 万元,递延所得税资产年初数 130 万元,年末数 174 万元;递延所得税负债年初数 48 万元,年末数 146 万元。

要求:

（1）计算营业收入、营业成本、投资净收益(或净损失)、公允价值变动净收益(或净损失)、营业利润、利润总额、递延所得税费用、递延所得税收益、所得税费用和净利润。

（2）编制将各损益类账户余额结转至"本年利润"账户的会计分录。

（3）编制将当期实现的净利润结转至"利润分配"账户的会计分录。

（4）编制 2011 年度利润表。

3. 某商业企业为增值税一般纳税企业,2011 年有关资料如下:

（1）资产负债表有关账户年初、年末余额和部分账户发生额如习题表 5 所示。

习题表 5

资产负债表有关账户年初、年末余额和部分账户发生额

金额单位：万元

账户名称	年初余额	本年增加	本年减少	本年余额
应收账款	4 680			9 360
应收票据	1 170			702
交易性金融资产（假定 2008 年未发生公允价值波动）	600		100（出售）	500
应收股利	40	20		10
存货	5 000			4 800
长期股权投资	1 000	200（以无形资产对外投资）		1 200
应付账款	3 510			4 680
应交增值税	500	1 020（销项税额）	616（已交税金）544（进项税额）	360
应交所得税	60	200		80
短期借款	1 200	600		1 400

（2）利润表有关账户本年发生额如习题表 6 所示。

习题表 6

利润表有关账户本年发生额

金额单位：万元

账户名称	借方发生额	贷方发生额
主营业务收入		6 000
主营业务成本	3 400	
投资收益：		
现金股利		20
出售交易性金融资产		40

（3）其他有关资料如下：交易性金融资产均为非现金等价物，出售交易性金融资产已收到现金，应收、应付款项均以现金结算，应收账款变动数中含有本期计提的坏账准备 200 万元，不考虑该企业本年度发生的其他交易和

事项。

要求：计算以下现金流入和流出(要求列出计算过程)。

(1) 销售商品、提供劳务收到的现金(含收到的增值税销项税额)。

(2) 购买商品、接受劳务支付的现金(含支付增值税进项税额)。

(3) 支付的各项税费。

(4) 收回投资所收到的现金。

(5) 分得股利或利润所收到的现金。

(6) 借款所收到的现金。

(7) 偿还债务所支付的现金。

练习题参考答案

第二章　货币资金与应收项目

1.

(1) 借：库存现金　　　　　　　　　　　　　　　　　1 600

　　　贷：银行存款　　　　　　　　　　　　　　　　　1 600

(2) 借：其他应收款——张明　　　　　　　　　　　　2 000

　　　贷：银行存款　　　　　　　　　　　　　　　　　2 000

(3) 借：银行存款　　　　　　　　　　　　　　　　20 000

　　　贷：应收账款——A公司　　　　　　　　　　　 20 000

(4) 借：原材料　　　　　　　　　　　　　　　　　200 000

　　　　应交税费——应交增值税（进项税额）　　　　34 000

　　　贷：银行存款　　　　　　　　　　　　　　　 234 000

(5) 借：管理费用　　　　　　　　　　　　　　　　　2 200

　　　贷：其他应收款——张明　　　　　　　　　　　 2 000

　　　　　库存现金　　　　　　　　　　　　　　　　　200

(6) 借：其他货币资金——银行汇票　　　　　　　　48 000

　　　贷：银行存款　　　　　　　　　　　　　　　　48 000

(7) 借：原材料　　　　　　　　　　　　　　　　　40 000

　　　　应交税费——应交增值税（进项税额）　　　　6 800

　　　　银行存款　　　　　　　　　　　　　　　　　1 200

　　　贷：其他货币资金——银行汇票　　　　　　　 48 000

(8) 借：其他货币资金——银行本票　　　　　　　　40 000

　　　贷：银行存款　　　　　　　　　　　　　　　　40 000

(9) 借：管理费用　　　　　　　　　　　　　　　　　6 000

　　　贷：其他货币资金——信用卡存款　　　　　　　6 000

(10) 借：待处理财产损溢——待处理流动资产损溢　　　50

　　　贷：库存现金　　　　　　　　　　　　　　　　　50

(11) 借:其他应收款——刘兰　　　　　　　　　　　　　　50

　　　贷:待处理财产损溢——待处理流动资产损溢　　　　　50

2.

(1) 2010 年 12 月 31 日:

　　当期按应收账款计算应提坏账准备金额＝240×5％＋200×10％＋300×20％＋

　　260×6％＝107.6(万元)

　　当期应计提的坏账准备＝107.6－140＝－32.4(元)(负数表示当期应冲回)

借:坏账准备　　　　　　　　　　　　　　　　　　　　32.4

　贷:资产减值损失——计提的坏账准备　　　　　　　　32.4

(2) 2011 年 4 月 10 日,收回 60 万元应收账款:

借:银行存款　　　　　　　　　　　　　　　　　　　　60

　贷:应收账款　　　　　　　　　　　　　　　　　　　60

确认 180 万元(240－60)的坏账:

借:坏账准备　　　　　　　　　　　　　　　　　　　180

　贷:应收账款　　　　　　　　　　　　　　　　　　180

(3) 2011 年 8 月 21 日,收回已作为坏账转销的应收账款:

借:应收账款　　　　　　　　　　　　　　　　　　　30

　贷:坏账准备　　　　　　　　　　　　　　　　　　30

借:银行存款　　　　　　　　　　　　　　　　　　　30

　贷:应收账款　　　　　　　　　　　　　　　　　　30

(4) 2011 年年末,计提坏账准备前"坏账准备"账户的余额＝107.6－(240－60)＋

　　30＝－42.4(万元)

　　当期按应收账款计算应提坏账准备金额＝160×5％＋220×10％＋200×8％＝

　　46(万元)

　　当期应计提的坏账准备＝46＋42.4＝88.4(元)

借:资产减值损失——计提的坏账准备　　　　　　　　88.4

　贷:坏账准备　　　　　　　　　　　　　　　　　　88.4

第三章　金融资产

1.

(1) 2007 年 1 月 1 日:

借：交易性金融资产——成本　　　　　　　　　　　　　　　200

　　投资收益　　　　　　　　　　　　　　　　　　　　　　2

　　应收股利　　　　　　　　　　　　　　　　　　　　　　10

　　贷：银行存款　　　　　　　　　　　　　　　　　　　　212

（2）2007 年 1 月 6 日：

借：银行存款　　　　　　　　　　　　　　　　　　　　　10

　　贷：应收股利　　　　　　　　　　　　　　　　　　　　10

（3）2007 年 12 月 31 日：

借：交易性金融资产——公允价值变动　　　　　　　　　　24

　　贷：公允价值变动损益　　　　　　　　　　　　　　　　24

（4）2008 年 1 月 6 日：

借：银行存款　　　　　　　　　　　　　　　　　　　　　6

　　贷：投资收益　　　　　　　　　　　　　　　　　　　　6

（5）2008 年 6 月 6 日：

借：银行存款　　　　　　　　　　　　　　　　　　　　　240

　　公允价值变动损益　　　　　　　　　　　　　　　　　　24

　　贷：交易性金融资产——成本　　　　　　　　　　　　　200

　　　　　　　　　　　　——公允价值变动　　　　　　　　24

　　　　投资收益　　　　　　　　　　　　　　　　　　　　40

2.

（1）2006 年年初购买该债券时：

该持有至到期投资的入账成本＝1 100＋10＋0.2＝1 110.2（万元）

借：持有至到期投资——成本　　　　　　　　　　　　　1 000.0

　　　　　　　　　　——利息调整　　　　　　　　　　　110.2

　　贷：银行存款　　　　　　　　　　　　　　　　　　　110.2

2006 年年末计提利息收益时：

年份	年初摊余成本 （1）	当年利息受益 （2）＝（1）×7.29%	票面利息 （3）＝1 000×10%	年末摊余成本 （4）＝（1）＋（2）－（3）
2006	1 110.20	80.93	100.00	1 091.13

相关会计分录如下：

借：应收利息　　　　　　　　　　　　　　　　　　　　100.00

　　贷：持有至到期投资——利息调整　　　　　　　　　　19.07

　　　　投资收益　　　　　　　　　　　　　　　　　　　80.93

2006 年年末计提减值准备:

所持债券的可收回价值为 1 010 万元,此时的摊余成本为 1091.13 万元,发生贬值 81.13 万元,会计分录如下:

借:资产减值损失   81.13

    贷:持有至到期投资减值准备   81.13

(2) 2007 年年末计提利息收益时:

年 份	年初摊余成本 (1)	当年利息受益 (2)=(1)×7.29%	票面利息 (3)=1 000×10%	年末摊余成本 (4)=(1)+(2)-(3)
2007	1 010.00	73.63	100.00	983.63

相关会计分录如下:

借:应收利息   100.00

    贷:持有至到期投资——利息调整   26.37

        投资收益   73.63

(3) 2008 年年初将该项持有至到期投资重分类为可供出售金融资产:

借:可供出售金融资产——成本   1 000.00

              ——利息调整   64.76

    资本公积——其他资本公积   83.63

    持有至到期投资减值准备   81.13

    贷:持有至到期投资——成本   1 000.00

              ——利息调整   64.76

        可供出售金融资产——公允价值变动   164.76

2008 年年末计提利息收益时:

年 份	年初摊余成本 (1)	当年利息受益 (2)=(1)×7.29%	票面利息 (3)=1 000×10%	年末摊余成本 (4)=(1)+(2)-(3)
2008	900.00	65.61	100.00	865.61

相关会计分录如下:

借:应收利息   100.00

    贷:可供出售金融资产——利息调整   34.39

        投资收益   65.61

2008 年年末该债券的公允价值为 700 万元,此时的摊余成本为 865.61 万元,则发生贬值 165.61 万元,由于此时没有证据表明此贬值是非暂时状态,因此应作公允价值调账

处理,会计分录如下:

借:资本公积——其他资本公积   165.61

贷:可供出售金融资产——公允价值变动   165.61

(4) 2009年年末计提利息收益时:

年 份	年初摊余成本 (1)	当年利息受益 (2)=(1)×7.29%	票面利息 (3)=1 000×10%	年末摊余成本 (4)=(1)+(2)-(3)
2009	700.00	51.03	100.00	651.03

相关会计分录如下:

借:应收利息   100.00

贷:持有至到期投资——利息调整   48.97

投资收益   51.03

2009年年末,鸿飞公司的财务状况进一步恶化,已达到事实贬值,经认定此时的可收回价值为500万元;此时的摊余成本为651.03万元,则发生贬值151.03万元。另外,此时的"资本公积——其他资本公积"账户的借方余额为249.24万元(165.61+83.63),即此暂时贬值应一并认定为正式损失,具体处理如下:

借:资产减值损失   400.27

贷:资本公积——其他资本公积   249.24

可供出售金融资产——公允价值变动   151.03

(5) 2010年年初,科达公司将此债券出售,售价为470万元,假定无相关税费。

借:银行存款   470.0

可供出售金融资产——利息调整   18.6

——公允价值变动   481.4

投资收益   30.0

贷:可供出售金融资产——成本   1 000.0

第四章 存 货

1.

(1) 计算各批购入X材料的实际成本:

5日购入X材料的实际成本=101 000+2 000+800+200=104 000(元)

12日付款、20日运抵企业的X材料的实际成本=123 000+1 900+900+100=125 900(元)

18 日购入 X 材料的实际成本＝164 000＋2 300＋1 200＋200＝167 700(元)

28 日购入 X 材料的实际成本＝120 000＋1 500＋800＋1 200＝123 500(元)

(2) 计算加权平均单位成本加权平均单位成本＝(30×195＋104 000＋125 900＋

167 700＋123 500)÷(30＋500＋600＋800＋600)＝579 600÷2 800＝207(元/千克)

(3) 计算各部门领用 X 材料的实际成本：

车间生产产品领用＝2 300×207＝476 100(元)

车间一般耗用＝200×207＝41 400(元)

行政管理部门领用＝100×207＝20 700(元)

(4) 编制上述经济业务的会计分录：

5 日,购入 X 材料：

借：原材料	104 000
应交税费——应交增值税（进项税额）	17 170
贷：应付账款	121 170

7 日,预付货款：

借：预付账款	100 000
贷：银行存款	100 000

12 日,按发票支付购料款：

借：在途物资	125 800
应交税费——应交增值税（进项税额）	20 910
贷：银行存款	146 710

18 日,购入 X 材料：

借：原材料	167 700
应交税费——应交增值税（进项税额）	27 880
货：应付票据	190 000
银行存款	5 580

20 日、12 日,支付货款的 X 材料验收入库：

借：原材料	125 900
贷：在途物资	125 800
库存现金	100

24 日,支付 5 日购料款：

借：应付账款	121 170
贷：银行存款	121 170

28 日,预付款购买的 X 材料验收入库：

借：原材料 123 500

应交税费——应交增值税(进项税额) 20 400

贷：预付账款 143 900

借：预付账款 43 900

贷：银行存款 43 900

31日,已验收入库的X材料按暂估价入账：

借：原材料 84 000

贷：应付账款 84 000

31日,领用X材料的实际成本计入相关成本费用：

借：生产成本 476 100

制造费用 41 400

管理费用 20 700

贷：原材料 538 200

(5)编制4月初冲回原材料暂估价值的会计分录：

借：应付账款 184 000

贷：原材料 184 000

2.

(1)计算生产领用原材料应负担的材料成本差异：

生产领用原材料应负担的材料成本差异＝100 000×4%＝4 000(元)

(2)编制生产领用Y材料的会计分录：

借：生产成本 104 000

贷：原材料 100 000

材料成本差异 4 000

(3)计算生产领用Y材料应结转的存货跌价准备：

生产领用Y材料应结转的存货跌价准备按照领用和库存Y材料的计划成本比例计算。

生产领用Y材料应结转的存货跌价准备＝80 000×100 000÷250 000＝32 000(元)

(4)编制结转存货跌价准备的会计分录：

借：存货跌价准备 32 000

贷：生产成本 32 000

(5)计算期末结存Y材料的成本、可变现净值和应计提的存货跌价准备：

期末结存Y材料的成本＝250 000－100 000＋(10 000－100 000×4%)＝156 000(元)

期末结存 Y 材料的可变现净值＝280 000－140 000－13 000－7 000＝120 000(元)

成本高于可变现净值的金额＝应计提的存货跌价准备＝156 000－120 000＝36 000(元)

(6) 计算应补提的存货跌价准备：

已提数＝80 000－32 000＝48 000(元)

应冲销的存货跌价准备＝应提数－已提数＝36 000－48 000＝－12 000(元)

(7) 编制计提存货跌价准备的会计分录：

借：存货跌价准备   12 000

    贷：资产减值损失   12 000

(8) 若期末结存的原材料的可变观净值为 95 000 元,则：

应计提的存货跌价准备＝156 000－95 000＝61 000(元)

应补提的存货跌价准备＝应提数－已提数＝61 000－48 000＝13 000(元)

借：资产减值损失   13 000

    贷：存货跌价准备   13 000

第五章　长期股权投资

1.

(1) 借：长期股权投资——科达公司   402

    贷：银行存款   402

(2) 借：应收股利   4

    贷：长斯股权投资——科达公司   4

(3) 借：银行存款   4

    贷：应收股利   4

(4) 科达公司的账面净利润调整为公允口径：

80－(160－120)÷10＝76(万元),则华丰公司的投资收益＝76×20%＝15.2

(万元)。会计分录为：

借：长期股权投资——科达公司   15.2

    贷：投资收益   15.2

(5) 华丰公司对此无账务处理。

(6) 借：投资收益   20

    贷：长期股权投资——科达公司   20

(7) 2011 年年末：

长期股权投资的账面余额＝402－4＋15.2－20＝393.2(万元)

应提取减值准备＝393.2－358.2＝35(万元)

会计分录为：

    借：资产减值损失   35

       贷：长期股权投资减值准备   35

2.

(1) 华丰公司收购科达公司股权交易中的"股权转让日"为 2006 年 1 月 1 日。

(2) ① 借：长期股权投资——科达公司（投资成本）   81

        贷：银行存款   81

② 借：应收股利   18

       贷：长期股权投资——科达公司（投资成本）   18

③ 借：银行存款   18

       贷：应收股利   18

④ 借：长期股权投资——科达公司（其他权益变动） 7.2

       贷：资本公积——其他资本公积   7.2

⑤ 借：长期股权投资——科达公司（损益调整）   36

       贷：投资收益   36

⑥ 借：投资收益   18

       贷：长期股权投资——科达公司（损益调整）   18

⑦ 借：资产减值损失   12

       贷：长期股权投资减值准备   12

⑧ 借：银行存款   75.0

    长期股权投资减值准备   12.0

    投资收益   1.2

       贷：长期股权投资——科达公司（投资成本）   63.0

              ——科达公司（损益调整）   18.0

              ——科达公司（其他权益变动）   7.2

    借：资本公积——其他资本公积   7.2

      贷：投资收益   7.2

第六章　固　定　资　产

1.

(1) 借：固定资产   822

      贷：银行存款   822

(2) 2007 年度，该机器设备折旧额＝（822－30）÷10＝79.2（万元）

(3) 2007 年 12 月 31 日,该设备计提的固定资产减值准备＝(822－79.2)－642＝100.8(万元)

借:资产减值损失　　　　　　　　　　　　　　　　　100.8
　　贷:固定资产减值准备　　　　　　　　　　　　　　100.8

(4) 2008 年度该设备计提的折旧额＝(642－30)÷9＝68(万元)

(5) 借:在建工程　　　　　　　　　　　　　　　　　　574.0
　　　累计折旧　　　　　　　　　　　　　　　　　　147.2
　　　固定资产减值准备　　　　　　　　　　　　　　100.8
　　　贷:固定资产　　　　　　　　　　　　　　　　822.0

(6) 借:在建工程　　　　　　　　　　　　　　　　　　50
　　　贷:银行存款　　　　　　　　　　　　　　　　　50

　　借:固定资产　　　　　　　　　　　　　　　　　　624
　　　贷:在建工程　　　　　　　　　　　　　　　　624

(7) 2010 年度,该设备计提的折旧额＝(624－32)÷8＝74(万元)

(8) 2010 年 12 月 31 日,该设备处置净损失＝624－55.5－74－20－60＋6＝420.5(万元)

(9) 借:固定资产清理　　　　　　　　　　　　　　　　494.5
　　　累计折旧　　　　　　　　　　　　　　　　　　129.5
　　　贷:固定资产　　　　　　　　　　　　　　　　624.0

　　借:银行存款　　　　　　　　　　　　　　　　　　80
　　　贷:固定资产清理　　　　　　　　　　　　　　　80

　　借:固定资产清理　　　　　　　　　　　　　　　　6
　　　贷:银行存款　　　　　　　　　　　　　　　　　6

　　借:营业外支出　　　　　　　　　　　　　　　　　420.5
　　　贷:固定资产清理　　　　　　　　　　　　　　420.5

2.

承租方的会计处理:

(1) 首先认定租赁的性质:

最低租赁付款额的折现值＝30×3.169 9＋6×0.683 0＝99.195＞100×90%,所以该租赁是融资租赁。

(2) 确认租赁固定资产的入账价值:

应以最低租赁付款额的折现值与原租赁资产的账面价值中的较低者作为入账价值。

会计分录为:

借:固定资产——融资租入固定资产　　　　　　　　　99.195
　　未确认融资费用　　　　　　　　　　　　　　　26.805
　　贷:长期应付款　　　　　　　　　　　　　　　126.0

（3）未确认融资费用的分摊如答案表 1 所示。

答案表 1

未确认融资费用的分摊

日　　期	实际利息费用	支付的租金	归还的本金	尚未偿还的负债本金
	(1)＝(4)×10%	(2)	(3)＝(2)－(1)	(4)＝期初(4)－(3)
2000 年 12 月 31 日				99.195 0
2001 年 12 月 31 日	9.919 5	30.000 0	20.080 5	79.114 5
2002 年 12 月 31 日	7.911 5	30.000 0	22.088 6	57.026 0
2003 年 12 月 31 日	5.702 6	30.000 0	24.297 4	32.728 5
2004 年 12 月 31 日	3.271 5**	30.000 0	26.728 5*	6.000 0

备注：* 26.728 5＝32.728 6－6 ** 3.271 5＝30－26.728 5

每年分摊未确认融资费用的分录：

2007 年 12 月 31 日：

借：财务费用　　　　　　　　　　　　　　　　　　　　　9.919 5

　　贷：未确认融资费用　　　　　　　　　　　　　　　　　　9.919 5

支付租金时：

借：长期应付款　　　　　　　　　　　　　　　　　　　　　30

　　贷：银行存款　　　　　　　　　　　　　　　　　　　　　30

2008 年年末、2009 年年末、2010 年年末的账务处理与上述基本相同。

（4）融资租入固定资产折旧的处理：

华丰公司每年应提折旧额＝（99.195－6）÷4＝23.298 5（万元）

借：制造费用　　　　　　　　　　　　　　　　　　　　23.298 75

　　贷：累计折旧　　　　　　　　　　　　　　　　　　　　23.298 75

（5）华丰公司在租期届满时返还设备时：

借：累计折旧　　　　　　　　　　　　　　　　　　　　93.195

　　长期应付款　　　　　　　　　　　　　　　　　　　6.000

　　贷：固定资产——融资租入固定资产　　　　　　　　　　99.195

3.

（1）计提固定资产折旧的处理：

应记入"制造费用"账户的折旧额＝53＋30.4＋0.4＝83.8（万元）

应记入"管理费用"账户的折旧额＝17.4＋12.6＋2.4＝32.4（万元）

应记入"管理费用"账户的折旧额＝11.2＋7＋5.6＝23.8（元）

借：制造费用   83.8

  管理费用   32.4

  销售费用   23.8

 贷：累计折旧   140.0

（2）发生修理费用的处理。按规定,基本生产车间发生的固定资产修理费不符合资本化条件的也应计入管理费用。因此,应记入"管理费用"账户的修理费包括机器设备、厂房的修理费用和行政管理部门办公用房的修理费用,其金额为：$0.2+0.1+0.6+0.4=1.3$（万元）（不包括可抵扣的增值税进项税额）;销售机构运输工具的修理费用计入销售费用,其金额为 0.2 元,不包括可抵扣的增值税进项税额;可抵扣的进项税额为：$0.102+0.068+0.034=0.204$（元）。会计分录为：

借：管理费用   1.300

  销售费用   0.200

  应交税费——应交增值税（进项税额）   0.204

 贷：原材料   0.200

   银行存款   1.404

   应付职工薪酬   0.100

（3）固定资产清查的处理：

· 盘盈机床的处理：

确定盘盈的机床,计入以前年度损益调整：

借：固定资产（$50×80\%$）   40

  贷：以前年度损益调整   40

确定应交纳的所得税：

应交纳的所得税$=40×25\%=10$（万元）

借：以前年度损益调整   10

  贷：应交税费——应交所得税   10

确定应计提的法定盈余公积：

应计提的法定盈余公积$=(40-10)×10\%=3$（万元）

借：以前年度损益调整   3

  贷：盈余公积   3

结转未分配利润：

未分配利润$=30-3=27$（万元）

借：以前年度损益调整   27

  贷：利润分配——未分配利润   27

• 盘亏冷暖设备的处理：

结转入"待处理财产损溢"账户：

借：待处理财产损溢——待处理固定资产损溢	17
累计折旧	13
贷：固定资产	30

经批准转作损失：

借：营业外支出	17
贷：待处理财产损溢——待处理固定资产损溢	17

第七章　无　形　资　产

1.

(1) 2006 年 1 月 1 日购入：

借：无形资产	50
贷：银行存款	50

(2) 2006 年摊销：

宏大企业估计 HR 无形资产预计使用年限为 5 年，因此，应按 5 年进行摊销。

借：管理费用	10
贷：累计摊销	10

(3) 2007 年摊销：

借：管理费用	10
贷：累计摊销	10

(4) 2007 年计提减值准备：

借：资产减值损失	21
贷：无形资产减值准备	21

(5) 2008 年摊销：

借：管理费用	3
贷：累计摊销	3

(6) 2009 年 1 月 1 日出售：

借：银行存款	25.00
累计摊销	23.00
无形资产减值准备	21.00
贷：无形资产	50.00

应交税费——应交营业税	1.25
营业外收入	17.75

2.

(1) 2004 年 11 月 1 日购入：

借：无形资产	90	
贷：银行存款		90

2004 年 12 月 31 日摊销：$90 \div 10 \div 12 \times 2 = 1.5$(万元)

借：管理费用	1.5	
贷：累计摊销		1.5

(2) 2007 年 12 月 31 日计提减值准备：

计提无形资产减值准备 $= [90 - 1.5 - (90 \div 10) \times 3] - 41 = 20.5$(万元)

借：资产减值损失	20.5	
贷：无形资产减值准备		20.5

(3) 2008 年,计提无形资产的摊销额：

借：管理费用	6	
贷：累计摊销		6

计提的无形资产减值准备：

2008 年 12 月 31 日,无形资产的账面价值 $= 41 - 6 = 35$(万元)

无形资产的可收回金额 $= 14$(万元)

计提无形资产减值准备 $= 35 - 14 = 21$(万元)

借：资产减值损失	21	
贷：无形资产减值准备		21

(4) 2009 年 1~5 月,该无形资产的摊销额 $= [14 \div (10 \times 12 - 2 - 4 \times 12)] \times 5 = 1$(万元)

2009 年 5 月 31 日,该无形资产的累计摊销额 $= (90 \div 10) \times (2 \div 12) + (90 \div 10) \times 3 + [41 \div (10 \times 12 - 2 - 3 \times 12)] \times 12 + [14 \div (10 \times 12 - 2 - 4 \times 12)] \times 5 = 1.5 + 27 + 6 + 1 = 35.5$(万元)

无形资产出售的会计分录为：

借：银行存款	30.0	
累计摊销	35.5	
无形资产减值准备	41.5	
贷：无形资产		90.0
应交税费——应交营业税		1.5
营业外收入		15.5

3.

(1) 各项研发支出发生时:

借:研发支出——费用化支出　　　　　　　　　　　　　　300

　　贷:累计折旧　　　　　　　　　　　　　　　　　　　60

　　　　应付职工薪酬　　　　　　　　　　　　　　　　150

　　　　原材料　　　　　　　　　　　　　　　　　　　30

　　　　银行存款　　　　　　　　　　　　　　　　　　60

需注意,研究阶段的研发支出应在发生作为费用化的支出入账,期末结转到当期"管理费用"账户。研究阶段耗用的原材料,其购入时支付的增值税进项税额不得转出。

借:研发支出——资本化支出　　　　　　　　　　　　　450.0

　　贷:累计折旧　　　　　　　　　　　　　　　　　　90.0

　　　　应付职工薪酬　　　　　　　　　　　　　　　180.0

　　　　原材料　　　　　　　　　　　　　　　　　　60.0

　　　　应交税费——应交增值税(进项税额转出)　　　10.2

　　　　银行存款　　　　　　　　　　　　　　　　109.8

(2) 期末结转费用化的研发支出:

借:管理费用　　　　　　　　　　　　　　　　　　　　300

　　贷:研发支出——费用化支出　　　　　　　　　　　300

(3) 形成无形资产时结转资本化的研发支出:

2008 年 7 月,结转资本化的研发支出的会计分录:

借:无形资产　　　　　　　　　　　　　　　　　　　　450

　　贷:研发支出——资本化支出　　　　　　　　　　　450

(4) 2008 年各月该项专利权摊销和确认专利权租金收入:

该项专利权应于 2008 年 7 月开始进行摊销,7～10 月用于生产本企业产品,其摊销额应记入"制造费用"账户。所以,2008 年 7～10 月各月摊销无形资产时的会计分录为:

借:制造费用　　　　　　　　　　　　　　　　　　　　7.5

　　贷:累计摊销　　　　　　　　　　　　　　　　　　7.5

由于 11 月已将该项专利权出租,所以其摊销额应记入"其他业务成本"账户。11 月、12 月的会计分录为:

借:其他业务成本　　　　　　　　　　　　　　　　　　7.5

　　贷:累计摊销　　　　　　　　　　　　　　　　　　7.5

11 月、12 月确认租金收入的会计分录为:

借：银行存款	18
贷：其他业务收入	18

第八章　投资性房地产

1.

(1) 该投资性房地产的入账成本＝3 000(万元)

(2) 取得该楼房时：

借：投资性房地产——成本	3 000
贷：在建工程	3 000

(2) 2007 年年末取得税金时：

借：银行存款	30
贷：其他业务收入	30

(4) 2007 年年末当房产的公允价值达到 3 200 万元时：

借：投资性房地产——公允价值变动	200
贷：公允价值变动损益	200

(5) 2008 年年末取得租金时：

借：银行存款	120
贷：其他业务收入	120

(6) 2008 年年末当房产的公允价值达到 3 120 万元时：

借：公允价值变动损益	80
贷：投资性房地产——公允价值变动	80

(7) 2009 年 1 月 1 日,以 3 000 万元价格转让该房产,营业税税率 5%,则：

借：银行存款	3 000
贷：其他业务收入	3 000
借：其他业务成本	3 120
贷：投资性房地产——成本	3 000
——公允价值变动	120
借：营业税金及附加	150
贷：应交税费——应交营业税	150
借：公允价值变动损益	120
贷：其他业务收入	120

2.

(1) 2006 年 1 月 1 日,将自用建筑物转换为投资性房地产：

借：投资性房地产——成本   4 000

  累计折旧   200

  贷：固定资产   1 000

    资本公积——其他资本公积   3 200

（2）2007 年 12 月 31 日：

 借：投资性房地产——公允价值变动   4 200

  贷：公允价值变动损益   4 200

（3）2008 年 4 月 1 日：

 借：银行存款   8 000

  贷：其他业务收入   8 000

 借：其他业务成本   8 200

  贷：投资性房地产——成本   4 000

       ——公允价值变动   4 200

 借：营业税金及附加   400

  贷：应交税费——应交营业税   400

 借：应交税费——应交营业税   400

  贷：银行存款   400

 借：公允价值变动损益   4 200

  贷：其他业务收入   4 200

 借：资本公积   3 200

  贷：其他业务收入   3 200

3. 黄河公司的账务处理如下：

借：投资性房地产——写字楼（成本）   95 00

  投资性房地产累计折旧   2 00

 贷：投资性房地产——写字楼   90 00

  利润分配——未分配利润   630

  盈余公积   70

第九章 非货币性资产交换

 1. 分析：整个资产交换过程没有涉及收付货币性资产，因此，该项交换属于非货币性资产交换。甲公司以固定资产换入存货，换入的钢材是生产过程中的原材料，乙公司换入的设备是生产用设备，两项资产交换后对换入企业的特定价值显著不同，两项资产的交换具有商业实质;同时,两项资产的公允价值都能够可靠地计量,符合公允价值计量的两个条件。因此,甲公司和乙公司均应当以换出资产的公允价值为基础,确定换入资产的成本,并确认产生的相关损益。

甲公司的账务处理如下:

换出设备的增值税销项税额=1 404 000×17%=238 680(元)

借:固定资产清理	975 000
累计折旧	525 000
贷:固定资产——××设备	1 500 000

借:固定资产清理	1 500
贷:银行存款	1 500

借:原材料——钢材	1 404 000
应交税费——应交增值税(进项税额)	238 680
贷:固定资产清理	976 500
营业外收入	427 500
应交税费——应交增值税(销项税额)	238 680

其中 营业外收入=1 404 000-975 000-1 500=427 500(元)

乙公司的账务处理如下:

(1) 企业以库存商品换入其他资产,应计算增值税销项税额,缴纳增值税。

换出钢材的增值税销项税额=1 404 000×17%=238 680(元)

(2) 换入设备的增值税进项税额=1404 000×17%=238 680(元)

借:固定资产——××设备	1 404 000
应交税费——应交增值税(进项税额)	238 680
贷:主营业务收入——钢材	1 404 000
应交税费——应交增值税(销项税额)	238 680

借:主营业务成本——钢材	1 200 000
贷:库存商品——钢材	1 200 000

2. 分析:对甲公司而言,收到的补价÷换出资产账面价值=100 000÷1 150 000=8.7%<25%,因此,该项交换属于非货币性资产交换,乙公司的情况也类似。由于两项资产的公允价值不能可靠计量,因此,甲、乙公司换入资产的成本均应当以换出资产的账面价值为基础确定,不确认损益。

甲公司的账务处理如下:

借:固定资产清理	1 150 000
累计折旧	2 350 000
贷:固定资产——仓库	3 500 000

| 借：固定资产清理 | 57 500 |
| 贷：应交税费——应交营业税 | 57 500 |

借：长期股权投资——××公司	1 050 000
银行存款	100 000
贷：固定资产清理	1 150 000

| 借：营业外支出 | 57 500 |
| 贷：固定资产清理 | 57 500 |

乙公司的账务处理如下：

借：固定资产——仓库	1 150 000
贷：长期股权投资——××公司	1 050 000
银行存款	100 000

第十章 流 动 负 债

1. (1)分配工资费用、确认应付职工薪酬：

借：生产成本	1 200 000
制造费用	100 000
管理费用	300 000
销售费用	200 000
贷：应付职工薪酬——工资	1 800 000

(2)分配职工福利费、确认应付职工薪酬：

借：生产成本	36 000
制造费用	1 440
管理费用	3 000
销售费用	2 760
贷：应付职工薪酬——职工福利	43 200

(3)分配社会保险费、确认应付职工薪酬：

借：生产成本	120 000
制造费用	10 000
管理费用	30 000
销售费用	20 000
贷：应付职工薪酬——社会保险费	180 000

（4）分配住房公积金,确认应付职工薪酬：

借：生产成本   96 000

    制造费用   8 000

    管理费用   24 000

    销售费用   16 000

   贷：应付职工薪酬——住房公积金   144 000

（5）分配非货币性福利,确认应付职工薪酬：

职工总人数＝300＋12＋25＋23＝360（人）

作为福利发放的白酒实际生产成本总和＝360×2×40＝28 800（元）

作为福利发放的白酒公允价值总和＝360×2×60＝43 200（元）

作为福利发放白酒应交纳的增值税税额＝43 200×17％＝7 344（元）

作为福利发放白酒应交纳的消费税税额＝360×2×15.5＝11 160（元）

应确认的应付职工薪酬总额 43 200＋7 344＝50 544（元）

应计入直接生产成本的金额＝300×2×60×（1＋17％）＝42 120（元）

应计入制造费用的金额＝12×2×60×（1＋17％）＝1 684.80（元）

应计入管理费用的金额＝25×2×60×（1＋17％）＝3 510（元）

应计入销售费用的金额＝23×2×60×（1＋17％）＝3 229.20（元）

借：生产成本   42 120.00

    制造费用   1 684.80

    管理费用   3 510.00

    销售费用   3 229.20

   贷：应付职工薪酬——非货币性福利   50 544.00

（6）分配职工福利费,确认应付职工薪酬：

应确认的应付职工薪酬＝1 200＋1 800×17％＋240＝1 746（元）

应直接计入生产成本的金额＝1 746×300÷360＝1 455（元）

应计入制造费用的金额＝1 746×12÷360＝58.20（元）

应计入管理费用的金额＝1 746×25÷360＝121.25（元）

应计入销售费用的金额＝1 746×23÷360＝111.55（元）

借：生产成本   1 455.00

    制造费用   58.20

    管理费用   121.25

    销售费用   111.55

   贷：应付职工薪酬——职工福利   1 746.00

（7）按应计提的折旧额确认应付职工薪酬：

无偿提供给副经理使用的两辆汽车的月折旧额＝（94 000－40 000）÷10÷12＝
7 500（元）

借：管理费用 7 500
   贷：应付职工薪酬——非货币性福利 7 500

（8）分配提取的工会经费、确认应付职工薪酬：

借：生产成本 18 000
   制造费用 1 500
   管理费用 4 500
   销售费用 3 000
   贷：应付职工薪酬——工会经费 27 000

（9）发放工资：

提现并发放：

借：库存现金 1 700 000
   贷：银行存款 1 700 000

借：应付职工薪酬——工资 1 700 000
   贷：库存现金 1 700 000

代扣款项：

借：应付职工薪酬——工资 18 000
   贷：其他应收款——职工房租 12 000
         ——代垫医药费 6 000

代扣代交个人所得税：

借：应付职工薪酬——工资 82 000
   贷：应交税费——应交个人所得税 82 000

（10）支付给职工食堂补贴：

提取现金：

借：库存现金 180 000
   贷：银行存款 180 000

将库存现金支付给职工食堂：

借：应付职工薪酬——职工福利 180 000
   贷：库存现金 180 000

（11）冲回多提的应付职工薪酬：

冲回的金额＝360×（120－110）＝3 600（元）

冲回的生产成本＝300×10＝3 000（元）

冲回的制造费用＝12×10＝120(元)

冲回的管理费用＝25×10＝250(元)

冲回的销售费用＝23×10＝230(元)

借：应付职工薪酬——职工福利   3 600

  贷：生产成本   3 000

    制造费用   120

    管理费用   250

    销售费用   230

(12)支付社会保险费：

借：应付职工薪酬——社会保险费   180 000

  贷：银行存款   180 000

(13)支付住房公积金：

借：应付职工薪酬——住房公积金   144 000

  贷：银行存款   144 000

(14)支付工会经费：

借：应付职工薪酬——工会经费   18 000

  贷：银行存款   18 000

(15)向职工发放产品作为福利。

确认收入：

借：应付职工薪酬——非货币性福利   50 544

  贷：主营业务收入   43 200

    应交税费——应交增值税(销项税额)   7 344

结转成本：

借：主营业务成本   28 800

  贷：库存商品   28 800

确认营业税金及附加：

借：营业税金及附加   11 160

  贷：应交税费——应交消费税   11 160

(16)计提副经理无偿使用轿车的折旧：

借：应付职工薪酬——非货币性福利   7 500

  贷：累计折旧   7 500

(17)向食堂交付生产的黄酒：

借：应付职工薪酬——职工福利	1 746
贷：库存商品	1 200
应交税费——应交增值税	306
——应交消费税	240

2.

（1）借：委托加工物资 50.5

　　贷：原材料 50.0

　　　银行存款 0.5

（2）借：银行存款 175.5

　　贷：主营业务收入 150.0

　　　应交税费——应交增值税（销项税额） 25.5

借：主营业务成本 100

　贷：库存商品 100

借：营业税金及附加 15

　贷：应交税费——应交消费税 15

（3）工程领用自产产品：

借：在建工程 41.45

　贷：库存商品 32.00

　　应交税费——应交增值税（销项税额） 5.95

　　——应交消费税 3.50

（4）领用产品一批发放给职工作为福利。

发放产品作为福利并确认销售商品收入时：

借：应付职工薪酬 26.325

　贷：主营业务收入 22.500

　　应交税费——应交增值税（销项税额） 3.825

结转成本时：

借：主营业务成本 15

　贷：库存商品 15

计算应交消费税时：

借：营业税金及附加 2.25

　贷：应交税费——应交消费税 2.25

（5）代扣代交的消费税＝[(50＋4)÷(1－10%)]×10%＝6(万元)

　　代扣代交的增值税＝4×17%＝0.68(万元)

收回后直接用于销售的物资应负担的消费税＝6÷2＝3(万元)

收回后直接用于销售的物资的成本＝(50.5＋4＋0.6)÷2＋0.6＝30.55(万元)

收回后进行加工应税消费品的物资成本＝(50.5＋4＋0.6)÷2＝27.55(万元)

借：委托加工物资   7.60

  应交税费——应交增值税(进项税额) 0.68

     ——应交消费税   3.00

  贷：银行存款   11.28

借：原材料   27.55

  库存商品   30.55

  贷：委托加工物资   58.10

第十一章　非流动负债

1.

(1) 2005 年 1 月 1 日，发行债券时：

借：银行存款   8 400 000

  贷：应付债券——面值   8 000 000

       ——利息调整   400 000

(2) 每年年末摊销溢价支付利息。

债券溢价摊销表如答案表 2 所示

答案表 2

债券溢价摊销表(实际利率法)

金额单位：元

计息日期	利息费用 (1)＝(5)× 4.85%	应付利息 (2)＝面值× 6%	溢价摊销 (3)＝(2)－(1)	未摊销溢价 (4)＝上一期× (4)－(3)	面值和未摊销溢价 之和(5)＝上一期 (5)－(3)
20×5.1.1				400 000	8 400 000
20×5.1.1	407 400	480 000	72 600	327 400	4 327 400
20×6.1.1	403 878.9	480 000	76 121.1	251 278.9	8 251 278.9
20×7.1.1	400 187.02	480 000	79 812.98	171 465.92	8 171 465.92
20×8.1.1	396 316.09	480 000	83 683.91	87 782.01	8 087 782.01
20×9.1.1	392 217.99	480 000	87 782.01	0	8 000 000
合　计	2 000 000	2 400 000	400 000	—	—

2005 年年末：

实际利息费用＝8 400 000×4.85％＝407 400(元)

应付利息＝8 000 000×6％＝480 000(元)

债券溢价的摊销额＝480 000－407 400＝72 600(元)

借：财务费用 407 400

  应付债券——利息调整 72 600

  贷：银行存款或应付利息 480 000

2006 年年末：

实际利息费用＝(8 400 000－72 600)×4.85％＝403 878.9(元)

应付利息＝8 000 000×6％＝480 000(元)

债券溢价的摊销额＝480 000－403 878.9＝76 121.1(元)

借：财务费用 403 878.9

  应付债券——利息调整 76 121.1

  贷：银行存款或应付利息 480 000.0

2007 年年末：

实际利息费用＝(8 400 000－72 600－76 121.1)×4.85％＝400 187.02(元)

应付利息＝8 000 000×6％＝480 000(元)

债券溢价的摊销额＝480 000－400 187.02＝79 812.98(元)

借：财务费用 400 187.02

  应付债券——利息调整 79 812.98

  贷：银行存款或应付利息 480 000.00

2008 年年末：

实际利息费用＝(8 400 000－72 600－76 121.1－79 812.98)×4.85％＝396 316.09(元)

应付利息＝8 000 000×6％＝480 000(元)

债券溢价的摊销额＝480 000－396 316.09＝83 683.01(元)

借：财务费用 396 316.09

  应付债券——利息调整 83 683.01

  贷：银行存款或应付利息 480 000.00

2009 年年末：

实际利息费用＝(8 400 000－72 600－76 121.1－79 812.98－83 683.01)×4.85％＝

392 217.99(元)

应付利息＝8 000 000×6％＝480 000(元)

债券溢价的摊销额＝480 000－396 316.09＝87 782.01(元)

借：财务费用   392 217.99

  应付债券——利息调整   87 782.01

  应付债券——面值   8 000 000.00

  贷：银行存款或应付利息   8 480 000

2.

(1) 计算专门借款利息资本化金额：

  2007 年专门借款利息资本化金额＝1 000×8％－250×0.5‰×6＝72.5(万元)

  2008 年专门借款利息资本化金额＝1 000×8％×180÷360＝40(万元)

(2) 计算一般借款利息资本化金额：

  一般借款资本化率(年)＝(1 000×6％＋5 000×8％)÷(1 000＋5 000)＝7.67％

  2007 年占用了一般借款资金的资产支出加权平均数＝1 000×180÷360＝500

  (万元)

  2007 年一般借款利息资本化金额＝500×7.67％＝38.35(万元)

  2008 年占用了一般借款资金的资产支出加权平均数＝(100＋750)×180÷360＝

  875(万元)

  2008 年一般借款利息资本化金额＝875×7.67％＝67.112 5(万元)

(3) 公司建造办公楼应予资本化的利息金额如下：

  2007 年利息资本化金额＝72.5＋38.35＝110.85(万元)

  2008 年利息资本化金额＝40＋67.112 5＝107.112 5(万元)

(4) 有关利息费用资本化的会计分录如下。

2007 年：

借：在建工程   110.85

  贷：应付利息   110.85

2008 年：

借：在建工程   107.112 5

  贷：应付利息   107.112 5

3.

(1) 2007 年 12 月 31 日：

借：银行存款   1 500

  贷：长期借款   1 500

(2) 2008 年 1 月 3 日：

借：工程物资   1 069.5

  贷：银行存款   1 069.5

(3) 2008 年 1 月 5 日：

借：在建工程	1 069.5
贷：工程物资	1 069.5

（4）2008 年 1～6 月每月：

借：在建工程	50
贷：应付职工薪酬	30
银行存款	20

（5）2008 年 6 月 30 日,计算确定利息费用和应付未付利息以及支付应付利息：

借：在建工程	37.5
财务费用	7.5
贷：应付利息	45.0
借：应付利息	45
贷：银行存款	45

（6）2008 年 6 月 30 日,结转在建工程成本：

借：固定资产	1 407
贷：在建工程	1 407

（7）2008 年 12 月 31 日、2009 年 6 月 30 日,分别计算确定长期借款利息费用时：

借：财务费用	45
贷：长期借款	45

2009 年 1 月 1 日和 7 月 1 日支付利息的会计分录为：

借：应付利息	45
贷：银行存款	45

（8）2009 年 12 月 31 日,归还长期借款的本金和支付最后一期利息：

借：长期借款	1 500
财务费用	45
贷：银行存款	1 545

第十二章　所有者权益

（1）提取的法定盈余公积＝5 000×10％＝500(万元)

提取的任意盈余公积＝5 000×5％＝250(万元)

年末未分配利润＝5 000＋1 000－500－250－3 000＝2 250(万元)

（2）提取的法定盈余公积＝10 000×10％＝1 000(万元)

提取的任意盈余公积＝10 000×5％＝500(万元)

年末未分配利润＝10 000＋2 250－1 000－500－4 500＝6 250(万元)

(3) 计算确定 2009 年 12 月 31 日用任意盈余公积弥补亏损的数额：

弥补亏损前任意盈余公积＝250＋500＝750(万元)

未弥补的亏损＝9 000－6 250－750＝2 000(万元)

(4) "资本公积——股本溢价"账户贷方余额＝15 000×(2－1)－3 500＝11 500(万元)

"资本公积——其他资本公积"账户贷方余额＝4 500(万元)

"盈余公积——法定盈余公积"账户贷方余额＝500＋1 000＝1 500(万元)

"盈余公积——任意盈余公积"账户贷方余额＝250＋500－750＝0(元)

"利润分配——未分配利润"账户贷方余额＝－2 000(万元)

(5) 库存股账面余额＝3 500×4.5＝15 850(万元)

冲减的股本：3 500×1＝3 500(万元)

应冲减的资本公积(股本溢价)：11 500(万元)

应冲减的盈余公积：750(万元)

(6) 2011 年年初未分配利润＝－2 000－3 900＝－5 900(万元)

2011 年年末提取法定盈余公积和任意盈余公积的基数＝11 000－5 900＝5 100(万元)

应提取的法定盈余公积＝5 100×10％＝510(万元)

应提取的任意盈余公积＝5 100×20％＝1 020(万元)

用盈余公积转增资本的数额＝1 020(万元)

(7) 编制会计分录如下。

· 发行股票

实际收到款项：

借：银行存款		30 000
贷：股本		15 000
资本公积——股本溢价		15 000

支付发行费用：

借：资本公积——股本溢价		3 500
贷：银行存款		3 500

· 2007 年实现净利润及利润分配

结转实现的净利润：

借：本年利润		5 000
贷：利润分配——未分配利润		5 000

提取盈余公积：

借：利润分配——提取法定盈余公积   500

        ——提取任意盈余公积   250

    贷：盈余公积——法定盈余公积   500

        ——任意盈余公积   250

分配现金股利：

借：利润分配——应付现金股利   3 000

    贷：应付股利   3 000

将"利润分配"其他明细账户的余额结转至"利润分配——未分配利润"明细账户：

借：利润分配——未分配利润   3 750

    贷：利润分配——提取法定盈余公积   500

        ——提取任意盈余公积   250

        ——应付现金股利   3 000

· 2008 年实现净利润及利润分配

结转实现的净利润：

借：本年利润   10 000

    贷：利润分配——未分配利润   10 000

提取盈余公积：

借：利润分配——提取法定盈余公积   1 000

        ——提取任意盈余公积   500

    贷：盈余公积——法定盈余公积   1 000

        ——任意盈余公积   500

分配现金股利：

借：利润分配——应付现金股利   4 500

    贷：应付股利   4 500

将"利润分配"其他明细账户的余额结转"利润分配——未分配利润"明细账户：

借：利润分配——未分配利润   6 000

    贷：利润分配——提取法定盈余公积   1 000

        ——提取任意盈余公积   500

        ——应付现金股利   4 500

· 确认其他资本公积

借：长期股权投资——其他变动   4 500

    贷：资本公积——其他资本公积   4 500

结转净亏损并用盈余公积补亏：

• 结转净亏损

借：利润分配——未分配利润 9 000
　贷：本年利润 9 000

用盈余公积补亏：

借：盈余公积——任意盈余公积 750
　贷：利润分配——盈余公积补亏 750

将"利润分配——盈余公积补亏"明细账户金额转入"利润分配——未分配利润"明
细账户：

借：利润分配——盈余公积补亏 750
　贷：利润分配——未分配利润 750

• 公司减资

购入库存股：

借：库存股 15 750
　贷：银行存款 15 750

冲减股本、资本公积（股本溢价）、盈余公积：

借：股本 3 500
　　资本公积——股本溢价 11 500
　　盈余公积——法定盈余公积 750
　贷：库存股 15 750

• 结转净亏损

借：利润分配——未分配利润 3 900
　贷：本年利润 3 900

• 结转净利润、分配利润

结转实现的净利润：

借：本年利润 11 000
　贷：利润分配——未分配利润 11 000

提取盈余公积：

借：利润分配——提取法定盈余公积 510
　　　　　　——提取任意盈余公积 1 020
　贷：盈余公积——法定盈余公积 510
　　　　　　——任意盈余公积 1 020

将"利润分配"其他明细账户的余额结转至"利润分配——未分配利润"明细账户：

借：利润分配——未分配利润　　　　　　　　　　　1 530

　　贷：利润分配——提取法定盈余公积　　　　　　510

　　　　　　——提取任意盈余公积　　　　　　　1 020

· 盈余公积补亏

补亏：

　借：盈余公积——任意盈余公积　　　　　　　　　1 020

　　贷：利润分配——盈余公积补亏　　　　　　　　1 020

结转：

　借：利润分配——盈余公积补亏　　　　　　　　　1 020

　　贷：利润分配——未分配利润　　　　　　　　　1 020

第十三章　收入、费用和利润

1.

(1)

2 日发运商品时：

　借：应收账款　　　　　　　　　　　　　　　　　24.0

　　贷：主营业务收入　　　　　　　　　　　　　　20.0

　　　　应交税费——应交增值税（销项税额）　　　3.4

　　　　银行存款　　　　　　　　　　　　　　　　0.6

　借：主营业务成本　　　　　　　　　　　　　　　14

　　贷：库存商品　　　　　　　　　　　　　　　　14

10 日，开出商业汇票时：

　借：应收票据　　　　　　　　　　　　　　　　　24

　　贷：应收账款　　　　　　　　　　　　　　　　24

(2) 将 XY 商品销售给丙企业：

　借：应收账款　　　　　　　　　　　　　　　　　42.12

　　贷：主营业务收入　　　　　　　　　　　　　　36.00

　　　　应交税费——应交增值税（销项税额）　　　6.12

　借：主营业务成本　　　　　　　　　　　　　　　28

　　贷：库存商品　　　　　　　　　　　　　　　　28

　借：银行存款　　　　　　　　　　　　　　　　　41.40

　　　财务费用　　　　　　　　　　　　　　　　　0.72

　　贷：应收账款　　　　　　　　　　　　　　　　42.12

(3) 发出委托代销商品（收取手续费方式）：

借：委托代销商品   16
    贷：库存商品   16

(4) 用预收款方式销售商品：

借：预收账款   93.6
    贷：主营业务收入   80.0
        应交税费——应交增值税（销项税额）   13.6

借：主营业务成本   64
    贷：库存商品   64

借：银行存款   33.6
    贷：预收账款   33.6

(5) 发生销售折让：

借：主营业务收入   3.00
    应交税费——应交增值税（销项税额）   0.51
    贷：应收账款   3.51

借：银行存款   31.59
    贷：应收账款   31.59

(6) 发生销售退回：

借：主营业务收入   24.00
    应交税费——应交增值税（销项税额）   4.08
    贷：应付账款   27.60
        财务费用   0.48

借：库存商品   17
    贷：主营业务成本   17

借：应付账款   27.6
    贷：银行存款   27.6

(7) 收到代销清单：

借：应收账款   14.04
    贷：主营业务收入   12.00
        应交税费——应交增值税（销项税额）   2.04

借：主营业务成本   8
    贷：委托代销商品   8

借：销售费用   1.2

    贷：应收账款   1.2

(8) 收到代销商品款：

借：银行存款   12.84

    贷：应收账款   12.84

(9) 发运商品给 D 企业，尚未办妥托收手续：

借：发出商品   26

    贷：库存商品   26

2.

(1)

营业收入＝主营业务收入＋其他业务收入＝6 000＋600＝6 600(万元)

营业成本＝主营业务成本＋其他业务成本＝4 200＋360＝4 560(万元)

营业利润＝营业收入－营业成本－营业税金及附加－销售费用－管理费用－财务费用－资产减值损失＋公允价值变动收益(－公允价值变动损失)＋投资收益(－投资损失)＝6 600－4 560－150－210－486－60－78＋114＋450＝1 620(万元)

利润总额＝营业利润＋营业外收入－营业外支出＝1 620＋330－150＝1 800(万元)

无纳税调整项目,则应纳税所得额为 1 800 万元。

应交所得税＝所得税费用＝1 800×25％＝450(万元)

净利润＝1 800－450＝1 350(万元)

提取的法定盈余公积＝(1 350－150)×10％＝120(万元)

期末未分配利润＝(1 350－150)－120－600＝480(万元)

(2)

借：所得税费用   450

    贷：应交税费——应交所得税   450

借：主营业务收入   6 000

    其他业务收入   600

    投资收益   450

    营业外收入   330

    公允价值变动损益   114

    贷：本年利润   7 494

借：本年利润   6 144

  贷：主营业务成本   4 200

    营业税金及附加   150

    其他业务成本   360

    管理费用   486

    销售费用   210

    财务费用   60

    营业外支出   150

    资产减值损失   78

    所得税费用   450

借：本年利润   1 350

  贷：利润分配——未分配利润   1 350

借：利润分配——提取法定盈余公积   120

    ——应付普通股股利   600

  贷：盈余公积   120

    应付股利   600

借：利润分配——未分配利润   720

  贷：利润分配——提取法定盈余公积 120

    ——应付普通股股利   600

3.

(1) 甲公司 2008 年应交所得税＝3 000×25%＝750(万元)

(2) 甲公司 2008 年递延所得税资产净减少额＝66－45＝21(万元)

(3) 甲公司 2008 年递延所得税负债净减少额＝90－54＝36(万元)

(4) 甲公司 2008 年递延所得税收益(和费用)和应确认的所得税费用：

  递延所得税费用＝递延所得税负债增加额＋递延所得税资产减少额＝0＋21＝

  21(万元)

  递延所得税收益＝递延所得税负债减少额＋递延所得税资产增加额＝36＋0＝

  36(万元)

  所得税费用＝当期所得税＋递延所得税费用－递延所得税收益＝750＋21－36＝

  735(万元)

(5) 确认所得税费用的账务处理：

借：所得税费用   735

  递延所得税负债   36

  贷：应交税费——应交所得税   750

    递延所得税资产   21

第十四章　或有事项

(1) 2007 年年末,甲产品应确认的预计负债＝(3 000＋2 400＋3 600＋1 800)×2%＝216(万元)

(2) 2007 年年末,确认甲产品的预计负债(假定按年编制会计分录):

借：销售费用		216
贷：预计负债		216

(3) 2007 年发生的售出甲产品维修费用:

借：预计负债		225
贷：原材料		129
应付职工薪酬		51
银行存款		45

(4) 2007 年发生的与乙产品相关预的计负债:

借：预计负债		15
贷：应付职工薪酬		15
借：预计负债		9
贷：销售费用		9

(5) 2007 年 12 月 31 日预计负债的账面余额:

预计负债贷方余额＝90＋216－225＋(24－15－9)＝81(万元)

第十五章　债务重组

1.

(1) 红星企业的账务处理:

借：应付账款		468.0
银行存款		66.8
贷：主营业务收入		440.0
应交税费——应交增值税(销项税额)		74.8
营业外收入——债务重组收益		20.0
借：主营业务成本		393.2
贷：库存商品		393.2

借：存货跌价准备　　　　　　　　　　　　　　　　2

　　贷：资产减值损失　　　　　　　　　　　　　　　　2

(2)光明企业的账务处理：

借：库存商品　　　　　　　　　　　　　　　　440.00

　　应交税金——应交增值税(进项税额)　　　　74.80

　　坏账准备　　　　　　　　　　　　　　　　　8.00

　　营业外支出——债务重组损失　　　　　　　12.00

　　贷：应收账款——红星企业　　　　　　　　468.00

银行存款　　　　　　　　　　　　　　　　　　　66.80

2.

(1)光明公司 2008 年 12 月 31 日账务处理：

借：应付账款——东方企业　　　　　　　　　　100

　　贷：股本　　　　　　　　　　　　　　　　　24

　　资本公积——股本溢价　　　　　　　　　　　36

　　营业外收入——债务重组收益　　　　　　　　40

(2)东方企业的账务处理：

借：长期股权投资　　　　　　　　　　　　　　76

　　坏账准备　　　　　　　　　　　　　　　　2

　　营业外支出——债务重组损失　　　　　　　22

　　贷：应收账款——光明公司　　　　　　　　100

3.

(1)乙公司的会计处理为：

首先对重组当时原材料的抵债进行会计处理：

借：应付账款　　　　　　　　　　　　　　　　234

　　贷：其他业务收入　　　　　　　　　　　　200

　　应交税费——应交增值税(销项税额)　　　　34

借：其他业务成本　　　　　　　　　　　　　　192

　　贷：原材料　　　　　　　　　　　　　　　192

再对修改其他债务条件进行会计处理：

借：应付账款　　　　　　　　　　　　　　　　166

　　贷：预计负债　　　　　　　　　　　　　　　40

　　应付账款　　　　　　　　　　　　　　　106

　　营业外收入——债务重组收益　　　　　　　　20

2008 年 7 月,乙公司实现了盈余 220 万元时:

    借:预计负债   40

       贷:应付账款   40

2008 年 8 月 1 日,交割尾款时:

    借:应付账款   146

       贷:银行存款   146

(2)甲公司的会计处理为:

债务重组日:

    借:原材料   200

       应交税费——应交增值税(进项税额)   34

       坏账准备   72

       应收账款   106

       贷:应收账款   400

         资产减值损失   12

2008 年 7 月,乙公司实现了盈余 220 万元时:

    借:应收账款   40

       贷:营业外支出——债务重组损失   40

2008 年 8 月 1 日,交割尾款时:

    借:银行存款   146

       贷:应收账款   146

第十六章　财　务　报　告

1.

(1)购买原材料、原材料验收入库同时支付部分货款:

    借:原材料   10 000

       应交税费——应交增值税(进项税额)   1 700

       贷:银行存款   10 540

         应付账款   1 160

偿还前期应付账款:

    借:应付账款   1 220

       贷:银行存款   1 220

(2)采用预付款方式购入原材料并验收入库。

材料验收入库时：

借：原材料		2 000
应交税费——应交增值税（进项税额）		340
贷：预付账款		2 340

补付货款时：

借：预付账款	2 260
贷：银行存款	2 260

预付货款：

借：预付账款	250
贷：银行存款	250

（3）发生各项生产耗费。

分配职工薪酬和原材料耗费计入生产成本：

借：生产成本	16 960
贷：原材料	12 400
应付职工薪酬	4 560

分配职工薪酬、固定资产折旧及其他耗费计入制造费用：

借：制造费用	1 440
贷：应付职工薪酬	114
银行存款	426
累计折旧	900

分配制造费用：

借：生产成本	1 440
贷：制造费用	1 440

（4）产成品入库：

借：库存商品	18 400
贷：生产成本	18 400

（5）采用一般销售方式销售商品。

确认收入、收取货款：

借：银行存款	20 040
应收账款	3 360
贷：主营业务收入	20 000
应交税费——应交增值税（销项税额）	3 400

结转已销商品成本：

借：主营业务成本   13 600

    贷：库存商品   13 600

收取前期应收账款：

借：银行存款   1 200

    贷：应收账款   1 200

（6）采取预收款方式销售商品。

发出商品时：

借：预收账款   7 488

    贷：主营业务收入   6 400

       应交税费——应交增值税（销项税额）   1 088

结转已销商品成本：

借：主营业务成本   4 800

    贷：库存商品   4 800

通过银行收取购货方补付的货款：

借：银行存款   7 348

    贷：预收账款   7 348

预收货款：

借：银行存款   694

    贷：预收账款   694

（7）发生各项管理费用：

借：管理费用   2 108

    贷：应付职工薪酬   228

       累计折旧   120

       累计摊销   160

       银行存款   1 600

（8）取得和偿还借款。

偿还短期借款：

借：短期借款   300

    贷：银行存款   300

取得短期借款：

借：银行存款   300

    贷：短期借款   300

取得长期借款：

借：银行存款 600
　　贷：长期借款 600

(9) 长期股权投资。

取得时：

借：长期股权投资 780
　　应收股利 40
　　贷：银行存款 820

收到现金股利时：

借：银行存款 40
　　贷：应收股利 40

(10) 计提利息。

按合同利率计算短期借款利息：

借：财务费用 12
　　贷：应付利息 12

支付短期借款利息：

借：应付利息 12
　　贷：银行存款 12

按合同利率计算长期借款利息：

借：在建工程 100
　　财务费用 20
　　贷：应付利息 120

(11) 在建工程发生各项耗费：

借：在建工程 560.0
　　贷：应付职工薪酬 91.2
　　　　银行存款 468.8

(12) 出售交易性金融资产：

借：银行存款 600
　　贷：交易性金融资产 540
　　　　投资收益 60

(13) 工程完工,已达到预定可使用状态：

借：固定资产 1 700
　　贷：在建工程 1 700

（14）确认投资收益和应收股利。

确认投资收益：

　借：长期股权投资　　　　　　　　　　　　　640

　　贷：投资收益　　　　　　　　　　　　　　　640

确认应收股利：

　借：应收股利　　　　　　　　　　　　　　　320

　　贷：长期股权投资　　　　　　　　　　　　　320

（15）发生销售费用：

　借：销售费用　　　　　　　　　　　　　　1 118

　　贷：银行存款　　　　　　　　　　　　　　1 118

（16）支付银行结算手续费：

　借：财务费用　　　　　　　　　　　　　　　　4

　　贷：银行存款　　　　　　　　　　　　　　　　4

（17）营业税金及附加：

　借：营业税金及附加　　　　　　　　　　　　242

　　贷：应交税费——应交城建税　　　　　　　　170

　　　　　　　　——应交教育费附加　　　　　　72

（18）相关税费。

交纳税费：

　借：应交税费——应交增值税（已交税金）　　2 428

　　　　　　　　——应交城建税　　　　　　　160

　　　　　　　　——应交教育费附加　　　　　　64

　　贷：银行存款　　　　　　　　　　　　　　2 652

结转未交增值税：

　借：应交税费——应交增值税（转出未交增值税）　20

　　贷：应交税费——未交增值税　　　　　　　　20

（19）支付职工薪酬：

　借：应付职工薪酬　　　　　　　　　　　　5 181.2

　　贷：银行存款　　　　　　　　　　　　　5 181.2

（20）计提坏账准备：

　借：资产减值损失　　　　　　　　　　　　　20

　　贷：坏账准备　　　　　　　　　　　　　　　20

(21) 确认捐赠利得和罚款损失。

确认捐赠利得：

借：银行存款　　　　　　　　　　　　　　　　　　　　64

　　贷：营业外收入　　　　　　　　　　　　　　　　　　64

确认罚款损失：

借：营业外支出　　　　　　　　　　　　　　　　　　　40

　　贷：银行存款　　　　　　　　　　　　　　　　　　　40

(22) 计算利润和所得税费用等：

营业利润＝营业收入－营业成本－营业税金及附加－管理费用－销售费用－财务费用－资产减值损失＋投资净收益＝26 400－18 400－242－2 108－1 118－(12＋20＋4)－20＋(640＋60)＝5 176(万元)

利润总额＝营业利润＋营业外收入－营业外支出＝5 176＋64－40＝5 200(万元)

应交所得税＝1 702(万元)

递延所得税费用＝递延所得税负债增加额＋递延所得税资产减少额＝(10－71)＋(86－32)＝92(万元)

所得税费用＝当期所得税＋递延所得税费用＝1 702＋184＝1 886(万元)

计算应交所得税：

借：所得税费用　　　　　　　　　　　　　　　　　1 886

　　贷：应交税费——应交所得税　　　　　　　　　　1 702

　　　　递延所得税负债　　　　　　　　　　　　　　　108

　　　　递延所得税资产　　　　　　　　　　　　　　　76

交纳所得税：

借：应交税费——应交所得税　　　　　　　　　　　1 500

　　贷：银行存款　　　　　　　　　　　　　　　　　1 500

结转收益类账户：

借：主营业务收入　　　　　　　　　　　　　　　26 400

　　投资收益　　　　　　　　　　　　　　　　　　700

　　营业外收入　　　　　　　　　　　　　　　　　64

　　贷：本年利润　　　　　　　　　　　　　　　　27 164

结转费用类账户：

借：主营业务成本　　　　　　　　　　　　　　　18 400

　　营业税金及附加　　　　　　　　　　　　　　　242

　　销售费用　　　　　　　　　　　　　　　　　1 118

　　管理费用　　　　　　　　　　　　　　　　　2 108

财务费用		36
资产减值损失		20
营业外支出		40
所得税费用		1 886
贷：本年利润		23 850

结转本年利润：

借：本年利润		3 314
贷：利润分配——未分配利润		3 314

（2）填列 2008 年资产负债表的年末余额如答案表 3 所示。

答案表 3

资产负债表

2008 年 12 月 31 日　　　　　　　　金额单位：万元

资　　产	年初余额	年末余额	负债和所有者权益	年初余额	年末余额
流动资产：			流动负债：		
货币资金	560	2 954	短期借款	400	300
交易性金融资产	920	380	应付账款	1 220	1 160
应收账款	1 140	3 280	预收账款	140	694
预付账款	80	250	应付职工薪酬	760	572
应收股利		320	应交税费	76	316
其他应收款	152	152	应付利息	0	120
存货	3 000	2 600	流动负债合计	2 596	3 162
流动资产合计	5 852	9 936	非流动负债：		
非流动资产：			长期借款	2 000	2 600
长期股权投资	1 720	2 820	应付债券	1 458	1 458
固定资产	11 950	12 630	递延所得税负债	142	218
在减工程	1 040	0	非流动负债合计	3 600	4 276
无形资产	460	300	负债合计	6 196	7 438
开发支出	78	78	所有者权益		
递延所得税资产	172	64	实收资本（或股本）	10 000	10 000
非流动资产合计	15 420	15 892	资本公积	2 560	2 560
			盈余公积	1 720	1 720
			未分配利润	796	4 110
			所有者权益合计	15 076	18 390
资产总计	21 272	25 828	负债和所有者权益总计	21 272	25 828

2.

(1) 营业收入＝主营业务收入＋其他业务收入＝(5 672－76)＋152＝5 748(万元)

营业成本＝主营业务成本＋其他业务成本＝(3 960－40)＋102＝4 022(万元)

投资净收益＝436－124＝312(万元)

公允价值变动净收益＝46－90＝－44(万元)

营业利润＝营业收入－营业成本－营业税金及附加－销售费用－管理费用－财务费用－资产减值损失＋公允价值变动收益(－公允价值变动损失)＋投资收益(－投资损失)＝5 748－4 022－366－304－338－32－(128－34)－44＋312＝860(万元)

利润总额＝营业利润＋营业外收入－营业外支出＝860＋100－180＝780(万元)

当期所得税＝240(万元)

递延所得税费用＝递延所得税负债增加额＋递延所得税资产减少额＝(146－48)＋0＝98(万元)

递延所得税收益＝递延所得税负债减少额＋递延所得税资产增加额＝0＋(174－130)＝44(万元)

所得税费用＝当期所得税＋递延所得税费用－递延所得税收益＝240＋98－44＝294(万元)

净利润＝利润总额－所得税＝390－147＝243(万元)

(2) 将各损益类账户余额结转至"本年利润"账户：

借：主营业务收入	2 798
其他业务收入	76
投资收益	156
营业外收入	50
贷：本年利润	3 080
借：主营业务成本	1 960
营业税金及附加	183
其他业务成本	51
销售费用	152
管理费用	169
财务费用	16
资产减值损失	47
公允价值变动损益	22
营业外支出	90
所得税费用	147
贷：本年利润	2837

（3）将当期实现的净利润结转至"利润分配"账户：

借：本年利润   486

 贷：利润分配——未分配利润   486

（4）编制2008年度利润表，如答案表4所示。

答案表4

利　润　表

编制单位：   2008年12月   金额单位：元

项　目	本年金额	上期金额
一、营业收入	5 748	
减：营业成本	4 022	
营业税金及附加	366	
销售费用	304	
管理费用	338	
财务费用	32	
资产减值损失	94	
加：公允价值变动收益（损失以"—"号填列）	−44	
投资收益（损失以"—"号填列）	312	
其中：对联营企业和合营企业的投资收益		
二、营业利润（亏损以"—"号填列）	860	
加：营业外收入	100	
减：营业外支出	180	
其中：非流动资产处置损失		
三、利润总额（亏损总额以"—"号填列）	780	
减：所得税费用	294	
四、净利润（净亏损以"—"号填列）	486	
五、每股收益		
（一）基本每股收益		
（二）稀释每股收益		

3.

（1）销售商品、提供劳务收到的现金＝（6 000＋1 020）＋（4 680−9 360）＋（1 170−702）−200＝2 608（万元）

（2）购买商品、接受劳务支付的现金＝（3 400＋544）＋（480−5 000）＋（3 510−4 680）＝2 574（万元）

（3）支付的各项税费＝实际交纳的增值税款＋支付的所得税款＝616＋（60＋200−80）＝796（万元）

(4) 收回投资所收到的现金＝40＋100＝140(万元)

(5) 分得股利或利润所收到的现金＝40＋20－10＝50(万元)

(6) 借款所收到的现金＝600(万元)

(7) 偿还债务所支付的现金＝400(万元)

教学课件索取单

敬爱的老师：

  感谢您使用李海波、刘学华、宋胜菊主编的《新编财务会计》(第六版)。为了方便教学,本书配有相关教学课件。如果您需要,请您填写下面表格中的相关信息,并以电子邮件的形式发到我社,我们在核对您的信息后,即免费向您提供教学课件。

我们的联系方式：

地址：上海市中山西路 2230 号 1 号楼 1505 室

邮编：200235

立信会计出版社

电话：(021)64411197

电子邮件：xiaoxia602@163.com

姓　名		性别		身份证号		
学　校		院系			教研室	
学校地址					邮　编	
职　务		职称			办公电话	
E-mail		手机			宅　电	
通信地址					邮　编	
教材用量		册	委托订购单位			

您对本教材的意见和建议是：

李海波工作室系列教科书

	定价
新编会计学原理——基础会计(第15版)	26.00元
新编会计学原理——基础会计习题集	18.00元
会计基础习题练习集	16.00元
新编财务会计(第六版)	39.00元
新编管理会计(第二版)	26.00元
新编预算会计(第七版)	36.00元
新编预算会计习题与解答	14.00元
行政事业会计(第六版)	26.00元
行政事业会计习题与解答	11.00元
新编企业会计(第三版)	34.00元
新编企业会计习题与解答(新版)	17.00元
新编商业会计——商品流通企业会计(第八版)	30.00元
新编商业会计——商品流通企业会计习题集	8.60元
金融会计(第三版)	27.00元
新编税务会计(第四版)	32.00元
新编税务会计习题与解答	15.40元
新编成本会计	18.00元
新编成本会计习题与解答	14.00元

	定价
新编施工企业会计(新企业会计准则版)	24.00 元
外商投资企业会计(第四版)	21.00 元
市场营销学	28.00 元
新编金融概论	18.00 元
新编小企业会计实务	18.00 元
新编税法实务	16.00 元
新编小企业统计实务	22.00 元
新编会计电算化	28.00 元
新编审计学(第五版)	21.00 元
珠算(第二版)	15.00 元
财务管理(第七版)	20.00 元
财务管理习题集	9.00 元
企业管理概论(第二版)	23.60 元
中国税制(第四版)	26.00 元
新编经济法(第五版)	26.00 元
新编经济法习题与解答	12.80 元
新编财政学(第三版)	22.00 元
新编财政与金融(第四版)	28.00 元
新编统计学	24.50 元
新编国际金融	20.00 元
新编经济应用文写作教程	18.00 元

	定价
资产评估	23.00 元
出纳实务新编	22.00 元
国际贸易新编	21.00 元
税法(第二版)	16.00 元
新编财经职业道德	13.50 元
预算会计	19.00 元
经济法基础	20.00 元
经济应用文写作	26.50 元
高等应用数学(上册)	19.50 元
高等应用数学(下册)	18.00 元
成本会计	16.00 元
税务会计	19.00 元
统计学	20.00 元
货币银行学	16.50 元
会计基础与记账技术(第三版)	17.00 元

李海波工作室系列教科书内容新颖、科学规范、富有特色、实用性强。全国各地新华书店、经济书店、本社发行科均有售。

发行科电话:021－64411389　　　传真:021－64411325

地址:上海市中山西路 2230 号　　　邮编:200235

邮购汇款额为:书款＋邮资(书款总额 10％)＋邮挂费(3.00 元)

李海波工作室

  李海波工作室由我国著名会计学专家李海波教授创办，多年来，李海波会计系列、财经系列教科书在图书市场声誉卓著，深受广大读者的欢迎和有关专家的好评。李海波工作室经政府有关部门批准，已经正式注册，工作室的图书及相关业务呈现了新的发展势头。

  李海波工作室邀集会计、经济等各路专家、教授及出版人才，专门从事图书的选题策划和书稿的创作编写以及相关出版业务，兼做有关教育培训、财务咨询等业务。

  李海波教授、研究员毕业于中央财经大学，中国注册会计师，享受国务院特殊津贴专家，长期从事会计、财经等专业的教学、研究和高校管理工作；先后兼任中国会计学会理事、中国审计学会理事、中国生产力学会常务理事等职；曾受聘担任国家教育部全国专科教育人才培养工作委员会副主任，并被收入《中国大学校长名典》和《中国教育名人录》。

  多年来，李海波工作室策划了许多高质量的图书。李海波教授主编了《新编会计学原理》、《公司会计》、《企业会计》、《新编成本会计》、《新编小型企业会计》、《新编审计学》、《财务管理》、《经济法》、《财政与金融》、《金融会计》、《管理会计》、《会计电算化》、《统计学》、《生产力词典》等九十多部著作、教材和词典，论文六十多篇。他主编的图书获得过许多荣誉和奖项，包括"全国优秀畅销书一等奖"、"全国优秀教材奖"、"优秀教材学术专著奖"、"双效书荣誉奖"、"建国精品图书奖"等。李海波会计系列、财经系列教科书经受了市场的检验，正在不断地完善和丰富。许多书不断重版、重印，其中《新编会计学原理》再版几十次，重印90多次，发行全国各地，单本发行量达300多万册。

  以李海波名字命名的李海波工作室，在会计、财经等专业图书的策划、编辑、出版等方面积累了丰富的经验，有独特的优势，与出版社有着长期的、良好的合作关系。

立信会计出版社